孙昌武文集

4

隋唐五代文化史

中华书局

图书在版编目（CIP）数据

隋唐五代文化史/孙昌武著. —北京：中华书局，2019.7
（孙昌武文集）
ISBN 978-7-101-13797-2

Ⅰ.隋… Ⅱ.孙… Ⅲ.①文化史–中国–隋唐时代②文化史–
中国–五代十国时期 Ⅳ.K240.3

中国版本图书馆 CIP 数据核字（2019）第 042783 号

书　　　名	隋唐五代文化史	
著　　　者	孙昌武	
丛 书 名	孙昌武文集	
责任编辑	高　天	
出版发行	中华书局	
	（北京市丰台区太平桥西里 38 号　100073）	
	http://www.zhbc.com.cn	
	E-mail：zhbc@zhbc.com.cn	
印　　　刷	北京市白帆印务有限公司	
版　　　次	2019 年 7 月北京第 1 版	
	2019 年 7 月北京第 1 次印刷	
规　　　格	开本/920×1250 毫米　1/32	
	印张 14　插页 2　字数 350 千字	
印　　　数	1-2000 册	
国际书号	ISBN 978-7-101-13797-2	
定　　　价	76.00 元	

孙昌武文集

出版说明

孙昌武先生，一九三七年生，辽宁省营口市人。南开大学教授，曾在亚欧和中国港台地区多所大学担任教职和从事研究工作。

孙先生治学集中在两个领域：中国古典文学和中国宗教文化。孙先生学术视野广阔，熟谙传统典籍和佛、道二藏，勤于著述，多有建树，形成鲜明的学术特色。所著《柳宗元传论》(人民文学出版社，1982)、《佛教与中国文学》(上海人民出版社，1988)、《道教与唐代文学》(人民文学出版社，2001)、《中国佛教文化史》(中华书局，2010)、《禅宗十五讲》(中华书局，2017)等推进了相关学术领域研究，在国内外广有影响；作为近几十年来中国传统文化研究成果，世所公认，垂范学林。

孙先生已年逾八秩。为总结并集中呈现孙先生学术成就，兹编辑出版《孙昌武文集》。文集收录孙先生已出版专著、论文集；另增加未曾出版的专著《文苑杂谈》、《解说观音》、《僧诗与诗僧》三种；孙先生在国内外学术刊物发表的论文未曾辑入论文集的，另编为若干集收入。孙先生整理的古籍、翻译的外国学者著作，不包括在本文集内。中华书局编辑部对文字重新进行了审核、校订，庶作为孙先生著作定本呈献给读者。

北京横山书院热心襄助文化公益事业，文集出版得其资助，谨致谢忱。

中华书局编辑部

二〇一九年五月

目　录

导　言

公元581年，北周大丞相、总揽朝廷大权的杨坚代周称帝，建国号曰隋，建元开皇；至开皇九年（589），隋兵渡江灭陈。至此，自西晋崩溃以来近三百年（如果从东汉末豪强割据算起是四百年）的南北分裂局面便告结束。隋王朝仅传三世，立国不足四十年。公元618年，被隋封为唐国公、镇守北方重镇太原（治晋阳，今山西太原市南）的李渊在农民起义和军阀逐鹿的战争中建立起唐王朝，建元武德。唐王朝经二十一帝（包括改国号为周的武则天）二百九十年，最后灭亡在割据的强藩手中。唐灭亡后，在北方相继建立起梁（907—923）、唐（923—936）、晋（936—946）、汉（947—950）、周（951—960）五个短命的政权；大体相当于这一时期，在南方与两川先后建立起九个割据王朝，即吴（892—937）、楚（896—951）、闽（893—945）、吴越（893—978）、前蜀（891—925）、后蜀（926—965）、南唐（937—975）、南汉（905—971）和南平（荆南，907—963），加上北方的北汉（951—979），计十个小国①。这就是历史上的"五代十国"。公元960年，后周权臣、殿前都点检赵匡胤发动"陈桥兵变"，黄袍加身，建立起宋王朝；经过近二十年经营，平定了天下，中国复归于统一。本卷所记述的，就是自隋建立经唐代到"五代十国"分立这近四百年间的文化发展状况。

---

①"十国"起讫年代有些是依据各政权割据时期，不全是称帝、建元时期。

　　这正是中国历史上辉煌发展的时期，也是中国封建社会的鼎盛时期。隋王朝立国虽然短暂，但无论是立国规模还是典章制度，它都为唐王朝作了准备。它可以看作是盛大的唐王朝的序幕。"五代十国"易代频繁，战乱迭起，但盛世的业绩在某些地区、某些方面仍有延续。这可以看作是唐王朝的尾声，历史的潜流在这一时期正为新的统一王朝的出现做着准备。作为隋唐五代的主体的唐王朝，以其飞跃的发展、纷繁的变革，也夹杂着不间断的动荡以至战乱（特别是在后期），演出了历史上极其宏伟壮丽的局面。在当时世界上并存的几个大国中，东罗马帝国已经衰落，天竺（印度次大陆）仍处于分裂状态之中，大食作为新兴的军事强国刚刚在崛起，从政治、经济、文化等方面的发展水平与综合国力看，唐王朝是最为兴盛强大的。它理所当然地成了当时人类文明的一大中心。

　　隋、唐的统一，唐前期社会发展到极盛，为这近四百年的文化繁荣奠定了物质基础。而这一基础的得以形成，则依靠了秦、汉以来中华各族人民世世代代的辛勤创造的积累。即以隋王朝所接续的南北朝而论，在某些历史记述给人留下的印象里，北朝多是野蛮与战乱，南朝则显得软弱而腐败。但这只是历史事实的一个侧面。实际上在这南北分裂、战乱不断的近三百年间，社会仍取得了不少对后代具有决定意义的巨大进展，孕育着统一繁荣的新机。这些进展举其大者如：由于晋室南渡，大批中原移民南迁，促进了长江以南的经济开发，使直到南海的广大土地得以垦殖；由于这里优越的自然条件，加上从中原输入的先进农业技术，这一地区的农业生产得到迅速发展。江南的开发对此后整个中国的经济发展产生了极其巨大、深远的影响。例如唐中叶"安史之乱"之后，主要是江南的财赋支持了唐朝廷的经济命脉，对于维护唐王朝的统一起了决定性的作用。另一方面，自西晋崩溃，原来居住在北部边疆的诸少数民族南下中原，并建立起一批政权。少数民族政权的频繁更迭固然带来不少破坏与战乱，但同时却又在实现中国历史上的又一次民族大迁徙和大融合。这些少数民族在新的条件下得到发展，同时为中华民族注入了新的血液。这里可以举出一个事实：唐王朝实行的均田制与府兵制等一系列制度，都取法于少数民族政权北魏、北周和鲜卑化程度很深的北齐，而这些制度在当时条件下对于唐王朝安定民生、发展经济是起过重大的积极作用的。从思想文化方面看，南北朝又是个在多方面取得重要进展、具有丰富多样特色的发展时期。分裂动乱的后果带来了对于传统文化的冲击和发展趋向的分化。南、北学风明显不同，文学、艺术的风格也不同；特别是儒家"章句之学"衰落，佛教与道教兴起，造成了儒、佛、道三家并立与交流的格局。这一格局一直延续到后来。南北朝学术上的不同学风、文学艺术的多种流派与风格、思想与宗教的斗争与交流，不仅造成了文化的多方位、多样化，而且起到了某种思想解放的作用。在南北分裂、社会动荡的条件下，文化的发展受到了限制；一旦国家归于统一安定，文化建设的条件成熟，这多方位、多样化的思想、文化积累得以交流，必然会促成文化的大繁荣。

隋、唐两个王朝从前代继承了积极与消极两方面的成果。由于国家的统一，积极的方面能够发挥，而消极的方面则在很大程度上得以限制与克服。隋王朝立国短暂，特别是隋炀帝统治的时期，开运河，征高丽，酷役重赋酿成天怒人怨，造成迅速土崩的结局，多受史家酷评。但实际上隋文帝杨坚统一中国，一朝行政颇有作为。就是隋炀帝，在统治的早期，在发展经济与文化上也做了不少有意义的工作，如制定新律（刑罚较前为轻）、推行科举、兴办学校等。还有两件颇引起后人争议的事业：一是发展与西域、中亚的交通，并亲自北上长城、西巡河西走廊，这是曾被司马光指责为"卒令中国疲弊以至于亡"的行为，却是唐代开发西域、重开"丝绸之路"的先驱；另一件是开凿运河，新河道与古渠道连接，组成了以洛阳为中心的贯通南北的水运系统，这一系统的经济的与政治的意义到唐、宋时期更明显地表现了出来。没有这条水路所担负的漕运，在中原的唐朝廷如何维持是难以设想的。这样,尽管隋末的大动乱造成了巨大的破坏,统一的隋王朝在政治、经济、典章制度、文化教育等多方面却为唐王朝打下了基础或提供了借鉴。

唐王朝统治者在群雄逐鹿中夺得政权,又有前朝亡国破家的教训,立国之后,颇能躬自俭约,任贤纳谏,励精图治。一方面广延人才,扩大统治基础,推行科举,制定刑律,完善法治;另一方面推行适应当时形势的均田制、租庸调法、府兵制等一系列制度,轻徭薄赋,休养民生,使得经济在短时期内得以恢复,国家走上健康发展的轨道。自唐建国到"安史之乱"爆发这一百几十年间,虽然有武后专政与篡位等政争和北部、东北、西北等边疆地区的战争,但全国基本上保持了安定的局面,经济也持续地发展、繁荣。在广大的土地之上,朝廷实现了空前有效的行政管辖。统一安定的环境更有利于经济开发与交流。首先是作为封建经济主体的农业迅速发展,农具改良,水利灌溉发达,田地垦辟,产量提高。据考天宝年间(742—756)全国垦田数在750万顷左右,粮食亩产在2石左右,这比前代是大为提高了。人口在高祖武德(618—626)初只有200万户(这是朝廷掌握的数字,当然有隐漏),到高宗永徽三年(652)即达380万户,中宗神龙元年(705)是600余万户,至天宝十四载(755),有户890余万,人口5290余万。人口直线上升,也反映了经济发展、繁荣的趋势。唐前期的这种政治、经济形势,也为以后唐王朝应付频繁动乱与重重矛盾、维护统一的国家提供了物质条件。

到唐玄宗统治后期,政治逐渐腐败,社会矛盾加剧,终于酿成了大动乱——"安史之乱"。这成为唐王朝历史的转折点(或以为开元二十四年〔736〕张九龄罢相即是这一转折的标志)。变乱平定后,唐朝廷即陷于藩镇割据、宦官专权、朝官朋党相争等重重矛盾之中,均田制破坏,税制混乱,赋役剧增,造成人口流亡,农业生产衰败。尽管从总的趋势看在走下坡路,然而唐王朝的统治体制仍保持完整,社会生产的基础并没有从根本上破坏。唐朝廷仍具有自我调整的活力(例如均田制破坏后改行"两税法",以募兵制代替府兵制等),并几次做出重新振兴的努力(如宪宗、宣宗时期),并取得了相当的成效。在经济方面,由于历次动乱基本上没有波及江南,那里的农业生产仍在持续发展;在全国范围内,商业、手工业的发展成绩更相当突出,商贸发达,城市繁荣。这也是唐王朝得以延续统治的重要条件。

以黄巢起义为主的大规模的农民起义彻底摧毁了唐王朝的统治基础,割据的强藩纷纷自立,最后唐政权被在镇压农民战争中扩张势力的军阀所篡夺,从而进入了"五代十国"时期。虽然这以后半个多世纪割据的政权纷争劫夺,战乱不绝,但南方诸国的统治者原多是唐王朝的封疆大吏,他们的统治已有相当的基础,多能善自经营,保境安民。那里的手工业与商业在这一时期仍得到相当发展。由于兴修水利,农业产量也有提高,植茶业的发展尤为突出。相对而言,北方战乱频仍,国祚更迭,社会不稳定,生产停滞。但到后周郭威建国后,励精图治,发展经济,严明法纪,禁断佛教,整顿军队,北败北汉,东取淮南,正由于有了这样的基础,宋太祖赵匡胤才得以完成使国家重归统一的大业。值得注意的是,十国的君主中颇有右文之主,特别是前蜀、后蜀、南唐等国都招徕文士,崇重文雅,使得江东和两川成为相当繁荣的文化中心,对这些地区此后的文化发展影响巨大。

综观隋唐五代这近四百年间,尽管后期多有动荡、战乱以至沦为彻底的分裂割据,但社会经济的发展是迅速的,这就给文化的发展提供了物质基础;而政治环境也保证了发展文化的基本条件。当然,这一时期文化得以繁荣又有其自身的规律在起作用,这在本书的相关章节中将有说明。

如果观察一下隋唐五代时期文化发展的总貌,给人一个突出的印象是这一时期文化各部门的普遍的、持续的繁荣。就普遍性而言,这一时期的文化在许多领域都创造出巨大成绩,形成发展中的新高峰。在学术领域,史学、地理学成就显著,经学、小学也有所进展,类书大量被编纂,"《文选》学"成为一时显学,更引人注目。在文学艺术方面,诗歌、散文、小说、舞乐、绘画雕塑、书法、工艺美术等领域,都名家辈出,佳作如林,留下了无数后人难以企及的瑰宝。在宗教方面,佛教与道教都在这一时代发展到极盛期,祆教、景教、摩尼教和伊斯兰教等外来宗教也得到不同程度的传播,诸宗教并存发展给思想、文化造成了多方面的影响。科学技术在这一时期也有长足的进步,特别是在天文学与历法、医药学与化学、建筑与交通诸领域,都多有重要的发现、发明或创造。而作为文化发展基础的教育,在这一时期更加普及与提高,不但建立起系统、完善的从中央到地方的官学体系,民间私学与民众教育也得到相当普及;而与之相关的科举制度则已定型并不断完备。而就文化发展的持续性来说,则贯穿这整个时代的是保持着强大生命力的异彩纷呈、奇峰叠起的澎湃的文化浪潮。隋、唐立国未久,随着政治稳定、经济迅速发展,文化面貌即急遽改观。隋与唐前期统治者一般都相当重视教育事业与文化建设。唐初兴建学校,大规模地从事修史,制定礼乐,以及唐太宗以下几位帝王对文学艺术的爱护与奖掖,对造成整个社会的文化繁荣起了重大推动作用。"安史之乱"以后,唐王朝已趋衰败,社会处于长期动荡、战乱之中,但文化建设并没有受到大的破坏(除了唐末战乱的个别时期或某些藩镇所属的个别地区),而且能在以前发展的基础之上不断孕育新生机、开创新局面。例如在文学方面,从开元年间到"安史之乱"结束后这五十余年被看作是发展的一个高潮,而到贞元(785—805)、元和(806—820)则出现了另一个高潮。著名的"古文运动""新乐府运动"以及传奇小说的繁荣,都是在这一时期。新兴的韵文——文人曲子词也发展于中唐而繁荣于晚唐、五代,南唐与前、后蜀成为一时创作的中心。在艺术方面,由王维所开创的文人画在唐后期继续兴盛,花鸟、仕女等新的画科也是在此时形成的。而今天饮誉世界的敦煌彩塑与壁画,其主要部分也完成于中、晚唐与五代,代表了这一时期绘画、雕塑的水平。在学术上,中唐时杜佑的史学(编纂《通典》)、贾耽的地理学(特别是地图测绘)等都是杰出的成就;晚唐《开成石经》的雕造,五代后唐至后汉"监本""九经"的刊刻,也是经学史上的大事;而中唐陆质、韩愈、李翱等人倡导经学上的新学风,更为宋儒建立理学做着准备。在宗教方面,入隋以后,中国佛教宗派相继创立,佛教发展臻于极盛。"安史之乱"以后,禅宗中南宗一派大兴,至晚唐五代,衍为五家(沩仰、临济、曹洞、云门、法眼),遂压倒诸宗派而呈一家独秀之势。佛教史的这一转变对中国学术、思想影响至巨,容后另述。道教同时也在发生根本变化,金丹道教极盛之后,到晚唐五代,内丹道教正在兴起并渐趋成熟。总之,尽管自"安史之乱"以后唐王朝即在走下坡路,但在文化诸领域仍持续发展并不断取得辉煌的成就。这样,隋、唐的强大与繁荣,特别表现在其文化的普遍、持续地高度发展方面;大唐在当时世界上声威远被,特别得力于它的文化成就;隋唐五代在文化上留下的大量的宝贵遗产,也是后代仰承这一时期的最主要的精神财富。

隋唐五代是中国封建制度从极盛走向相对停滞的转折时期,社会经济体制与阶级结构在这一时期都发生了根本的变化。历史学家把转折点确定在唐玄宗统治后期,或朝廷诏行两税法的建中元年(780)。无论如何计算,转折都大体发生在隋唐五代这近四百年的中期。社会发展到极盛接着产生一系列剧变,对文化的发展造成了深远的影响。在许多文化领域,也都发生了承前启后的巨大转折。所谓"承前",是指总结、继承前代积累的成果,取得集大成的成绩;所谓"启后",是指在内容与方向上出现新变,开拓出新的生面。以作为封建社会指导思想的经学即儒学而论,在隋、唐之际,许多儒学家即力图背离汉魏以来的章句、家法而开"通学"之途;唐初刘知幾更发扬疑古、惑经精神,倡导"一家独断"之学,带动了一代学风；到了中唐时期，陆质、韩愈、李翱等起来，高张儒学复古的旗帜，开创空言说经、通经致用的新路，并把探讨的重点转移到心性问题上来，从而为宋儒开了先路，开始了在学术思想史上有重大意义的自汉学向宋学的转变。宗教方面的转变前已涉及。还应当指出的是，至唐前期，佛教与道教在教理、戒条、仪轨诸方面均已高度发展与完备，以后即进入了与中国传统文化进一步交融，儒、佛、道三教及其各教派进一步融合（如佛教中的禅、教调和与禅、净合一，道教中传统的神仙道教、金丹道教与新兴的内丹道教的交融）以及向民众更广泛的阶层，文化更广泛层面的渗透。再以文学发展状况为例，到唐代，传统的诗歌（古、近体各体诗）、散文（骈文与散体"古文"）在艺术上均已臻于完美的极致；又产生了新的韵文体裁——曲子词；而唐传奇的繁荣与话本的出现，则标志着小说作为独立的文学体裁的形成；唐戏弄则是戏曲艺术的萌芽。而文人词、小说与戏曲乃是宋代以后文学创作的主要体裁；面向民众的小说与戏曲的兴盛更标志着整个文学的创作队伍与接受对象均明显下移。类似的转变也发生在艺术的许多领域里。社会变革时代的诸多矛盾激发人们的灵感，面临的各种社会问题调动起人们在文化上的创造力，这一点在隋唐五代文化史上反映得十分明显。

　　隋唐五代文化是高度开放的文化。这首先表现在国内各民族的交流和与域外诸国的交流方面。隋、唐的统一不仅是南、北国土的统一，还实现了南北朝以来几百年间中华民族新的大规模融合的巩固与深化。在南北朝时期，北方诸少数民族（匈奴、羯、鲜卑、氐、羌）相继入主中原，南方的"蛮"族、奚人、俚人、僚人、爨人等也密切了与内地的经济、文化联系，从而造成了中华民族发展史上又一次民族大迁徙与大融合。到了隋、唐时期，这一过程继续巩固与深化。一方面，在统一的国土上，前朝民族融合的成果得以发展；另一方面，兴盛的统一国家吸引着边疆少数民族慕风向化，而中原、内地的人民则以强固的自信心和宏大的气魄欢迎与边疆或已迁居内地的少数民族的交流。大量的少数民族人向内地移居，中原人民则远出四塞，开发边疆。统一强盛的唐王朝对周边远、近诸国采取了睦邻（就其基本倾向而言）、开放的态度。东至海东的日本、三韩，西方远到东罗马帝国，南方越洋至南海诸岛以至东非的部族国家，四海众多的国家都与隋、唐建立起不同形式的政治、经济、文化联系。隋、唐与诸国间使臣报聘、商贾往还，宗教信徒求法传道，留学生徒求知受教，频繁的人员往来传播着各国、各族的文明。这一时期中国文明传出、影响到各国，本书将有专章说明。就中华民族吸收域外文化以丰富与推动自身的文化发展看，这一时期成就也相当突出。无数域外的学者、艺术家、宗教家等来到中国，参与中华民族的文化创造；外国的优秀的文化成果融入中国的传统之中而结成新的果实，这在舞乐、美术、宗教等方面成绩尤为突出。中华各民族的文化交流，向域外诸国的开放，对整个民族精神也产生了积极的影响：培养了强固的民族自信心与高昂的民族自豪感，造就了开阔的胸襟和自由无拘的心态。这曾被某些学者概括为"盛唐精神"的思想面貌，又成为推动物质文明与精神文明建设的巨大力量。

隋唐五代文化的开放性的又一层含义是思想意识的开放。在封建制度下，统治阶级的思想、文化政策对于文化的发展起着巨大的制约作用。隋唐五代各朝基本上秉承南北朝的传统，采取儒、佛、道三家并立的方针，没有用一种御用思想学说钳制文化界。三教的斗争与交流又大大促进了思想的活跃。特别是在唐太宗统治时期，颇能招贤纳谏，优容直言，为以后的历朝行政树立了良好的传统。这一时期的帝王和当权者中又多有崇尚文化之士，有些本身即有相当高的文化素养，采取了不少奖掖文化的措施。再有值得注意的是，贯穿这整个时代的虽有多次改朝换代，也有相当严酷的政争，但对文化领域却较少波及。即以唐后期而论，藩镇割据成为威胁唐王朝生存的一大矛盾，但却给不少士人提供了庇护场所，一些藩镇幕府还成了文人士大夫相当活跃的地方。由于具有宽松、自由的思想环境，学术上的各种新见得以发挥，文学艺术上的不同流派、风格得以发展，文化上的创新也具有了广阔的空间。这方面的开放对文化的繁荣也是关系重大的。

前面曾论及隋唐五代文化发展的普遍性。应当补充说明的是，在文化各部门普遍的兴盛之中，在这一时期文学艺术与宗教得到异常突出的发展。这在与各门类学术、科技相比较时显得非常明显。文学艺术与宗教都属于人的主观精神创造的领域。文学艺术创作集中反映了人对真、善、美的追求；而就具体作品而言，在一定意义上它是创作者主观精神的体现。宗教则在信仰中追求人的生命价值，它归根结底以曲折的形式反映了精神拯救与永生的幻想。而无论是从反映人的精神追求的内容看，还是从幻想与形象的表现形式看，文学艺术与宗教都有相通的地方。隋唐时期昌盛的国势、发达的经济以及相当自由、开放的社会环境，都给人的个性发展提供了相当开阔的天地。人的个性的自觉大为加强，这就成为培植文学艺术创造与宗教幻想的良好土壤。从自古以来的中国文化传统看，其特征之一就是更加着重追求统摄宇宙、自然、社会、人生的智慧，探索人与人、人与社会、人与自然如何协调发展，而把掌握认识、改造客观世界的知识放在次要地位。在隋唐五代人的主观个性得到更充分的发展、理想与幻想的空间相当开阔的条件下，中国文化的这一重要特征也就得以充分发挥。对中国文化这一传统特征的评价，或褒或贬，言人人殊。但就隋唐五代文化发展的情况看，则确乎是相当典型、相当充分地代表了中国传统文化的特质与优势的。

隋唐五代的社会条件培育了一代高度繁荣的文化，而这文化又对社会的发展起了巨大的积极作用。对于国家的建设、政权的巩固来说，经济与文化是主要的起支撑作用的两翼。而这两者间，文化直接关系着历史创造者——人的精神水平，它虽然往往是在无形之中，却发挥着更为巨大，也更具决定性的作用。作为中国封建社会的统治思想的儒家，历来重视"人文化成"，树立了重视文化的传统。这一传统在整个中国历史的发展中都起着作用，不过在程度与形态上有所不同而已。而隋唐五代无疑是文化得到社会上下普遍重视的重要时期之一。在这里，统治阶级采取了一系列发展文化的措施所起的作用是相当重要的，而从统治阶级上层到普通民众努力发展文化的积极性与创造性更是文化繁荣的基本推动力。文化的发展直接带动了教育水准的上升，国民素质的提高。这对经济的发展、社会的安定都是有巨大的积极意义的。而统一的文化传统的发展，更有利于国家的统一。即以唐后期的情形为例，这种文化传统乃是抑制分裂割据势力的极其强大的力量，一方面在官僚士大夫间形成强大的反对割据、分裂、维护国家统一的舆论；另一方面在民众中也存在着要求统一、安定的普遍心态。这造成了统合社会上下的巨大的民族凝聚力。在相当长的时间里，唐王朝在内外矛盾中几经危殆，数次播迁，却一直作为全国统治的中心而维持下来。后来"五代十国"的大分裂，仅短短五十余年又复归于统一，在这一历史发展中也不能不看到文化传统的巨大作用。至于在封建社会掌握文化教育的主要是统治阶级，这一阶级文化水平的提高（特别是学校教育的普及、科举制的完善以及由此推动的庶族地主阶层文化水平的提高）对于健全法制、改善吏治、安定社会等治国安邦之术的实施提供了有力保证，也是显而易见的。隋唐五代统治者一般都重视文化教育事业的发展，是有远见的；当时采取的一系列发展文化教育的措施，是有魄力、有成效的。隋唐五代文化的繁荣，是这一代历史的重要成果，是整个中国文化史的光辉篇章。

隋唐五代丰富而优秀的文化遗产，遗惠后代巨大而深远。由于这是与其他时代相比较而极富特色又特别繁荣的文化，在许多方面被后人当作模仿的蓝本和借鉴的楷模。从典章制度到风俗习惯，从思想、学术到文学、艺术，后代都从中汲取到有益的滋养，对各时代的文化建设起了重大作用。例如"贞观之治"与"开元之治"成为后世历朝当权者的致治理想；这一时期完善与定型的三省六部的政治体制以及与之相关联的监察制度、遴选人才的科举制度、史官修史制度等一系列制度都为历代王朝所沿用；唐律是以后历朝制定律法的样本，《唐律疏议》也为历朝疏释法律所依据；隋唐五代的儒学开宋、明理学的先河；这一时期的佛教与道教也为以后的发展开拓了方向，奠定了基础；更不必说"韩、柳文章李、杜诗"，是历代文人所仰慕与追慕的典范了；这一时代的文学艺术创造给后人提供了学习与借鉴的取之不尽、用之不竭的财富。而这一时期光辉的文化积累，特别是盛唐文化的成就，更给后代展现出一种丰富、开阔、繁盛的理想境界，鼓舞着一代代人为追攀这一理想而努力创造。

隋唐五代文化在当时与后代，对国际上的影响也是十分巨大的。它作为中华民族的文化成果，汇入世界文化发展的长河之中，成为世界人民的财产。在当时，周边远近诸国慕风向化，除政治与经贸的联系之外，仰慕与学习中华文化也是重要的因素。特别是在东亚，所谓"汉字文化圈"就是从唐代逐渐形成的。日本与新罗都是在全面地学习与模仿唐朝的基础上完善了封建制度，取得了飞速的发展。这个"汉字文化圈"在中国文化的影响下一直发展到今天，包括隋唐五代文化的中国文化仍然或隐或显地对所在诸国的发展起着作用。隋唐五代文化更有力地树立着中国的国际声望，促进了与各国间的友好交流关系。后来外国人把中国叫作"唐土"，把中国人叫作"唐人"，也表明隋唐五代的文明引起了多么高的崇敬。到今天，敦煌石窟和大雁塔、唐代乐舞与诗文、大运河与长安古城……这无数隋唐五代的文化遗产仍吸引着世界各国千千万万人，使他们艳羡与神往，从中追寻中华文化的真谛，求得新的文化创造的灵感,并从而培养起对中国与中国人民的敬重与友好的感情。

在今天,隋唐五代文化是我们进行文化建设可资借鉴的宝贵遗产,研究这一时期的文化发展状况可以使我们进一步了解中国文化的特质及其发展规律,这已是不言而喻的常识了。从更广泛的意义上讲,认识历史上的光辉的文化,对于全民族可以培植爱国主义思想与民族自信心,对于个人可以陶冶情操、提高修养,这更是关系国民素质提高的大事。当然从时间上看,历史已是过去的陈迹了;但从国家和民族的发展上看,历史却永存在国家与民族的生命里。当代的中国人在带有无限自豪与神往回顾隋唐五代的光辉灿烂的文化的时候,并不只是在凭吊古老的遗迹、思念往昔的荣光,而是更自信曾经创造出如许辉耀寰宇的文明的民族精神不会衰败,它一定会一代代地发扬光大的。当代的中国人应当也能够在前人走过的路上更上一层楼,向人类贡献出更加光辉灿烂的文化成果。

第一章　隋唐五代文化发展的
社会条件与思想环境

第一节　繁荣强盛的社会经济基础

经隋至唐，虽然经过隋末一段战乱，但由于国家统一，社会阶级关系得到调整，统治者又采取了一系列安定民生、发展生产的措施，执行了一套省刑薄赋、与民休息的法律与政策，使得经济迅速恢复并走上健康发展的轨道，政治上则保持了较长期的稳定，从而迎来了唐前期兴盛繁荣的局面。

隋、唐两朝继北朝之后实行了带有村社制残余性质的均田制。隋末战乱，打击了中原、山东、江南广大地区的世家巨族，使得唐朝按均田令授田的办法得以更有效地推行。与均田制相配合的租庸调法和府兵制度，又大为减轻了农民的赋役负担。这就使在均田制下的广大的自耕农的生产积极性提高了。加之唐王朝开国初期，社会从动乱中一时转向安定，政治又比较清明，政府采取了不少有利于生产恢复与发展的措施，如兴修水利、奖励农耕等等，推动着农业生产的高速发展。农业发展是封建国家的基础。实际上唐王朝统治下，完全意义的统一仅存续到"安史之乱"前的百余年间,以后就陷入了不间断的动乱、割据之中。但唐初形成的经济繁盛的势头却在一定程度上,特别是在某些地区延续下去,对维持唐王朝的统治、对社会生活起着重大作用。

农业发展的重要标识是垦地面积的增加。诗人元结形容说:"开元、天宝之中,耕者益力,四海之内,高山绝壑,耒耜亦满。"①据今人的考证,天宝年间的垦田总面积约为 750 万顷左右。而相对比,北宋兴盛期的元丰年间(1078—1085)则只有 461 万余顷②。北宋由于失去了北方燕云十六州,又没有河西、陇右领土,所以少了290 万顷左右。这表明经唐代的垦殖,至宋没有多少进展。农业的发展另一个标识是单产的增加。唐代重视水利建设,生产工具、生产技术均有所改进,单产增加也是很显著的。《通典》卷七《历代盛衰户口》记载宇文融的话:"营公田一顷……平收一年,不减百石。"即亩产核一石(现市制核六斗)。陆贽在其奏议中说到当时租赋情况:"今京畿之内,每田一亩,官税五升,而私家收租,殆有亩至一石者。"③按私家"见税十五"的通例(这也是维护劳动力简单再生产所必需的),则亩产应在二石左右。宇文融说的是公田产量,耕种公田劳动积极性低,产量为私田一半,是合乎情理的。而对比之下,汉代亩产折唐制为每亩七斗至一石左右。就是说,唐代单产比较汉代增长了近一倍。作为农业国家,生产的发展还表现在人口的增长上。人口的数量不仅是居民自然繁殖的数据,还是封建国家掌握的劳动力的数量,间接表示着国家可能收得的赋税的数量,当然也是社会发展水平的重要标志。据历史资料统计,唐初的武德、贞观年间户数在 200 万到 300 万之间,当时国家在整顿恢复,统计上隐漏很多可以想见。到永徽三年(652)上升到近 400 万户;又过了五十年,到神龙元年(705)是 600 余万户,已经是唐初的两倍多。

①《问进士》第三策,《元次山集》卷七。
②参阅王仲荦:《隋唐五代史》上册,第 372—376 页,上海人民出版社 1988 年版。
③《均节赋税恤百姓六条》,《全唐文》卷四六五。

再过五十年到天宝十四载(755),达到唐代户口记录的高峰,户数为8,914,709户[①],口数为52,919,309口。这些数字大体只是朝廷掌握的户口数,肯定是不确切的。但它们反映了户口迅速增长的事实则是不容怀疑的。作为比较的数据,西汉户口的最高数字是元始二年(2)的,户数是12,233,061户,口数是59,594,978口;北宋治平三年(1066)是1291万多户,2909万多口。即是说,到唐天宝年间,人口数(从统计数字看)又接近了西汉的水平,比北宋则多得多。唐、宋都有严重的户口流失问题,唐代实际的居民密度应是超过汉代的。

在农业发展的基础之上,加上国家的统一安定和海内外经济交流等有利条件,商业与官、私手工业,农民家庭手工业也都迅速发展起来。长安、洛阳、汴州(今河南开封市)、扬州、广州、益州(今四川成都市)等大都市商贾云集,宝货山积,出现了一批富埒王侯的商人。朝廷主持着庞大的官营手工业。私营作坊也有了相当的规模,例如已出现有几百张织机的纺织作坊。城市的繁荣造成了一个市民阶层,他们在社会生活与思想文化领域起着越来越重要的作用。

经唐初百余年间的发展,迎来了所谓"开元盛世"。杜甫诗说:"忆昔开元全盛日,小邑犹藏万家室。稻米流脂粟米白,公私仓廪俱丰实。"[②]在战乱中流落两川的诗人对盛世的回忆当然有溢美成分,但当年社会经济繁荣、物资充裕、人民生活较安定则是可以肯定的。史书上也描写说:"是时(开元年间)海内富实,米斗之价钱十三,青、齐间斗才三钱;绢一匹钱二百。道路列肆,具酒食以待行人。店有驿驴,行千里不持尺兵。天下岁入之物,租钱二百余万缗,粟千九百八十余万斛,庸、调绢七百四十万匹,绵百八十余万

---

① 这是根据《通典·食货典》的记载,《唐会要》有天宝十三载906万余户的记录。
② 《忆昔二首》,《杜少陵集详注》卷一三。

屯,布千三十五万余端。"①后面的数字,也反映了当时朝廷剥削的程度,但社会财富确实是相当充裕的。历史记载,天宝八载(749),全国主要粮仓计储粮 1260 多万石,仅洛阳含嘉仓就储粮 580 多万石。1971 年对含嘉仓遗址的发掘证实了这一记述。在含嘉仓东西约 615 米、南北约 725 米的仓城中,密集着 400 个大粮窖,已探出259 座。其大者可容粮一万数千石之多。在 160 号粮窖中,还保存有约 50 万斤炭化了的谷物②。由此可见当时财富充盈的一端。在一个农业国家,粮食是安定民生、发展经济的根本。

　　"安史之乱"标志着唐王朝开始走下坡路。但唐前期积累起来的生产力发展成果并不会由一次战乱而破坏殆尽。战乱中经济破坏最严重的是争战频繁的关东、关西地区,函陕凋敝,东周尤甚。但由于"自至德后,中原多故,襄、邓百姓,两京衣冠,尽投江、湘"③,朝廷财赋又仰给于东南,因此江南经济得到进一步开发。朝廷派遣到南方的多是威重干练的能臣,在那里兴修水利,安抚流亡,发展农耕,招徕商贾。结果,南方逐渐形成为全国经济的重心。这从户口增减的情况清楚地反映了出来:"安史之乱"后,北方户口锐减,而江南州县却呈现出普遍上增的趋势。又从全国情况看,李吉甫元和二年(807)撰《元和国计簿》,在天下总计方镇 48、州府 295之中,赋税倚办于浙江东、西、宣歙、淮南、江西、鄂岳、福建、湖南 8道 49 州,即占总数约六分之一的州县,纳税户是 144 万户④;而唐后期现知最高的户口数是开成四年(839)的 4,996,752 户⑤。考虑到割据的强藩不申报户口和逃户众多的情形,当时的人口起码不

①《新唐书》卷五一《食货志一》。
②参阅河南省博物馆、洛阳博物馆:《洛阳隋唐含嘉仓的发掘》,《文物》1972 年
　第 3 期。
③《旧唐书》卷三九《地理志二》。
④《资治通鉴》卷二三七"元和二年"。
⑤王溥:《唐会要》卷八四《户口数》。

比开元、天宝盛年减掉多少。

　　唐中叶以后,藩镇问题是一个重大的社会矛盾。但藩镇的割据或自保主要影响到政治的统一和朝廷的财赋收入,当然藩镇叛乱和相互间的争斗也对社会安定与经济生活有所破坏。然而藩镇为了巩固自己的实力,多数又能保境安民。特别是"天下方镇,东南最宁"①。还有两川,一直是经济稳定发展的地区。即使经过唐末农民战争和军阀混战,两个区域的经济也没有受到太大损害。到五代时期,分别在那里建国的吴越、南唐和前、后蜀,仍是经济相当繁盛的地区。

　　唐中叶以后农业生产水平得以基本维持还与生产关系得到调整有关。至开元、天宝年间,土地兼并严重,均田制已经破坏。农民大批流亡,动摇了农业生产的基础。兼并中形成了数量与势力不断扩大的私家庄园。建中元年(780)朝廷迫于形势,正式宣布废止均田制与租庸调法,改行不以人丁为主,而以土地、财产为主的"两税法"。这一方面一定程度上制止了户口隐漏,扩大了政府的财政来源;另一方面使原来的部曲、逃户合法地成为私家佃户、庄客或自耕农。他们生活安定了,生产积极性也随之提高了。两税法从立法上肯定了土地兼并,是封建生产关系变革的大事;在实行的当时,也起了稳定农村、维护农业基础的积极作用。

　　"安史之乱"以后,城市的商业与手工业比农业有更显著的发展,特别是在江南与两川。直至五代,一批商业城市如扬州、益州、泉州、广州等均人口密集,商贸繁荣,成为所在地区的经济中心。在长安被唐末农民战争破坏以前,那里也一直保持着全国政治、经济中心的地位。城市的发展造成了日渐强大的市民阶层。这一阶层出现于历史舞台,在以后的历史发展中起着越来越大的作用。

　　"五代十国"时期,南方虽处于分裂之中,但各割据政权均能保

---

① 常衮:《代杜相公让河南等道副元帅第二表》,《全唐文》卷四一七。

境安民。特别是在这些政权建立伊始的时期，多能采取修明吏治、发展经济的措施。这些地区基本上延续了中、晚唐经济发展的成果，兴修水利，奖励农耕，特别是茶叶种植在这一时期得到普及与发展。城市商业与手工业也相当繁荣。北方战乱频繁，生产相对停滞。但到后周时期有很大的改观，一时呈现国富兵强之势，为宋的统一准备了条件。

这样，从隋唐五代近四百年总的形势看，前期社会经济发展迅速，造成了兴盛繁荣的发展高峰；"安史之乱"以后多有动乱，分裂割据趋势愈演愈烈，以至形成"五代十国"的分立，但前期所形成的强大的经济基础并没有从根本上破坏，在某些方面还有所发展。这就给这一时期的文化建设提供了物质基础与保证。

第二节　新文化队伍的结成与壮大

文化的发展状况，直接决定于有一支怎样的文化建设队伍。隋唐五代文化的繁荣，首先得力于活跃在各个文化部门的新的强大的生力军。这支生力军以新兴的庶族文人为主体，是在当时社会阶级结构的剧烈变动中发展、壮大起来的。

魏晋南北朝时期的社会统治阶层，是门阀世族；具体说来，是中原、江左的世家和山东、代北的勋贵。文化领域也是这一阶层占据着统治地位。晋代诗人左思的诗说："世胄蹑高位，英俊沉下僚。"[1]刘宋诗人鲍照又有诗云："冠盖纵横至，车骑四方来。素带曳长飙，华缨结远埃。"[2]这都抒写了出身寒微的知识分子的屈沉不遇

---

[1]《咏史诗八首》之二，逯钦立辑校：《先秦汉魏晋南北朝诗·晋诗》卷七。
[2]《代放歌行》，逯钦立辑校：《先秦汉魏晋南北朝诗·宋诗》卷七。

的悲哀。但到了隋唐时期,情况逐渐发生了变化:庶族知识分子的队伍逐渐壮大,地位迅速得到提高。特别是在文化领域,新兴的庶族阶层形成一代文化建设的主力。

隋、唐两个王朝的统治集团,都出身于作为北周府兵主干的武川镇军事贵族。他们是依靠所谓"关陇集团"即代北鲜卑勋贵与关中郡姓世族夺取了天下的。隋代统治者为了巩固统一南北的新王朝,即曾压抑门第,并采取措施(如实行科举制)向更广泛的社会阶层开放政权。而隋末战乱更给河北、中原、江南的门阀势力以重大打击。入唐以后,在新王朝中靠军功、政能进身的新贵,均田制下通过兼并起家的庶族地主,商业、手工业发展中致富的巨商,如此等等没有品级身份的社会阶层,逐渐形成为社会重要力量,并要求政治上的地位。初唐统治者在群雄逐鹿之中取得政权,也深切体会到多方延揽人才、向地主阶级更广泛的阶层开放政权的必要。唐太宗与臣下论政,曾一再说到治国安邦"惟在用得贤才"之类的话,他也了解到"纲维不举,并为勋亲在位,器非其任,功势相倾"①的危害。有一次,科举出身的张行成批评他议论山东、关西人物意有异同,说:"臣闻天子以四海为家,不当以东西为限;若如是,则示人以隘狭。"他立即表示赞同②。当时兴学校,行科举,正是广泛吸收人才的手段;不少所谓"孤贫"的没有身份背景的人,得靠政能、文才进身,以至不次迁擢将相。这样,自隋到唐初,社会统治结构发生了巨大变化;门阀世族统治被以皇族亲贵为核心,包括世族、庶族、富商、僧侣地主等广泛的地主阶级品级联合所代替。这其中,庶族地主是地位迅速上升、政治上十分积极活跃的阶层。它也成为推动文化发展的主要力量。

应当指出,在唐代,所谓"庶族"已有了新的含义。在魏晋南北

---

① 吴兢编著:《贞观政要》卷三《择官》。
② 《旧唐书》卷七八《张行成传》。

朝时期，士庶之分，全凭门第。但到了唐代，经过隋、唐两次易代和唐初社会阶级结构的变动，原有的门第品级已失去了相当的意义。杜甫说到画家曹霸，是"将军魏武之子孙，于今为庶为清门"①。这就表明，过去的高门士族，即使是曹霸那样出自帝王世系的人，在当时社会上也被等同于庶族了。以文人情况为例说，王勃、王维都出身于山东郡姓太原王氏，李华、李观出身于同样是山东郡姓的赵郡李氏，杜甫出身于关中郡姓京兆杜氏，元稹出身于代北虏姓元氏，李贺还是李唐宗室贵胄，如此之类，这种高贵的门第出身对他们的政治、经济地位几乎没有什么意义。从他们的社会地位、思想习俗以至靠科举求进身的经历看，应当说是地地道道的庶族。唐初新修著录门阀等第的《氏族志》，唐太宗就指示要"崇重今朝冠冕"，"不须论数世以前，止取今日官爵高下作等级"②。在唐时，现实的社会地位显然比旧时的出身门第更显得重要。出身微贱的人是可以靠政能、文才致身通显的；而衰宗落谱的世家子弟的身份地位则与庶族无异。

　　武则天一朝行政，进一步加深与巩固了统治阶级结构的变化。武则天的父亲武士彟本以贩鬻木材而致富，从李渊平长安，又是以军功起家的勋贵。武则天则以身份低微的才人入宫，后来立后、称帝，政治斗争促使她必须打击李唐宗室、外戚与亲贵大臣。这样无论从身份地位上还是政治斗争的需要上，都决定她支持、亲近出身庶族的新进官僚。武则天为了篡权称帝，打击政敌，曾经任酷吏，用非刑，兴大狱，但她又确实能广开用人之路，破格地延揽人才。她曾设延恩匦，鼓励人们自荐；又遣十道巡抚使按行各地，分道选人；她往往亲自引见、存抚所举人，无问贤愚，普加擢用；她还十分重视科举，亲自策问，称为"殿试"。她采取不少措施，不限资格地

①《丹青引赠曹将军霸》，《杜少陵集详注》卷一三。
②《旧唐书》卷六五《高士廉传》。

大胆引拔新进,意在培植效力新朝的臣僚队伍;这在客观上却进一步削弱了已经大为衰落的门阀世族势力。后来人记载:"伪周革命之际,十道使人天下选残明经、进士及下村教童蒙博士,皆被搜扬,不曾试练,并与美职。"①历史发展的事实证明,武则天这不次用人的一系列措施虽没能维护住武周的天下,但确实提拔了一大批有真才实学的能臣。例如狄仁杰、张柬之、姚崇等,均为武则天朝科第出身,都正直敢言,为一朝名相。玄宗朝的宋璟、张嘉贞、唐休璟、苏颋、张说、张九龄等一批辅助建设"开元盛世"的人物,也是武则天朝举拔起来的。因此德宗朝宰相陆贽说:武则天"践祚临朝,欲收人心,尤务拔擢,宏委任之意,开汲引之门,进用不疑,求访无倦,非但人得荐士,亦得自举其才,所荐必行,所举辄试……课责既严,进退皆速,不肖者旋黜,才能者骤升。是以当代谓知人之明,累朝赖多士之用"②。

　　从更深的意义上看,武则天的不次用人的政策,不仅为统治集团选拔了人才,还顺应历史要求扩张了庶族地主阶层的势力。而庶族地主阶层地位的加强,对于以后政治、经济、文化的发展都有重大作用。这个阶层的代表就是所谓"文章之士"。中唐时的沈既济回顾说:"太后颇涉文史,好雕虫之艺,永隆中始以文章选士。及永淳之后,太后君临天下二十余年,当时公卿百辟无不以文章达,因循遵久,寝以成风。至于开元、天宝之中……太平君子唯门调户选,征文射策,以取禄位,此行己立身之美者也。父教其子,兄教其弟,无所易业,大者登台阁,小者仕郡县,资身奉家,各得其足,五尺童子,耻不言文墨焉。是以进士为士林华选,四方观听,希其风采。"③这写出了一时社会风气,也可以看出靠文章科第进身的庶族文人势力的加强。

---

① 张鷟:《朝野佥载》卷一。
②《请许台省长官举荐属吏状》,《全唐文》卷四七二。
③《通典》卷一五《选举三》。

　　"安史之乱"后，朝廷不复有贞观、开元那样的兴盛、振作的气象，朝内宦官弄权、朋党相争，加上科场风气败坏，在一定程度上阻碍了士人进身之路。但自唐初建立起来的统治阶级结构的格局并没有变化。建中元年(780)朝廷颁行两税法，以法律形式正式废止带有古代村社色彩的均田制，改变为"户无主、客，以见居为簿；人无丁、中，以贫富为差"①的制度，从而肯定了土地自由兼并。这是庶族地主阶层势力扩大的法律表现。而唐中、晚期的藩镇割据对于朝廷是分裂或离心势力，但那些地方割据军事集团代表着不同地域或阶层的利益，大都能庇护、保持本地区经济的发展。这样，不仅在朝廷中庶族官僚士大夫仍十分活跃，他们中不少人求进无阶便可托庇于方镇幕府。结果在晚唐五代，江东与两川都形成文人活跃的颇具规模的文化中心。

　　由魏晋南北朝时期的重阀阅、重经术，转变为隋唐五代的重科第、重文章，这是社会阶级结构发生重大变化的表现。代表庶族地主阶层观念与利益的靠政能文才进身的士大夫在历史舞台上渐居于主导地位。历史上的"建安七子""竹林七贤""竟陵八友"之类在当时文化领域扮演主要角色的都是贵族文人，他们的主要活动场地是宫廷和贵族的庭苑与园林。但在隋唐五代，他们的地位被新进的庶族文人所取代了。这些人出身比较低微，不少来自民间，对民生疾苦有所了解；他们中多数人有一段奋斗的经历，或经受过患难，对社会矛盾有所体察；他们较少受传统束缚，思想意识比较开阔自由，有些人不同程度上具有批判态度以至叛逆精神；他们在科场中、在官僚圈子里艰难进身，要依靠自己的努力与真才实学。这是一批相当有才华、有能力的人。正是这些人，成了这一时代创造文化的主力。就具体的个人来说，他们中不少人在政治上是不成功的；但更多的人却以其才华和努力成为文化上的巨匠，攀登着中

――――――――――

①《旧唐书》卷四八《食货志上》。

国历史上文化的巅峰。

第三节　宽松的社会与思想环境

隋文帝杨坚称帝之后,颇能励精图治,躬先俭约。在他的经营之下,结束了长期南北分裂和北方少数民族混斗的局面,为经济与文化的进一步发展准备下了场地。但有隋一代政治却失之苛察,隋炀帝杨广更是有名的残暴。这是隋王朝短命夭亡的直接原因。然而隋的苛政灭国,却给唐代统治者留下了宝贵的殷鉴。

唐王朝开国者是高祖李渊,而奠定帝国兴盛基业的则是太宗李世民。他起自行阵,在左右辅佐之下,通过宫廷政变取得了帝位。他不仅积累了丰富的军事、政治斗争经验,而且能够汲取前代帝王亡国破家的教训,懂得民贵君轻、民水君舟、守成不易、防微杜渐和兼听则明、偏信则暗之类道理,颇能任贤求谏,容纳直言。即位之初,他对大臣萧瑀说:"朕少好弓矢,自谓能尽其妙。近得良弓十数,以示弓工,乃曰:'皆非良材也。'朕问其故。工曰:'木心不正,则脉理皆邪,弓虽刚劲而遣箭不直,非良弓也。'朕始悟焉。朕以弧矢定四方,用弓多矣,而犹不得其理。况朕有天下之日浅,得为理之意,固未及于弓。弓犹失之,而况于理乎?"[1]他又曾以作文为譬说:"如属文之士,伎巧之徒,皆自谓己长,他人不及。若名工文匠,商略诋诃,芜词拙迹,于是乃见。由是言之,人君须得匡谏之臣,举其愆过。"[2]他经常召见臣下询访外事,务知百姓利害、政教得失;由于上书奏事者多,他还粘之屋壁,出入观省。他手下的名臣

---

[1] 吴兢编著:《贞观政要》卷一《政体》。
[2] 吴兢编著:《贞观政要》卷二《求谏》。

魏徵、王珪、刘洎、岑文本、马周、褚遂良等，都以能言敢谏著称。贞观一朝的开明政治与对言论的优容，不只推动了隋末大乱之后的致治，而且给以后的统治者留下了一个好的榜样。后来在武周与玄宗朝任史官的吴兢，鉴于太宗致治的史实良足可观，撰成《贞观政要》十卷，其中大量记述太宗任贤纳谏、开放言论的事例，垂训而为后人的楷模。

　　唐王朝的几位帝王，如在位前期的玄宗、宪宗、宣宗等政治都比较开明，在一定程度上颇能秉承贞观遗风。武周时朝政严酷，唐中晚期君主多庸聩，但对比起来，整个唐代思想、言论的环境是宽容的。武则天用酷刑打击政敌，但并不钳制言论。例如著名的陈子昂以布衣献书阙下，武则天召见于金华殿，授麟台正字。他正直敢言，论及时政，无所顾忌，多尖刻之语。后来他沦落屈死，另有原因，当初其见识、言论是被褒许的。又如中唐以后宦官弄权，气焰熏天，文宗时刘蕡对直言策，揭露时弊，直斥权阉，只得到被黜落的结果，然而，却因此名扬四海，天下称屈，先后得到宣歙节度使王质、山南西道节度使令狐楚、牛僧孺的辟署。唐代当然有以文字言论得罪的，却没有文字狱。在宽容的社会思想环境中，舆论上以正直敢言为荣，士大夫常以不辟权幸相勖勉。在封建专制制度下，言论不仅决定于发言者的勇气，更重要的要看统治者是否优容。唐代比较开明的政治与宽松的思想环境给文化发展留下了相当自由的空间。宋人洪迈论诗，说："唐诗无讳避：唐人歌诗，其于先世及当时事，直辞咏寄，略无避隐。至宫禁嬖昵，非外间所应知者，皆反复极言，而上之人亦不以为罪。"接着举出白居易、元稹、杜甫、张祜、李商隐等人的作品为例，并致慨说："今之诗人不敢尔也。"①诗坛的情况如此，整个文化领域也大体如此。

　　隋唐五代继承北齐、北周确立的以儒为本，道、释为辅的三教

────────

①洪迈：《容斋续笔》卷二。

齐立政策，在思想、学术领域表现出更弘阔的兼容并蓄的气度和博采众长、为我所用的魄力。这也有力地促进了文化的活跃与开放。隋代重儒术，开皇间"中州儒雅之盛，自汉、魏以来，一时而已"①；但又崇信佛教与道教。唐室立国，自承为老氏宗枝，于武德八年（625）排定三教次序：先老、次孔、末释。尊老意在神化自宗；其一朝政治、法律、伦理则以儒教为根本；对佛亦兴崇不怠。在具体时期，三教位置有起落变化。例如武后、代、德、宪、宣诸朝特别崇扬佛教；玄、武二宗则畸重道教，武宗时还演出过灭佛的酷烈行动。但一般说来三教是并容的。五代十国诸朝诸国也大体如此。一个典型的现象是南北朝以来的三教辩论到隋唐形成了风气，以至固定为礼仪式的"三教论衡"。隋时始平令杨宏曾集道士、名儒入智藏寺，论议三教。可知这种论辩已普及到地方。唐武德七年（624），高祖下诏兴学，有"三教虽异，善归一揆"②等语；他还曾亲临国学释奠，令徐文远讲《孝经》、沙门惠乘讲《波若经》、道士刘进喜讲《老子》，陆德明难此三人，各因宗旨，随端立义，三人皆为之屈③。贞观十二年（638），皇太子李治曾集宫臣及三教学士孔颖达、道士蔡晃、沙门慧净等于弘文殿论议。这只是两个例子。这种讲论各朝相沿不绝，相当频繁。据《古今佛道论衡》的记载，仅在显庆三年（658）至龙朔三年（663）这六年间，即在两京内殿召集僧道对论七次。到德宗朝，礼仪式的"三教论衡"成立，如贞元十二年（796）四月德宗生日，在麟德殿集臣僚、沙门、道士十二人参加讲论④，这已经有祝贺礼仪的意味。白居易的文集《白氏长庆集》里保存了唐文宗时的一次"三教论衡"的记录，从中可以看出，当时的论辩已不像初唐陆德明参加的那一次那样以儒的一方取胜结束，而是初则三

---

① 《隋书》卷七五《儒林传序》。
② 《册府元龟》卷五〇。
③ 《旧唐书》卷一八九《陆德明传》。
④ 《旧唐书》卷一三五《韦渠牟传》。

方各持己见,终则同归于善,共赞王化。这与后人评论贞元十二年那一次是"初若矛盾相向,后类江海同归"①的情形是一样的。这也清楚地显示了当时统治者力图调和三教的努力。

隋唐五代的统治者不是用一种御用的思想、理论去统制、桎梏人们,而是兼容多种思想、学说、信仰;一般也不以专制权威判定某种思想观念非圣无法。这也给思想、文化的发展创造了良好的气氛。而就三教论争的意义讲,不仅通过论辩促进了三者的交流与融合(这种融合对后代思想发展影响极其深远,宋明理学的形成就是它的一个结果);而且三教的相互批判客观上活跃了思想界,对人们起到某种思想解放的作用,鼓舞了人们追求真理的精神。而且隋唐时期儒学已积累了千余年的传统,佛教义学兴盛,宗派林立,道家与道教也发展到很高的水平。因此三教理论本身及其相互的论辩,无论是在思想内容上,还是逻辑思辨上,都取得了相当的成绩,这对思想学术的发展也起了重大的积极作用。

一种宽松的政治与思想环境,培养出相当良好的学风与士风。就学风说,魏晋以来的儒学或拘守章句,或流于玄虚,但到了隋唐时期,以前被当作褒语的"工于章句"成了贬辞,士人们努力于会通经旨,一家独断,务为有用之学。佛教教学也已超越了介绍、消化外来教义的阶段,不再集中探索古印度迦毗罗卫国太子释迦如何成佛,而努力于解决中国人如何挽救自己、改造人性的课题。道教则由追求长生久视、飞升成仙的幻想向对自身精、气、神的修炼转变。这样,整个学风表现出强烈的现实性与执着人生实际的特色。就士风说,这一时代的知识分子总的风貌是开阔、自由、乐观、向上的。统一强盛的时代培育了远大的理想。士人们较少沉溺于个人荣辱进退的悲欢忧喜之中,他们更多地以天下为己任,以经世济民为功业;他们多能不畏险阻,不惧权势;他们思想开放,勇于和善于

———————
① 钱易:《南部新书》卷乙。

接受新鲜事物，追求大胆创新；他们也较少宗派意识，较少文人相轻、相互攻讦的陋习，多能相互奖掖提携，借鉴学习，文坛上的李、杜和韩、柳就是明显的例子。在中国古代，隋唐五代时期是人们的精神世界相当开放、丰富、活跃的时代。文化上瑰丽多彩、气象万千的创造正是人们精神世界的表现。

还有一点应当指出，就是在这一时期，文化得到社会上下普遍的重视。隋唐五代帝王中颇多右文之主，高官显贵中更多有文化修养很高的人。他们中不少人在文学艺术上的成就相当可观。加上他们了解与重视"人文化成"的教化作用，因此有意无意中推动了整个时代重视文化的风气。而值得注意的是，当时的统治者并没有以自己的观点、趣味去给文化树立轨范。唐太宗溺于陈、隋旧俗，好作宫体诗，曾令大臣虞世南赓和，世南答说："圣作诚工，然体非雅正，上有所好，下必有甚者，臣恐此诗一传，天下风靡，不敢奉诏。"太宗只好解嘲说："朕试卿尔。"①他不像梁、陈君主那样自己喜欢宫体就让臣下都去作宫体。武则天和中宗时朝廷游乐倡和，提倡雍容婉媚的诗风，但并没有影响这一时期整个诗风的嬗变。唐代朝廷基本上不干预文化艺术的创造，而文人自身对于文化事业也有强烈的使命感与责任感。后来被讥评为"因文害道""百无一用"的文人，在当时却以自身的价值而自豪。韩愈悼念亡友柳宗元，致慨于后者半生被斥逐而无人援手，发表感想说："然子厚斥不久，穷不极，虽有出于人，其文学辞章，必不能自力以致必传于后如今无疑也。虽使子厚得所愿，为将相于一时，以彼易此，孰得孰失，必有能辨之者。"②在这里他故作疑辞，实际是肯定柳宗元在"文学辞章"方面的贡献和价值高于他如能"为将相"的意义。这颇为典型地代表了唐代士人的心态。正由于有了这种认识，当时不少人

①计有功：《唐诗纪事》卷一。
②《柳子厚墓志铭》，《昌黎先生全集》卷三二。

才能鄙薄功名利禄、甘于困顿而潜心于文化事业的创造。李白倚其文才笑傲王侯、谑浪朝廷，正是有这种普遍的社会心态为基础的。

第四节　与边疆诸族和域外的交流

隋王朝在东亚建立起统一的大国之后，加强了与域外的交流。海东的新罗、百济与隋建立起密切关系；日本也屡次派出遣隋使，这是唐代大规模遣唐使的先驱；南海诸国早与南朝有频繁交往，至隋仍然延续不衰；北方的东突厥也与隋改善了关系；西域诸国在隋用兵吐谷浑，打通了丝绸之路后，纷纷向隋派出使臣。隋炀帝曾亲巡河西，在伊吾（今新疆哈密县）筑城设郡，将河西数千里地纳入版图，并遣使出访中亚诸国。隋王朝在扩大对外交流方面，也为唐代更伟大壮观的局面演出了序曲。

唐王朝建立之后，迅速发展昌盛，声威远被四方。唐初几十年间，平定了强大的东突厥，安定了北边；向西击破吐谷浑，与吐蕃建立起甥舅关系，再开隋末一度封闭的丝绸之路。至高宗时，拓宇至咸海之滨，在广大的中亚腹地建立起都督府和羁縻州。这样，唐王朝成了当时世界上先进、发达的政治、经济、文化中心。边疆诸族与内地密切交往，不少人入居中原；四周远近诸国慕风向化，往来报聘，络绎不绝。这其间文化的交流更是广泛兴盛。

唐王朝对于推进这种交流、接受外来文化采取了十分积极、主动的态度。这首先有着历史发展上的原因。南北朝时期民族的大规模迁徙与融合，大为削弱了民族间的偏见。隋王朝所承继的北周本是汉化的鲜卑勋贵的政权。隋文帝杨坚的父亲杨忠和唐高祖李渊的父亲李昞都出身于北周府兵八柱国的武川镇军官之家。八柱国之一的独孤信长女嫁北周明帝宇文毓为后,四女嫁李昞,七女嫁杨坚,杨坚女又嫁北周宣帝宇文赟。这样,周、隋、唐皇族本为姻娅,隋、唐王室都有鲜卑人的血统。类似情形在三朝臣僚中也不少见。这种宗族背景与社会环境,使得隋、唐统治者较少民族偏见。再者隋、唐继六朝民族融合之后,建立的是多民族统一的国家,现实政治状况也要求改变歧视、排斥少数民族的态度;而兴盛的王朝对与外国的交流更有强固的自信心。唐太宗明确表示:"我今为天下主,无问中国及四夷,皆养活之。不安者我必令安,不乐者我必令乐。"①唐玄宗即位后有诏令说:"我国家统一寰宇,历年滋多,九夷同文,四隩来暨。夫其袭冠带,奉正朔,颙颙然向风而慕化,列于天朝,编于属国者,盖亦众矣。我则润之以时雨,照之以春阳,淳德以柔之,中孚以信之,玄风既同,群物兹遂。"②中华民族自古以来就有仁爱天下、招徕四夷的传统,隋唐时代频繁密切的国家、民族间的交往更加发扬了这一传统。当时的中国是各民族、周边诸国优秀文化的荟萃之地,以长安为代表的一些大都会则成为具有鲜明国际色彩的文化交流中心。

古代的文化交流直接伴随着人员往还、居民迁徙而进行。隋唐时期延续着北朝边疆少数民族向内地迁移、同化的过程。但北朝时入居中原的少数民族军事集团是争夺和建立政权,对各族民众实行奴役与掠夺;隋唐时移居内地的少数民族则是归属到统一的政权之下,将自身融入更先进发达的文明之中。隋代时东突厥与内地已有密切交往。唐贞观初,征服东突厥,颉利可汗被俘,突厥居民大批南移,入居长安者近万家,豪酋首领拜将军、五品以上百余人。在以后的几十年间,唐与突厥居民"虽云异域,何殊一家,边境之人,更无它虑"③。贞观年间,党项羌前后内属者三十万口。

①《册府元龟》卷一七○《帝王部·来远》。
②《放还诸蕃宿卫子弟诏》,《全唐文》卷二六。
③张九龄:《敕突厥苾伽可汗书》,《曲江集》卷六。

此外，东北方的奚、契丹族居民亦不断南下幽州一带内附。开元年间，回纥兴起，以"安史之乱"中助唐平叛，双方结成联盟，肃、德、宪三朝均曾将公主嫁回纥可汗为可敦。两国间进行了历史上有名的丝、马交易。回纥商人大批入唐经商，人数常达数千人以上。唐代中晚期，西方吐蕃统治下的诸族人纷纷向陇右、剑南移动。唐境外的移民则主要来自朝鲜半岛。新罗统一三韩后，居民内移很多。日僧圆仁晚唐时游历山东半岛至楚州（今江苏淮安市）一带，多有新罗人聚居的新罗所（院、坊）。①

　　少数民族人和外国人在唐五代政治生活中占有重要地位。只举一方面事实就够了：唐代朝廷中的将领、重臣多有少数民族人和外国人，如太宗朝的契必何力（铁勒）、阿史那社尔（突厥），玄宗朝的哥舒翰（突骑施）、高仙芝（高丽）、参与平定"安史之乱"的李光弼（契丹）、王思礼（高丽）、荔非元礼（西羌）、德宗朝的浑瑊（铁勒）、仆固怀恩（铁勒）、李怀光（渤海靺鞨）。至于叛乱的安禄山（柳城胡人）、史思明（突厥），建立后唐的李克用（沙陀突厥）、建立后晋的石敬瑭（沙陀突厥）、建立后汉的刘知远（沙陀）等，也都是少数民族人。

　　外域来华的主要有四类人：政府派遣的使臣，包括外国王族入唐为质者及留学生；佛教僧侣及其他宗教的传教者；商人和艺人。此外还有战争俘虏、逃亡者、贩卖的奴婢等。中国也有许多人到外国出使、求法、经商等等。

　　隋、唐是当时世界上的强国，在列国折冲中地位举足轻重，因此各国纷纷遣使通好。包括东罗马帝国和南洋诸岛的远近各国，使臣报聘，史不绝书。日本派遣大规模的遣隋和遣唐使团，更是中日交流史上的美谈。

　　有些国家为了巩固与唐王朝的关系，遣子侄为质，入居长安充宿卫。这类质子以新罗和中亚诸国为多。其中著名的有波斯王子

————————

①《大唐求法巡礼行记》卷二、四。

卑路斯,他因国家被大食所破,于咸亨五年(674)来唐求援,客死长安;高宗命裴行俭送其子泥涅斯返波斯,受阻于碎叶城(今吉尔吉斯斯坦共和国托克马克),泥涅斯只好客居吐火罗,后仍来唐,病死。这也是唐王朝与大食争夺中亚的一次外交斗争。至开元年间,因这类质子居留者多,朝廷下诏放还,诏令中有"羁旅之志,重迁斯在"①的话。

"安史之乱"以后,"河、陇既没于吐蕃,自天宝以来,安西、北庭奏事及西域使人在长安者,归路既绝,人马皆仰给于鸿胪,礼宾委府、县供之,于度支受直",经检括竟有四千人之多,有的居中国四十年之久②。

隋及唐前期,中土与天竺、中亚的佛教交流仍处于繁盛期。不少中土僧人西行求法,大批天竺僧侣来华。西来僧侣著名者如隋初南天竺僧达摩笈多、武后时南天竺僧菩提流志、玄宗时中天竺僧善无畏、金刚智等。海东诸国僧人则到中国求法,有的经中国继续西行。如新罗人义湘、圆测,日本人玄昉等都学有成就,回国后在佛教发展上卓有贡献。

中国的佛教大师中有些是出身于外国世系的,如三论宗创始人吉藏先世为安息(今伊朗)人,华严宗创始人法藏为康国(今乌兹别克斯坦共和国撒马尔罕)人等。

自六朝已经传入中国的古波斯、中亚的宗教祆教(琐罗亚斯德教、拜火教)在隋唐时期继续流传。唐初有景教(基督教聂斯脱利派)、武后时有摩尼教传入中土。这被称为"三夷教"的外来宗教在中国立寺传教,均有相当规模。祆教与摩尼教主要流行于寓居中土的中亚人和回鹘人之间。岭南与大食人通商,唐时已传入伊斯兰教。

---

① 《放还诸蕃宿卫子弟诏》,《全唐文》卷二六。
② 《资治通鉴》卷二三二"贞元三年"。

隋唐时期各国来华通商的"商胡"非常之多。商胡善于营生谋利,足迹遍于全国。许多人在中国设邸店,置田产,娶妻生子,为久居之计。长安是百余万人口的国际大都会,外国人在居民中占相当大的比例。长安胡商的邸店,既有经营珠宝、香药等外来珍品的,也有开设食铺和酒店的,还有举贷谋利的,如"代宗之世,九姓胡常冒回纥之名,杂居京师,殖货纵暴,与回纥共为公私之患"①。洛阳、河西地区的凉州(今甘肃武威市)以及广州、扬州、泉州等地都是商胡集中的地方。自海路西来的商胡在广州登陆,杜甫诗描写那里是"洞主降接武,海胡舶千艘"②。那里集中了来自东海、南海、阿拉伯半岛的商船,香药珍宝,积载如山。朝廷设押蕃舶使,由岭南节度使兼理。柳宗元说:"由流求、诃陵,西抵大夏、康居,环水而国以百数,则统于押蕃舶使焉。"③商胡北上长江,扬州是集中之地,形成"扬一益二"的繁盛局面,也是得力于国际贸易。"安史之乱"时田神功大掠此地,大食、波斯商人死者至数千人之众。中唐诗人包何写泉州:"云山百越路,市井十洲人。执玉来朝远,还珠入贡频。"④这里也是东海外商云集之处。河西如凉州、敦煌等地,更是西来商侣交会之所。唐人小说中有不少商胡的故事;"胡姬压酒"更是诗人笔下的风流韵事。

各国来华的还有一批艺术家,他们在中华文明古国找到了发挥才能的广阔天地。中华民族也显示了勇于和善于吸收外来艺术的魄力。唐初来华的天竺僧昙摩拙叉、康国人康萨陀、狮子国(今斯里兰卡)人金刚三藏都善佛画。唐末的竺元标也是天竺画家。唐时今新疆地区的一批城邦是东西文化交流的过渡之地。分别在隋与唐初为于阗(今新疆和田县)质子的尉迟跋质那与尉迟乙僧都

①《资治通鉴》卷二二六"建中元年"。
②《送重表侄王石冰评事使南海》,《杜少陵集详注》卷二三。
③《岭南节度飨军堂记》,《柳河东集》卷二六。
④《送泉州李使君之任》,《全唐诗》卷二〇八。

是名画家。可以设想在今新疆与敦煌石窟遗存的艺术作品即是外国和少数民族艺术家与内地移居的艺术家共同创作的。中亚各国人向以能歌善舞著名,不少舞蹈家、歌唱家与乐器演奏家从那里来到中国。唐高祖时被封为散骑常侍的舞胡安叱奴、玄宗时被封为国公的优伶安金藏都是安国(今乌兹别克斯坦共和国布哈拉)人;中唐时著名歌唱家米嘉荣、米和父子都是米国(今乌兹别克斯坦共和国撒马尔罕东)人,琵琶名手康昆仑是康国人,另有琵琶世家曹保、子善才、孙纲则是曹国(今塔吉克斯坦共和国乌拉秋别)人,等等。也有不少艺术家来到今新疆地区,如代宗时善觱篥的于阗人尉迟青即是。南北朝时胡乐大规模传入中土,促成了华夏音乐的巨大变革,隋唐时代这一潮流仍在兴旺不衰。

“五代十国”时期,虽然是在分裂割据状态之下,中国与国际间仍交通往来不绝。特别是江东地区,与日本和朝鲜半岛(公元918年高丽建国,统一的新罗时期演变为“后三国时代”;公元936年,高丽统一半岛)保持着频繁的航海贸易;吴越国与日本还建立起国交,并向日本与高丽搜求佛教典籍。高丽一直又与北方各朝有着友好往来。南海诸国也与中国南、北保持交流,如历史记载占城(今越南中部)曾向后周派遣使臣并赠送方物。

强固的民族自信和与外国、边疆诸族密切交往的现实环境,培养了当时人开放、积极地接受外来新事物的心态。隋唐五代的文学、艺术以至风俗习惯、服装饮食等社会生活诸方面,都显示出强烈的外来影响。至开元以后,“太常乐尚胡曲,贵人御馔尽供胡食,士女皆竞衣胡服”[①];唐人小说也写到“今北胡与京师杂处,娶妻生子,长安中少年有胡心矣”[②]。这样,社会上下弥漫着强烈的“胡风”。中国古代居统治地位的儒家思想主张尊王攘夷,以华夏为正

---

① 《旧唐书》卷四五《舆服志》。
② 陈鸿:《东城老父传》,鲁迅校录:《唐宋传奇集》卷三。

统,对四夷则怀服招徕之。这固然也表现出泱泱大国的仁爱胸怀,但对"蛮夷"显然是轻视的。隋唐人当然还谈不到具有今天的"民族平等"观念,但对外来文化,确如鲁迅所指出的:"汉唐虽然也有边患,但魄力究竟雄大,人民具有不至于为异族奴隶的自信心,或者竟毫未想到,凡取用外来事物的时候,就如将彼俘来一样,自由驱使,绝不介怀。"接着又对比说:"一到衰弊陵夷之际,神经可就衰弱过敏了,每遇外国东西,便觉得仿佛彼来俘我一样,推拒,惶恐,退缩,逃避,抖成一团,又必想一篇道理来掩饰,而国粹遂成为屏王和屏奴的宝贝。"①中国文化本来是多民族文化的荟萃。中华大地上多民族文化的交流与融合,外来文化的输入与借鉴,是中国文化发展的内部和外部的有利条件。隋唐五代文化发展的蓬勃生机,也得力于民族间的文化交流与外来文化的滋养。

第五节　对前代文化的集成与发扬

　　苏轼说:"知者创物,能者述焉,非一人而成也。君子之于学,百工之于技,自三代历汉至唐而备矣。故诗至于杜子美,文至于韩退之,书至于颜鲁公,画至于吴道子,而古今之变、天下之能事毕矣。"②这就指出,唐人如杜甫、韩愈、颜真卿、吴道子等人的艺术成就,是对前人优秀遗产集大成的结果。事实上隋唐五代整个文化,都具有这种集大成的特色。

　　总观自先秦盛汉至隋唐的历史发展,魏晋南北朝可以说是两座高峰间的低谷,连续的政治上的分裂与动乱,延缓了经济的发

————————

①鲁迅:《坟·看镜有感》。
②《书吴道子画后》,《东坡集》卷二三。

展,也影响到文化的建设。这个时代人们的精神面貌,比起前面的秦汉和后面的隋唐来,显得低迷、消沉得多,整个文化缺少那种精深博大的思想内容与恢宏昂扬的精神境界。韩愈讲到儒学发展,说是"汉氏以来,群儒区区修补,百孔千疮,随乱随失,其危如一发引千钧,绵绵延延,寖以微灭"①。这确也说明了当时学术发展的一面。当时佛、道两教兴盛、流行,它们对于中国思想、文化的贡献暂且不论,但给人们的精神世界确实带来不小的消极影响。又自东晋以后,士风渐趋浮靡,文风则追求华艳雕琢。占统治地位的贵族文化,远离了先秦盛汉的高度思想性、现实性的传统和对崇高艺术境界的追求。为了拨正发展方向,隋唐文化各个部门,特别是在其指导思想与内容方面,都曾对六朝文化的消极面进行批判,努力于"复古",即恢复与发扬先秦盛汉文化的优良传统。这种思想潮流在文学领域表现得尤其明显,同时又是或隐或显地覆盖到整个文化界的。

　　但是文化的发展如一切事物一样,是个辩证的过程。魏晋南北朝时期的文化从总的发展趋势看是相对地贫乏、浮靡的,但并不是没有取得进展与成绩。特别是由于门阀世族制度培养出一个贵族文人阶层,他们面对现实与人生,有可能去进行精神领域的细腻、深刻的探索;他们也有条件和余裕去提高文化修养、研练艺术技巧。因此这一时期的文化在思想内容上,特别是在人的精神世界的探索上又有相当深刻的一面;而就其表现的精致、技巧的娴熟说,更达到了前所未有的高度。隋唐时代的文化创造者们是踏着六朝人的踪迹起步的。他们在把文化发展方向拨正到康庄大道上的同时,又对六朝文化实现了真正的"扬弃",即在批判的同时汲取其所取得的积极成果。从而使隋唐文化不是简单地"复古",而是在全面继承前代优秀遗产的基础上实现创新。

―――――――――――

① 《与孟尚书书》,《昌黎先生全集》卷一八。

　　从思想史上看，汉代的儒术在一定意义上可以说是先秦以来思想学术集大成的成果。但它一乱之于谶纬神学，再乱之于魏、晋玄学，及至东晋以后，佛、道大昌，儒学进一步衰落。然而从另一方面看，经学统制的松弛，却又给人的精神发展留出了余地。魏、晋玄学探讨的核心问题是本末、有无问题。这种形而上学的探究，把人们的精神引向超越、深邃，加深了宇宙观、人生观的思索。玄学的具体议题如"自然好学""声无哀乐"等又已开拓对人的心性的更深入的研究。大乘佛学一方面承袭了玄学的某些课题，另一方面更集中于探讨心性问题。佛教追求解脱，能否解脱的根据在人的自我心性，这个大题目乃是佛教千经万论的中心与归宿。佛教徒谈心性，用的是繁琐烦难的佛教语言，但其内涵仍是中土思想的现实问题。刘宋的范泰、谢灵运就曾说过"必求性灵真奥，岂得不以佛经为指南"①之类的话。在这方面，无论是从思维方向上看，还是从思想内容上看，佛教在历史上都有所开拓与贡献。在六朝贵族文人中，对心性、生命价值等问题的思索又导向对于感官享受的追求，上焉者欣赏良辰美景、自然山水，下焉者沉溺于歌舞逸乐。这当然是对"修、齐、治、平"的人生理想的背离，但却也发掘了更细腻的感情世界，并培养出十分细致的艺术感受能力。六朝文人沉醉于人生与艺术享受中的潇洒风流，作为封建利禄功名的对立面，被后来不少人所艳羡，也不是全无道理的。这样，在六朝贵族文化从总体看是浮靡、消极的潮流中，也蕴含着有价值的内容，特别是在人的心性的理解与发扬方面。在隋唐新的条件下，前代这方面的思想成果被从积极方面加以发展，不但能创造出内容更有深度、更为丰满的文化，而且有助于培养更完善、更富个性的人格。

　　在魏晋南北朝时期，文化各部门的本质特征更突出地得到发展，其内部规律也被人们更清楚地认识与把握。鲁迅把汉末魏初

---

① 《何令尚之答宋文皇帝赞扬佛教事》，僧佑：《弘明集》卷一一。

曹丕进行文学创作的时代称为"'文学的自觉时代',或如近代所说是为艺术而艺术的一派"①。这里所谓"自觉""为艺术而艺术",即指把文学当作具有独立审美价值的创作意识的表现。扩展开来说,这一时代也鲜明表现出文化的自觉。西晋荀勖以四部分书:甲部六艺小学、乙部诸子兵书术数、丙部史记及其他记载、丁部诗赋图赞;到李充调整为经、史、子、集四部。这样四部分,文集立,不仅仅是将诗文创作与经史著述区分开来的书籍分类,更反映了文化意识的进步:已明确认识到学术、文艺不同部门的本质区别。与此同时,文学中的各种文体,艺术中的各门类如绘画、雕塑、书法、音乐、舞蹈等都取得了独立的、长足的进展,人们并开始从理论上对其规律加以总结。文学上虞挚的《文章流别论》、刘勰的《文心雕龙》,美术上谢赫的《古画品录》等,都从理论上对各自的规律作了相当深入的探讨。有了这种对于文化的自觉,才能引导人按各自规律去发展文化,提高文化各部门的水平,并培养出专门的文化人才。大量文学艺术的专业人员正是在这一时期出现的。而具有专门素养的专业人员队伍,是提高文化水平的重要条件。

文化各部门的独立发展,突出表现为对形式的重视和对形式美的追求。由于六朝文化往往缺乏充实健康的思想内容而专门追求形式,常受到"形式主义""唯美主义"之类苛责。但审美的重要表现在形式,文化需要形式,因而六朝时期对形式与技巧的追求又有其不可抹煞的意义。例如六朝文章的表现特点之一是日趋严重的骈俪化,讲求对偶声韵、使典用事;诗歌则有沈约等人倡导的"齐梁体",规定出遣词用韵的"四声""八病"。这都把中国汉语的文字技巧发展到程式化、极端化了,成了对内容表达的限制。但对形式的揣摩、讲究,从中总结出的某些规律又是有价值的。还可以举书法史的发展为例:晋人在书法中努力追求一笔一画的形式美,继秦

---

① 鲁迅:《魏晋风度及文章与药及酒之关系》,《而已集》。

篆汉隶之后，把真、草、行书的艺术推向一个高峰，创造了书法史上的黄金时代。而谢赫总结的绘画上的"六法"：气韵生动、骨法用笔、应物象形、随类赋采、经营位置、传移摹写，讲的主要也是形式与技巧。实际上没有形式，也就没有文学艺术，没有文化。魏晋南北朝时期对形式的畸形追求，经隋唐人批判地汲取，就成了历史财富。

东晋以后数百年间分裂，南、北两方社会政治、经济发展情况大有不同，文化的风格也有很大差异。例如在经学上，北方重章句，多传汉儒旧义，南方则尚玄虚，有浓重的玄学影响。北方的文艺粗犷刚健，南方则清雅柔婉。南方文人更加注重表现的细腻、形式的纤巧，努力于模山范水，写情状物；北方却出现了郦道元《水经注》、杨衒之《洛阳伽蓝记》那样的质实浑朴的散文杰作。北方刚健清新的民歌与南朝"吴声""西曲"的婉丽清新也很不相同。北方佛教重禅定、重功德，流行开窟造像，遗留下云冈、龙门那样的大石窟群；南方则重义解，重讲疏，创造出发达的义学，流行造寺讲经。如此等等，文化发展上的偏重，从另一方面又显示了它的丰富多彩。加之在北方立国的多为少数民族政权，不仅有自身的民族文化传统，还鼓励汲取漠北、西域诸族文化。这就使隋唐文化在发展中能酌取南、北文化之所长，得到风格多样的借鉴。

前面说过，隋唐人在建设自己的新文化时是力图"复古"的，即恢复、发扬先秦盛汉的优秀文化传统。实际上在六朝时期已经有不少有识之士对当时的士风、文风加以批判。入隋以后这种批判声势更为强大。隋末的王通就是代表。他明确主张学以贯道，文以济义，诗以达情性，反对六朝文士的纤碎、虚诡、狂诞。到了唐代，政治家如魏徵等人，史学家如李百药、令狐德棻、刘知幾等人，文学家自王勃、杨炯、陈子昂等开始，更从不同方面对六朝文化进行清算。但是在实践上，他们却汲取了六朝文化正、反两个方面的经验，继承了那个时代文化上所取得的积极成果。特别是六朝在审美意识与形式方面所取得的成就，被他们加以提炼、扬弃，借鉴于新的创造之中。这样"不薄今人爱古人"，以开阔的胸襟和敏锐的鉴别力去接受、汲取前代的遗产，也是隋唐五代人能超越前代去构筑文化上的新高峰的重要条件。

第二章　隋唐五代文化的主要特征

第一节　文化向更广大的社会层面普及

进入隋唐时期,由于庶族知识分子代替贵族文人逐渐成为创造与发展文化的主力,社会安定、经济发达又造成了强固的物质基础,再加上教育的相当广泛的普及,这种种因素,促使参与和享受文化的社会阶层下移。士大夫阶层所创造的高级、精致的文化被更广泛的民众所接受;民众的普及文化则提高了水平。这样,整个社会的文化生活空前地活跃,突显出社会化、民众化的特征。这也是隋唐五代文化在整个文化发展史上十分突出的特点与优点。

在敦煌写卷里发现了一批主要是创造于唐代的歌辞即通俗诗,经任二北校录,计一千三百余首,其中僧、俗具名者仅二百二十五首,其他均为佚名之作,其中大部分应是产生在民间的。这一事例生动地显示了隋唐五代民间诗歌创作的繁荣。再考虑到包括寒山诗等通俗诗在内的早被收入《全唐诗》的署名或佚名的民众作品,更可以看到这一时代民众诗歌创作的普及。民间诗歌创作活动虽然历代相沿不绝,但如唐代那样兴盛与高水平却是空前的。在《朝野佥载》里,记载了不少民歌流传的事实,如"永淳之后,天下皆唱'杨柳,杨柳,漫头驼'","麟德已来,百姓饮酒唱歌,曲终而不尽者号为'族盐'","永徽后,天下唱《武媚娘歌》"①等等,这些都是被当作谣谶记录的,但可见民歌在民众中的流行。

六朝的诗人主要是王公贵族及其门下的词客,他们主要是以精致、纤巧、华丽的诗句去歌唱贵族生活与感受。唐代的诗人与民众更加接近,他们的作品也更多地被民众所接受。特别是大量流行的声诗,就是传诵在伶工与民众间的。由王维的《送元二使安西》改编成的《阳关曲》,是一首遍传遐迩的骊歌;杜甫的不少痛陈民生疾苦之作,是"请为父老歌,艰难愧深情"②的;流传至今的"旗亭赌诗"故事,生动地反映了唐代社会诗歌生活的一面:

> 开元中,诗人王昌龄、高适、王之涣齐名,时风尘未偶,而游处略同。一日,天寒微雪,三诗人共诣旗亭,贳酒小饮。忽有梨园伶官数人,登楼会宴……昌龄等私相约曰:"……诸伶所讴,若诗入歌词之多者为优矣。"俄而一伶拊节而唱,乃曰:"寒雨连江夜入吴,平明送客楚山孤。洛阳亲友如相问,一片冰心在玉壶。"昌龄则引手画壁曰:"一绝句。"又一伶讴曰:"开箧泪霑臆,见君前日书。夜台何寂寞,犹是子云居。"适则引手画壁曰:"一绝句。"寻又一伶讴曰:"奉帚平明金殿开,强将团扇共徘徊。玉颜不及寒鸦色,犹带昭阳日影来。"昌龄又引手画壁曰:"二绝句。"之涣……因指诸妓中最佳者:"待此子所唱,如非我诗,即终身不敢与子争衡矣。"……须臾,次至双鬟发声,则曰:"黄河远上白云间,一片孤城万仞山。羌笛何须怨杨柳,春风不度玉门关。"之涣即揶揄二子曰:"田舍奴,我岂妄哉!"③

---

①张鷟:《朝野金载》卷一。
②《羌村三首》,《杜少陵集详注》卷五。
③薛用弱:《集异记》。

这条材料,自明胡应麟《少室山房笔丛》以来,有许多人怀疑其真实性;但以唐人言唐事,情节的真实与否且不论,其中反映的世态是可靠的,就是说,唐时不仅歌诗为常俗,而且把作品是否流传社会当作评骘的重要标准。唐宣宗称赞白居易,也说"童子解吟《长恨曲》,胡儿能唱《琵琶篇》"①。而白居易、元稹倡导通俗诗风,也着眼于一般人的易解易喻,并一再为自己的作品能够流传民间而自豪,如元稹说到自己与白居易的诗:

> 二十年间,禁省、观寺、邮候墙壁之上无不书,王公、妾妇、牛童、马走之口无不道,至于缮写模勒,炫卖于市井,或持之以交酒茗者,处处皆是。②

在今人任半塘所著《唐声诗》里,集录了大量唐代声诗流传民间的情况。专业诗人在古代都是士大夫阶层以上的作者,他们的作品能被民众所接受,表明了诗歌在社会上的普及程度,进而显示了社会的文化水准。人们艳称唐代是"诗的时代",这种诗歌创作与欣赏的大普及是这一段诗史的特征。

再来看美术方面。今存隋唐五代的石雕、泥塑、壁画绝大多数是无名工匠的作品,他们多是为民众的需要(主要是宗教需要)而创作的,显示了高度的艺术水平。这从另一方面表明了全社会艺术水平的提高。而与诗坛的情形相似,著名画家也为民众作画,如吴道子:

> 开元中,驾幸东洛,吴生与裴旻将军、张旭长史相遇,各陈其能。时将军裴旻厚以金帛召致道子,于东都天宫寺为其所亲将施绘事。道子封还金帛,一无所受,谓旻曰:"闻裴将军旧矣,为舞剑一曲,足以当惠,观其壮气,可助挥毫。"旻因墨缞为

---

① 李忱:《吊白居易》,《全唐诗》卷四。
② 《白氏长庆集序》,《元氏长庆集》卷五一。

　　道子舞剑。舞毕,奋笔俄顷而成,有若神助,尤为冠绝。道子
　　亦亲为设色,其画在寺之西庑。又张旭长史亦书一壁,都邑士
　　庶皆云:"一日之中,获睹三绝。"……景玄元和初应举,住龙兴
　　寺,犹有尹老者,年八十余,尝云:"吴生画兴善寺中门内神圆
　　光时,长安市肆老幼士庶竞至,观者如堵。其圆光立笔挥扫,
　　势若风旋,人皆谓之神助。"①

这也是唐人的记载,可见当时社会普遍的艺术气氛。吴道子是大
画家,是朝廷内供奉,为皇帝作画,但他同样也深入到民间,他的艺
术也为民众所欢迎。有的记载还形容他下笔时"风落电转……喧
呼之声,惊动坊邑",可知他作为创作者与广大艺术欣赏者热烈交
流的情形。从艺术发展史看,六朝时画家还不能算专业的,如顾恺
之以善画著名,但他是官员、幕僚,又善文章。到隋唐时期,才出现
了像吴道子这样的专业画家。另一方面,六朝时期有一批民间的
雕塑、绘画工匠,宋以后又出现了一批水平远在专业画家之下的画
工。而吴道子作画时是自己勾勒轮廓,由众弟子布色完成,这近乎
群众集体创作的方式,他自己兼有专业艺术家与普及的画工的身
份。就是说,唐代既出现了专业的画家,而他们在身份地位、创作
方式等方面又都与群众紧密联系。加之吴道子等人所画又主要是
佛道人物、自然山水等接近民众生活的内容,使得他们的艺术能够
向社会普及。

　　进入隋唐时期,民间的乐舞伎乐十分繁盛,以至朝廷屡有禁限
之议,如唐玄宗时有敕曰:

　　　　自有隋颓靡,庶政凋弊,徵声遍于郑卫,炫色矜于燕赵,广
　　　场角牴,长袖从风,聚而观之,寖以成俗……②

------

①吴景玄:《唐代名画录》。
②王溥:《唐会要》卷三四《论乐》。

这形成风俗的,有踏歌:

> 睿宗先天二年正月十五、十六夜,于京师安福门外作灯轮,高二十丈,衣以锦绮,饰以金玉,燃五万盏灯,簇之如花树。宫女千数,衣罗绮,曳锦绣,耀珠翠、施香粉。一花冠、一巾帔皆万钱。装束一妓女皆至三百贯。妙简长安、万年少女妇千余人,衣服、花钗、媚子亦称是,于灯轮下踏歌三日夜。欢乐之极,未始有之。①

"踏歌"是载歌载舞的群众娱乐形式,张说曾有诗歌咏说:

> 花萼楼前雨露新,长安城里太平人。龙衔火树千灯艳,鸡踏莲花万岁春。②

此外还有合生:

> 始自王公,稍及闾巷,妖伎胡人,街童市子,或言妃主情貌,或列王公名质,咏歌蹈舞,号曰"合生"。③

拍弹:

> (李)可及善音律,尤能转喉为新声,音辞曲折,听者忘倦,京师屠沽效之,呼为"拍弹"。④

还有传自西域的泼寒胡戏:

> (神龙元年十一月)己丑,(中宗)御洛城南门楼观泼寒胡戏。⑤

---

①张鷟:《朝野金载》卷三。
②《十五日夜御前口号踏歌辞》,《张说之文集》卷一〇。
③《新唐书》卷一一九《武平一传》。
④《旧唐书》卷一七七《曹确传》。
⑤《旧唐书》卷七《中宗本纪》。

浑脱舞：

> 比见坊邑相率为浑脱队，骏马胡服，名曰《苏莫遮》。[1]

这些游艺活动都吸引了上自皇室亲贵下至普通百姓参加。其中外来的舞乐更在社会上煽起了"胡风"。具体情形在《艺术》章还将讲到。

"安史之乱"后，宫廷伎乐流散民间，加之方镇权重，城市经济发达，下至州、县、军镇，皆置伎、乐以为欢娱，民间游艺活动仍然盛行。如《乐府杂录》记载贞元（785—805）年间长安"两市祈雨，及至天门街，市人广较胜负，以斗声乐"的情形，就是当时民众文艺生活的一个场景。传奇小说《李娃传》中写到长安两个凶肆斗丧歌的情节，也是现实生活的写照。中、晚唐时值得注意的是俗讲开始流行。从日僧圆仁《大唐求法巡礼行记》所记述的文宗、武宗初情况看，朝廷频繁地敕两街诸寺开俗讲，包括僧讲与道讲。而韩愈的《华山女》诗则描写了元和年间（806—820）僧讲与道讲相争斗的情景。俗讲从寺院走向民间，发展出高水准的说唱艺术。另一点值得注意的是游艺场所集中地"戏场"的繁荣。这些戏场一般在寺庙，可能类似后来的庙会。隋薛道衡已有《和许给事善心戏场转韵诗》，"善心"是寺庙名。唐高宗有《禁幻戏诏》，称为"戏处"，其中有"婆罗门胡"在那里表演魔术。晚唐裴铏《传奇》中说"番禺人多陈设珍异于佛庙，集百戏于开元寺"[2]，则南海戏场风俗与中原相同。宣宗时郑颢尚公主，颢弟颛得危疾，而公主在慈恩寺戏场观戏，"上怒……责之曰：'岂有小郎病，不往省视，乃观戏乎？'"[3]可知贵族妇女也到戏场观戏。

总之，隋唐五代，社会上下游乐之风甚盛，民风显得繁华、侈

---

① 《新唐书》卷一一八《吕元泰传》。
② 裴铏：《传奇·崔炜》。
③ 《资治通鉴》卷二四八"大中二年"。

奢、豪纵。这反映了时代精神风貌的特征,也表现了文化生活的活泼与普及。

这一时期教育的普及下有专章论述。

社会文化发展程度的一个重要标志是文化在民众间的普及状况;文化在民众间的普及又是整个文化高度发展的最为深厚的基础。所以文化向更广大的社会层面的普及作为隋唐五代文化的特征,是它的重大优点,也是这一时期创造出光辉灿烂的文化成果的一个条件。

第二节　重视人生与关注现实的精神

参观敦煌莫高窟的盛唐以后至晚唐五代的洞窟,会发现供养人像的位置与形态发生了显著变化。盛唐以前的供养人多局促在壁画下方,形体较小,表现的是渺小软弱的信徒们跪在那里祈求伟大救主的悲悯。盛唐以后,供养人逐渐放大,并从壁画中独立出来,往往作等身的形态配置在甬道两侧。甚至出现了第156窟《张议潮出行图》和《宋国夫人出行图》那样的歌颂现实人物为主题的壁画。这个变化象征着一种观念的转变,就是平凡的人被更加重视了,在与超越的宗教幻相与权威的对比之中,它被放在了更重要的位置上。

如果考察自六朝以来佛教艺术内容的演变,可以得出相同的结论。还以莫高窟壁画为例,北朝壁画的主要内容是佛传、佛本生故事和佛说法图,其表现的中心是外来宗教教主佛陀,他示现于世教化众生,引导人度脱人生苦海而得救。但到了唐代则各种经变占了主导地位。经变描写的是佛国土的场景,例如西方变,描绘了阿弥陀西方极乐世界。实际上这些美丽的幻象不过是当时人现实理想的幻化。创作和欣赏这种经变的心理基础就是平凡人对自身可以成佛的自信。

宗教观念的变化不过是现实观念发生变化的投影。隋唐五代佛教思想的一个根本变化就是由探讨外国教主如何成佛并解救众生转而探讨众生自身能够得救与怎样得救（道教的情形也类似）。唐代佛教中最富独创性又最具中国特色、对后世影响最深远的两个宗派是禅宗与净土宗。这两个宗派一个主张明心见性，以至发展到离经叛道，呵佛骂祖；一个笃信它力救济，要人虔心念佛，往生净土。二者形式上似乎正相反对，但其信仰深层却有着共同的基础，即都是立足于"佛性本具"的立场，相信众生可以得救，而且有快捷便利的方法得救。实际上它们都对人性表现了坚强的信心，从而也努力最大限度地肯定了人性。而这种宗教观念的发展，正是现实中人的地位得以提高的曲折反映。

在与宗教幻想相对照的世俗领域中，这种意识上的变化表现得更为清楚。即以政治思想为例。与南北分裂时期许多统治者的昏聩残暴、不恤民生相对照，隋唐统治者一般相对地比较关怀民生，重视民意。这是生产力发展与阶级斗争提高了人的社会价值的结果。隋文帝杨坚建国后，颇能轻徭薄赋，整顿吏治，尽除苛暴之法，并躬行俭约。后来隋炀帝杨广倒行逆施，是有名的残暴荒淫的君主，很快将国家引向败亡。而这正成为唐代统治者的殷鉴。唐太宗君臣论政，不断提到"为君之道，必须先存百姓"，应以"百姓之心为心"，"舟所以比人君，水所以比黎庶，水能载舟，亦能覆舟"之类的道理，发挥儒家"民为邦本""民贵君轻"的观念，并赋予它们更积极的现实内容。唐太宗为以下历代君主立下了样板。唐前期的君主如武则天、在位前期的唐玄宗以及著名大臣如狄仁杰、张说、宋璟、姚崇、张九龄等，都相当地珍惜民命，重视民生，因此在治国上多能注意因人之心，去其苛刻。"安史之乱"以后，唐王朝急遽走下坡路，开明的君主不多，多数时间朝政腐败，矛盾丛生，政出多门，好行不义。但是重视民生的观念仍是强大的思想潮流。不断有政治家、思想家出来呼吁重视生人之意，要求因人之性，遂人之欲。这在哲学上、文学上表现得很清楚，后面有专节论及。这里只举出德宗朝一位著名的政治家陆贽。陆贽（754—805），苏州嘉兴（今浙江嘉兴市）人，大历八年（773）进士，朱泚之乱时扈从德宗至奉天（今陕西乾县），为翰林学士，参与机谋，其时朝廷制诰多出其手，有著名的德宗罪己诏曰：

> 　　致理兴化，必在推诚，忘己济人，不吝改过……肆予小子……长于深宫之中，暗于经国之务，积习易溺，居安忘危，不知稼穑之艰难，不察征戍之劳苦，泽靡下究，情不上通。事既壅隔，人怀疑阻，犹昧省己，遂用兴戎。征师四方，转饷千里，赋车籍马，远近骚然。行赍居送，众庶劳止，或一日屡交锋刃，或连年不解甲胄。祀奠乏主，室家靡依，生死流离，怨气凝结。力役不息，田莱多荒，暴令峻于诛求，疲甿空于杼柚。转死沟壑，离去乡闾，邑里丘墟，人烟断绝。天谴于上而朕不悟，人怨于下而朕不知，驯致乱阶，变兴都邑……①

据说此诏一发，行营士卒皆为感泣，对收拾人心起了很大作用。这种官文书是否反映了统治者真正意图可置而不论，其表现的重视民生的思想是真实的。陆贽的许多文章都强调"君养人以成国，人戴君以成生，上下相成，事如一体"，"论德昏明，在乎所务本末……国本于人，安得不务"②的道理。一种意识、观念既经产生，就成了社会存在。尽管中、晚唐统治者的所作所为距陆贽说的十分遥远，但陆贽的这些观点却持久地起着社会作用。

　　人自身地位的提高，在唐代法律上有明显的反映。《唐律》虽仍分人为良、贱，并把官户、部曲、奴婢以及诸工、乐、杂户和太常声

---

①《奉天改元大赦制》，《全唐文》卷四六○。
②《均节赋税恤百姓六条》，《全唐文》卷四六五。

乐人划归贱的一类,但所谓良的一类,已包括了均田制下的农民、商人及手工业者,范围是大为扩展了。而且就法律地位说,一个自耕农与达官显贵已没有什么原则上的不同(官员犯罪可以通过"八议"来减免刑罚,是另一回事)。而对"贱"的罪责,虽在犯主及殴良人之类场合有歧视规定,但又有"诸官户、部曲、官私奴婢有犯,本条无正文者,各准良人"①的条文,就是说,他们的人身权利已得到更多的保障。唐自建国之初即鼓励放免奴婢。高宗《免贱为良敕》规定:

> 放还奴婢为良,及部曲、客女者听之,皆由家长手书,长子已下连署,仍经本属申牒除附。诸官奴婢年六十以上及废疾者,并免贱。②

同时唐代又有禁止掠卖奴隶的法律:"诸略人、略卖人为奴婢者,绞"③;对诸已放奴婢为良而压为贱者则处以徒刑④。而从另一方面看,整个唐律对刑罚是"削烦去蠹,变重为轻"⑤,特别慎重死罪,如"大辟"一项比隋律就减少了九十二条之多,而且在执行上又甚为严格:"决死刑,皆由中书、门下详复。"⑥即死刑的批准权限在中央政府。这都体现了珍惜民命、重视人的精神。

政治与法律是社会阶级关系的集中反映。隋唐时代在这方面的发展动向,表明了被剥削阶级的地位提高了,其抽象的表现就是对人自身、对人的生存权利、对人心向背的历史作用更加重视了。这些也体现在整个文化的内容与精神中。

和前面所介绍的宗教与宗教艺术对人的价值的肯定相一致,

---

①《唐律疏议》卷六《名例律》。
②《唐文拾遗》卷一。
③《唐律疏议》卷二〇《贼盗律》。
④《唐律疏议》卷一二《户婚律》。
⑤《旧唐书》卷五〇《刑法志》。
⑥《唐六典》卷六《刑部尚书》。

隋唐时期的艺术也突出了表现人与人的现实生活这一中心。即以绘画史的发展为例。现存六朝画家的真迹传世极少，今存者的真伪疑问也很多。但从历代画录上的记载可知，当时的创作题材主要是历史、传说人物（圣人和帝王将相等）和宗教内容。宋代之后的画家则主要创作山水画和花鸟画。而唐代的画家们则把主要力量用在表现现实人物与人们的普通生活方面。他们不仅描绘了宫廷生活的场景（如阎立本《步辇图》等），还描写平凡的文人（韩幹《李白封官图》等）、官僚（《韩熙载夜宴图》等）、仕女（周昉）、僧侣（陈闳《六祖禅师像》等）、道士（范长寿《醉道士图》等）等各类人物，更表现了捣练（张萱《捣练图》）、牧马（曹霸《牧马图》）、农耕（王维《山居农作图》）、商卖（王维《渔市图》）等等广阔丰富的社会生活。唐代绘画在整个中国绘画史上是人物、故事画的成绩最为突出的。当时的画家们把目光集中在现实人生之中，他们是随顺着时代的重视民生的思潮的。文学领域的表现就更为直截与突出。唐代诗、文、小说以及民间文学的重大突破，在于作家们以"穷年忧黎元"（杜甫）、"唯歌生民苦"（白居易）的执着精神，揭示现实矛盾，痛陈民生苦难，对民众表现出诚挚的关怀与同情。增强了与民众的血肉联系，是唐代文学生命力之所在。这也体现为隋唐五代文化内容上的重要特征。

　　这样，进入隋唐时期以后，在哲学、史学、文学、艺术等众多文化领域里都对六朝贵族文化的颓靡虚玄、彩丽竞繁进行批判，号召恢复与发扬先秦盛汉的经世济民、褒贬讽喻的传统，在内容与形式两方面进行改革。从而在文化建设的方向与重点上实现了重大的转变。如前所述，新一代文化的创造者们主要是出身庶族的士大夫，他们接近民众，关心现实，与六朝贵族文人的精神面貌有很大差异。对历史发展造成的阶级变动、对历史潜流之下民众生命力的运动，他们能敏锐地感应，因而能站在时代思想的前列，把重视人生与关注现实的精神贯彻到文化创造中去。

第三节　雄奇超逸、宏伟壮丽的风格

　　成熟的学者、艺术家有他个人的风格。一个时代的文化也有它的总风格。隋唐五代文化的各部门名家辈出，群英荟萃，形式、流派、风格多种多样，呈现出百花齐放、色彩斑斓的洋洋大观。而就其时代总风格来说，前后各时期的发展变化又有很多不同。然而仍可明显看出这一时代文化的总体上的风格特征。隋唐五代文化不同于六朝文化的精致、华美、纤巧，也不同于两宋文化的雍容、和平、自然，而是雄奇超逸、宏伟壮丽。这种风格奇正相生、文质兼具，华丽而不流于浮艳，端严而不失于板滞，充分展现了时代的乐观向上、博大开放的精神风貌；同时又浑涵汪洋，千汇万状，给个性的发挥留下了广阔的天地。

　　创造精神的高度发扬是树立隋唐五代独特文化风格的基础。这一时代的文化浪潮后浪推前浪，是不间断地大胆突破与勇敢创新的过程，因此在表现上就具有奇伟不凡、雄健不羁的特征。苏轼论唐代书法，说：

　　　　予尝论书，以谓钟、王之迹，萧散简远，妙在笔画之外。至唐颜、柳，始集古今笔法而尽发之，极书之变，天下翕然以为宗师，而钟、王之法益微。[1]

唐初流行二王书体，但此后虞（世南）、欧（阳询）、颜（真卿）、柳（公权）各有创新；真、草、隶、篆都全面突破了前人成绩。绘画的情况也是一样，如吴道子：

————————

[1]《书黄子思诗集后》，《东坡后集》卷九。

> 大率师法张僧繇，或者谓为后身焉。至其变态纵横，与造
> 物相上下，则僧繇疑不能及也。①

就隋唐时代画坛本身说，展子虔的山水、阎立本的人物本来已经精妙入神了。但到盛唐，吴道子创造出"吴带当风"的新的人物画，王维又创造出重写意的文人山水画，都开创出新局面。更有许多画家创造出新的画科，如周昉画仕女，韩干、曹霸画马，薛稷画鹰，边鸾画花鸟，韩滉画牛等等，都取得了突破前人而后人难以超越的成绩。文学上的创新表现得更为突出。诗坛的代表人物李白、杜甫都以风格之"奇"著称于时，如《旧唐书》上说：

> 苟以为能所不能，无可无不可，则诗人以来，未有如子美
> 者。是时山东人李白，亦以文奇取称，时人谓之"李、杜"。②

李、杜以后的诗人们，并不被他们的权威所震慑，努力于另辟蹊径，韩、柳、元、白、李（商隐）、杜（牧）等又都各有创造，致使唐诗的发展不仅各种诗体、各种题材都达到了高峰，而且在发展中不断突破前人成就，开出新生面。古文、传奇小说、新兴的曲子词的创造也大体如此。学术、宗教等领域也表现出同样的精神。例如唐初经学融合南、北诸家而加以统一，在以后的发展中，先儒章句受到批判，一家独断的学风逐步发扬，开宋儒以意说经的通学之途。至于宗教方面，如佛教各宗派都创立了自己的教义体系，而禅宗更以和传统佛教教学对立的面貌出现。总之，在这个时代，人们不迷信传统，不拘束于权威和教条，个人的独创精神得到发扬，因循与平庸受到鄙弃，社会崇尚新奇独特的事物，努力创新、突破陈规成为风气。苏轼评吴道子画，说是"出新意于法度之中，寄妙理于豪放之外"。法度即内在规律。要在规律之中出新意，又要突破成规旧套

----

① 《宣和画谱》卷二《释道二》。
② 《旧唐书》卷一九〇下《文苑传下》。

去大胆创造。这句话可借用来说明整个隋唐五代文化。

这个时代的文化充满了理想精神。经过几百年动乱与分裂之后，迎来了国家的安定与统一。在隋立国和唐立国之后的很短时期内，经济就迅速恢复与繁荣。一个强大的国家，声威远播四方。开放的社会给人们，特别是创造文化的主要力量的士大夫阶层展现了广阔的前途。这大大鼓舞起人们的理想精神。人们追求超越：艺术上的超越，思想上的超越，宗教信仰的超越，以至整个人生的超越。即使是在中、晚唐以至五代十国社会凋敝衰颓的形势之下，对盛世的回忆仍然留在人们心中，对理想的追求的热情仍未消泯，只不过不像以前那样热烈与自信而已。例如隋唐时期道教思想的一个中心观念是"神仙可学"，如司马承祯、吴筠等盛世时期的道士们都相信平凡人通过安神、守静、坐忘等简单办法就可以成神仙。到了晚唐五代，又出现了内丹一派，他们代替符箓与金丹，试图以自身为鼎炉，合炼精、气、神而成仙。成仙的幻想实际是要超越平凡的人生。道教的这种发展趋势是有象征性的。实际上佛教也是一样。隋唐时期发达的宗派佛教，繁荣的宗教学术论证的一个中心问题是平凡人能够成佛。佛学家们竞相设计更便捷的成佛途径。成佛与成仙一样，也是超越的人生理想。后来禅宗起来，很快压倒诸宗，一枝独秀，它的基本观点是所谓"明心见性"：佛是自性作，莫向身外求，即心即佛，见性即可成佛。在这种最简单的成佛方式的背后，包含着对人的本性的强固自信。认为平凡人固有的本性就是超越的，而每个人靠顿悟自性就可以实现这一超越。禅宗之所以急速发展并受到社会的普遍欢迎，一个重要原因就在于它符合那个时代的理想精神。隋唐五代时期文人阶层的心里，特别是体现在他们所创造的文学艺术作品里的心态，更是洋溢着热情向上的浪漫热情。如果我们不把浪漫主义理解得过于狭隘，不把它与所谓"现实主义"对立起来，而看作是一种理想的、超越的、充满主观自信的精神的话，那么浪漫主义可以说贯穿于隋唐五代的文学艺术之中，并形成一个主要特征。"初唐四杰"之一的杨炯疾呼：

> 宁为百夫长，胜作一书生。[①]

一介书生已不再安于皓首穷经，而要去决胜千里，立功异域了。在他之后的郭震说：

> 虽复尘埋无所用，犹能夜夜气冲天。[②]

这也是通过咏剑表现了必当青云直上的坚决自信。盛唐的边塞诗人们赞美大漠飞沙，金戈铁马，他们要在异域风情与艰苦征戍中实现建功立业的理想。田园诗人们好像正与他们相反，悉心刻画田园风物与自然美，赞赏隐逸与山林生活，但力图挣脱平庸现实的羁绊的精神是与边塞诗人们一致的。李白的理想精神之突出是尽人皆知的。而杜甫以一介穷儒努力"致君尧舜上，再使风俗淳"[③]，虽贫困潦倒而经世济民、改造现实的志愿终生不渝，也显示了强烈的人生理想。中唐时期韩愈等人致力于兴儒明道，意图起衰济弱，力挽狂澜，虽万死而犹未悔，同样有着坚定的理想与信念。这样，理想是创造隋唐五代文化的动力，又体现为文化创造的总风格。从另一个角度看，那一时期盛大的乐舞、精美的造型艺术和书法等等之中，都可看出理想精神的表现与超越的追求。

　　隋唐五代的审美追求又表现为宏伟壮丽。乐观向上的社会心态是与纤细、隐晦、虚玄、感伤等等柔弱、消极的表现相对立的。这当然是就总体表现而言。杜甫诗中评论到韩幹画马："弟子韩幹早入室，亦能画马穷殊相。幹惟画肉不画骨，忍使骅骝气凋丧。[④]"他

①《从军行》，《全唐诗》卷五〇。
②《古剑篇》，《全唐诗》卷六六。
③《奉赠韦左丞丈二十二韵》，《杜少陵集详注》卷一。
④《丹青引赠曹将军霸》，《杜少陵集详注》卷一三。

赞赏马的筋骨显露，磊落权奇，自有其精神寄托；但就这个评论的美学观本身说，却显得有些保守了。因为韩幹马的"奇毛异状，筋骨既圆，蹄甲皆厚"[①]，正是他的创意。在马的肥硕健壮的形貌中，体现了丰满壮伟的美的理想。如果对照一下昭陵六骏的石雕，其形貌正是丰厚劲健、雄浑壮伟的。即如"飒露紫"，是一匹苦战中箭的马，石雕表现它拔箭时忍痛的一刻，仍然是神情安详、姿态沉稳的。在绘画上，最能代表唐朝时代风格的是吴道子，郭若虚说：

> 吴之笔，其势圆转而衣服飘举，曹（仲达）之笔，其体稠叠而衣服紧窄，故后辈皆称之曰：吴带当风，曹衣出水。[②]

北齐画家曹仲达受西域犍陀罗画风的影响，利用下垂的锐角较多的衣褶纹来表现衣服的质感，这在敦煌、云冈、龙门的北朝塑像身上也可以看到。这种紧窄质直的造型突出表现了肃穆与威严。但到了吴道子，则用了如莼菜条一样圆润流畅的笔法，以雄健的笔致描绘出衣装的飘洒飞动，表现出人物生命力勃发的律动感。这就典型地描绘出了大唐盛世文物衣冠的雍容华贵气象。吴道子以后的画家们已难以追摹他的神韵，笔致由疏朗有神转向纤秾堆砌，但丰满富赡的风格特征总在保持着。唐代无名氏制作的佛像也大都是面目圆润，肌肤丰腴，眉目清秀，洋溢着青春与生命的气息。在诗歌史上，宋以后一般推重盛唐诗。以李、杜、高、岑、王、孟等一大批优秀诗人为代表的盛唐诗歌充分体现了唐诗的风格。宋严羽评论说：

> 盛唐诸人，惟在兴趣，羚羊挂角，无迹可求，故其妙处透彻玲珑，不可凑泊，如空中之音，相中之色，水中之月，镜中之象，言有尽而意无穷。近代诸公乃作奇特解会，遂以文字为诗，以

---

① 朱景玄：《唐朝名画录》。
② 郭若虚：《图画见闻志》卷一《论曹吴体法》。

才学为诗,以议论为诗。①

严羽好以禅喻诗,说得有些模糊。他的主旨在肯定唐诗丰厚的感兴韵味,不涉理路、不落言诠而有无穷的言外深致。他赞扬杜甫的沉郁,李白的飘逸。沉则不浮,郁则不薄;飘逸则超脱绝尘,不受拘束,这都显现出丰满、雄健的境界。以韩、柳为代表的唐代散文,也以雄奇高古、气势豪纵为特色。这些都代表了隋唐五代文化的总的风貌。

这个时代的文化上的创造,无论是长安城的设计建造、唐帝陵的构筑,还是龙门奉先寺卢舍那大佛的雕造、大、小雁塔的修建;也无论是唐三彩的造型新颖而艳丽华贵,铜镜的设计巧妙而铸造精细,还是织锦的繁华、瓷器的精美,都表现出共同的博大、丰富、精深、雄健的气象。在这一时代的文化创造中,阳刚之美得到了发扬,健康向上的精神得到了体现,因此风格上有着宏伟壮丽的特点。

第四节　文化诸领域的普遍繁荣与交融

在本书序言里曾提到过:比较起文艺与宗教等人文文化的各部门,隋唐五代的科技相对地欠发达。这主要是由封建社会形态决定的。而从所谓人文文化的自身发展看,各部门又呈现普遍繁荣,进展相当均衡。例如教育,这一时代不仅官方教育发达,民众教育也相当普及。学术上,经学、史学、子学等都取得了长足的进步:经学从汉学到宋学的转变即肇始于中唐时期;在历代编修的"二十四史"中唐五代就编成了九部,这一个事实就说明了史学的成绩;而自魏、晋以来,除道家一派外,诸子书已少有人传习,至中

---

①《沧浪诗话·诗辨》。

唐韩、柳等人始予以重视。文学方面,诗与文不必说了;唐传奇标志着中国小说艺术的成熟,民间白话小说的话本已经流行;诗之后,新的韵文体裁词于晚唐五代繁荣起来;唐赋是中国赋体创作的结尾,并发展出作为"古文"一体的文赋;民间文学则有变文、俗赋、通俗诗、谣谚等。艺术方面,歌舞、音乐、杂伎、绘画、雕塑、工艺美术、书法等,无不取得重大成绩;绘画中的壁画、绢画等形式,山水、楼阁、人物、花鸟、禽兽、杂画等各画科,雕塑中圆雕、浮雕、泥塑等样式,书法中真、草、行、隶、篆各体,都创造出艺术上的高峰。宗教中佛教进入了发展的全盛期,在其长期中国化的过程中发展出中国佛教各宗派;道教则金丹道教、符箓道教均发展到总结期,道教的仪轨制度也在此期间完备起来,并开始向内丹道教转化;"三夷教"的祆教、景教、摩尼教的传播也有相当的规模。这个时代不仅中原文化高度发展,周边各少数民族聚居地区也加强了与中原的经济、文化联系,今新疆、西藏、内蒙古、东北、云南等地区得到开发,中原文化的影响也更为普及、深入。在这一时代,中国作为远东强盛的大帝国,成为当时世界上文化交流的重要中心,其文化远播四方各国,各国文化也传入中土并被积极地接受,大胆地吸收。这样文化上普遍繁荣的形势,在中国封建社会的历史上,是空前的,也是绝后的。在世界文化史上也很少见,大抵只有欧洲的文艺复兴时期可以比拟。

　　文化各部门间发展的不平衡本是历史上普遍的现象。例如六朝时期贵族文人是文化的主体,作为他们精神寄托的宗教和赏心娱情的文学就更发达一些;宋、明时代中国封建制度已在走下坡路,适应统治阶级新的需要的理学发展起来,文学领域里反映市民意识的小说、戏曲则日趋繁荣。而隋唐五代(以唐代为中心)文化的普遍繁荣,就成了特异的历史现象。这个局面的形成,从根本上说是基于这一时代是中国封建社会的繁荣期和转折期。文化发展长期积累在此时期结出了丰硕果实;新、旧社会势力的交汇与斗争激发了文化发展的活力。另一方面重要的还有,发达、开放的社会有利于培养健全的、全面发展的人格,使文化创造者具有广博的知识、多方面的修养和大胆地、自主地发挥才能的胆识与能力。

隋唐五代的知识阶层(如前所述主要是庶族士大夫)比起其他时代来有两个特点。而且这两个特点又往往同时具备于一身。一点是他们广泛接触社会,与民众保持着一定程度的联系,因此视野就比较开阔,接受的教育也相当全面与充实。当时许多读书人都有读书漫游的经历。所读不限于儒家章句,往往泛览百家,及于佛、道经典;漫游则深入社会,结交友朋,制造名声,求取出路。实际上这就把整个社会作为一个大课堂,在那里接受实际的教育。隋、唐时期是统一集权的大国,即使是出仕者也不会局守一地,往往宦游四方,奔波南北;特别是那些做幕僚的人,寄人觅食,地位比较低下,更能对现实社会矛盾具有较深刻的认识与体验。另一点是当时的士风相当地自由、开放。例如韩愈是以明道为己任的,自诩是孟子以后儒家已坠遗绪的正传,而张籍就曾批评他"多尚驳杂无实之说,使人陈之于前以为欢,此有以累于令德……况为博塞之戏,与人竞财乎……"[1]。事实上他又好女乐,又服丹药。宋代人曾尖锐批评李白好妇人与醇酒。郭沫若先生在颇引起非议的《李白与杜甫》一书中为扬杜抑李之说翻案,指出杜甫之嗜酒也不次于李白,这也是事实。实际上,游宴歌舞、结交伎女伶工是一时的社会风气。与此相对照的另一面,就是当时的士人较少受道德与习俗的约束,不但没有宋明以后道学统治下的名教束缚,也不像汉儒那样皓首穷经,除了背诵章句无暇他骛。对于当时的多数人来说,追求豪放享乐的生活不是出于消极或颓废,而是追求个性自由的一种表现。这样,士风的"浮靡"作为特定的社会现象,对当时的文化发展是起了积极作用的。从一定意义上说,没有妇人醇酒,就没有李白的诗;韩愈不好驳杂无实之说,也就没有他的汪洋恣肆的古文。

---

[1]《上韩昌黎书》,《全唐文》卷六八四。

正是由于诗人们熟悉歌舞伎乐,才写出了那些优美的声诗;像文人词,起初也是创作于花间樽前的;没有较开放的恋爱生活,也出现不了那些缠绵悱恻的情诗(如李商隐)和表现爱情故事的传奇小说。接触社会、民众与独特的士风的相辅相成,使得隋唐五代知识阶层的精神风貌相当地开放、活跃,这对发挥他们的才能与个性是极为有利的。唐代的许多文人都有相当全面的修养。他们往往是大学问家,精通经、史、杂学,熟悉佛、道二典;他们出仕为官,从政也有一定能力;不少人都诗、文、赋诸体无一不工,书、画、歌、舞众艺无一不能。这样全面发展的人才辈出,文化的普遍繁荣也就有了基础。

各文化部门的普遍繁荣,其相互间的影响与渗透又成了各自进一步发展的强大的推动力。文化各部门内部不同分支的相互作用也是很明显的。如文学领域,诗的进一步发展作用于词的形成;古文与传奇在语言与艺术表现上相互影响;文人诗与民歌的繁荣相互促进;诗的语言与格律影响到散文与传奇小说,等等,这都是研究者们经常提到的。绘画与雕塑、绘画与书法在艺术上有共通性,这也是尽人皆知的事实。隋唐时代佛、道二教的斗争进入了一个新的阶段,但二者交流的因素却又明显增多,道教更多地借鉴佛教的经典、教义与仪轨;佛教的某些宗派如三论宗、华严宗则借用道家的语言与思想;新兴的禅宗和新兴起的神仙思想都把修习集中到主观心性上来。文化不同部门间的影响最明显的例子是王维的“诗中有画”和“画中有诗”,诗与画在创作中使用的不同技法在王维诗中确有相通之处。广而言之,其中一方面的艺术素养肯定有助于另一方面艺术创作的提高。在这方面还可以举出很多例子,如前已提到的吴道子的绘画因受到裴旻舞的出没变化而得到启发,张旭草书由于观公孙氏剑器舞而更加精湛,还有唐诗中的声诗在与舞乐结合中发展等等。

在这复杂的交互影响之中,有几个重要方面是值得注意的。一个是经学的新发展。隋唐时期,传统的墨守章句、严分家法的学风被扬弃,一家独断、通经致用的新方法被提倡。经学本是当时士人接受教育与立身行事的指针,这种学风的变化对他们起了某种思想解放的作用。经学的控制在各文化部门都大大削弱了,对其各自的发展关系是很大的。再一点是宗教的发展,特别是佛、道二教在知识阶层中更加普及,宗派佛学的丰富的思想内容被士大夫所接受,给文学、艺术等各方面的创造以刺激与营养。例如禅宗兴盛起来之后,就从思想观念、生活方式直到语言、表达技巧都给士大夫阶层以很大影响,这种影响对此后的文化发展作用甚为巨大。第三点是当时士大夫的艺术修养普遍提高,由于新兴的科举制度以政能文才取人,因此当时的文人、官吏大都能诗善文,加上一时社会风气的熏陶,书、画、乐、舞诸般伎艺也相当普及。一些朝廷显贵同时是文坛领袖,这样统治阶层的文化素质也大为提高了。这对整个社会中文化的价值与地位的提高是具有决定意义的,对以后政治与文化的发展影响也相当深远。至于这种影响的积极面与消极面如何评价,那是另一个问题了。

前面提到隋唐五代文化的大繁荣的形势可与西欧的文艺复兴相比拟,但在中国并没有出现欧洲那样的作为资本主义曙光的文艺复兴。这是因为隋唐五代的文化繁荣还没有新的社会经济基础,因此也不可能出现鼓舞人们去创造新时代、新社会的全新的思想力量。这是东方文明古国积累的文化传统大发扬所显示的辉煌,但却没能把文化发展引向全新的轨道,这也是研究这一段文化史上的光荣篇章时应当清醒认识的。

但隋唐五代终究确是中华民族文化全面发展的时代。而文化的发展对于我们这个具有悠久传统的文明古国的生存与进步具有十分重大的意义。这个时代所留下的文化财富与传统,它的文化建设的历史经验与教训,对于生活在当今世界上的中国人也是非常重要的。

第三章　教育与科举

第一节　教　育

　　隋唐五代是我国古代教育大发展的时期。在六朝时期的门阀制度下,形成了"累世家学"的贵族教育制度,到隋唐时期发生了根本的变化。反映了新的地主阶级品级联合的形势与庶族地主阶层势力的扩大与活跃,适应着统一、发展时期经济、文化建设的需要,教育对象迅速扩大、下移,庶族教育得到发展,教育制度更加完备,公、私教育也更加普及。教育事业的发展是文化发展的最为重要的方面,它也为其他文化领域的发展创造了条件。当然也应当看到,这一时期的教育,占主要地位的仍是以儒学为核心的封建主义人文教育,科技教育与职业教育被放在次要位置上。这对经济与文化的发展又有着局限的方面。

　　隋、唐统治者都十分重视教育,并建立起完善、系统的官学制度。隋立国伊始,即有诏曰:"建国重道,莫先于学……古人之学,且耕且养。今者民丁非役之日,农亩时候之余,若敦以学业,劝以经礼,自可家慕大道,人希至德,岂止知礼节、识廉耻、父慈子孝、兄恭弟顺者乎？始自京师，爰及州郡，宜祗朕意，劝学行礼。"①隋文帝统治时期，"超擢奇隽，厚赏诸儒，京邑达乎四方，皆启黉校。齐、鲁、赵、魏，学者尤多，负笈追师，不远千里。讲诵之声，道路不绝。中州儒雅之盛，自汉、魏以来，一时而已"②。隋初，作为中央政府的国学，有国子学、太学、四门学、书学、算学五学，皆隶太常寺。开皇十三年（593），国子学独立出来，学生无常员。但文帝晚年任刑名，尚吏治。仁寿元年（601）罢国子，唯置太学，学生五百人。到炀帝时则徒有敦儒之名，骄奢淫逸，无暇顾及学校教育。这也是促成国家败亡的一个重要因素。

　　唐太宗虽以马上得天下，却深知不能在马上治天下的道理。唐初君臣大都重视文治。唐建国初年，即完善国学制度；直到高宗朝，是国学办得十分兴旺的时期。五代人王定保记载说："贞观五年以后，太宗数幸国学，遂增筑学舍一千二百间，增置学生凡三千二百六十员。无何，高丽、百济、新罗、高昌、吐蕃诸国酋长，亦遣子弟请入。国学之内，八千余人。国学之盛，近古未有。"③在隋末大乱之后，立国未久的情势之下，如此重视学校教育，显示了新朝的识见与魄力。从客观上看，这也是为巩固政权而培养人才的明智之举。

　　唐国子监下总六学：国子学，掌教文武官三品以上及国公子、孙、从二品以上曾孙；太学，掌教文武官五品以上及郡、县公子、孙、从三品曾孙；四门学，掌教文武官七品以上及侯、伯、子、男子以及庶人子；律、书、算三学，掌教文武官八品以下及庶人子。国子学、太学、四门学只是生员身份不同，教学内容都是一样的，即《周礼》《仪礼》《礼记》《毛诗》《左传》分经教授，《尚书》《公羊》《穀梁》《孝

---

①《隋书》卷四七《柳昂传》。
②《隋书》卷七五《儒林传序》。
③王定保：《唐摭言》卷一《两监》。

经》《论语》兼习之,有暇并习隶书及《国语》《说文》《字林》①《三苍》②《尔雅》。律学以《律》《令》为专业,《格》《式》《法例》亦兼习之。书学以《石经》③《说文》《字林》为专业,余字书亦兼习之。算学或习《九章》《海岛》《孙子》《五曹》《张丘建》《夏侯阳》《周髀》等,或习《缀术》《缉古》④等。龙朔二年(662),东都初置国子监,并加学生等员,自此分两都教授。天宝九载(750),国子监增广文馆,领国子学中为进士业者,成七学。除国子监所辖诸学外,门下省有弘文馆,东宫有崇文馆,都是勋臣子弟的官学,人数较少。开元二十九年(741)始置崇玄学,次年分设于两京,入学资格同于国子学,习《老子》《庄子》《文子》《列子》,这是适应朝廷崇道的需要成立的。职业教育则分由各有关官署负责,如太史局有历生、装书历生习历法;太医署有医生,是习医的;太乐署教习乐人及音声人;少府下中、左、右诸尚署、染织署、掌冶署分别教习百工技巧,等等。这是一套相当完备的国学教育体系。而从以上介绍中可以看出,虽然各类学校入学资格仍有官品、门荫的规定,但已经向民众开放了,就是说庶人子弟有可能进入国学受教育了。这是教育史上的一大进步。不过另一方面也应注意到,当时职业及技术教育仍被置于较低层次上,只让身份低微的人去学习。医、卜、星、算,百工杂艺作为实用技艺只传给专业人员或工匠,还没有提高到科学研究和高

----

① 晋吕忱撰《字林》,久佚,有辑本清人任大椿:《字林考逸》、陶方琦:《字林考逸补本》。
② 汉初人合流传字书《仓颉篇》《爰历篇》《博学篇》为一书,称《三苍》。
③ 此指汉熹平石经(蔡邕书,隶体)和魏石经(古文、篆、隶三体)。
④ 以上各书《周髀算经》为古天文算学著作。其他均为古算书。《九章算术》,晋刘徽注,唐李淳风注释;《海岛算经》,晋刘徽撰,唐李淳风等注;《孙子算经》,唐李淳风等注释;《五曹算经》,北周甄鸾注,唐李淳风注释;《张丘建算经》,北周甄鸾注,唐李淳风等注释;《夏侯阳算经》,年代不详;《缉古算经》,唐王孝通撰。《海岛》《孙子》《五曹》《夏侯阳》,仅存辑本。《缀术》,待考,或谓即祖冲之所撰《缀述》,或即《五经算术》,甄鸾撰,李淳风等注释,有辑本。

层次的工艺教育的水平上来。

　　如前所述,唐初,国学大盛;但到武则天专政时,努力从各方面不次举拔人才,国学的地位降低了。圣历二年(699)凤阁舍人韦嗣立上疏中说:"国家自永淳(682—683)以来,二十余载,国学废散,胄子弃缺,时轻儒学之官,莫存章句之选。贵门后进,竞以侥幸升班;寒族常流,复因凌替弛业。考试之际,秀茂罕登;驱之临人,何以从政。"[1]因为国学集中了一批李唐王朝贵胄公卿子弟,武则天为了篡权必须另辟用人之路。后来中宗复辟,立即整顿国学。至开元、天宝年间,又臻彬彬之盛。国学的繁荣也反映了盛世的光耀。但不久就发生了"安史之乱"。战乱中儒硕解散,国学毁废,以致后来屡经整顿,再也没有恢复到原来的兴盛状态。例如元和(806—820)初,欲充实从学人员,所定员数西京六百五十人,东都百人而已。舒元舆于元和七年(812)参观国学,入院门,见庭广数亩,尽垦为圃,原来是学官迫于生计而垦辟的;入广文、国子、太学、四门诸馆,见堂中无几榻,有苔草没地,惨凄满眼[2]。直至唐末,又几经整顿,终无大起色。但是中国古代重视教育的传统精神在唐末五代的乱世亦未消泯。当时朝廷诏令、群臣论议,仍以学校为重,并屡有兴学之举。如《旧五代史·唐明宗纪》天成二年(927)三月,太常丞段颙请国学五经博士各讲本经,从之;长兴元年(930)四月,国子司业张溥奏请复八馆以广生徒,等等;又如南唐昇元(937—943)中在庐山白鹿洞建学馆,是后来著名的白鹿洞书院的由来,都表现了当时统治者兴学的努力。

　　国学教育只是隋唐五代时期整个教育体系的一部分,国学的兴衰也不能代表教育发展的全貌。当时地方官学与私家教育已相当发达。隋代地方官学即已普及到边远地区。如柳旦为龙川(今

---

[1]王溥:《唐会要》卷三五《学校》。
[2]《问国学记》,《全唐文》卷七二七。

广东惠州市)太守,民居山洞,好相攻击,开设学校,大变其风①;令狐熙拜桂林(今广西武宣县北)总管,为建城邑,开设学校②。这都在当时的"蛮荒"地区。唐王朝建立不久的武德七年(624)即有诏令:"吏民子弟,有识性明敏,志希学艺,亦县名申送,量其差品,并即配学。州、县及乡,并令置学。"③以后屡次重申此令。如开元二十六年(738)正月制:"天下州、县,每乡一学,乃择师资,令其教授。"④根据《唐六典》的规定,京兆、河南、太原三府、诸都督府、诸州均设有经学博士、助教、医学博士、助教,学生亦有定员;直到各县,亦有博士、助教,并有学生数十人。官学一直办到乡里,使庶民百姓子弟有可能就近受业。据《通典》卷十五《选举三》的统计,当时弘文、崇文馆学生50名,国子监太学生2610名,而州、县学生60,710名,即州、县学生多于国学学生二十几倍。所以"安史之乱"以后国学衰败,并不意味着教育的衰败。当时由于经济重心南移,南方诸州办学相对地兴旺起来。而在一种重视文治的思潮之下,许多地方官都致力于兴学,如中唐时韦丹为容州(今广西北流县)刺史、子宙为永州(今湖南永州市)刺史,皆兴学校;常衮为福建观察使,以前其地未知学,衮至,设乡校,亲加讲导;柳宗元为柳州(今广西柳州市)刺史,亦兴办学校。晚唐时王潮据福建五州之地,也作四门义学。如此等等,对比后南方的教育发展都起了积极的推动作用。

　　隋唐五代私家讲学之风亦盛,规模也很大,这对普及教育具有很重大的意义。当时的私家讲学有的是继承西汉以来经师传经授业的传统的,另一类则是从事以识字读书为主的普及教育。越到后来,后一种成分在私学中所占比例越大。隋代的儒生房晖远,恒以教授为务,远方负笈而从者,动以千计;大儒王通隋末退居河汾

---

①《隋书》卷四七《柳旦传》。
②《隋书》卷五六《令狐熙传》。
③《旧唐书》卷二四《礼仪志四》。
④《旧唐书》卷九《玄宗本纪下》。

讲学,有弟子千余人;隋末逐鹿中起初依附杨玄感的李密,在玄感失败后改变姓名为刘智远,聚徒讲授。唐朝廷鼓励私学,开元二十一年(733)有敕令:"许百姓任立私学,其欲寄州、县受业者亦听。"①这就把官、私教育打通了。唐时以私家讲学著名者比比皆是。如唐初马嘉运,贞观年间隐居白鹿山,诸方来投业者近千人;盛唐时卢鸿隐嵩山,官为营草堂,广学庐,聚徒至五百人;中唐时袁滋,客荆、郢间,起学庐讲授;阳城隐中条山,远近慕其德行,皆从之学,等等。私家教育比起官学来不仅形式上更多样,内容上也更自由、宽泛,对于整个社会思想文化的发展影响也很重大。

这种影响的一个方面就是使得民众教育更向一般的文化侧重。唐建国后,即诏令天下家藏《孝经》《论语》各一册,普令勤读传习。这还主要是发挥其教化意义,当然也习其句读、文章。但在文献中记载唐时广泛流行《兔园策府》之类通俗读物,敦煌遗书中已经发现;敦煌遗书与吐鲁番出土文物中还发现了《千字文》抄本。这反映了甚至西方边地教育亦相当普及的实态。而在敦煌曲辞中留下了一些有关劝学内容的作品,从中可以看出唐五代时民众的教育观念:有的歌辞讲到读经受教化;有的则表示通过读书可以作官;例如说:"奉劝有男须入学,莫推言道我家贫……纵然未得一官职,笔下方圆养二亲"②,这显然是把文化当作养生的技能来对待的;又例如说:"三更半,到处被他笔头算。纵然身达得官职,公事文书争处断。"③这也是把文化当作一般教养看待。至于韩愈门下聚集了一批"韩门弟子",柳宗元贬永州(今湖南永州市)时湘江之南为进士者多经其口讲指划,他们主要是传授新型的诗文。这种高层次的教育,在思想史、文学史上更具有特殊意义。唐代的私家教育,已是后来发达的书院教育与私塾教育的萌芽。

①王溥:《唐会要》卷三五《学校》。
②《十二时·劝学》,任半塘编著:《敦煌歌辞总编》卷五《杂曲·定格联章》。
③《五更转(识字)》,任半塘编著:《敦煌歌辞总编》卷五《杂曲·定格联章》。

　　隋唐时期教育重心向庶族方面转化,其意义是十分深远的。韩愈曾指出,在他生活的中唐时期,国学的入学资格已不能循法律的规定,"公卿子弟,耻游太学,工商凡冗,或处上庠"①。就是说工商杂类的子弟已跻身于学馆,而出身华贵的公卿子弟堕落腐败,已无志于治学。从另一方面看,"开元以前,进士不由两监者,深以为耻"②,两监指东、西京国子监,其时一代名流如郭元振、陈子昂、萧颖士、李华、刘长卿以至郭子仪等都由国学登科第;为了保持国学的地位,天宝年间并诏令天下举人皆得补国子及郡学生。然而伟大诗人李白是五岁诵《六甲》、十岁观百家;杜甫七岁习诗文,都受的是家学或私学教育。至中唐贞元年间,科第出身的人已绝少出于两监者。如文坛上知名的韩愈、柳宗元、元稹以至李商隐等,都是在家庭、乡里接受的庶民教育。这种教育在社会基层进行,更接触实际,更注重实用(当然包括科举的技能),又较少受到儒家经典的束缚。大批活跃在政坛、文坛上的庶族知识分子,主要是通过这种教育培养出来的。在隋唐五代,以经学为核心的官方御用教育只是教育事业的一个部分,它特别在领导重视教育的风气上起着作用;而在实际的教育活动中,极为兴旺的庶族与庶民的多种形式的教育,对普及与发展文化,进而对时代的思想、学术起了更积极的作用,在教育史上占有更重要的地位。

第二节　科　举

　　中国古代的选举制度是与教育制度相衔接的。封建教育的最

---

①《请复国子监生徒状》,《昌黎先生文集》卷三七。
②王定保:《唐摭言》卷一《两监》。

基本的任务是为封建统治培育人才,选举则是从这些人才中加以选拔,来组织各级统治机构的。由于阶级结构发生了根本变化,隋、唐的选举制度也发生了根本转变,开始推行科举制。科举制的出现也是与当时的教育制度的变革相适应的。由于推行了科举制,调节了统治阶级内部的关系,实现了统治集团各阶层权力的再分配,促进了封建经济的发展与封建专制政体的稳固。这一制度一直维持到清末,终于成了读书人的桎梏、教育发展的绊脚石。但在它初出现以至发展的一段时期,却是教育与人事制度上的新事物,是有巨大的积极意义的。

隋文帝开皇三年(583),朝廷正式下令废止州郡中正的选举品第之权,改称"乡官",不再知时事。至十五年,更裁撤乡官。这样,自魏、晋以来推行了近四百年的九品中正制废止了。代替它的是科举。科举即设科取人。九品中正制下的选举之权操在门阀士族手里,选举当然以门第为限制。而如开皇十八年(598)诏京官五品以及总管、刺史并以志行修谨、清平干济二科举人,选举权则操在地方官,间接地是操在朝廷手里,选举标准是以政能、文才为主要内容的"科目"。《旧唐书》卷七五《韦云起传》说他开皇中明经举;《通典》卷一四《选举二》说"炀帝始建进士科"。隋行科举制,实现了我国选举制度的一大变革。

唐代因隋之制,更加完善了科举制度。唐时科举分贡举与制举。《新唐书》记载说:"其科之目,有秀才,有明经,有俊士,有进士,有明法,有明字,有明算,有一史,有三史,有《开元礼》,有道举,有童子;而明经之别,有五经,有三经,有二经,有学究一经,有三《礼》,有三《传》,有史科——此岁举之常选也。"[①]这里"一史""三史"显然应包含在"史科"里,与诸经包括在"明经"里同例;所谓"俊士"即进士;又所列各科目非一时所设,如道举是迟至开元年间才

①《新唐书》卷四四《选举志上》。

设立的。参与科举的举子的来源,一部分是两监、学馆的学员,叫作生徒;另一部分是由县与州府逐级考试合格选送的,叫作乡贡。考试的内容,依科目有所不同。例如"明经"诸科,重在通经,首先试帖经,即取某经遮其两端中间留出一行,再贴遮三或四、五字,要求答出所贴文字,然后有口试与对答策问;进士亦帖经,但更重视时务策,高宗时起又加试杂文即诗(试帖诗,一般是五言六韵或八韵)、赋(律赋)各一篇;其他各科亦有相应的内容;道举所试为《老》《庄》《文》《列》诸子;童子科则选举小儿才学颖异超群者。科举本由吏部考功员外郎主持,开元二十四年(736)以其位微言轻,改由礼部侍郎主持,为主考官;试场亦设在礼部。礼部放榜后,由中书、门下政事堂详覆。由于当时庶人已有可能进入两监习业,而地方上有志于举业者亦可"怀牒自列于州、县"[1],即可自愿报名参加,科举就向广大庶族以至庶民开放了。这是对当时政治生活产生深远影响的大事。

虽如《新唐书》记载诸科为"岁举之常选",但时人最为重视的是明经与进士二科,而尤以进士为重。明法、明算之类的专业学科,向不为人看重,且有资格者主要是学馆中相应学科的生徒。明经以通经为主,在唐代经学作为御用学说虽占有重要位置,然而当时所需要的主要是从政的通才,仅通经学章句自然就比较不为人所重了。而进士科主要依政能文才选人:对时务策是测验识见与从政能力;作诗、赋则看文思与写作技巧。这些又正是一般出身低微的士人可以依恃其占有优势与世家大族子弟竞争的。因此进士科为人所倚重,成了士人群趋之的,至有"三十老明经、五十少进士"之说。对于统治阶级来说,通过进士科可以选拔新进的、有用的人才,据说唐太宗曾"私幸端门,见新进士缀行而出,喜曰:'天下

---

[1]《新唐书》卷四四《选举志上》。

英雄入吾彀中矣！'"①而下至贫寒的庶人子弟则通过进士考试亦可得致身通显的机会。敦煌写卷 P. 2518 号上说："庶人者,白屋之士也……井邑相望,其流实繁,或有业在典坟,心惟孝悌,竟从乡赋,自致青云,谨身节用,以养父母,此庶人之本也。"这反映了当时一般"庶人"通过"乡赋"致身通显的观念。总之,进士科的发展适应了正在迅速扩大的庶族知识分子的政治需要,又成为调整统治阶级结构的有效措施。根据现存的资料看,进士科确实起到了选举人才的作用,唐代官僚机构的主要部分即是由进士科出身的人组成的。

　　唐代进士科每年录取人数初期只数人或十数人,以后平均在三十人上下。而诸科更少于此数。可知当时选举标准颇为严格,能入选者确实多为精英。这与南宋时一科取四五百人的情况很不相同。唐内外官人数现已难于确考,显庆二年(657)刘祥道说"今内外文武官一品以下九品以上一万三千四百六十五员"②,《语林》卷三记载裴度说"今天子设官一万八千",可知正式官员应在两万上下。以每年三十左右个人补充到这样大的官僚队伍中,当然值得珍贵。贞观、永徽(650—655)之际,朝廷中虽位极人臣、不由进士者,终不为美。例如高宗朝曾任宰相的薛元超就以不从进士及第为平生一大憾事。到武则天当政时,因为她长期居于东都,遂分别在两京考试,并建立了名义上由皇帝主持的"殿试"制度。她更加重视科举,意在限制、打击李唐亲贵与旧的门阀势力,客观上更加提高了进士科的地位。延续到开元年间,科举改由礼部侍郎主持,地位更相应地提高一步。唐中叶以后,政治上变乱不常,重大政令、制度屡有变更,但科举却常行不废。即使是在"安史之乱""建中之乱"、黄巢起义时期,朝廷的科举却仍在较有秩序地进行。

①王定保:《唐摭言》卷一《述进士上篇》。
②王溥:《唐会要》卷七四《论选事》。

一个重要原因即它是维护王朝政治机制的必不可少的手段。

　　与贡举同样重要的有制举。制举是朝廷为征召特殊人才而施行的。自高祖时期起已开始举行,科目与时间都没有明确的规定。它名义上是天子自召亲试,实际是经州府或某权威人士荐举,由朝廷委派官员加以考试。不过仪式比较隆重。有时天子赐食,食讫就试;还有时皇帝亲临试场。制举的科目名目甚多,早期是视人主"临时所欲"而立名,如志烈秋霜科、幽素科、辞殚文律科、岳牧举科等。到了后期,一些科目名称经常使用,其中以博学宏辞科、才识兼茂明于体用科、贤良方正直言极谏科等最为著名。如裴度(贞元八年,792 年)、柳宗元(贞元十二年)、柳公权(元和二年,807 年)都是博学宏辞科及第;元稹、白居易(元和元年)则是才识兼茂明于体用科及第;而元和三年贤良方正直言极谏科考试,牛僧孺、皇甫湜对策指斥时政,成为引发"牛李党争"的诱因;大和二年(828)杜牧于是科及第,刘蕡亦于同年对策,上万言书,极言当时之弊,语无避讳,被权阉压抑黜落,天下称屈。制科又在常科之外给士人进身提供了一条更为直截的出路。

　　贡举中进士或明经及第,只是取得了一种身份,还不能即刻授官。要经过吏部的"关试"。这是一种任官资格的考核,标准是身、言、书、判。身是身材仪表,言是言论谈吐,书是书法,最主要的是拟两道判词。这些是做官的基本条件与基本功。而制科登第,则可直接授官。因此不少进士及第的人又参加制举,也有的人任官后再参加制举。如张九龄于中宗神龙二年(706)以才堪经邦科、玄宗先天元年(712)以道侔伊吕科两次及第;白居易贞元十六年(800)登进士第,十八年登书判拔萃科,次年授秘书省校书郎,元和元年(806)又登才识兼茂明于体用科;而韩愈"四举于礼部乃一得,三选于吏部卒无成"①,就只好投靠方镇做幕僚了。登制科在当时

①《上宰相书》,《昌黎先生文集》卷一六。

以为荣选，一个原因也在出身较容易。

五代十国各政权大都举行科举，与唐制度略似，只是具体而微，此不具述。

隋唐五代的科举是为巩固与延续封建政权的官吏铨选制度。科举制代替九品中正制，我国封建社会的文官制度进一步被完善了。从隋唐以及后来历代沿袭情况看，这一制度在施行中存在不少弊端，有时腐败得很严重。但就制度本身说，它确实起到了广开门路选拔人才、调整统治阶级内部以至统治阶级与被统治阶级关系的作用。起码在形式上，科场上每个人都是平等的。而就隋唐五代时期看，科举除了改善官僚制度并保证其正常运行之外，还有力地推动了新的士风、学风、文风的形成。大批出身庶族的、较少门第意识与经学教条束缚的士子出现在社会上层，造成所谓"进士浮薄"，即思想比较自由，言论行动少规检；表现在学术上则眼界比较宏阔，意见多能创新；而普遍地重文章、轻经术，对文学艺术的发展也起了推动作用，等等。这些在以下各章将详有论及。科举中代替门第关系的是主考官"座主"与及第"门生"的关系，未及第的士子也要投靠权要"通关节"，求援引，这样官场上就形成了新的人际关系；官场中科第出身者与非科第出身者往往代表着不同的利益集团，其间存在着矛盾，如此等等，科举对官僚队伍的构成及其内部集团、朋党、派系的斗争作用甚大。科举作为封建制度下的选举制，其局限也是很明显的。朝廷集中了铨选品第之权，造成士子们按一套固定的标准爬阶梯，这样按统治阶级的需要去培养、选拔合格人才，大批有才华的人被淹没在科场之中了；另外这种制度下人才的出路只是学优则仕，文学艺术特别是科学技术的人才不被重视，像李白、杜甫这样的伟大人物都不能在科第下出身，这无疑又有阻碍文化发展的一面；而中国古代的教育与科举制度，主要是培养与选拔"治人"阶层的官僚，而不是去造就管理国家与民众事务的行政人员，则是由当时的社会制度决定的。当然从总的方面看，科举制作为中国封建选举制度的最后一个形态，在其初创及发展的一段时期，其积极作用是应充分估计的；它所积累的选拔人才的历史经验也是应该重视的。

还应当注意的是，唐代士人的出路，并不全在科举。有些人未登科第，布衣终身，由于艺业大就，照样可以名扬四海。大画家吴道子就是一个例子；如前所说，李、杜也都不是科第出身；在以下介绍的文学、艺术、科技、宗教人才中，有不少非科第出身的人。这也反映了当时比较自由开放的思想环境和重视文化的社会环境。再者就是科举及第的人，也不见得只有去做朝廷命官才有出路，更不是官做得越大出路就越好、事业上就越有成就。特别是"安史之乱"以后，方镇威权甚重，而朝廷仕途不畅，不少士人托庇于藩镇为幕僚，甚至隐逸不仕，也有所成就。士人出路比较广阔，他们的才能、艺业在社会上能够发挥，又使他们有可能进一步摆脱科举、仕宦的束缚，这也是科举制度下另一面的事实。

国学、官学之外私学的繁荣，士人在科举、铨选之外的更广阔的出路，是隋唐五代教育史与选举制度史上的相当重要的现象，对文化发展的影响是相当巨大的。

第四章 学 术

第一节 经 学

一、经学的发展趋势

经学是研究儒家经籍的学问,包含哲学、政治学、伦理学、史学、文学等多方面的内容。由于它在长期封建社会中被统治者当作官方御用学术,不仅形成了独特的治学传统,而且在政治与思想文化领域里占有特殊的地位。但经学的地位与影响,在不同历史时代却又不尽相同。就隋唐五代经学说,其成就上不及汉、晋,下不及宋、明;特别是由于佛、道二家的兴盛,统治者采取三教调和政策,更使经学发展受到制约。因此后人说"惟唐不重经术"①。隋唐五代经学从总体看是显得衰微不振的。

但隋唐时期阶级结构的巨大变革,南、北统一,经济发展促成的思想文化的变化,也使经学发生了具有历史意义的巨大转变。汉代的经学,本来就有师承家法之争,有今、古文之争;后来由于谶

---

① 皮锡瑞:《经学历史》七《经学统一时代》。

纬神学的兴起,玄学的发达,旧的经学一再被变乱,至东晋后南、北分立,又加上南、北学风的不同,这就更加重了经学分裂凋残的局面。隋王朝立国日短,在恢复经学传统上没有做多少工作;到了唐代,适应政治统一的形势,官方又把推重与统一儒学作为思想文化政策的重要内容。这就通过学术的统一促进了思想、政治上的统一,并且为经学的进一步发展准备了条件。另一方面,在这一时期经学的相对中衰之中,也孕育了它的新变:有关性、理等命题开始得到重视,以意说经、通经致用的新学风正在兴起,儒学发展中汉学向宋学的转变从而自此肇始。这样,隋唐五代在经学发展上又是重要的过渡期与转变期。

二、经学的统一

关于南、北学统的不同,《北史·儒林传》说:

> 江左,《周易》则王辅嗣,《尚书》则孔安国,《左传》则杜元凯;河洛,《左传》则服子慎,《尚书》《周易》则郑康成。《诗》则并主于毛公,《礼》则同遵于郑氏。

这里王弼是玄学名家,他是以《老》《庄》解《易》的,所倡为玄学化的儒学;相传孔安国受《尚书》于伏生,武帝时为博士,然其书并未列为学官,现存孔《传》实为伪作;而《左传》杜注亦多存臆说。总之,南方的学风偏于玄虚。而北方宗尚的伏虔、郑玄则代表了汉世传统的学风。隋文平一区宇,九州经学待问之士毕集京师;至炀帝时,国子、郡县之学复盛,征辟儒生,远近毕至,又广泛征集图书。时久经丧乱,旧儒多已凋亡,新起的刘焯、刘炫等人均学通南、北,博极古今,遂开经学统一之势。

入唐,政治形势的统一要求学术的统一。太宗以儒学多门,章句繁杂,诏孔颖达及诸儒撰五经义疏,名《五经正义》。孔颖达(574—648),字冲远(又冲达),冀州衡水(今河北衡水市)人,武德初为文学馆学士，"秦王府十八学士"之一；贞观年间为国子祭酒，侍讲东宫，其主持编纂的《五经正义》包括《周易正义》十四卷、《尚书正义》二十卷、《毛诗正义》四十卷、《礼记正义》七十卷、《春秋正义》三十六卷，凡百八十卷。颖达卒，博士马嘉运驳正义疏之失，诸儒服其精审，有诏更定，未就；永徽二年（651），诸儒更加增损；四年，诏颁行天下。其《易上、下》用王弼注，《系辞》以下用韩康伯注；《书》用伪孔传；《诗》用毛传、郑笺；《礼》用郑注；《左传》用杜注。这体现了南、北学术统一的要求，而更重视南学传统。这是因为南朝的礼乐文化广被南、北学人所企羡，正显示了时代促成的学术风气的转变。孔疏部分多据南、北诸儒旧义编缀，但具体解释时则专宗一家，不取异义，又采用了注不驳经、疏不破注的传统方法，这都有利于义解的统一。行文又简明扼要，通达晓畅，一改汉儒繁冗旧习，又没有六朝浮靡巧饰的流弊，便于诵习与流通。然而孔颖达受命著述时已经年老，各书注疏出于众工之手，加以所宗古经不出一家，因此各书间多有互异之处；又汉人书杂有谶纬，魏晋人流于玄虚，不加分析地参用亦为后人所诟病。五部书的水平后人评价亦不一致，大体说来《诗》《礼》二书义本翔实，郑氏原注亦佳，水平最高；而《周易》多用江南义疏，辞尚玄虚，义多浮诞，开宋儒说经义多主观、疏略的先河。

又颜师古（581—645），名籀，以字行，雍州万年（今陕西西安市）人，太宗时为秘书少监，受诏考定五经文字，多所厘正，成《五经定本》。这样从文字上统一经文也是学术统一的重要一步。《义疏》对《定本》亦曾引用。师古父之推为前代大儒，博览群书，词情典丽，尤善《周礼》及《左氏》；本仕于梁，后奔北齐。师古承家学渊源，学术以南方为宗，引用南、北诸本亦以南方为是。自《定本》《义疏》颁之国学，科举考试以之为准第，天下治经者以为楷式，士子谨守官书，莫出异义，经学至此统一，诸家章句渐废。

又陆德明（550—630），名元朗，以字行，苏州吴（今江苏苏州市)人。由隋入唐,任国子博士,著有《经典释文》。据其自序,撰书在癸卯即陈后主至德元年(583),四库馆臣认为是"积久成书之后,追纪其草创之始",应是有一定道理的。特别是书中将《老》《庄》列为经典,反映了李唐崇道的观念。该书收《易》《书》《诗》《周礼》《仪礼》《礼记》《左传》《公羊》《穀梁》《孝经》《论语》《老子》《庄子》《尔雅》计十四种书。而其中《易》主王,《书》主伪孔,《左》主杜,与《义疏》也相一致。这本书的作用,侧重在对六朝经学作总结,它广采"汉魏六朝音切凡二百三十余家,又兼载诸儒之训诂,证各本之异同,后来得以考见古义者,《注疏》以外,惟赖此书之存,真所谓残膏剩馥,沾溉无穷者也"①。这与《定本》的工作恰好相互补充。

作为经学统一的余绪的一件事,是晚唐时《开成石经》的刊刻。朝廷于开成二年(837)以楷书刻《易》《书》《诗》、"三礼""三传"、《论》《孝》《尔雅》,将统一经文刻于石版。《十三经》中惟缺《孟子》,后于清康熙七年(1668)补刻。今存西安碑林。又五代十国后蜀孟昶亦命毋昭裔督造,楷书刻经,始于广政元年(938),成十种,北宋续刻,今残。五代后唐至后周国子监雕版刻印《九经》,称"监本",从而又有了统一刻版的注文。有了石经和刻版书,才避免了传抄中的伪讹与异体,这也是统一文字的重要工作。

三、经学学风的演变

经学学风的转变,隋代已见其端倪。隋大儒刘焯已对"贾、马、王、郑所传章句,多所是非",他与刘炫同被称赞是"学通南、北,博极古今"②。孔颖达批评当时经学形势说:

> 近至隋初,始流河朔,其为《尚书》正义者,蔡大宝、巢猗、费甝、顾彪、刘焯、刘炫等。其诸公旨趣,多或因循帖释,注

①《四库全书总目》卷三三《经部·五经总义类》。
②《隋书》卷七五《儒林传》。

文义皆浅略,惟刘焯、刘炫最为详雅。然焯乃织综经文,穿凿孔穴,诡其亲见,异彼前儒,非险而更为险,无义而更生义……炫嫌焯之烦杂,就而删焉,虽复微稍省要,又好改张前义,义更太略,辞又过华,虽为文笔之善,乃非开奖之路。[1]

刘焯、刘炫是代表一代学风的人,他们已大大偏离了传统的章句之学的治经方法。

隋末有大儒王通(584—618),字仲淹,绛州龙门(今陕西河津县)人,弟子私谥称"文中子"。隋末退居河汾著书,弟子众多。仿《春秋》著《元经》,不能流行,其模拟圣贤口吻亦受后人讥评。又仿《家语》《法言》为《中说》,今存。从文章看他是一位热心世事、颇想有所作为的人。他主张"道能利生民,功足济天下"[2];在解释所著《元经》时又说:"《元经》有常也,所正以道,于是乎见义;《元经》有变也,所行有适,于是乎见权。权、义举而皇极立矣。"[3]可见他治学并非全然泥古而颇能识权变的。《中说》中多唐初名臣请益之语,或以为出于附益,待考。又隋唐之际的徐文远,博览五经,尤善《左氏》,"所讲释,多立新义,先儒异论,皆定其是非,然后诘驳诸家,又出己意";盖文达,博涉经史,尤明三传,其"论难皆出诸儒意表"[4]。治学趋向与二刘正同。

到了武则天、玄宗统治时期,反映了庶族知识分子的革新意识,在学术上也出现了一个怀疑、批判的思潮。经学上推动这一潮流的,有刘知幾、吴兢、元行冲、朱敬则、王玄感等人。自唐初,三《礼》之学特别受到重视。后来杜佑编《通典》,九门中《礼》一门独占三分之一以上篇幅。这是因为对于统一的政权来说,健全政权

①《尚书正义序》,《全唐文》卷一四六。
②《文中子中说》卷六《礼乐篇》。
③《文中子中说》卷八《魏相篇》。
④《旧唐书》卷一八九上《儒学传上》。

结构、仪则的礼制非常重要。魏徵曾撰《类礼》；高宗时，太学博士贾公彦撰《周礼》《礼记》二经疏；王方庆亦"善三《礼》之学，每有疑滞，常就（徐）坚质问，坚必能征旧说，训释详明"[1]。开元十四年（726），元行冲与范行恭、施敬本根据魏徵《类礼》，整比而成《礼记义疏》五十卷奏上。时为尚书左丞的张说批评他们"与先儒第乖，章句隔绝"。元行冲著《释疑》一文答辩，指斥批评者为"章句之士，坚持昔说，特嫌知新，欲仍旧贯"[2]。这部《礼记义疏》虽已久佚，但从有关资料可以知道，这部著作以及围绕它的论争正反映了经学中对章句传统的不同态度的对立。附带指出，在魏晋时期，学人们"宁道孔圣误，讳言服、郑非"，"明章句"是个褒语；而到了唐代，"白发死章句"[3]则成了讥嘲的对象。清人赵翼也指出："唐人之究心三《礼》，考古义以断时政，务为有用之学，而非徒以炫博也。"[4]又于长安三年（703），四门博士王玄感表上《尚书纠缪》十卷、《春秋振滞》二十卷、《礼记绳愆》三十卷并所注《孝经》《史记》《汉书》稿，宏文馆博士祝钦明等讥其搞摭旧义，刘知幾、徐坚等为之申理，后朝命对之加以表彰。而刘知幾本人作为卓越的史学家，大力提倡疑古、惑经、"一家独断"的学风，也正适应当时经学发展的趋势，具体情形参阅本书第四章第二节"史学"。

　　另一方面，在一种比较自由、开放的思想环境之下，经学在思想界的统治也削弱了。按唐朝廷规定，"凡正经有九：《礼记》《左氏春秋》为大经，《毛诗》《周礼》《仪礼》为中经，《周易》《尚书》《公羊春秋》《穀梁春秋》为小经。通二经者，一大一小，若两中经；通三经者，大、小、中各一；通五经者，大经并通。其《孝经》《论语》《老子》，

---

① 《旧唐书》卷一〇二《徐坚传》。
② 《旧唐书》卷一〇二《元行冲传》。
③ 《嘲鲁儒》，《李太白全集》卷二五。
④ 《廿二史札记》卷二〇《唐初三〈礼〉、〈汉书〉、〈文选〉之学》。

并须兼习"①。这大、中、小经的划分，显然是以篇幅为准，而不顾义理的轻重。这种形式主义的倾向本身就显示了对经学的态度问题。而这种规定一经执行，即如李元瓘所指出：

> 今明经所习，务在出身，咸以《礼记》文少，人皆竞读。《周礼》经邦之轨则，《仪礼》庄敬之楷模，《公羊》《穀梁》，历代崇习，今两监及州、县，以独学无友，四经殆绝。事资训诱，不可因循。②

这样经学被当作敲门砖，当时已见苗头。比竞习短浅者以应付考试更甚的，如杨绾指出：

> 至高宗朝，刘思立为考功员外郎，又奏进士加杂文，明经加帖经，从此积弊，浸而成俗。幼能就学，皆诵当代之诗；长而博文，不越诸家之集。递相党与，用致虚声。六经则未尝开卷，三史则皆同挂壁，况复征以孔孟之道，责其君子之儒者哉？③

天宝以后，积年动乱，国学弛废，师传乏人。到元和（806—820）年间，元稹对策中说：

> 今国家之所谓兴儒术者，岂不以有通经文字之科乎？其所谓通经者，又不过于覆射数字；明义者，才至于辨析章条。是以中第者岁盈百数，而通经之士蔑然。④

又有李行修上书曰：

> 近学无专门，经无师授，以音定字，以疏释经，是能使生徒

---

①《唐六典》卷四《尚书礼部》。
②《通典》卷一五《选举典三》。
③《条奏贡举疏》，《全唐文》卷三三一。
④《对才识兼茂明于体用策问》，《元氏长庆集》卷二八。

> 由之,中才不能使天下由之致理明矣。大率五经皆然。①

这种经学水平衰落的形势,正是时代思想开阔自由所造成的结果,在前面已经提到过。这个现象的评价不应是负面的。但经学作为学术自身在唐代中叶已相当衰敝,使传统经学的传授濒临中绝,也是事实。

经学发展形势的一个后果,是促使部分学人背专门之法而开通学之途,从而使经学方向发生了转变。本来在刘焯、刘炫、徐文远、盖文达等人那里显现的端倪,逐渐扩展而成为一种潮流。

较早的成绩有开元年间(713—741)成伯屿所著《毛诗指说》一卷。这是现存唐人有数的几部经学著作之一。书凡四篇,即《兴述》《解说》《传受》《文体》。四库馆臣谓其"颇似刘氏《文心雕龙》之体,盖说经之余论也。然定《诗序》首句为子夏所传,其下为毛苌所续,实伯屿此书发其端。则决别疑似,于说《诗》亦深有功矣"②。他关于《诗序》的这种看法,全出臆断,别无证据,正是新出现的疏阔、主观的学风的典型表现。

成绩突出而影响更大的是啖助、赵匡、陆质的新《春秋》学。啖助(724—770),字叔佐,赵州(今河北赵县)人。博通深识,精于《春秋》,作过台州临海(今浙江临海市)尉和润州丹阳(今江苏丹阳市)主簿,自上元二年(761)罢职家居,钻研《春秋》三传,著《春秋统例》六卷。赵匡(生卒年不详),字伯循,河东(今山西永济市)人。曾任淮南节度使陈少游从事,也是一位《春秋》学者;与啖助结交,"深话经义,事多向合"③。陆质本名淳(?—805),避宪宗讳改名,字伯仲,吴郡(今江苏苏州市)人。曾任台州(今浙江临海市)刺史;永贞元年(805)为给事中、皇太子侍读。为啖助弟子,随侍老师十一年。

---

①《请置诗学博士书》,《全唐文》卷六九五。
②《四库全书总目》卷一五《经部·诗类一》。
③《春秋集传纂例》卷一《修传始终记第八》。

啖助死后传授师说，并与助子异纂集遗著，请赵匡加以损益。大历十二年(777)先成《春秋集传纂例》十卷，其中除发明《春秋》要旨及对经文脱误、人名地名的考证之外，主要是解说笔削义例。之后，又归纳啖、赵对于传文的意见不入于《纂例》者，屡引得失，多所辨析，成《春秋集传辨疑》十卷。又根据"《春秋》之作，圣人所以明微"[①]的主旨，胪列啖、赵和自己对"微言大意"的理解，对三传加以批评，成《春秋微旨》三卷。此三书今具存。从上述纂述情形可以看出，它们虽成于陆质，实为一个学派的集体著作。

三书标举考核三传，舍短取长，似对三传兼收并蓄。然以左氏为六国时人，非《论语》中之丘明，《左传》杂采诸书，多不可信；而《公》《穀》子夏所传，出于口授，因密于《左氏》，虽然后人据其大义散配经文成书，亦多纲统。这样一方面推重《公》《穀》今文经学的观点，同时以经驳传，改变了疏不破注的传统说经方法。而对"微言大义"的阐发，则是空言说经，专以己意推断圣人之意，提倡"圣人类旷之体"。这就与汉儒章句之学走了完全不同的路子。

赵匡批评那种专守章句的迂阔学风说：

> 疏以释经，盖筌蹄耳。明经读书，勤苦已甚，既口问义，又诵疏文，徒竭其精华，习不急之业。而其当代礼法，无不面墙，及临民决事，取办胥吏之口而已……[②]

陆质曾教导吕温说：

> 良时未来，吾老子少，异日河图出，凤鸟至，天子咸临泰阶，清问理本，其能以生人为重、社稷次之之义发吾君聪明、跻盛唐于雍熙者，子若不死，吾有望焉。[③]

---

①《春秋微旨》卷中。
②《举选议》，《全唐文》卷三五五。
③《祭陆给事文》，《吕衡州集》卷八。

可见这一派学人是积极于经世致用的。他们研究《春秋》，是为了宣扬尊王室、正陵僭、举三纲、提五常、彰善瘅恶的主张。柳宗元曾概括陆氏三书的中心思想是"以生人为主，以尧、舜为的"[1]。"以生人为主"，如啖助所说：

> 夫子之志，冀行道以拯生灵也。[2]

既重视生人之意，就要节赋爱民；"以尧、舜为的"，是依托先王的传统办法，假"圣人"以明己意。而在对《春秋》记事的疏释中，一方面批评三传，又往往借以表达了自己的政治主张。

啖、赵、陆的新《春秋》学为中唐一次著名的政治改革活动——"永贞革新"提供了理论依据。改革派的代表人物柳宗元、刘禹锡、吕温、韩泰等人都推重陆质的著作。柳宗元本人也写过《答元饶州论〈春秋〉书》等作品，是与元藇讨论《春秋》的。柳、刘都是著名的进步思想家。柳宗元在《封建论》中反对"圣人之意"决定历史的主张，认为推动历史发展的是"生人之意"决定的客观情势，进而论证了郡县制取代封建制是历史的进步；他和刘禹锡在一系列论著中还批判天人感应论，提出人与天"交相胜""还相用"[3]的观点。取得这些思想史的成绩，也得力于新《春秋》学的观点与方法。大和二年（828），刘蕡应贤良方正直言极谏科，上万言策，极言当世之弊，痛陈阉宦之害，即引《春秋》为据，这可以看作是新《春秋》学的应用。又"大中（847—860）时，工部尚书陈商立汉文帝废毳议，立《春秋左氏》学议，以孔子修经，褒贬善恶，类例分明，法家流也；左丘明为鲁史，载述时政，惜忠贤之泯灭，恐善恶之失坠，以日系月，修其职官，本非扶助圣言，缘饰经旨，盖太史之流也"[4]。这样，他认为

---

①《唐故给事中皇太子侍读陆文通先生墓表》，《柳河东集》卷九。
②《春秋集传纂例》卷一《春秋宗旨议第一》。
③刘禹锡：《天论中》，《刘宾客文集》卷五。
④令狐澄：《大中遗事》，陶宗仪：《说郛》卷四九。

《春秋》是经,《左传》是史,并攻驳《左传》丛杂无征,不达经旨,用的正是新《春秋》学以经驳传的办法。陆氏三书取短评琐语形式,又无条贯,但他们的脱略章句、会通大义的简括疏略的学风,作为汉学章句的否定,开经学上的通学之途,给宋人开了先河。因此虽然后人对三书多有批评,但如陈振孙所说:"汉儒以来,言《春秋》者惟宗三《传》,三《传》之外,能卓然有见于千载之后者,自啖氏始,不可没也。"①

韩愈、李翱及其后学倡导与推动儒学复古,并把经学研究重点引向心性问题,是中唐经学的又一成就,也是推动经学学风转变的业绩。韩、李的文学成就将在以后有关章节论述。韩愈的经学论著有《原道》《原性》等五《原》篇,李翱则有《复性书》三篇等;又有两人合纂《论语笔解》二卷(或只录韩愈语为一卷),成书情况待考。他们更多的论学意见,见于一般杂著散文之中。

韩、李治儒学,在其富于现实感与解说之疏略通脱方面,与啖、赵、陆治《春秋》的精神相通。只不过他们不治专经,而治"通学"。韩愈生活在日渐衰败的时代,追寻其原因,他归结到纲纪紊乱;而纲纪紊乱的原因又在儒道不兴。他在致友人孟简信中痛切地说:

> 夫杨、墨行,正道废,且将数百年。以至于秦,卒灭先王之法,烧除其经,坑杀学士,天下遂大乱。及秦灭,汉兴且百年,尚未知修明先王之道,其后始除挟书之律,稍求亡书,招学士,经虽少得,尚皆残缺,十亡二三。故学士多老死,新者不见全经,不能尽知先王之事,各以所见为守,分离乖隔,不合不公。二帝三王群圣人之道,于是大坏。②

他痛感于大经大法亡灭而不救,坏烂而不收,造成三纲沦而九法斁,礼乐崩而夷狄横,因此要宗孔氏、崇仁义,贵王而贱霸。在批判

①《直斋书录解题》卷三。
②《与孟尚书书》,《昌黎先生全集》卷一八。

的方向上，他特别把矛头指向佛教，这将在《宗教》章另有论述；在正面建设上，则大力张扬儒家仁、义、道、德的"先王之道"。而这种"先王之道"又有其独特的内容。

首先，韩、李努力确立儒家的正统地位，为此而杜撰了一个尧、舜、禹、汤、文、武、周公、孔子的传道统绪，并用这个统绪与外来的佛教相对抗。早在元魏时期，吉迦夜即译有一部名为《付法藏因缘传》的佛经，其中提出了自佛陀释迦牟尼以下二十四代佛法传承；后来中国的天台宗与禅宗都据此树立自宗的法统。建立儒家的学统，正是借鉴佛家的办法来对抗它的法统，以加强自身的力量。这也给自佛教流行后在士大夫间相当兴盛的儒、释调和观念以有力批判。其次，韩、李都特别推尊思、孟一派的儒学。当年陆德明撰《经典释文》，《论语》《老》《庄》被列为经典，但不包括《孟子》。魏晋以来，"三玄"（《周易》《老》《庄》）大兴，《孟子》并不太受重视。到韩愈论儒家的学统，始将孟子与尧、舜、周、孔等"圣人"等列。孟子的师传得自子思（《中庸》作者）和曾子（传为《大学》作者）。韩、李文章中屡屡引及《中庸》《大学》之中的修、齐、治、平、正心诚意、致诚返本之说，当作"圣人之道"的核心内容，甚至推尊孟子，"以为功不在禹下"[1]。晚唐时皮日休更请立《孟子》为学科；宋人又大力推扬《论》《孟》《学》《庸》，致使它们的地位逐渐取代了"五经"。这都是儒学发生根本转变的表现。而韩、李是实现这一转变的先驱。再次，与上一点相联系，就是韩、李注重对心性问题的探讨。自魏晋以来，在思想学术界讨论心性问题的主要是佛家。士大夫大多承认"儒以治外，佛以治心"，把这个领域主动让给了佛家。韩、李探讨心性，是对抗佛家的挑战，更重要的是反映了时代思想发展的大势。到唐中叶，古代儒学集中研究的"天人之际"的问题已有了结论，由于社会向前发展，"人"的地位更为突出，人的心性的研究就

---

[1]《与孟尚书书》，《昌黎先生全集》卷一八。

逐渐成为思想学术的重点。韩愈在《原性》中发展了孔子、董仲舒以来的"性三品"说,判性与情为二,这已可见佛家关于心性被惑情所染的观念的影响;到李翱著《复性书》,更明确断言:

> 人之所以为圣人者,性也;人之所以惑其性者,情也……情即昏,性斯匿矣。[1]

而这种"圣人之性"是"寂然不动,不往而到,不言而神,不耀而光,制作参乎天地,变化合乎阴阳"[2]的;要实现"复性",则要"弗虑弗思,情则不生;情既不生,乃为正思。正思者,无虑无思也"[3]。这是实现致诚返本的途径。这种观点已与佛家的清净自性特别是禅宗的无念见性说相通,是统合儒释的新的心性观。宋儒在新时代条件下,综合了儒、玄、佛、道的思想成果而把汉学改造为宋学,中唐这一批儒学家,包括韩、李与新《春秋》学派,无论在观点上还是在方法上,都是导夫先路者。这也是韩愈在宋以后特别受重视的一个原因。

唐人经学著作较重要的还有:李鼎祚《周易集解》十七卷,由于易学中王(弼)学既传之后,汉《易》不传,而此书采录了子夏以下三十五家旧说,在易学研究中弥足珍贵;史徵《周易口诀义》六卷,此书亦多征引旧籍,四库馆臣将其与京房、王弼、孔颖达、李鼎祚并列为五;《孝经正义》三卷,题玄宗御注,实出众工之手,原《孝经》亦有今文(传自荀昶,称郑玄注)和古文(出自刘炫,称孔安国注)之分,自《正义》用今文,古文遂废,宋邢昺又据以作《孝经注疏》,遂成定本,流传至今[4]。

---

[1]《复性书上》,《全唐文》卷六三七。
[2]《复性书上》,《全唐文》卷六三七。
[3]《复性书中》,《全唐文》六三七。
[4]清乾隆年间,鲍廷博自日本得古文《孝经》孔注本;嘉庆初自日本传入魏徵:《群书治要》,中有《孝经》郑注十七章,严可均辑校佚文,成《孝经郑注》,这是后话。

第二节　史　学

一、史官制度和朝廷对修史的重视

经过南北朝近三百年的分裂与混战，隋、唐重新统一南北，这给总结历史提出了要求，也提供了可能。这一时期史学成就斐然；在整个学术领域中，史学乃是最为发达的部门。统治者高度重视，史馆制度更加完善，给朝廷主持的修史工作提供了保证；而一大批庶族史家登上史坛，更给史学注入了强大的活力。

隋文帝开皇十三年（593），"诏人间有撰集国史、臧否人物者，皆令禁绝"①。唐制，仍有私自撰史之禁，至中唐始渐松弛。禁止民间修史，当然有限制史学发展的消极一面，但另一方面也反映了统治者对修史工作的重视。由于把这一工作集中于朝廷，把它当作经国大事来抓，使得官方史学的地位大为提高。

隋设著作曹，掌国史，原隶秘书省。到隋炀帝时，加置起居舍人二人，也是史职，隶中书省，地位显然提高了。入唐，史馆因隋旧制，称著作局，仍隶秘书省。贞观三年（629），"移史馆于门下省北，宰相监修。自是著作局始罢史职。及大明宫初成，置史馆于门下省之南"②。这样，史馆从著作局中独立出来，国史由宰相监修，史职更形重要。开元十五年（727），以中书地切枢密，记事者宜在附近，移史馆于中书省之北。天宝（742—756）以后，他官兼领史馆者为史馆修撰。与史馆制度相适应，唐五代还建立了由史官修《起居

①《隋书》卷二《高祖纪下》。
②王溥：《唐会要》卷六三《史馆上·史馆移置》。

注》、宰相撰《时政记》以及修实录的制度。虽然由于客观条件限制，如晚唐动乱时这些工作并非一直能坚持进行，但作为制度是较完备的。又东宫司议郎掌记录太子言动；司天监记录天象灾祥（这又往往联系到人臣功过）；考功郎中考校官吏业绩；太常寺负责对死者考行定谥；以及功臣死后撰写行状上于史馆等等，这些与修史相关的事业均总于史馆。这样，中国的史官制度至此已经完备，宰相监修国史的作法以后历朝亦成为定制。由于制度完善，史职地位提高，史官遴选较严格，任职时间亦较长，对史料的记录、保存、整理以及史书的编修都起了积极作用。

　　唐初君臣是承积年动乱之后建立起自己的统治的，他们深刻认识到以古鉴今的重要。贞观六年（632）太宗谓侍臣曰：

　　　　朕闻周、秦初得天下，其事不异。然周则唯善是务，积功累德，所以能保八百之基；秦乃恣其奢淫，好行刑罚，不过二世而灭。岂非为善者福祚延长，为恶者降年不永？朕又闻桀、纣，帝王也，以匹夫比之，则以为辱；颜、闵，匹夫也，以帝王比之，则以为荣。此亦帝王深耻也。朕每将此事以为鉴戒，常恐不逮，为人所笑。①

这样，他有明确的远鉴前代以为元龟的意识。这也是当时大力从事修史工作的原因之一，并给后代留下了好的传统。

　　但朝廷垄断修史，虽称不虚美，不隐恶，却难免溢美饰丑的弊端。官修史书中颂美当朝、为贵臣父祖立佳传等现象普遍存在。有时甚至曲徇权势，褒贬任情。宋范祖禹说：“人君得以观史，而宰相监修，欲其直笔，不宜难乎？”②李翱亦有奏议曰：“今之作行状者，多是其门生故吏，莫不虚加仁义礼智，妄言忠肃惠和。”③又史官制

①吴兢编著：《贞观政要》卷三《君臣鉴戒第六》。
②范祖禹：《唐鉴》卷六。
③《旧唐书》卷一六〇《李翱传》。

度即使在私家修史之禁松弛的时期,对私家史学研究与著述也成为有形无形的限制,私家著作不能发达是必然的。

二、"正史"修撰与注释整理

在俗称"二十四史"之中,修成于初唐的即有八部,即《晋书》《梁书》《陈书》《北齐书》《周书》《北史》《南史》和《隋书》;及至五代,又修成《旧唐书》。所以这一时期堪称中国历史上修史的黄金时代。这些史书,多数是朝廷敕命修纂,但编纂者是广泛利用了前人修史成果别创新制的,因而这又是史书著作的总成时期。各史书题名者为领衔的纂著人,实际多成于众人之手。

贞观十年(636),首先撰成《梁书》《陈书》《北齐书》《北周书》和《隋书》,诏藏于秘阁。《梁书》与《陈书》题姚思廉撰。思廉(557—637),名简,以字行,雍州万年(今陕西西安市长安区)人。为弘文馆学士、"秦府十八学士"之一;书成,加通直散骑常侍;死后陪葬昭陵。思廉父姚察尝修梁、陈二史,未就,临终命续其志。贞观三年,思廉与秘书监魏徵同修梁、陈二史。思廉采谢炅等诸家梁史,续成父书,成《梁书》五十卷;又推究陈事,删益傅综、顾野王所修旧书,成《陈书》三十卷。二书虽有魏徵裁其总论,而编次笔削之功则全在思廉。《北齐书》题李百药撰。百药(565—648),字重规,定州安平(今河北安平县)人。太宗时官中书舍人、礼部侍郎,以书成授散骑常侍。百药父德林在齐尝撰《纪传》,百药在分修诸史时亦因父书续成《北齐书》五十卷。《周书》,令狐德棻等撰。德棻(583—666),宜州华原(今陕西铜川市耀州区)人。任起居舍人、秘书丞、礼部侍郎等职,封彭城县男;后以参与李世民和太子承乾之争,被贬逐;后参与修撰《晋书》,除秘书少监,高宗时渐次升迁至国子祭酒。《周书》成于令狐德棻、陈叔达与庾俭。先是,苏绰秉周政,军国词令多准《尚书》,牛弘为史,尤务清言,德棻等因之以成书,故多非实录。《隋书》本纪、列传题为魏徵撰。魏徵(580—643),字玄成,馆陶(今河北馆陶县)人。太宗朝名相,封郑国公;死后赠司空,谥文贞。初,有诏遣令狐德棻、岑文本撰周史,孔颖达、许敬宗撰隋史,姚思廉撰梁、陈史,李百药撰齐史,徵受诏总加裁定,多所损益,务存简正。《隋史·序论》皆徵所作,梁、陈、齐史各为总论。《隋书》题名是因为他领衔监修,执笔者实为颜师古、孔颖达、许敬宗等人。

　　高宗显庆元年(656),"太尉长孙无忌进史官所撰梁、陈、周、齐、隋《五代史志》三十卷"[①]。原来贞观年间修五朝史,除先完成的纪传外,另有十志(《礼仪》《音乐》《律历》《天文》《五行》《食货》《刑法》《百官》《地理》《经籍》)后出。这本是通叙历朝典章制度与史实的单行著作,被编入《隋书》流通,题长孙无忌等撰。十志的编纂者如于志宁、韦安仁、李延寿、令狐德棻等都是一代史学名家;《天文》《律历》《五行》三志则出于著名天文学家李淳风之手(下述《晋书》同)。十志中《礼仪志》独占七卷,是因为对于统一国家来说确定朝廷行事轨范的礼制非常重要;《经籍志》则是《汉书·艺文志》以后又一部总结隋以前古代经籍文献的重要目录书。这样,编入《隋书》中的志书是修断代史的特例,在学术史上具有特殊价值。

　　贞观二十年(646),诏修《晋书》。晋史唐初存十八家,虽存记注,而才非良史。这主要是因为两晋十六国是历史大变动时期,私家著述难于将庞杂史实包容周全。十八家中仅臧荣绪与萧子云两家较完整,但萧书唐初已散佚,仅存十一卷。房玄龄、褚遂良、许敬宗等受诏纂著,"博考前文,旁求遗逸,芟夷芜蔓,举其精要……以臧荣绪《晋书》为本,捃摭诸家传记而附益之,爰及晋代文集,罔不毕记,为十帝纪、十志、七十列传、三十载记。其太宗所著宣、武二帝及陆机、王羲之四论,称制旨焉;房玄龄以下为论,皆称史臣"[②]。

①《旧唐书》卷四《高宗本纪上》。
②《册府元龟》卷五五六。

由于太宗参与写作，因题御撰。这部书不仅详录了西晋四帝五十四年、东晋十一帝一百四年的史实，而且记述了胡、羯、氐、羌、鲜卑等少数民族割据中原、建立五凉（前、后、南、西、北）、二赵（前、后）、三秦（前、后、西）、四燕（前、后、南、北）、夏与成汉等十六国政权的经过以为《载记》。这样分别记述各少数民族立国兴邦的活动，而又把各分立政权统摄到一代历史结构之中的办法，在修史上是个有见识的创例。用了这个办法，中华大地上各族的活动以及民族融合过程就反映得更加全面。修《晋书》的史臣多文咏之士，特别是评论文字竟为华艳，这是它被后人非议的一点。

　　约在显庆四年（659）以前，李延寿撰成《南史》与《北史》。李延寿（生卒年不详），相州（今河北临漳县）人。"初，延寿父太师，多识前世旧事，常以宋、齐、梁、陈、齐、周、隋天下参隔，南方谓北为'索房'，北方指南为'岛夷'，其史于本国详，佗国略，往往訾美失传，思所以改正，拟《春秋》编年，刊究南北事，未成而殁。"①后"（李）延寿与敬播俱在中书侍郎颜师古、给事中孔颖达下删削，既家有旧本，思欲追终先志，其齐、梁、陈五代旧事所未见，因于编辑之暇，昼夜抄录之。至（贞观）五年，以内忧去职，服阕，从官蜀中，以所得者编次之。然尚多所阙，未得及终。十五年，任东宫典膳丞日，右庶子彭阳公令狐德棻又启延寿修《晋书》，因兹复得勘究宋、齐、魏三代之事所未得者。十七年，尚书右仆射褚遂良时以谏议大夫奉敕修《隋书》十志，复准敕招延寿撰录，因此遍得披寻"②。这样，他在长期任职史局、参与修史过程中，积累了大批材料，再鸠聚遗逸，广以异闻，把南、北各朝史实按两方地域加以编次，北起北魏登国元年（386），尽隋义宁二年（618），兼自东魏天平元年（534），尽北齐隆化二年（577），计三代二百三十四年史事，总为《本纪》十二、《列传》八

————————————————

① 《新唐书》卷一〇二《令狐德棻传》附李延寿传。
② 《北史》卷一〇〇《序传》。

十八，称《北史》；又南起宋永初元年（420），尽陈祯明三年（589），计四代百七十年史事，为《本纪》十卷、《列传》七十卷，称《南史》。二史记事凡八代，计一百八十卷。延寿撰书意在补官书之阙而删其繁，正分立之失而通其贯，将南、北史实君臣流别，纪传群分，以类相从；书的组织颇有条理，加之又刊落浮词，颇便研读。书又后出，得以借鉴前人撰著的得失，因此其水平也就高于已成的各朝史。以致后来二史流行，各朝专史反不被重视，如《北齐书》《周书》在流传中逐渐阙遗。①

　　以上是唐初所修八史。在短短二十余年的时间里，完成如此巨大的修史工程，在历史上是未见先例的。这本身就显示了唐朝廷对于史学的重视。尽管后代对各史评价不一，或有贬词，但当时的一批优秀史家的成就与经验是不可低估的。自唐朝开始，新王朝为前朝修史形成定制，在史学发展上与政治上都是有意义的事。

　　后晋高祖天福六年（941），诏修《唐史》；开运二年（945），书成进上，题刘昫撰。刘昫（888—947），涿州归义（今河北容城县）人，后唐、后梁为相。《唐书》本由赵莹、贾纬、张昭、赵熙、吕琦、尹拙等修撰，书将成，赵莹罢相，由刘昫继领监修，因循例领衔进奏。全书计纪、志、列传并目录二百三卷。区别于后来欧阳修、宋祁等所修《新唐书》，俗称《旧唐书》。盛唐时吴兢已编纂自创业迄开元年间史事为百十一卷，后韦述、柳芳、崔龟从等续有修撰。新修唐史即以旧史为蓝本，且参考历朝实录撰作。但晚唐《武宗实录》仅存一卷，后皆缺落，作者无现成典据可使用，只好凭有限的遗文传说编纂，缺失处就较多了。总的看来由于《旧唐书》多据原始材料编就，资料可靠性就较强。后来欧阳修等修《新唐书》，不满于它的芜杂，加以删削修饰，努力做到事增于前，文省于旧，史料价值却受到很大的损失。

――――――――

① 今人整理《北齐书》《周书》，均据《北史》加以订补。

五代戎马倥偬之际，仍有不少人热衷于史事。这也是前代积累的文化传统所赐。五代各朝均有实录，十国也留下不少史料，为入宋后修《五代史》准备了条件。

除了新修史书外，唐五代对旧史的注释整理亦有成绩。《史记》一书，汉、晋名贤未知见重，注解者绝少，只有刘宋裴骃《集解》比较重要。至唐贞观年间，刘伯庄撰《史记音义》二十卷。开元初，司马贞著《史记索引》，"探求异闻，采摭典故……释文演注，又为述赞，凡三十卷"①，其中纠正徐广、裴骃等旧注抵牾，援据密致。开元二十四年（736），张守节著成《史记正义》三十卷，守节"涉学三十余年，六籍九流，地理《苍》《雅》，锐心观采，评《史》《汉》，诠众训释而作《正义》。郡国城邑，委曲申明；古典幽微，窃探其美，索理允惬，次旧书之旨，兼音解注，引致旁通"②。由于此三家书，再加上古文家从文学角度加以褒扬，才提高了《史记》的历史地位。又唐初颜师古注《汉书》；高宗仪凤元年（676）章怀太子李贤召集当时学士张大安等注成范晔《后汉书》；后梁刘昭注司马彪《续汉书》八志，都取得了很好的成绩。现行《汉书》即为颜师古注本；《后汉书》则是将章怀太子注范晔《后汉书》与刘昭注司马彪《续汉志》合并而成的。

三、"政书"类著述

"四部"分类中"史部"有"政书"一类著作，是记录历朝仪制、职官、邦计、军政等状况与因革的。唐五代出现了属于这一类的几部有重大价值的、总结性的撰述。

首先是《唐六典》。"开元十年（722），起居舍人陆坚被诏集贤院修《六典》，玄宗手写六条，曰理典、教典、礼典、政典、刑典、事典。张说知院，委徐坚，经岁无规制，乃命毋煚、余钦、咸廙业、孙季良、

①《史记索引序》，《全唐文》卷四〇二。
②《上史记正义序》，《全唐文》卷三九七。

韦述参撰。始以令式像《周礼》六官为制。十九年三月,萧嵩知院,加刘郑兰、萧晟、卢若虚。张九龄知院,加陆善经。李林甫代九龄,加苑咸。二十六年,书成。"①这样,书虽题御撰,李林甫等奉敕注,实经众人长期努力而成,其中有张说、徐坚、张九龄等名臣和大学问家参与。本书结构依《周礼》太宰六典之文以述唐代官制,在组织、体例上自然枘凿难合,因而不得已采用以令式入六司、像《周礼》六官之制、其沿革并用注文的办法。这样,以唐中央及地方官制为正文,以《周官》以来的沿革为注文,形成了一部以开元所行官制为本又追溯其历代沿革的政典名著。由于封建朝廷及各级政权的职司及于国家政治、经济、文化及社会生活各个方面,因此书中所录内容史料价值极高。此书南宋时即已残缺,明正德(1506—1521)年间始刊席文同、李立卿据禁中流出抄本而加补订的刊本,基本可见原书面貌。

贞元十七年(801),杜佑著成《通典》二百卷。杜佑(735—812),字君卿,京兆万年(今陕西西安市)人,德、顺、宪三朝宰相。原来"开元末,刘秩采经史百家之言,取《周礼》六官所职,撰分门书三十五卷,号曰《政典》,大为时贤称赏……佑得其书,寻味厥旨,以为条目未尽,因而广之,加以开元礼、乐书,成二百卷,号曰《通典》"②。这样,《通典》是在刘佚《政典》的基础上编纂的;从年代看,著成于杜佑未入相前、镇淮南的时候。书凡九门,即《食货》十二卷、《选举》六卷、《职官》二十二卷、《礼》百卷、《乐》七卷、《兵》六卷、《刑》十七卷、《州郡》十四卷、《边防》十六卷。唐初修《五代史志》、李百药撰《南》《北》二史,以至刘知幾著《史通》,都反映出一种不为王朝划分所限、"参今古之宜,穷终始之要"③的"通"的历史观念。杜佑发挥了这种历史发展观,他批评滞儒之是古非今,而主张随时

①《玉海》卷五一《艺文》。
②《旧唐书》卷一四七《杜佑传》。
③李翰:《通典序》,《全唐文》卷四三〇。

立制,遇事变通。谈到著《通典》,他说:

> 佑少尝读书,而性且蒙固,不达术数之艺,不好章句之学,所纂《通典》,实采群言,征诸人事,将施有政。[1]

由于具有明晰的历史发展观念和鲜明的现实目的,使得这部著作不仅史料翔实,而且见解专精,成为经世立言、是今非古的具有现实意义的书。全书"采五经群史,上自黄帝,至于我唐天宝之末,每事以类相从,举其终始,历代沿革废置及当时群士议论得失,靡不条载,附之于事,如人支脉散缀其体,凡有八门……"[2]。本着"理道之先,在乎行教化;教化之本,在乎足衣食"[3]的原则,书以《食货》为首,述食货又以田制为先,已经猜测到封建制度下土地关系作为生产关系基础的重要意义;而以《边防》殿后,则是有感于天宝以后边衅不止的危险,认识到维护国防对于国家统一的重要。所以"九门"的排列先后是有深意的。又书中未立《五行》《灾异》等典,显示出作者重人事而非天命的观念,更是史家的卓识。应附带指出,修《通典》时期刘禹锡正在杜佑处做幕僚,应躬与其事。而刘正是一位反对天命观的思想家。全书引据的详博,考证之精密,更超过前此著述。因此,这部书虽有遗逸、繁冗以及评骘过当之处,"然其博取五经、群史及汉、魏、六朝人文集、奏疏之有裨得失者,每事以类相从,凡历代沿革,悉为记载,详而不烦,简而有要,元元本本,皆为有用之实学,非徒资记问者可比"[4]。此书又开政书著述一体,后来郑樵为《通志》、马端临为《文献通考》等,皆以此书为蓝本。

宋建隆二年(961),王溥奏上《唐会要》百卷。王溥(922—

---

[1] 杜佑:《通典序》,《全唐文》卷四七七。
[2] 李翰:《通典序》,《全唐文》卷四三〇。这里讲"八门",是因为大刑用甲兵,兵、刑合为一门。
[3] 杜佑:《通典序》,《全唐文》卷四七七。
[4] 《四库全书总目》卷八一《史部·政书类一》。

982），字齐物，并州祁（今山西祁县）人，后周、宋初为相。他于后汉
乾祐（948—950）中登进士第，历周、入宋，为相时监修国史。"初，
唐苏冕尝次高祖至德宗九朝之事，为《会要》四十卷。宣宗大中七
年（853），又诏杨绍复等次德宗以来事，为《续会要》四十卷，以崔铉
监修。段公路《北户录》所称《会要》，即冕等之书也。惟宣宗以后，
记载尚缺，溥因复采宣宗至唐末事续之，为《新编唐会要》一百
卷"①。全书分五百一十四目，于唐代典章制度沿革，记述极为详
核；官号下涉及人物事迹、细琐典故有裨考证者，亦详为记载。因
此此书史料价值亦极高。此书并创史书中"会要"一体，王溥本人
另撰有《五代会要》三十卷。

　　《唐六典》《通典》《唐会要》都是总结性的著作，又是开风气的
创新之作，它们鲜明地反映了唐五代史学集大成的、转折期的特
色。又唐元稹有《类集》三百卷，姚康有《统史》三百卷，均佚，应是
与《通典》同类的书。

四、杂史、琐记类著述

　　唐五代人撰述了一大批杂史、琐记之类的书。这些书有不少
被后人归入《杂家》或《小说家》。实际上它们非如小说创作那样全
出杜撰，而有一定的史料价值。

　　这类著作比较重要的有：天宝年间吴兢进《贞观政要》十卷，书
中记述太宗一朝行政，特别是君臣论议的嘉言懿行，总结了统治者
兴邦治国的经验，也表达了作者的政治信念。因此本书不仅可作
史书读，亦可作政书读。不过书中记事言辞间多有溢美，是作者的
立场所致。这部书被后人当作政治的箴规，影响深远。中唐时许
嵩撰《建康实录》二十卷，记载定都建康的吴、东晋、宋、齐、梁、陈六
代史迹，对六朝君臣行事，特别是各朝土地、山川、城池、宫苑、寺庙

①《四库全书总目》卷八一《史部·政书类一》。

的当时制置、兴毁,各明处所和状况,而所引据古籍如裴子野《宋略》等今皆不传,因此极具史料价值。此外玄宗时张鹭著《朝野金载》六卷、刘餗《隋唐嘉话》三卷、德宗时封演《封氏闻见记》十卷、宪宗时刘肃《大唐新语》十三卷、李肇《国史补》三卷、李绰《尚书故实》一卷、晚唐刘绚《刘宾客嘉话录》一卷、赵璘《因话录》六卷、佚名《大唐传载》一卷、康骈《剧谈录》二卷、段成式《酉阳杂俎》二十卷《续集》十卷、苏鹗《杜阳杂编》三卷、裴庭裕《东观奏记》三卷、荆南孙光宪《北梦琐言》十卷、南唐史虚白之子《钓矶立谈》一卷等。这些书大体记述朝野佚闻逸事,虽不同程度地杂有不经之谈、荒唐之说,但补正史实、可资考证的材料搜罗不少,历来为研究隋唐五代史者所注意。

有些书集中记载了某一时期或某一方面的材料。如唐杜宝《大业杂记》,记载隋炀帝大业年间修宫观、开运河、荒淫误国的情况;姚汝能《安禄山事迹》三卷,记安禄山自发迹、叛乱并败亡事,下及史思明、史朝义;赵元一《奉天录》一卷,记载建中四年(783)至兴元二年(785)朱泚叛乱时朝廷逃往奉天(今陕西乾县)史事,均为研究相关历史事件的宝贵资料。又崔令钦《教坊记》,记录唐玄宗时教坊制度的变革,对了解唐代舞乐及音乐文学等状况价值极高;五代王定保《唐摭言》十三卷,评述唐代贡举制度,同时保存了文人活动的大量材料。

此外如范摅《云溪友议》三卷、皇甫枚《三水小牍》一卷、冯贽《云仙散录》十卷、李匡乂《资暇集》三卷等,则更多是小说家言,但也有一定的史料价值。

五、刘知幾的《史通》与唐代史学思想

隋唐五代史学观念与思想的发展,表见于史学著述的实践之中,特别是记述在各史书的叙录等篇章里,前面已有记述。又如《贞观政要》中记载太宗君臣论史的言论,也反映了当时的史学观念。而唐代

史学思想最重要的成就，是刘知幾的《史通》。这部书是历代修史经验与唐代当时修史成绩的结晶，也是古代优秀史学思想在新时代条件下的发挥，标志着中国古代史学思想的一个高峰。

刘知幾（661—721），字子玄，徐州彭城（今江苏徐州市）人。少以词学知名，弱冠举进士，授获嘉（今河南获嘉县）主簿，曾与修《三教珠英》。武则天长安二年（702），累迁至著作佐郎兼修国史，自此"三为史臣，再入东观"，作了二十年史官。他自青年时起即专心披阅史籍，入史馆后更博览内府藏书。他根据自己长期从事修史的亲切体会，又总结历代经验教训，于中宗景龙四年（710）撰成《史通》二十卷四十九篇（其中三篇已佚），得到当时史家高度评价，徐坚说"居史职者宜置此书于座右"[1]。

礼部尚书郑惟忠曾问到刘知幾："自古以来，文士多而史才少，何也？"他回答说：

> 史才须有三长，世无其人，故史才少也。三长，谓才也，学也，识也。夫有学而无才，亦犹有良田百顷，黄金满籯，而使愚者营生，终不能致于货殖者矣。如有才而无学，亦犹思兼匠石，巧若公输，而家无楩柟斧斤，终不果成其宫室者矣。犹须好是正直，善恶必书，使骄主贼臣所以知惧，此则如虎傅翼，善无可加，所向无敌者矣。脱苟非其才，不可叨居史任。自夐古以来，能应斯目者，罕见其人。[2]

这段话，说的是治史者必备的条件，也是强调史职的重要。语气间是充满了自豪感的。

在《史通·六家》与《二体》两篇里，刘知幾总结修史体例为六家，即《尚书》家（纪言）、《春秋》家（纪事）、《左传》家（编年）、《国语》家（国别）、《史记》家（通史纪传）、《汉书》家（断代纪传）；在此基础

---

[1]《旧唐书》卷一〇二《刘子玄传》。
[2]《旧唐书》卷一〇二《刘子玄传》。

上，又归纳出编年、纪传两体。在"纪事本末"体未出现前，这是对古代修史体例的最完整的概括。他讨论了各体的流变兴废，分析其长短优劣，并指出其不可偏废。《史官建置》与《历代正史》两篇，则记述了历代史官制度的沿革及官修正史的情况。这两部分可看作是迄至当时的中国史学史的概略。

在史料学方面，刘知幾重视史料的占有与鉴别。他认为不仅要重视一般史料，还要"征求异说，采摭群言"①，诸如偏记、小录、逸事、琐言、郡书、家史、别传、杂记、地理书、都邑簿，以及经子之书，皆不可废。他反对迷信灾异的记载，对于禹生启石、伊产空桑、海客乘槎以登汉、姮娥窃药以奔月以及晋武库失火、汉高祖斩蛟剑穿屋而飞之类的神怪故事或迷信传说，他一再加以驳斥；他也反对董仲舒、刘向等人的阴阳五行说，认为"亢阳为怪，求诸人事，理必不然"②。这表明他在史料鉴别上注意坚持理性主义的立场。

刘知幾强调坚持中国古史中的直笔原则，这也是中国古代修史的优良传统之一。他认为：

> 夫史之叙事也，当辨而不华，质而不俚，其文直，其事核，若是而已，可也。③

《史通》中有《直书》一篇，举出具体例证阐述了必须秉笔直书、无所讳隐的道理。他对当时修史中由于权臣干预而踟蹰难进的情形作了深刻揭露，说：

> 顷史官注记，多取禀监修，杨令公则云"必须直词"，宗尚书则云"宜多隐恶"，十羊九牧，其令难行；一国三公，适从何在？④

----

① 《史通》卷五《内篇·采撰》。
② 《史通》卷一九《外篇·汉书五行志错误》。
③ 《史通》卷七《内篇·鉴识》。
④ 《史通》卷二〇《外篇·忤时》。

这样一来,使得史职深居九重,养拙藏拙,成了素食之宅窟,尸禄之渊薮。他对封建专制制度下史官制的流弊是看得很透彻的。

在《言语》《浮词》《叙事》《模拟》等篇里,刘知幾对修史中的语言运用和表达技巧提出了许多宝贵意见。与他在内容上要求秉笔直书一致,在语言上他主张求其近真,反对依仿旧辞。他根据古今语言的发展变化,指出以古代今会造成事实乖违或华夷混淆。他批判鄙夷口语而崇尚文辞的倾向,认为:

> 天地长久,风俗无恒,后之视今,亦犹今之视昔,而作者皆怯书今语,勇效昔言,不亦惑乎?①

在记叙上,他主张尚简与用晦。因为要做到"文约而事丰",则必须"直纪才行","唯书事迹",所以尚简与直笔有关;同时用晦的目的在"言近而旨远,词浅而义深","文如阔略,而语实周赡"②,与尚简又相辅相成。中国古代修史十分重视文字表达技巧,优秀史籍也具有文学价值。古典文学中包括史传文学一目,从而形成了史学与文学相通的传统。刘知幾发扬了这一传统。他的《史通》的有关部分也是文学理论批评史上的杰作,对当时散文创作起着指导作用,并为古文运动作了理论准备。

刘知幾在《疑古》《惑经》等篇里表现了非圣疑古的大胆怀疑精神,显示了卓越的史家不受传统束缚、坚持探索真理的勇气。他尖锐地举出"五经立言,千载犹仰,而求其前后,理甚相乖"的不少事例,如对《尚书》就提出了十条疑问,认为说尧"克明俊德"、尧、舜"禅让"等就不可信。他又指出孔子修《春秋》,也是"外为贤者,内为本国,事靡洪纤,动皆隐讳……斯验圣人之饰智矜愚、爱憎由己者多矣"③。他具体分析了《春秋》的五"虚美"、十二"未谕",认为此

---

① 《史通》卷六《内篇·言语》。
② 《史通》卷六《内篇·叙事》。
③ 《史通》卷一三《外篇·疑古》。

书"巨细不均,繁省失中","真伪莫分,是非相乱"。而造成"虚美"
的原因,则在"达者相承,儒教传授"①,即一方面有传统束缚,另一
方面是师承限制。他提倡"一家独断"之学,充满了积极向上的理
性精神。尽管他的具体看法不无偏颇,史料考证亦有疏失,对史实
的解释也有不中鹄的而失之武断者,但他的史学思想不但在修史
上具有指导意义,其不重章句、大胆批判的学风更起到解放思想、
开拓思路的作用,影响到当时与后来的学界。他的著作从而也呼
应着经学上与文学上的改革潮流,具有普遍的思想、文化价值。

　　隋唐五代史学思想的发展,有社会发展和各文化、学术领域的
发展为基础;另一方面,史学又涵盖和影响到众多的思想、文化部
门。例如,更为切实与丰富的历史发展观念是推动文坛变革的原
动力之一。自陈子昂开始大力倡导的诗文革新,正是在洞察文学
历史流变、总结历史发展经验的基础上,寓革新于复古的。唐代的
文人们开始突出重视《左》《国》《史》《汉》的传统,早期提倡古文的
人大都注意到修史。萧颖士有志"依鲁史编年,著历代通典"②;李
华说:

　　　　化成天下,莫尚乎文;文之大司,是为国史,职在褒贬惩
　　　劝,区别昏明。③

梁肃分析三代后文章派别,以为贾谊、司马迁、刘向、班固,其文博
厚,出于王风。当年萧统论文,把"概见坟籍,旁出子史"的作品一
概排斥"不取"④,唐人把这种偏颇之见否定掉了。

　　韩愈与柳宗元关于"史官"之争,关系到史学观念问题,也涉及
士大夫的立身处世等许多问题。韩愈有一篇《答刘秀才论史书》,

_____

①《史通》卷一三《外篇·惑经》。
②《赠韦司业书》,《全唐文》卷三二三。
③《著作郎厅壁记》,《全唐文》卷三一六。
④《文选序》。

其中提出不能以史为褒贬，否则"不有人祸，则有天刑"①。这实际
上是愤激之言，是致慨于当时修史中直词褒贬被压制的事实的。
韩愈时为史馆修撰，与修《顺宗实录》。这一著作涉及顺宗朝"永贞
革新"的史实，记述上一定颇多格碍。后来关于此书的编修更引起
朝廷的斗争。柳宗元曾致书对韩愈的修史工作加以激励，并写了
《与韩愈论史官书》，主张"居其位，思直其道；道苟直，虽死不可回
也"，因此他要求直笔写出信史。他针对韩的说法，激烈抨击了史
家嫿婳苟且、居职冒荣的"恐惧不敢为"②的作风。从这次古文家间
的论争，可以看出史学问题吸引了多么普遍的关注。

深刻的历史观念表现在唐代文人的众多作品之中。例如柳宗
元著《贞符》《封建论》《非国语》等著作，其中贯穿了以"生人之意"
为推动力的历史发展观。它们不仅具有深刻的哲学的与现实政治
的意义，而且在史学观上也多有创见。晚唐的杜牧是杜佑之孙，他
回忆家世说：

> 旧第开朱门，长安城中央。第中无一物，万卷书满堂。家
> 集二百编，上下驰皇王。③

所谓"家集"即指《通典》二百卷，可见他对史学的重视。他的《罪
言》《战论》《守论》《原十六卫》等作品，不仅理致清晰，言辞博辩，而
且显示出对于时势变化的明确认识和丰富的历史知识。没有这后
一方面，就不可能有杜牧那些"经济大文"。又如诗赋方面，唐中期
以后咏史的题材扩大了，丰富了，而且历史观念表现得也更深刻
了。总之，历史发展意识的普及与深化，又是唐五代哲学、文学等
许多领域的一个特点，实际也是这些领域取得成就的一个原因。

---

①《昌黎先生全集·外集》卷二。
②《与韩愈论史官书》，《柳河东集》卷三一。
③《冬至日寄小侄阿宜诗》，《全唐诗》卷五二〇。

第三节　地理学

隋唐疆域的统一与拓展,边疆与内地、中国与四邻诸国交流的加强,对地理学的发展提出了要求,也提供了可能。

隋大业(605—618)年间,普诏天下郡县条其风俗、物产、地图,上于尚书,命虞茂等撰《隋区宇图志》一百二十九卷,又郎蔚之撰《隋诸州图经集》一百卷[①]。这都是大规模的地理书。

唐制,尚书兵部"职方郎中、员外郎掌天下之地图及城隍、镇戍、烽堠之数,辨其邦国、都鄙之远迩及四夷之归化者。凡地图委州、府三年一造,与板籍偕上省。其外夷每有番客到京,委鸿胪讯其人本国山川、风土,为图以奏焉,副上于省。其五方之区域,都鄙之废置,疆场之争讼者,举而正之"[②]。这样,朝廷集中并加强了地理普查、地图绘制工作,并作为行政管理的重要手段之一。根据这种三年(一度改为五年)一造图经的制度,唐朝廷编制了不少《十道图》《十道志》《十道录》之类的书,今见著录于《新唐书·艺文志》。其中如武则天梁载言《十道志》,清王谟、王仁俊分别有辑本。

唐代出现了一批在学术上具有开拓意义的重要的地理学著作。如前所述,《隋书·地理志》原为单行《五代史志》的一部分,记载梁、陈、北齐、北周、隋的地理沿革,是一部精详的历史地理之作。唐太宗子魏王李泰命著作郎萧德言、秘书郎顾胤等撰《括地志》五百五十卷,《序略》五卷,又名《坤元录》,是分道记载的大型地志,其中引述六朝地理书甚多。原书已佚,清王谟、孙星衍、黄奭各有辑

①两书久佚,清王谟有辑本。
②《唐六典》卷五《尚书兵部》。

本。杜佑《通典》中的《州郡典》，详于唐前期州郡沿革，也是实用的地理书。这些大型地志的编纂，是要以普遍的地理调查与地理学的广泛普及为基础的。

贾耽是唐代最重要的地理学家。贾耽（730—805年），字敦诗，沧州清池（今河北沧州市）人，德宗朝宰相。"耽好地理学，凡四夷之使及使四夷还者，必与之从容，讯其山川土地之终始。是以九州之夷险，百蛮之土俗，区分指划，备究源流。自吐蕃陷陇右积年，国家守于内地，旧地镇戍不可复知，耽乃画《陇右山南图》，兼黄河经界远近，聚其说为书十卷……（贞元）十七年（801），又撰成《海内华夷图》及《古今郡国县道四夷述》四十卷"[1]。后以《四夷述》阅读费时，提其要会，切于当代，成《贞元十道录》四卷。这些书亦久佚，清王谟、王仁俊有辑本。贾耽的地理学不但内容精博，而且富于现实感。他作为宰相无大作为，在地理学上却贡献卓著。

元和八年（813），李吉甫进《元和郡县图志》四十卷。吉甫（758—814），字弘宪，赵州赞皇（今河北赞皇县）人，宪宗朝宰相。他本著有《元和国计簿》十卷，是辑录当代户口兵籍而成，《元和郡县图志》是与之相辅而行的著作。他作为执政柄者，写这些书是着眼于"成当今之务，树将来之势"的经世治国的现实目的的。这与贾耽的情况相同。他在《图志》序文中说：

> 古今言地理者凡数十家，尚古远者或搜古而略今，采谣俗者多传疑而失实，饰州邦而叙人物，因丘墓而征鬼神，流于异端，莫切根要。至于丘壤山川，攻守利害，本于地理者，皆略而不书。将何以佐明王扼天下之吭，制群生之命，收地保势胜之利，示形束壤制之端？此微臣之所以精研，圣后之所宜周览也。[2]

---

[1]《旧唐书》卷一三八《贾耽传》。
[2]《元和郡县图志序》。

他这样批判搜古略近、传疑失真的学风，在地理学上是有重要理论价值的见解。全书四十卷，又目录二卷，起京兆府，尽陇右道，凡四十七镇，详述其道里土宜，地理沿革，山川形势，名胜古迹，皆有所本。《括地志》有志无图，《四夷图》另有文，成书别行，李吉甫合为一书，观览便利。《元和郡县图志》流传中已有缺失，特别是图的部分全逸，近人缪荃孙辑有《元和郡县志阙卷逸文》三卷。这部书仍是今存唐代最完整的地理著作。

关于边疆地理与外国地理书，隋大业元年（605）裴矩撰《西域图记》三卷，"时西域诸蕃，多至张掖，与中国交市。帝令矩掌其事。矩知帝方勤远略，诸商胡至者，矩诱令言其国俗、山川险易"①，因成此书。又著名的僧人彦琮"以（达摩）笈多游履具历名邦，见闻陈述，事逾前传，因著《大隋西国传》一部凡十篇，本传一方物，二时候，三居处，四国政，五学教，六礼仪，七饮食，八服章，九宝货，十盛列山河、国邑、人物"②，可知其书记载各国情况颇为详备。彦琮又与裴矩共著《天竺记》。

到了唐代，这一类地理书更为丰富，《新唐书·艺文志》著录甚夥。如《西域图志》六十卷，"高宗遣使分往康国、吐火罗，访其风俗、物产，画图以闻，诏史官撰次，许敬宗领之，显庆三年上"③，此书亦佚。现存唐代最重要的外国地理著作是玄奘口述、弟子辩机撰文的《大唐西域记》十二卷。此书记载玄奘西行求法亲践一百一十国、传闻二十八国的情况，"具览遐方异俗，绝壤殊风，土著之宜，人伦之序，正朔所暨，声教所覃"④，综核详审，内容极为丰富，其所及范围和详细程度均远超过晋法显《佛国记》与魏惠生《使西域记》。这部书直到今天仍然是研究中亚和印度次大陆史地的经典著作，

---

① 《隋书》卷六七《裴矩传》。
② 道宣：《续高僧传》卷二《达摩笈多传》。
③ 《新唐书》卷五八《艺文志二》。
④ 于志宁：《大唐西域记序》。

并具有宗教史、民族史等多方面价值。又新罗释慧超有《往五天竺国传》，今存敦煌残卷。杜环于天宝十载（751）随高仙芝西征，为大食所虏，经十一年于宝应元年（762）附商舶东归，撰《经行记》，书中记述所历中、西亚诸国情形，原书久佚，近人丁谦、王国维各有辑本一卷。

隋、唐有各州、府及外国使臣献上地图的制度，因此地图的使用已很广泛，地图绘制亦大有进步。贾耽在制作地图方面贡献尤大。他制图以晋裴秀所创六体（分率、准望、道里、高下、方邪、迂直）为规，如所制《华夷图》，"广三丈，纵三丈三尺，率以一寸折成百里"，已能准确地利用比例尺；又"古郡国题以墨，今州县题以朱，今古殊文，执习简易"[①]，这些创制，都为后人立下了规范。曹松有诗形容说：

> 落笔胜缩地，展图当晏宁。中华属贵分，远裔占何星。分寸辨诸岳，斗升观四溟。长疑未到处，一一似曾经。[②]

可见地图绘制方法的清晰具体，也反映了《华夷图》的普及程度。贾耽地图亦已不存，今西安碑林中存伪齐阜昌七年（1137）刻石的华夷图碑，应是以贾耽图为据制作的。

唐人留下的一些杂志一类著作中包含有或主要是记述地理、风俗的，今存者有韦述《两京新记》、陆广微《吴地记》、余知古《诸宫旧事》、段公路《北户录》、莫休符《桂林风土记》、刘恂《岭表录异》等。

---

①《旧唐书》卷一三八《贾耽传》。
②《观华夷图》，《全唐诗》卷七一六。

第四节　小　学

　　隋唐五代的小学即语言文字之学的成就主要在音韵学方面，训诂学、文字学也取得了某些值得注意的成果。

　　我国古代语音学主要是音韵学，在六朝时期取得了长足的进展。反切的发明，四声的辨析，都是在这一时期。取得这些成绩的外部条件是随佛典传入带来的外来语言拼音知识为分析汉语语音提供了借鉴，内部条件则主要有诗赋等韵文创作对音韵辨析提出了要求。随着审音定声的进步，六朝时已出现一批韵书，到了隋唐时期，创造出总结性的成果即陆法言《切韵》和孙愐《唐韵》。两书为以后的韵书提供了蓝本。

　　陆法言（生卒年不详），名词，以字行，临漳（今河北临漳县）人。据今传《切韵序》称：

　　　　昔开皇（581—600）初，有刘仪同臻、颜外史之推、卢武阳思道、李常侍若、萧国子该、辛咨议德源、薛吏部道衡、魏著作彦渊等八人，同诣法言门宿。夜永酒阑，论及音韵。以古今声调既自有别，诸家取舍亦复不同……欲广文路，自可清浊皆通；若赏知音，即须轻重有异。吕静《韵集》、夏侯该《韵略》、阳休之《韵略》、李季节《音谱》、杜台卿《韵略》等，各有乖互。江东取韵与河北复殊。因论南北是非，古今通塞，欲更据选精切，除削疏缓。

　　　　……即烛下握笔，略记纪纲。后博问英辩，殆得精华。于是更涉余学，兼从薄宦，十数年间，不遑修集。今返初服，私训诸弟，凡有文藻，即须声韵……遂取诸家音韵，古今字书，以前

　　所记者，定为《切韵》五卷……①

后题仁寿元年(601)。由此序可知，陆书是总结前人与同时代人的研究成果的多年精心钻研之作。其书久佚，今只存此序及清任大椿、顾震福与近人龙璋的辑本。敦煌写卷中 S. 2683 据考为《切韵》片断；又今存唐郭知玄《切韵》辑本和王仁煦《切韵》宋濂跋本，后二书为补正陆书者。根据这些材料与其他文献的零星记载，可知其书按平、上、去、入分为五卷(平声字多分两卷)，共收一万二千左右字；平声上卷二十六韵，下卷二十八韵，上声五十一韵，去声五十六韵，入声三十二韵。这样就已初具宋《广韵》二百零六韵规模。

　　孙愐，天宝(742—756)年间为陈州(今河南淮阳县)司马。其《唐韵》是对《切韵》加注之作。原书亦佚，近发现残卷两种，即所谓开元本和天宝本。据王国维考证二者一为初撰本，一为重定本②，后者较前者为详。《唐韵》体例基本同《切韵》，先解释字义，辨正字形，然后注出反切。字义解释中对有关名物称呼、姓氏原委、土地物产、州县名称以及异闻传说等多所发明，并引用《三苍》《尔雅》《说文》《字林》《玉篇》以及子史著述等，内容比《切韵》丰富得多。后来李舟对《唐韵》加以订正，撰《切韵》十卷，书亦不传，有清人黄奭辑本。

　　唐末僧人守温制定了汉语语音的三十个字母，宋代音韵学家加六字母为三十六字母，从而奠定了汉语语音等韵学的基础。

　　隋唐五代音韵学的成绩在当时的诗文创作中集中地反映出来。文学创作中声律的精致与完美是其艺术技巧上的特点与优点之一。

　　这一时期训诂学的成就，首先应提到前述孔颖达的《五经正义》和下面将要介绍的《文选》注释。《五经正义》提出的"义存于

---

① 引据濮之珍：《中国语言学史》所录校本，上海古籍出版社 1987 年版。
② 王国维：《书式古堂书画汇考所录〈唐韵〉后》，《观堂集林》卷八。

声"(即"同源字")和"借声为义"(即"通假字")现象,即是清人"因声求义"理论的先导。又颜师古有《匡谬正俗》八卷,永徽二年(651)其子表献于朝。这是一部未完成的著作,"前四卷凡五十五条,皆论诸经训诂音释;后四卷凡一百二十七条,皆论诸书字义、字音及俗语相承之异,考据极为精密"[①]。南唐徐锴撰有《说文解字系传》四十卷,书凡八篇;《通释》三十卷,将《说文》十五篇各分为二,加以校订、解释或征引经传;以下《部叙》二卷、《通论》三卷、《祛妄》《类聚》《错综》《疑义》《系述》各一卷。书中已注意到形声相生、音义相转的现象,在训诂学上有重要意义。徐锴并著《说文篆韵谱》五卷。其兄徐铉于宋初亦校订《说文》,二人同为斯学名家,俗称大、小徐,书则分称大徐本、小徐本。

唐代训诂学值得注意的成果特别应提出佛教音义一类书。这些本是阅读佛书的工具书。隋唐时期译经事业发达,佛学研究兴旺,对这类书的需要增加,也保证了它们的高水平。据《大唐内典录》,北齐释道慧已著有《一切经音》,久佚。现存有唐人的几部有重大价值的音义书。唐初,释玄应著《一切经音义》(《众经音义》)二十五卷,体例依陆德明《经典释文》,先出难字,再详注音训,并广引字书、传记以明之。清阮元说:

> 玄应通晓儒术,著书该博,所引群籍,如郑康成《尚书注》《论语注》、三家《诗》、贾逵、服虔《春秋传注》、李巡、孙炎《尔雅注》以及《仓颉》《三苍》、葛洪《字苑》《字林》《声类》、服虔《通俗文》《说文音隐》,多不传之秘册。[②]

由于所引百数十种外典或原书早佚,或存有异文,加之注释较陆书为详,所以不只作为语言工具书价值巨大,而且有裨于辑佚、校勘、考据等多方面学术研究不眇。元和五年(810),又有西明寺僧慧琳

---

① 《四库全书总目》卷四〇《经部·小学类一》。
② 《一切经音义提要》,《揅经室外集》卷二。

穷二十余年时力,著成同名的《一切经音义》(《大藏音义》)一百卷。琳"始事不空三藏为室洒,内持密藏,外究儒流,印度声明,支那训诂,靡不精奥"①。所著篇幅大于玄应书数倍;其所音训的典籍依《开元释教录》,多有玄应不见者。此书同样广引各种字书及诸经、杂史,与玄应书同样具有高度学术价值。此书在中土的最晚著录,见于元至元二十二年(1285)《法宝勘同总录》,称《慧琳音》,后即佚失,至清光绪初始由日本传回1737年刊刻的和刻本。又有慧苑所撰《新译华严音义》(《慧苑音义》)二卷,是为圣历二年(699)实叉难陀新译八十卷本《华严经》所作音义。慧苑为"华严(法)藏法师上首门人,勤学无惰,内外兼通,华严一宗,尤所精达。以新译之经,未有音义,披读之者,取决无从,遂博览字书,撰成二卷"②。此书为单经音义,性质、价值与前两书略同。佛教音义之作,显示了佛教教学有裨于中华文化、学术之一端。

　　在字书方面,唐颜元孙著《干禄字书》一卷,是一部正字法的书。"是书为章表书判而作,故曰干禄。其例以四声隶字,又以二百六部排比字之后先,每字分俗、通、正三体,颇为详核……酌古准今,实可行用。"③元孙为颜真卿叔父,真卿也是语言学家,曾主编《韵海镜源》三百六十卷,久佚。他于大历九年(774)官湖州刺史时曾刻元孙书上石。大历(766—779)年间张参撰《五经文字》三卷,凡三千二百三十五字,依偏旁为百六十部,始书于国子讲堂东、西堂之壁,开成(836—840)间易以石刻。又唐元度《五经字样》一卷,是为刻开成石经补张参书之疑阙而作,凡四百二十一字七十六部。南北朝时期经学南、北分立,字体不能统一,《经典释文》亦未把正字作为重点。正字书的出现,不仅实用于官文书与经典传授,也关系到整个文化的发展。

---

①赞宁:《宋高僧传》卷五《慧琳传》。
②《开元释教录》卷九。
③《四库全书总目》卷四一《经学·小学类二》。

唐代由于与外国交流的加强，还出现了一些外语辞书，现在知道的有《悉昙字记》、义净撰《梵语千字文》等。

第五节　类书的编纂

采辑群书，以事类区分或以语词立项加以编辑，以便检用，是为类书。有兼采众类的，也有专收一类的。类书的编纂，始于魏文帝曹丕黄初元年（220）命缪袭等人"集五经、群书，以类相从"[①]而成《皇览》百二十卷。其后公私续有纂著，包括梁武帝时撰成的《华林遍略》六百二十卷，隋炀帝令学者撰成的《桂苑珠丛》一百卷等。佛教方面也有这种著作，如梁释宝唱编的《经律异相》五十卷。到唐初，类书编纂大盛，除了现存的《北堂书钞》《艺文类聚》之外，"太宗时编的，还有一千卷的《文思博要》，后来从龙朔到开元，中间又有官修的《累璧》六百三十卷、《瑶山玉彩》五百卷、《三教珠英》一千三百卷（《增广皇览》及《文思博要》）、《芳林要览》三百卷、《事类》一百三十卷、《初学记》三十卷、《文府》二十卷，私撰的《碧玉芳林》四百五十卷、《玉藻琼林》一百卷、《笔海》十卷。这里除《初学记》之外，如今都不存在了。内中是否有分类的总集，像《文馆词林》似的，我们不知道"[②]。总之，这一时期类书编纂的数量是空前绝后的。究其原因，除了文化发展、治学需要的一般需求之外，还与当时诗赋写作以及科举考试的要求有关。写作答卷总得沉思翰藻，使典用事，而当时书籍印本还未出现，读书人大量藏书没有可能，抄撮类集之书恰好便于利用。正因为类书为读书人提供了一个便捷的治

---

① 《三国志》卷二一《魏书·刘劭传》。
② 闻一多：《类书与诗》，《闻一多全集》第三卷，三联书店1982年版。

学和作文手段,后来的编纂才能历久而不衰。旧时一般读书人案头总要准备一部类书。在《新唐书·艺文志》里《通典》也被列为类书;后代有些专门的类书如《册府元龟》《太平广记》等,则另有其特殊内容和价值了。

武德七年(624),朝廷诏欧阳询、裴矩、陈叔达同修《艺文类聚》,《新唐书·艺文志》注为令狐德棻、袁朗、赵弘智同修。可知是集体著作,欧阳询领衔署名。今传本一百卷,有后代窜入内容。名物分四十八类,事居于前,文列于后,翻检容易,使用方便。由于隋以前文籍今多缺佚,书中所录资料多有足资考证者。《北堂书钞》又名《大唐类苑》,虞世南撰。世南隋时为秘书郎,秘书省之后堂为北堂,因以名书。今传本一百六十卷,已非完帙,且多有后人改窜处,杂入贞观后以至五代十国时事。又开元十三年(725),徐坚、韦述等奉诏撰《初学记》三十卷,"其书分二十三部,三百一十三子目,大致与诸类书相同……其例前为叙事,次为事对,末为诗文。其叙事虽杂取群书,而次第若相连属,与他类书独殊。其诗文兼录初唐……其所采摭,皆隋以前古书,而去取谨严,多可应用"[1]。此书体例的变化,显然与科举考试中加试诗赋有关。试帖诗与律赋都要大量使用事典,此书正提供了范例。此书篇幅不大,精严出唐诸类书之冠,因此传之历久而不衰。中唐时白居易有《白氏六帖》一百卷,又名《白氏经史事类六帖》。此书南宋时始传出。关于此书命名,或以为取义唐时科举考试帖经中帖数(按规定中四、五、六帖为通),未知是否。全书体类《北堂书钞》,然所记材料时代多无次序,录文割裂饤饾,但征引唐以前书多遗文坠简,亦有裨考证。

专门类书,首先应提到张鷟的《龙筋凤髓判》四卷。鷟以文名,今存前述《朝野佥载》一书及此书。唐制,以身、言、书、判铨试选人。本书胪比官曹,条分件系,编纂判词,组织颇工,加之文笔缛丽

---

① 《四库全书总目》卷一三五《子部·类书类一》。

博赡，堆垛故实，是取备考试的有用工具书。

　　这里附论一部在《四库》中列入类书，而实为谱录类中姓氏录一类的书，即元和七年（812）林宝受李吉甫命所著《元和姓纂》。原书已散阙，今传本系清乾隆年间据《永乐大典》辑出，又以宋邓名世《古今姓氏书辩证》所引补其阙佚，依唐韵四声二百六韵次其先后，仍按原书分十八卷。其书"论得姓受氏之初，多原本于《世本》《风俗通》，其他如《世本族姓记》《三辅决录》以及《百家谱》《英贤传》《姓源韵谱》《姓苑》诸书，不传于今者，赖其征引，亦皆斑斑可见"[1]。所以此书在考订唐代以前世系上有很高价值。但援引间有伪谬；且出于门阀偏见，谱系多附会攀缘名家巨族，使用时是应注意的。

　　此书清嘉庆间孙星衍、洪莹取《通志·氏族略》再加校补；近人罗振玉撰有《元和姓纂校勘记》二卷《佚文》一卷；岑仲勉撰有《元和姓纂四校记》。又有《小名录》二卷，题为陆龟蒙撰，记载自秦至南北朝古人小名，因小名引及故实。原本五卷，已散佚，或疑今传本为伪托。

　　唐代大量编纂类书，从一个方面显示了文化兴旺发达的气象。现在留存的各种类书，不仅仍有作为查找资料的工具书的价值，而且在辑佚、校勘、考据等诸领域具有多方面的学术意义。而唐朝廷主持修撰大部头图书，更为后代历朝修书创了前例。

第六节　《文选》学

　　梁昭明太子萧统所编《文选》，作为一种优秀的文学选本，在当时曾被士人当作学习的典范，对后世更产生了深远影响。在隋唐五代，这种影响表现得特别强烈。一个重要原因，在于《文选》所体

---

[1]《四库全书总目》卷一三五《子部·类书类一》。

现的文学观念直到唐初在文坛上仍占统治地位，在以后也有着深远影响；而科举考试，要求士子文艺优良，精于辞藻事典，《文选》所选注重事出沉思，义归翰藻，提供了简洁的学习范本；加之其中所选作品确乎具有艺术价值，多是值得传诵的精品。这样，自隋、唐时起，《文选》的注释与研究就成了一门学问。

隋萧该，是梁皇族后裔，精《诗》《书》《春秋》《礼记》，开皇（581—600）初奉诏与何妥正定经史，撰有《文选音义》，为当时所贵。又曹宪，仕隋为秘书省学士，聚徒讲授，精诸家文字之书；入唐，征为弘文馆学士，"所撰《文选音义》，甚为当时所重。初，江淮间为《文选》学者，本之于宪。又有许淹、李善、公孙罗，复相继以《文选》教授，由是其学大兴于代"①。后来俗称"文选学"一语即出于此，标志着这时治《文选》已成专门之学。许淹撰有《文选音》，公孙罗撰有《文选音》和《文选注》。萧、曹、许、公孙书均佚②，今存《文选》李善注。

李善（？—689），扬州江都（今江苏扬州市）人。学问淹贯古今，博闻强记，有"书簏"之号。显庆三年（658），累擢集贤馆直学士兼沛王侍读，为《文选注》，敷析渊洽，表上之。后以罪流岭外，以赦还，因寓居汴、郑间，以讲授《文选》为业。其书释音训义，事、义兼释，体例谨严，引证核博；凡有旧注可据者均用旧注，如《二京赋》取薛综注，屈原赋取王逸注，又以"善曰"标示自己意见，并广泛吸收了前人研究成果；引书达一千七百余种，多有佚失旧籍。据唐李匡义《资暇录》说：李氏《文选》有初注成者，有复注、有三注、四注者，当时旋被传写。可见其著述之用心与作品广受欢迎的程度。此书是一代《文选》研究的总结性著作，代表了当时的研究水平。《新唐书·艺文志》著录李善有《文选辨惑》十卷，已佚。

---

①《旧唐书》卷一八九上《儒学传上》。

②日本金泽文库藏残唐写卷《文选集注》中引《文选钞》《文选音决》二书，据考即为公孙所撰二书。此亦为中日文化交流所遗留成果之一例。

　　李善注侧重在阐释语义和疏解典故,而略于文义的解说。开元六年(718),有吕延祚、吕延济、张诜、吕向、李周翰五人共为《文选注》,上之朝廷,俗称"五臣注"。在其进书表章中严诋李书,说它"忽发章句,是征载籍,述作之由,何尝措翰。使复精核注引,则陷于末学,质访指趣,则岿然旧文",又说自著书是"周知秘旨,一贯于理,杳测澄怀,目无全文,心无留义,作者为志森乎可观"[1]。可知其努力在疏通文意。然而空疏臆见为多,注解又多窃据李书,割裂颠倒,水平不可与李书同日而语。不过疏通大意处间有可采,又引述一些今已不见的唐人旧籍,因此其书不可全废。宋人将《五臣注》与李善注合刻为《六臣注》流行。至清嘉庆十四年(1809),胡克家据宋淳熙本《文选》,采用李善单注,精校付梓,是为今日最流行的《文选》注本。

　　五臣以后,有冯光震以李注不精,疏请改注,未就。至开元十九年,又有萧嵩奏请注《文选》,事亦未成。冯、萧所进行的都是朝廷主持的官方学术事业。可见当时朝廷对《文选》的重视程度。而私家注《文选》者更不乏其人。如唐写本《文选集注》一百二十卷,现在国内和日本残存十六卷,亡撰者名氏,即为一例。又康安国有《注驳文选异义》二十卷,亦佚,安国时代未详。

　　《文选》乃是唐代士子必读之书。杜甫"课儿诵《文选》"[2],《文选》曾作为士大夫家庭教授子弟的教材;韩愈称赞李邴"年十四五,能暗记《论语》《尚书》《毛诗》《左氏》《文选》,凡百余万言"[3],这里是把《文选》与儒家经典并列的。唐高宗以裴行俭善草书,给绢素百匹令书《文选》一部,书成,览之称善,赐帛五百匹,亦可见朝廷上下重视《文选》风气之一斑。

　　开元十八年,从远嫁吐蕃赞普的金城公主之请,命有司写《毛

---

①吕延祚:《进集注文选表》,《全唐文》卷三〇〇。
②《水阁朝斋奉简云安严明府》,《杜少陵集详注》卷一四。
③《中大夫陕府左司马李公墓志铭》,《韩昌黎集》卷三四。

诗》《礼记》《左传》《文选》各一部赐之。《文选》在唐时亦传入新罗
与日本。在新罗的国学里，《文选》被当作教授科目之一。日本宽
平年间(889—897)所编《日本国见在书目录》里，也著录有公孙罗
撰《文选钞》及《文选音决》二书。可知唐时《文选》一书已传入边疆
地区并流行域外。

由于《文选》的流行，唐时还出现了一些续书，见于《新唐书·
艺文志》的，有孟利贞《续文选》十三卷、卜长福《续文选》二十卷，卜
隐之《拟文选》三十卷；还有研究《文选》的专门工具书常宝鼎《文选
著作人名目》三卷。至于唐代编纂《文馆词林》等繁盛的公、私编选
大型总集的工作，也是在发达的"《文选》学"的影响之下进行的。

第五章 文 学

第一节 诗 歌

一、隋代诗人

隋代诗歌是唐诗大繁荣的准备与过渡。

南北朝长期分裂,社会、思想背景不同,文风也形成巨大差异。

"江左宫商发越,贵于清绮;河朔词义贞刚,重乎气质。"隋统一后,南北的融合要有一个过程,起初占统治地位的仍是江左的传统。"梁自大同之后,雅道沦缺,渐乖典则,争驰新巧";而且,"周氏吞并梁、荆,此风扇于关右"[①]。由于南朝一直被中土人士视为华夏正统,东晋以来的礼乐制度、文采风流又被南北文人所艳羡,加之隋并陈之后,一大批南朝文人如柳䛒、王眘、徐仪(徐陵子)、王胄、卢世基等入朝受宠重,尽管隋文帝和某些臣僚了然文风浮艳之弊并曾力图改革,诗坛却因袭梁、陈华靡遗风。而隋炀帝又醉心于江南浮华,三幸江都,好为吴语。他喜作诗,每写成,都要请南朝学士庾自直等评议。这样,上行下效,粉饰太平、华艳空洞的宫体诗、宫

---

① 《隋书》卷七六《文学传序》。

廷诗兴盛一时。

但隋王朝终究完成了统一大业，时代在改变，在诗坛上不能不有所反映。出现了一些与御用宫廷诗人不同的、较多接触社会实际、较有生活实感的作者；作品内容除了梁、陈诗常见的三个主题：艳情、颂美和山水园林之外，增加了表现边塞、宦游和感伤时事等有一定社会意义的内容；在诗的形式、格律方面也有所演进，向律诗的形成迈进了一步。创作成绩较突出的有卢思道、薛道衡、杨素等人。

卢思道（535—586），字子行，范阳（今河北涿州市）人。历仕北齐、北周，入隋官至散骑常侍。原有集三十卷，已佚，明张溥辑有《卢武阳集》（收入《汉魏六朝百三家集》）。多游宴酬赠之作，含蓄意寡而音响无滞。唐郑处诲《明皇杂录》上有一段记载："唐玄宗自蜀回，夜阑，登勤政楼，凭栏南望，烟云满目。上因自歌曰：'庭前琪树已堪攀，塞外征夫久未还。'"①所吟诗句即出自卢的《从军行》。这是一首写征戍题材的诗，颇有生动描写，如："关山万里不可越，谁能坐对芳菲月。流水本自断人肠，坚冰旧来伤马骨。边庭节物与华异，冬霰秋霜春不歇。长风萧萧渡水来，归雁连连映天没……"②，音节流畅，颇见苍老之气，下开唐初长篇歌行的先河。

薛道衡（540—609），字玄卿，汾阴（今属山西万荣县）人。仕北齐、北周，隋时官至司隶大夫，为炀帝杀害。有集三十卷，已佚，张溥辑有《薛司隶集》（收入《汉魏六朝百三家集》）。张在题词中评其"诗篇英丽，名下无虚"，这后四字典出一个故事。据说他曾"聘陈，为《人日》诗云：'入春才七日，离家已二年。'南人嗤之曰：'是底言？谁谓此虏解作诗！'及云：'人归落雁后，思发在花前。'乃喜曰：'名下固无虚士。'"③这就是今题为《人日思归》的诗。短短的二十个

①《明皇杂录补遗》，《四库全书》本。
②逯钦立辑校：《先秦汉魏晋南北朝诗·隋诗》卷一。
③刘餗：《隋唐嘉话》卷上。

字,自然浑朴,以归思的迅捷与行动的迟滞相对映,构思巧妙深曲,因此为南方士人所心折。但在他现存作品中,这类质朴述情者居少数,其主要创作倾向还是流丽华艳。名作还有《昔昔盐》,写征夫思妇的传统题材,格调并不高,然其中的一联"暗牖悬珠网,空梁落燕泥",观察细腻,描摹融情入景,颇见工巧。特别是据传炀帝杀了他之后说:"更能作'空梁落燕泥'否?"使得这一联诗更为有名。王国维论诗的境界的"隔"与"不隔",即表现是否真实亲切,就举谢灵运的"池塘生春草"一联和薛道衡这一联,评论谓"妙处唯在不隔"。[①]

杨素(? —606),字处道,弘农华阴(今陕西华阴市)人。为隋开国大臣之一,封越国公,官至太师。有集十卷,已佚,近人逯钦立辑《全隋诗》录存十九首。其风格劲健朴质,与当时流行的齐、梁体不同。"素尝以五言诗七百字赠番(播)州刺史薛道衡,词气宏拔,风韵秀上,亦为一时盛作。未几而卒。道衡叹曰:'人之将死,其言也善,岂若是乎!'"[②]这就是名作《赠薛播州》诗十四首。第十首曰:

> 北风吹故林,秋声不可听。雁飞穷海寒,鹤唳霜皋净。含毫心未传,闻音路犹夐。唯有孤城月,徘徊独临映。吊影余自怜,安知我疲病。[③]

写得感慨苍凉,颇见风骨。另有《山斋独坐赠薛内史》等,亦是佳作。

二、初唐诗人[④]

初唐诗歌近百年,是诗风的大转变、大创新的时期,也是南、北诗风融合完成的时期。这一时期的创作成就颇为可观,而为唐诗

---

① 《人间词话》卷上。
② 《隋书》卷四八《杨素传》。
③ 逯钦立辑校:《先秦汉魏晋南北朝诗·隋诗》卷四。
④ 本书涉及唐诗分期(有时亦用在一般叙述中)采用初、盛、中、晚"四唐"说,习用的划分法是武德至先天(618—712)为初唐,开元至永泰(713—765)为盛唐,大历至大和(766—835)为中唐,开成至天祐(836—907)为晚唐。

大繁荣作了准备,其意义更为重大。

唐初诗坛上活跃的多是陈、隋遗老,多因袭写作浮艳的宫体诗和典重的颂德诗。即如"唐太宗功业虽卓,然所为文字,纤丽浮艳,嫣然妇人小儿嬉笑之声"①。如其所作《帝京篇》,自诩是"以尧、舜之风、荡秦、汉之弊,用《咸英》之曲,变烂漫之音",并命侍臣李百药等人和作,但其中"建章欢赏夕,二八尽妖妍。罗绮昭阳殿,芬芳玳瑁筵"②云云,全然是宫体余波。他"尝作宫体诗,使虞世南赓和。世南曰:圣作诚工,然体非雅正,上有所好,下必有甚,臣恐此诗一传,天下风靡,不敢奉诏"③。然而虞世南本人却又酷慕徐陵,多写侧艳之诗。这表明崇尚雅正的道理易明,但淫词溺人,习俗难以改变。在朝廷周围,君臣赓和,歌咏升平,梁、陈余习一直延续到高宗、武后、中宗时期。

诗风的新变开始显露在一般文人之间。隋、唐之际,有王绩(590—644),字无功,号东皋子,绛州龙门(今山西河津市)人。隋末弃官归里,唐初出任微官,后隐居不仕。有《王无功集》五卷传世。他有意继承阮籍、陶渊明的传统,写诗酒佯狂、田园隐逸以寄托磊落不平之志。明人何良俊说:"唐代隐逸诗人,当推王无功、陆鲁望为第一。盖当武德之初,犹有陈、隋之遗习,而无功能尽洗铅华,独存体质,且嗜酒诞放,脱落世事,故于情性最近。今观其诗,近而不浅,质而不俗,殊有魏、晋之风。"④王绩的作品亦时见颓唐之气,且风华不足,复多变少,但在当时诗坛上确是一位特立独行的人物。

唐初名臣魏徵多有著述,《全唐诗》中辑诗一卷。其《述怀》等作,笔力简劲,扫去浮华,亦透露出诗风转变的消息。

①王应麟:《困学纪闻》卷一四引郑毅夫语。
②计有功:《唐诗纪事》卷一。
③计有功:《唐诗纪事》卷一。
④《四友斋丛说》卷二五。

　　在变革诗坛风气方面显示出重大实绩的是俗称"王、杨、卢、骆"的"初唐四杰"。这个通常的提法是按姓字的音调和谐排列的。如按生年排列，则应是骆、卢、王、杨；如从创作成就看，则应以王、骆为先。

　　骆宾王(627？—684？)，字观光，婺州义乌(今浙江义乌市)人。官至侍御史，被诬下狱，出为临海(今浙江临海县)丞；光宅元年(684)参与徐敬业起兵讨武则天，兵败被害。今存《骆宾王集》十卷，清陈熙晋有《笺注》。卢照邻(634？—686？)字升之，号幽忧子，范阳(今河北涿州市)人。曾任邓王府典签、益州新都(今四川成都市新都区)尉，晚年学道，服丹药中毒不堪折磨，投颍水死。原有集二十卷、《幽忧子》三卷，均佚，明张燮辑《幽忧子集》七卷，今人任国绪有《笺注》。王勃(650—676？)，字子安，绛州龙门(今山西河津市)人。隋末大儒王通之孙，早慧好学，为沛王府侍读，以构恶诸王被逐；后曾为虢州(今陕西宝鸡市)司法参军；又因匿杀官奴被革职；赴交趾省父溺海而死。有集三十卷(二十卷)，已佚，明张燮辑《王子安集》三卷，清蒋清翊有《集注》。杨炯(650—693？)，华阴(今陕西华阴市)人。官至詹事司直充崇文馆学士，为从父弟神让所累贬官，后曾任盈川(今重庆武隆区南)令。有集三十卷，已佚，明童珮辑《盈川集》十卷附录一卷。据说高宗朝任礼部尚书的裴行俭在选曹曾评论说："炯虽有才名，不过令长，其余华而不实，鲜克令终。"[①]事实上四人并非一时参与科举，这个评论或出于传说，但却反映了当时权势者对他们的看法。他们的遭遇、命运大体相同，闻一多先生概括说：对"四杰""通常的了解……是唐诗开创期中负起了时代使命的四位作家，他们都年少而才高，官小而名大，行为都相当浪漫，遭遇尤其悲惨(四人中三人死于非命)"[②]。当时正是新

---

① 张说：《赠太尉裴公神道碑》，《张燕公集》卷一五。
②《四杰》，《闻一多全集》第 3 卷，第 23 页，三联书店 1982 年版。

王朝发展、繁盛起来的时代,个人的沦落就被衬托得更为惨淡。但这也激发起他们对现实、人生的深切感慨,用诗歌抒发出真挚的心声。

从创作实践看,王、杨用功主要在五言,卢、骆成就主要在歌行。这都是后来唐诗发展的主要诗体。比较之下,王与骆成就更高。明胡应麟评论说:"唐初五言律惟王勃'送送多穷路'、'城阙辅三秦'等作,终篇不著景物,而兴象婉然,气骨苍然,实首启盛、中妙境。五言绝亦舒写悲凉,洗削流调,究其才力,自是唐人开山祖。"①这里提到的《送杜少府之任蜀川》全篇是:

> 城阙辅三秦,风烟望五津。与君离别意,同是宦游人。海内存知己,天涯若比邻。无为在歧路,儿女共沾巾。②

写得感情诚挚,韵味悠长,音调也精工谐亮。其绝句则可举出《山中》《别人》等篇,都自然真切,质朴浑茂。王勃给诗坛带来了全新的格调。杨炯则把目光转向了边关与荒漠,用《行军行》《紫骝马》等篇抒发豪壮慷慨之气,这是诗人由台阁转向人间所开拓出的另一境界。骆、卢亦善五言,而歌行更具特色。骆宾王的《帝京篇》《畴昔篇》,卢照邻的《长安古意》等都是脍炙人口的传世名作。这些作品内容开阔,词采富艳,参用铺排叙写、大开大阖的赋的笔致,写得气势、韵致兼胜。如《长安古意》,托意于汉代的都城,在富丽豪华的背景之上,外戚、公主、御史、廷尉、执金吾、倡女纷纷登场,尽情享乐,豪纵不可一世,后段笔锋陡然一转:

> 自言歌舞长千载,自谓骄奢凌五公。节物风光不相待,桑田碧海须臾改。昔时金阶白玉堂,即今惟见青松在。寂寂寥寥扬子居,年年岁岁一床书。独有南山桂花发,飞来飞去袭

---

① 《诗薮·内编》卷四《近体上·五言》。
② 蒋清翊注:《王子安集注》卷三。

　　人裾。①

　　这样,以极其冷峻之笔,写出了荣枯无常的现实,以书生的寂寞与权贵豪奢相映衬,表现出讽刺的深意,也流露了身处微贱的士人的自负。这是唐初向上时期的愤世之音。

　　"四杰"登上诗坛,正是宫廷上层倡导的华艳诗风兴盛的时候。他们的创作起了扭转潮流的作用。杨炯评论王勃说:"尝以龙朔(661—663)初载,文场变体,争构纤微,竟为雕刻,糅之金玉龙凤,乱之朱紫青黄,影带以徇其功,假对以称其美,骨气都尽,刚健不闻,思革其弊,用光志业……积年绮碎,一朝廓清,翰苑豁如,词林增峻,反诸宏博,君之力也。"②这可以看作是"四杰"的共同认识与追求,他们的贡献主要正在这一方面。当时人批评"四杰"轻躁浅露;后来又有人指责他们不脱齐、梁旧轨,但杜甫在《戏为六绝句》中说:"王、杨、卢、骆当时体,轻薄为文哂未休。尔曹身与名俱灭,不废江河万古流。""纵使卢、王操翰墨,劣于汉、魏近《风》《骚》。龙文虎脊皆君驭,历块过都见尔曹。"③这是对"四杰"历史地位与功绩的中肯评价。

　　初唐诗坛的新变,表现在内容与形式两个方面。大体说来,"四杰"的贡献主要是给诗歌充实以现实内容与真情实感,而形式上的完善则主要依靠他们所反对的"争构纤微,竟为雕刻"的一批贵族文人。较早的主要是上官仪(607? —664)。他本是贞观旧臣,后以反对武则天篡权下狱死。他既为帝王近侍,朝廷喜庆宴赏,每有奉和、应制之作,写得婉媚工丽,很合乎粉饰太平和宫廷游宴的需要。他曾"凌晨入朝,巡洛水堤,步月徐辔,咏诗云:'脉脉广川流,驱马历长洲。鹊飞山月晓,蝉噪野风秋。'音韵清亮,群公望之,

---

①《幽忧子集》卷二。
②《王勃集序》,《杨盈川集》卷三。
③《杜少陵集详注》卷一一。

犹神仙焉"①。可见他的风流文采。这里引录的《入朝洛堤步月》诗,可能不是全章,但声情并茂,气氛也刻画得好,特别是下一联属对精工,可见他驾驭语言的功力。他很博学,当时的类书又提供了大量排比事类的材料,他总结六朝韵文偶对的经验为"六对""八对"②,为律诗对偶提出了规范。虽然他本人的作品完全符合规则的不多,但在律诗格律的形成上却有所贡献。

　　另外两位在律诗格律形成上作出贡献的是宋之问(656?—712?)和沈佺期(?—713?)。他们在武周时依附权势,谄媚新朝,在人格上受到讥评;又都曾为依附佞臣张易之被贬黜。他们活动于武则天到中宗统治时期,朝廷正盛行游宴之风。一次,"武后游龙门,命群官赋诗,先成者赏锦袍。左史东方虬即拜赐,坐未安,宋之问诗复成,文理兼美。左右莫不称善,乃就夺袍衣之"③。又有一次,中宗幸昆明池,群臣应制百余篇,命上官昭容(名婉儿,仪之孙女)选一首为新翻御制曲,须臾,纸落如飞,惟沈、宋二人未下,终判定宋作为工。这就是《奉和晦日幸昆明池应制》诗。宋诗的落句是"不愁明月尽,自有夜珠来"④,沈诗的落句是"微臣雕朽质,羞睹豫章材"⑤,相比之下,显然宋的笔力较为遒健,意思也更正大。从这些事例,可以看出当时朝廷的风气,也可了解沈、宋之受宠的情形。在这种环境下,沈、宋作诗力求精工谐美,特别着力于声韵的推敲。齐、梁时期沈约、周颙、陆厥等人审音定声,规定诗歌韵律上的"四声""八病",这是律诗格律的滥觞。沈、宋则在前人成绩的基

---

① 刘𫗧:《隋唐嘉话》卷中。
② 魏庆之:《诗人玉屑》卷七引《诗苑类格》:"六对"是:正名对,天地日月;同类对,花叶草芽;连珠对,萧萧赫赫;双声对,黄槐绿柳;叠韵对,彷徨放旷;双拟对,春树秋池。"八对"大体相同。
③ 刘𫗧:《隋唐嘉话》卷下。
④ 《全唐诗》卷五三。
⑤ 《全唐诗》卷九七。

础上，由四声归纳出平仄两个声调，由消极地避免病犯转而积极地讲究对仗，加上他们自己在这方面的实践，从而推动了律诗格律的定型。他们创造出了格律精严的篇章，给后来人作为样本。王世贞说："五言至沈、宋，始可称律。律为音律、法律，天下无严于是者。知虚实、平仄不得任情，而法度明矣。二君正是敌手。"①律诗是中国古典诗歌（狭义的诗，不包括词、曲等）最后形成、也是最为精严的形式。律诗定型标识着中国诗歌形式的完成。后来唐、宋诸大家绝大多数都在这一形式中逞其才华。由这个角度看，上官仪和沈、宋在诗歌形式发展上的贡献是应当肯定的。此外，沈、宋都有过贬黜的经历，也写过些有真情实感的作品。

　　在武则天时代还有几位诗人值得注意。首先是杜审言（645？—708），字必简，是杜甫的祖父。曾任膳部员外郎，与沈、宋同依附张易之，亦曾被贬黜。据说他"将死，谓宋之问、武平一曰：'吾在，久压公等，今且死，固大慰，但恨不见替人'云。"②可见他的声望与自负。他工五言律，属对精严，在内容上则比沈、宋充实得多。他写过一些意境苍凉的边塞诗，也写清新雄健的述情诗，如《和晋陵陆丞早春游望》：

　　　　独有宦游人，偏惊物候新。云霞出海曙，梅柳渡江春。淑气催黄鸟，晴光转绿苹。忽闻歌古调，归思欲沾巾。③

这首诗曾被评为初唐五律压卷之作。沈、宋的律诗长不过六韵、八韵，而他的《和李大夫嗣真奉使存抚河东》诗长达四十韵，在当时是律诗中最长的，开杜甫排比声韵的先河。杜甫称赞"吾祖诗冠古"，并非是全无根据的。

　　另外两位刘希夷（651—？）和张若虚（生卒年不详）存诗不多

① 《艺苑卮言》卷四。
② 计有功：《唐诗纪事》卷六。
③ 《全唐诗》卷六二。

（刘一卷，张则仅两首），但刘的一首《代悲白头吟》和张的一首《春江花月夜》却牢牢奠定了各自在唐诗史上的一席地位。这两首诗都是卢、骆歌行的体格，但力洗铅华，更为缠绵蕴藉，转折不测，音调也更为谐畅。刘诗中的名句是"古人无复洛城东，今人还对落花风。年年岁岁花相似，岁岁年年人不同"[1]。传说其舅父宋之问想夺取后两句为己有，不得，"使奴以土囊压杀于别舍"[2]。传闻未必是实，但可见诗的声誉之高。《春江花月夜》则从铺陈春江月色开端，把人导入一个美丽轻柔、如梦如幻的境界，引发出对于宇宙与人生奥秘的深沉思索，升华为对诚挚爱情的追求：

> 昨夜闲潭梦落花，可怜春半不还家。江水流春去欲尽，江潭落月复西斜。斜月沉沉藏海雾，碣石潇湘无限路。不知乘月几人归，落月摇情满江树。[3]

闻一多评价这首诗是"宫体诗的自赎"，说张若虚"和另一个顶峰陈子昂分工合作，清除了盛唐的路"[4]。

陈子昂"继往开来，中流砥柱，上遏贞观之微波，下决开元之正派"[5]。他的出现，预告了诗坛全面繁荣的来临。陈子昂（661—702），字伯玉，梓州射洪（今四川射洪县）人。家世豪富，年轻时任侠使气，博览群籍。光宅元年（684）举进士。正值武则天称帝，朝廷对于崩于洛阳宫的高宗的灵柩是否归葬长安意见不一。武则天是不想离开自己势力深厚的东都洛阳的。陈子昂上《谏灵驾入京书》，依据当时的政治、经济形势论述灵驾不宜轻动，武则天览而壮之，召见于金华殿，授麟台正字。陈子昂以支持武则天得升进，但

---

① 《全唐诗》卷八二。
② 傅璇琮主编：《唐才子传校笺》卷一。
③ 《全唐诗》卷一一七。
④ 《宫体诗的自赎》，《闻一多全集》第 2 卷，第 21—22 页，三联书店 1982 年版。
⑤ 高棅编选：《唐诗品汇·五言古诗叙目》。

他并不同沈、宋等人的阿附。入朝后连上章疏,痛陈时弊,引起权贵侧目,并被构陷入狱经年;又曾两次随军出塞,皆不得志。圣历元年(698),以父老解职还乡,后被县令段简陷害至死。中唐时沈亚之文章透露段简系受权臣武三思所指使①。今传《陈伯玉文集》十卷,有今人徐鹏校点本。

陈子昂具有时代培养起来的开阔自由的思想意识,又有曲折艰难的生活经历,加上他的才情与努力,在诗歌的理论与创作实践两方面都作出了重大贡献。他的理论主张集中表现在与左史东方虬的《修竹篇序》一文中:

> 文章道弊五百年矣。汉、魏风骨,晋、宋莫传,然而文献有可征者。仆尝暇时观齐、梁间诗,彩丽竞繁,而兴寄都绝,每以咏叹。思古人常恐逶迤颓靡,《风》《雅》不作,以耿耿也。一昨于解三处见明公《咏孤桐》篇,骨气端翔,音情顿挫,光英朗练,有金石声。遂用洗心饰视,发挥幽郁。不图正始之音,复睹于兹;可使建安作者,相视而笑……②

这是对晋、宋以下日渐浮艳雕凿的诗风的总清算,并明确以《风》《雅》比兴和"汉魏风骨"相号召,在具体实践上又提出骨气、音情并重的主张。所以他并非简单地要求"复古",同时是注意到诗歌长期历史发展的经验的。他的传世之作《登幽州台歌》短短四句:

> 前不见古人,后不见来者。念天地之悠悠,独怆然而涕下。③

这是诗人两次从军北上时登幽州台(唐幽州治蓟,在今北京市西南)所作。古朴简直,愤郁喷薄,苍凉悲壮,振聋发聩。他抒发了千

---

① 《上九江郑使君书》,《沈下贤集》卷八。
② 《陈子昂集》卷一。
③ 《陈子昂集》补遗。

古以来贤才不遇的悲哀，喊出了新时代个性价值的自觉。陈子昂的代表作是《感遇》诗三十八首，其源出于阮籍《咏怀》，其中有对民众苦难的暴露，有对当政者的批判与抗议，有才人志士的愤慨不平，有对隐逸生活的赞美与向往，如此等等广阔的社会内容，用朴茂刚健的诗笔表现出来，在当时诗坛上是全新的创调。但陈子昂的诗古质有余而辞采不足；体制上则多用古体。五律还有《度荆门望楚》等佳作，七律则一篇也没有。他的功绩主要在正本清源，开辟道路，宣告齐、梁颓风寿终正寝，向全面繁荣的过渡已经完成。其友人卢藏用称赞他"卓立千古，横制颓波，天下翕然，质文一变"①。元好问说："沈、宋横驰翰墨场，风流初不废齐、梁。论功若准平吴例，合着黄金铸子昂。"②陈子昂的意义是远超出其本人创作价值之外的。

三、盛唐山水田园诗人

　　大唐立国近百年，社会呈现出空前的繁荣昌盛，同时各种社会矛盾也逐渐激化起来，终于酿成了"安史之乱"。丰富动荡的生活把诗人推向了广阔天地，诗歌发展走向高潮。在开元（713—741）以后短短的半个余世纪的时间里，诗才辈出，群星璀璨，无论是诗歌内容的广阔与深刻，还是风格流派的丰富多样，也无论是体裁的完备、格律的完美，还是艺术技巧的娴熟与精致，在创作的各个方面都形成了中国诗史的一个高峰。

　　以下先介绍山水田园诗人与边塞诗人。这是一种习惯的权宜的划分，是就具体诗人的主要倾向和主要贡献而言。并不是说被归属于某一派的诗人在其他题材上就没有成就。然而这两大题材领域的区分确也大体反映了当时诗坛的实际：历览江山、徜徉田园

---

① 《右拾遗陈子昂文集序》，《全唐文》卷二三八。
② 《论诗绝句三十首》，《遗山先生文集》卷一一。

和立功边塞、驰骋沙场是社会上活跃的庶族文人的两大生活内容，在那里热情与生命凝聚成优美的诗篇。

山水田园诗人的主要人物是孟浩然和王维。

孟浩然（689—740），襄州襄阳（今湖北襄阳市）人。早年隐居鹿门山，年四十游长安，应进士举不第；开元二十五年（737），张九龄罢相镇荆州（今湖北省江陵市），孟浩然属为从事，两年后被病还乡，旋病疽卒。有《孟浩然诗集》三卷传世，明人增补析为四卷，有今人徐鹏《校注》。孟浩然终身布衣，性情孤傲高洁，李白有《赠孟浩然》诗曰："吾爱孟夫子，风流天下闻。红颜弃轩冕，白首卧松云。醉月频中圣，迷花不事君。高山安可仰，徒此揖清芬。"[1]对他的品格极其向往。人品决定了他的诗品。事实上，他作为封建时代的读书人，并不是本来就绝意仕进，只不过生不逢时，又不愿阿世求容，因此他的《岁暮归南山》《留别王侍御维》《自洛之越》等作品，都深刻地写出了进退出处的矛盾与苦闷，抒发出回天无力的悲哀。晚年他仍有《临洞庭》诗赠张九龄以言志，表示"欲济无舟楫，端居耻圣明。坐观垂钓者，徒有羡鱼情"[2]。其时张九龄已被黜失势，无力引拔，他也只好安于才高命蹇，饮恨终生了。他知音难遇，朝廷不用，自放田园以求闲适之乐，写出了《夜归鹿门山》《夏中南亭怀辛大》《宿建德江》《春晓》等描写山水田园生活的名篇。他对自然景物的感受细腻而亲切，表达上务掇藻饰而又丰茸绵密，兴致益然而又淡远清雅。这正与他不跂不躁的人格相一致。如《过故人庄》：

> 故人具鸡黍，邀我至田家。绿树村边合，青山郭外斜。开筵面场圃，把酒话桑麻。待到重阳日，还来就菊花。[3]

---

①《李太白全集》卷九。
②《孟浩然集校注》卷三。
③《孟浩然集校注》卷四。

这里描摹田园景致优美清晰如画,流露出对农民和农村生活的亲切情感,如没有在民众中的长期生活实践是体验不到的。这也显示了诗人社会地位与感情的变化。后来的杜甫在诗中也常常表现与民众的这种淳朴交谊。但孟浩然的诗总的说来局面比较窄狭,内容不够丰富。所作主要是五律、五古,七律(仅五首)、七绝(六首)很少,歌行一首也没有,而后几种诗体是当时正在发展的。然而在盛唐诸大家中,他年事较长,创作活动也较早,与张九龄、王维、李白、王昌龄、綦毋潜等人皆有密切交往,在诗坛上有较大的影响。

王维(701?—761),字摩诘,太原祁(今山西祁县)人,寄籍于蒲(今山西永济市),遂为河东人。他虽然比孟浩然仅迟生十年左右,但阅历复杂得多。他少有才名,即受到诸王贵主的器重;开元九年(721)进士及第,授大乐丞;坐伶人舞黄狮子,贬为济州(今山东东阿县)司仓参军;开元二十二年张九龄秉政,擢为右拾遗;两年后张贬官,他以监察御史出使河西。其时权臣李林甫开始专权,朝政日非,他也滋生了退避惧祸意识,转向消极。天宝年间,官位渐次升迁至库部郎中,遂在长安城南终南山和蓝田县辋川筑别业,度亦官亦隐的生活。安、史乱军攻占长安,他扈从不及,迫受伪职得罪,得到援救,责授太子中允。晚年迁官至尚书右丞。有《王维集》十卷传世,注本以清赵殿成《王右丞集笺注》最为流行,今人陈铁民有《校注》。

王维多才多艺,是开元盛世的文化氛围中培育出来的才子。他绘画、书法、舞乐无不精工,诗歌更兼擅众体。另外他家世习佛,其母为禅宗大德普寂门弟子,他本人也亲承神会提撕,晚年禅解益深,常奉佛斋僧,以禅诵为事。这对他的思想与作品产生了深刻影响,也形成了他创作的一个特征。他的生平创作大体以出使河西分为两大阶段。前期他颇有积极用世之志,表现出盛世中的豪放向上的心态。他写过不多表现豪情壮志的诗,如《观猎》《使至塞上》等；就是那些感怀时事的诗，如《老将行》《陇头吟》等，其底蕴也是积极的；他的抒情小诗更是开朗、明净、沉挚，如《送元二使安西》，虽是写离愁，但用清雅明丽的场景衬托友情的珍贵，让人体会到世情的温暖。这首诗在唐代即被谱为《阳关三叠》，广为传唱。他的生平后期则更多地寄情山水，人生态度趋向消极，更加沉溺于宗教的安慰之中。但是他也并没有灰心灭志。他在大自然的蓬勃生机中找到了与现实社会相对应的美与价值。他的山水田园诗，比起孟浩然来，笔触更加鲜明，意蕴也更加深厚。在具体表现手法上，他善于把诗情、禅理融合，描摹为如画的境界。苏轼作过有名的评论："味摩诘之诗，诗中有画；观摩诘之画，画中有诗。"[1]如《终南山》《辋川闲居赠裴秀才迪》《积雨辋川庄作》《过香积寺》《山居即事》《山居秋暝》等，都是传世的杰作。请看《山居秋暝》：

　　　空山新雨后，天气晚来秋。明月松间照，清泉石上流。竹喧归浣女，莲动下渔舟。随意春芳歇，王孙自可留。[2]

这类作品，真称得上是杜甫所称赞的"秀句"[3]，司空图所评价的"趣味澄敻"[4]。王维的绝句写得也极其精美，名作有《辋川集》二十首、《皇甫岳云溪杂题五首》等，如《辋川集》中的《鸟鸣涧》：

　　　人闲桂花落，夜静春山空。月出惊山鸟，时鸣春涧中。[5]

短短二十个字，描摹出刹那间的小景，情境鲜明，风神无限。当时人殷璠称赞："维诗词秀调雅，意新理惬，在泉为珠，著壁成绘，一字一句，皆出常境。"[6]在山水田园诗创作上，王维的艺术是空前的。

----

① 《书摩诘蓝田烟雨图》，《东坡题跋》卷五。
② 《王右丞集笺注》卷七。
③ 《解闷十二首》，《杜少陵集详注》卷一七。
④ 《与王驾评诗书》，《司空表圣文集》卷一。
⑤ 《王右丞集笺注》卷一三。
⑥ 《河岳英灵集》卷上。

但是,他的消极的人生态度,特别是佛教的出世意识,也时时在作品中流露出来,并造成不小的影响。

盛唐山水诗的名家还有祖咏、储光羲、裴迪、常建等人。祖咏(生卒年不详),开元十二年(724)进士,是否出仕不可考。原有集,久佚,《全唐诗》收诗一卷。名作《终南望余雪》:"终南阴岭秀,积雪浮云端。林表明霁色,城中增暮寒。"据说是试帖诗,按规定应是六句或八句,有人问他为什么只四句,他答称"意尽"[1]。名句有"霁日园林好,清明烟火新"[2]等。殷璠评为"剪刻省净,用心尤苦",称为"才子"[3]。储光羲(706?—762?),开元十四年进士,任汜水(今河南荥阳市)尉等职,曾隐居终南山,"安史之乱"中以受伪职被谪南方。原有集五卷,久佚,《全唐诗》收诗五卷。他与王维、孟浩然、綦毋潜等往还。代表作有《田家即事》《田家杂兴》等,着力表现农村生活的安适淳朴,显然继承了陶渊明的传统。不过陶诗更多地表现隐逸田园的心境,储诗则努力刻画田园安乐祥和的风光。裴迪(生卒年不详),早年与王维、崔兴宗等俱隐终南山,与王维唱和的《辋川集》,差可与王诗媲美,只是自然秀美有所不及。常建(生卒年不详),开元十五年进士,才高而无位,只短期任盱眙(今江苏盱眙县)尉。有集二卷传世。其《宿王昌龄隐居》诗有句云:"松际露微月,清光犹为君。"[4]情景交融,词意俱美。其名作《题破山寺后禅院》尤为后人称赏。欧阳修说:"吾常喜诵常建诗'竹径通幽处,禅房花木深'(即出前诗),欲效其语作一联,久不可得,乃知造意者为难工矣。"[5]

盛唐山水田园诗(包括下面将介绍的李白、杜甫和其他人的创

---

① 计有功:《唐诗纪事》卷二〇。
② 《清明宴司勋刘郎中别业》,《全唐诗》卷一三一。
③ 《河岳英灵集》卷下。
④ 《全唐诗》卷一四四。
⑤ 《题青州山斋》,《居士外集》卷二三。

作)是晋、宋以来这一题材创作传统的继承与发展。唐人超越了六朝人"模山范水"的描摹刻画,而更能创造出情景交融、浑融无迹的意境,这就不仅把对自然美的表现提到了新的高度,而且显示出人对自然的新的体验与理解。而这又是与当时人个性的完美、和谐、丰富的发展相关联的。

四、盛唐边塞诗人

代表人物是高适与岑参。如前所述,把某些人称为边塞诗人只是权宜的提法。实际上在高、岑全部创作中,边塞题材的诗仅占少数,不过代表他们特色的是这一类作品。

高适(700?—765),字达夫,渤海蓚(今河北景县)人,寓居宋中(今河南商丘市一带)。少落拓,不事产业,隐迹博徒,后屡经求仕不成;曾北上蓟门,南游梁、宋,并与王之涣、王昌龄、李白、杜甫等人交游。至天宝八载(749),始被荐有道科及第,授封丘(今河南封丘县)尉。十二载,河西节度使哥舒翰辟为左骁卫兵曹、掌书记。安史乱起,间道奔行在,以侍御史擢谏议大夫。晚年曾任淮南节度使(驻节扬州,今江苏扬州市)、彭州(今四川彭州市)、蜀州(今四川崇庆县)刺史,入朝为左散骑常侍。有集十卷传世,今人刘开扬有《笺注》。高适的一生颇多周折,前半生困顿,年近五十方得一第,后来却历任方面大僚,被称为是唐诗人达者无出其右的人。由于他阅历丰富,诗作反映生活面相当宽,乐府、古风尤为所长,"以气质自高,每一篇已,好事者辄传布"[1]。他大半生浪迹民间,创作中颇能反映民生疾苦。天宝六载的《自淇涉黄河途中作十三首》以纪行体,兼用叙事、描写和议论,比较全面地反映了在灾害与赋役双重压迫下农村的萧条景象。任封丘尉之后的《封丘作》中写到"拜

---

①《新唐书》卷一四三《高适传》。

迎官长心欲碎,鞭挞黎庶令人悲"[1],倾吐了自己风尘为吏的矛盾心情。他的写友情的诗情深意切,由于经过患难人生,才更感受到友谊之可贵。如他早年与杜甫交游,后来自己作了大官,友人却流落剑南,他有《人日寄杜二拾遗》诗云:"一卧东山三十春,岂知书剑老风尘。龙钟还忝二千石,愧尔东西南北人。"[2]《礼记·檀弓》里孔子说:"今丘也,东西南北之人也。"高适用在杜甫身上,状其流落四方,又隐含着称扬之意。杜甫在逝世那一年,飘零江湘,高适早去世了,他找出这篇旧作,"洒泪行间,读终篇末",乃追酬长诗,中有句云:"呜呼壮士多慷慨,合沓高名动寥廓。叹我凄凄求友篇,感君郁郁匡时略。"[3]高适一生三次出塞:一次是在开元二十年(732)前后北游燕、赵;第二次是在封丘尉任上送兵清夷军(今河北怀来县);第三次是天宝十二载赴河西(驻凉州,今甘肃武威市),留滞西域三年。他早年即写过《营州歌》《蓟门五首》等边塞题材的诗;到西域后,遍历塞垣,诗境更加成熟,写了《塞下曲》《登百丈峰二首》《自武威赴临洮谒大夫不及因书即事寄河西陇右幕下诸公》《送浑将军出塞》等杰作。而其代表作品则是开元二十六年感征戍之事而作的《燕歌行》:

> 汉家烟尘在东北,汉将辞家破残贼。男儿本自重横行,天子非常赐颜色。摐金伐鼓下榆关,旌旆逶迤碣石间。校尉羽书飞瀚海,单于猎火照狼山。山川萧条极边土,胡骑凭陵杂风雨。战士军前半死生,美人帐下犹歌舞。大漠穷秋塞草腓,孤城落日斗兵稀。身当恩遇常轻敌,力尽关山未解围。铁衣远戍辛勤久,玉箸应啼别离后。少妇城南欲断肠,征人蓟北空回首。边庭飘飘那可度,绝域苍茫无所有。杀气三时作阵云,寒

---

[1]《高适诗集编年笺注》,第230页,中华书局1981年版。
[2]《高适诗集编年笺注》,第317页。
[3]《追酬高蜀州人日见寄》,《杜少陵集详注》卷二三。

声一夜传刁斗。相看白刃血纷纷,死节从来岂顾勋。君不见沙场征战苦,至今犹忆李将军。[①]

《燕歌行》本是乐府古题,高适把它写成了歌行,凝练概括,大开大阖,把边塞上战士的忠勇、苦战的艰辛、将帅的腐败、思妇的悲哀统统生动地刻画出来,用思得良将安边的呼吁作结。高适诗格调悲壮,气骨端翔,善于概括典型细节,音节磊落雄放,这些特点在这首诗里都很好地体现了出来。又如他的《送李侍御赴安西》的"功名万里外,心事一杯中",《金城北楼》的"湍上急流声若箭,城头残月势如弓"等,都声情并茂,意境鲜明。明徐献忠评高适诗谓:"直举胸臆,摹画景象,气骨琅然,而词锋华润,感赏之情,殆出意表。"[②]

岑参(715?—770),荆州江陵(今湖北江陵县)人。他在《感旧赋序》中说"国家六叶,吾门三相",指曾祖父文本、从祖父长倩、堂伯父羲都曾做宰相。唐玄宗开元元年(713)岑羲被罪伏诛,家道中衰,大约两年后岑参出生。他幼自砥砺,《感旧赋序》中又说"五岁读书,九岁属文,十五隐于嵩阳,二十献书阙下"[③]。天宝三载(744)进士及第,八载以右威卫录事参军为安西节度使(驻龟兹,今新疆库车县)高仙芝掌书记。十载回长安,与杜甫、高适、储光羲等交游。十三载,以大理评事摄监察御史充北庭都护、伊西节度、翰海军使(驻庭州,今新疆奇台县)封常清判官,再度西征,直到"安史之乱"开始后的至德元年(756)末始东归。次年,经杜甫等荐举为右补阙;晚年为嘉州(今四川乐山市)刺史。原有集十卷,今传《岑嘉州集》通行本七卷,今人陈铁民、侯忠义有《笺注》。岑参"累佐戎幕,往来鞍马烽尘间十余载,极征行离别之情,城障塞堡,无不经

---

① 《高适诗集编年笺注》,第 97 页。
② 《唐诗品》,《唐百家诗》附。
③ 《全唐文》卷三五八。

行"①。他在西域，正值大食、吐蕃与唐争战剧烈时期。他奔走塞垣，亲与戎机，可以说是用自身的战斗来写诗的。盛唐边塞诗之有高、岑，正如山水田园诗之有孟、王。孟主要是集大成者，开拓、发展的突出成就属王维。岑之于高的情形也相似：高主要是总结了前人边塞诗的传统，岑参则在此基础上进一步创新。在岑参诗中，大漠飞沙的壮观、烈士鏖战的忠勇、西域独特的风土人情和美丽舞乐，都被他以夸饰豪放的笔致描绘了出来。如《走马川行奉送封大夫出师西征》：

> 君不见，走马川，[行]雪海边，平沙莽莽黄入天。轮台九月风夜吼，一川碎石大如斗，随风满地石乱走。匈奴草黄马正肥，金山西见烟尘飞，汉家大将西出师。将军金甲夜不脱，半夜行军戈相拨，风头如刀面如割。马毛带雪汗气蒸，五花连钱旋作冰，幕中草檄砚水凝。虏骑闻之应胆慑，料知短兵不敢接，车师西门伫献捷。②

这里用狂风怒号、飞沙走石的严酷的自然条件，烘托艰苦的行军；那不避艰危、军纪整肃的队伍，必定是无敌不摧的正义之师。奇句换韵的独特强烈的节奏，有力地表现出紧张的气氛。另一首《轮台歌奉送封大夫出师西征》同是写行军，则着力宣扬浩荡出征的雄伟气势。又如名作《白雪歌送武判官归京》，则写边关战士的艰苦生活和在这种环境中的友谊、乡情。岑参写火山、热海，写"银山碛口风似箭，铁门关西月如练"的关隘，写"三月无青草，千家尽白榆"的轮台城，写西域毡墙、毳幕的建筑，写少数民族"回裾转袖若飞雪"的歌舞，写各族民众的友好交流。西域在他的笔下不再是蛮荒之地，而是充满奇情丽色的壮丽河山，爱国的激情洋溢在字里行间。在他的边塞诗中，不仅以奔放夸张的笔墨全面描写了边塞风光与

---

① 傅璇琮主编：《唐才子传校笺》卷三。
②《岑嘉州集》卷二。

生活,而且抒写了大国声威鼓舞之下的边疆战士的浪漫情怀。此外,他的写景、应答和一般叙情之作亦颇有可观,如《与高适、薛据同登慈恩寺浮图》诗,在当时众多名家包括杜甫的同题之作中,他的一首堪称压卷。岑参诗的艺术特征,唐殷璠概括为"语奇体峻,意亦造奇"①。清翁方纲则说:"嘉州之奇峭,入唐以来所未有。又加以边塞之作,奇气益出,风会所感,豪杰挺生,遂不得不变出杜公矣。"②古人常常把高、岑二人相比较,如说:"高适诗尚质主理,岑参诗尚巧主景。"③"高悲壮而厚,岑奇逸而峭。"④等等,都在对比中指出了两人不同的艺术风貌。

　　被列入边塞诗派的,还有王昌龄、李颀、王之涣、王翰、崔颢等人。王昌龄(690?—756?),字少伯,开元十五年(727)进士,曾任汜水(今河南荥阳市)尉、江宁(今江苏南京市)丞,贬龙标(今湖南洪江市)尉,"安史"乱起,返江东,为刺史闾丘晓所杀。有集五卷,已佚,《全唐诗》编诗四卷。他与李白、王维、王之涣、李颀、崔国辅等均有交谊,时名甚高。他的诗"绪密而思清"⑤,尤以七言绝为长,唐诗史上长于这一体裁的,他可与李白、杜牧并称。例如《出塞》二首的第一首:

　　　　秦时明月汉时关,万里长征人未还。但使龙城飞将在,不教胡马度阴山。⑥

写得意远思深,豪气满纸,李于麟、王世贞等都以为是唐七绝第一。又有《从军行七首》《塞下曲四首》等,也是边塞诗中传世的名作。另外他写闺怨(《闺怨》)、写友情(《芙蓉楼送辛渐》)、写宫词(《长信

①《河岳英灵集》卷中。
②《石洲诗话》卷一。
③胡震亨:《唐音癸签》卷五《评汇一》引《吟谱》。
④王世贞:《师友诗传续录》。
⑤《新唐书》卷二〇三《孟浩然传附王昌龄传》。
⑥《全唐诗》卷一四三。

秋词五首》)等亦多佳作。其诗风兼有句奇格俊和清深自然之美。
李颀(生卒年不详),开元二十三年(735)进士,调新乡(今河南新乡
市)尉,后隐居颍阳(今河南许昌市西南),炼丹求仙。有集一卷,已
佚,《全唐诗》编诗三卷。他亦交游很广,名重一时。诗以七言歌行
写得最好,代表作有《古从军行》:

> 白日登山望烽火,黄昏饮马傍交河。行人刁斗风沙暗,公
> 主琵琶幽怨多。野云万里无城郭,雨雪纷纷连大漠。胡雁哀
> 鸣夜夜飞,胡儿眼泪双双落。闻道玉门犹被遮,应将性命逐轻
> 车。年年战骨埋荒外,空见蒲桃入汉家。①

诗可能写于天宝年间,以激昂慷慨之语写穷兵黩武战争中的军旅
之情。他还有一批写音乐的诗,如《琴歌》《送康洽入京进乐府歌》
《听安万善吹觱篥歌》《听董大弹胡笳声兼寄语弄房给事》等,对乐
曲形容造微,开拓诗歌的新内容。又写有一些思致独特的学道诗。
殷璠评论他是"发调既清,修辞亦秀,杂歌咸善,玄理最长"②。王之
涣(688—742),以门荫补衡水(今河北衡水市)主簿,受诬去官,优
游山水,晚年补莫州文安(今河北文安县)尉。今仅存诗六首。但
他一首《登鹳雀楼》:

> 白日依山尽,黄河入海流。欲穷千里目,更上一层楼。

和另一首《凉州词》(二首之一):

> 黄河远上白云间,一片孤城万仞山。羌笛何须怨杨柳,春
> 风不度玉门关。③

意境鲜明,语尽情遥,传唱遐迩,奠定了他在文学史上的一席地位。
王翰(生卒年不详),景云元年(710)进士及第,官至驾部员外郎。

---

①《全唐诗》卷一三三。
②《河岳英灵集》卷上。
③《全唐诗》卷二五三。

有集十卷,已佚,《全唐诗》存诗一卷。他平生豪健恃才,诗、文兼擅,诗尤善写边塞生活,如《凉州词二首》之一:

　　　　葡萄美酒夜光杯,欲饮琵琶马上催。醉卧沙场君莫笑,古来征战几人回。①

词调流畅,以潇洒之笔写悲凉之情,广为后人传诵。其《飞燕篇》借古事讽刺唐玄宗、杨贵妃的淫佚生活,颇有现实意义。崔颢(?—754),开元十一年(723)进士,曾被代州(今山西代县)都督杜希望引致幕府,一至塞垣;官至司勋员外郎。有集一卷,已佚,《全唐诗》收诗一卷。其边塞诗名作有《古游侠呈军中诸将》等。七律《黄鹤楼》更饮誉诗坛,李白的《登金陵凤凰台》《鹦鹉洲》都是有意模拟之作,但后继者难为功,风神终有不及。

　　自《诗》《骚》、乐府以来,边塞、战争一直是诗歌中的重要题材。但在唐前期特殊的文化背景之下边塞诗的繁荣,却显示了新的思想意义与艺术风貌。不仅题材扩展了,内容充实了,表现方法丰富、纯熟了,而且其中洋溢着的英雄气概、爱国热忱、对边关山川的热爱以及四海一家的博大胸怀,都反映了当时人的豪迈气度和那个时代的精神。

　　五、盛唐其他诗人

　　盛唐还有一批诗人,难以划归上述两派,但也各有相当的成就。重要的有张九龄、贺知章、张旭、张谓等。其中张九龄(678—740)为开元名臣,亦为文坛宗匠,颇能奖掖后进,在文坛上起过重要作用。诗以五古杰出,《感遇》诗十二首被认为得《风》《骚》之旨,历来与陈子昂同题之作并称。

----

①《全唐诗》卷一五六。

六、李白

李白与杜甫向被视为盛唐诗坛上的双子星座。他们都是诗坛上的集大成者，又是伟大的创新者。但他们生年虽仅相距十一年，在创作中却表现出不同的艺术风貌。从李白到杜甫，反映了时代的遽变。

李白（701—762），字太白，号青莲居士。自称陇西成纪（今甘肃秦安县）人，先代于隋末流徙西域，生于碎叶（今吉尔吉斯斯坦共和国托克马克）；神龙（705—707）初随父回到广汉，家于绵州昌明（今四川江油县）。其父李客，出身行迹不详，"客"也不像是个正式名字，大概是流徙四方的富商。李白五岁诵《六甲》，十岁观百家，年轻时又击剑任侠，求仙访道，才名交誉人口。大约在开元十四年（726）二十六岁时出蜀东游，北上太原，南下洞庭、金陵、扬州等地，居于安陆（今湖北安陆市），娶故相许圉师孙女为妻。开元十八年前后至长安。二十年失意东归，徙家山东任城（今山东济宁市），并隐居于徂徕山。他怀着经世济民的伟大抱负，不想循常科而得大用，"申管、晏之谈，谋帝王之术，奋其智能，愿为辅弼，使寰区大定，海内清一"[1]，但实际的遭遇是"少年落魄楚汉间，风尘萧瑟多苦颜。自言管、葛竟谁许，长吁错莫还闭关"[2]。天宝元年（742）四十二岁，他被玉真公主等人推荐，应诏入朝，供奉翰林为学士，这是以词艺备顾问的皇帝近侍职位。其时李林甫专朝政，嫉贤妒能，压抑直言，李白的境况是"大道如青天，我独不得出。羞逐长安社中儿，赤鸡白狗赌梨栗。弹剑作歌奏苦声，曳裾王门不称情。淮阴市井笑韩信，汉朝公卿忌贾生"，他不得不高歌"行路难，归去来"[3]。朝廷亦以为非廊庙器，优诏罢遣之。天宝三载，出京至洛阳，与杜甫相

①《代寿山答孟少府移文书》，《李太白全集》卷二六。
②《驾去温泉宫后赠杨山人》，《李太白全集》卷九。
③《行路难三首》之二，《李太白全集》卷三。

会,并和高适一起游梁、宋。在此后十年左右的时间里,他北上幽蓟,南下江东,度过第二次漫游生涯。"安史之乱"爆发,他正隐卧庐山。玄宗命十六子永王李璘为山南东路、岭南、黔中、江南西路四道节度使,统兵经略东南。李璘率师东下时,李白参与幕府。李白有诗说:"三川北虏乱如麻,四海南奔似永嘉。但用东山谢安石,为君谈笑静胡沙。"①他把形势估计为如西晋崩溃、永嘉南奔,而自比为东晋名将、指挥淝水之战的谢安。不久李璘以不服新即位的唐肃宗李亨的调令,被当作叛乱平定,李白亦被系浔阳(今江西九江市)狱,判罪流放夜郎,时为至德二载(757)。赴贬所途中,遇赦放还。晚年流落于岳阳、浔阳、宣城等地,病卒。李白以十分理想化的态度对待现实。他不是个政治家,一生中两度短期从政都失败了。他感受敏锐,观察问题有时相当深刻,但思想上又非常驳杂,儒、道、仙、佛、纵横之术、刑名之学无不广采博收,却并没有消化、熔铸为自己的思想体系,他也不算是优秀的思想家。他对道教有特嗜,曾亲自合炼丹药、从受道箓,但他又不迷信神仙方术,也不是虔诚的宗教信徒。他追求理想、执着人生;他向往经世济民的事业,蔑视功名利禄的鄙俗;他对现实社会满怀疑虑、激愤和抗争。心中的热情与矛盾凝结为诗,他成了伟大的诗人。李白原有集不传,宋人编《李太白文集》三十卷,旧注以清王琦三十六卷本最为流行,今人瞿蜕园、朱金城和詹锳、安旗等有校注。

　　唐孟棨在《本事诗》中转述李白论诗语曰:"梁、陈以来,艳薄斯极,沈休文又尚以声律,将复古道,非我而谁与?"李白诗中谈创作宗旨,也说过"《大雅》久不作,吾衰竟谁陈……我志在删述,重辉映千春"②的话。这都表明他是自觉地发扬古代诗歌高度思想性与现实性的传统的。但他的创作的主要内容取向重点却不在对现实的

①《永王东巡歌十一首》之二,《李太白全集》卷八。
②《古风五十九首》之一,《李太白全集》卷二。

揭露和批判（当然也有这类篇章，如《古风》五十九首，就是有意发扬阮籍《咏怀》和陈子昂《感遇》的传统的），而是表现对理想的歌颂与追求和这理想不得实现的愤激的抨击与抗议。他的撼动了千古才人志士的心灵的诗，是这类抒写个人精神世界的作品。天宝三载出京的次年，他由东鲁赴越中，临行，写《梦游天姥吟留别》：

> 海客谈瀛洲，烟涛微茫信难求；越人语天姥，云霞明灭或可睹。天姥连天向天横，势拔五岳掩赤城。天台四万八千丈，对此欲倒东南倾。我欲因之梦吴越，一夜飞度镜湖月。湖月照我影，送我至剡溪。谢公宿处今尚在，渌水荡漾清猿啼。脚著谢公屐，身登青云梯。半壁见海日，空中闻天鸡。千岩万转路不定，迷花倚石忽已暝。熊咆龙吟殷岩泉，慄深林兮惊层巅。云青青兮欲雨，水澹澹兮生烟。列缺霹雳，丘峦崩摧，洞天石扉，訇然中开。青冥浩荡不见底，日月照耀金银台。霓为衣兮风为马，云之君兮纷纷而来下。虎鼓瑟兮鸾回车，仙之人兮列如麻。忽魂悸以魄动，恍惊起而长嗟。惟觉时之枕席，失向来之烟霞。世间行乐亦如此，古来万事东流水。别君去兮何时还，且放白鹿青崖间，须行即骑访名山。安能摧眉折腰事权贵，使我不得开心颜。①

这里在奇丽的梦幻中，表现了对恶浊的现实与权贵的鄙弃，向往超脱功名羁绊的自由生活。他的《将进酒》《行路难》《梁甫吟》《鸣皋歌送岑征君》《驾去温泉宫后赠杨山人》《宣州谢朓楼饯别校书叔云》等作品，都抒写蔑视权势、轻贱礼法、排抵世俗、向往自由的心声。他有志于作姜尚、鲁仲连、乐毅、谢安等去拯时济世，不成则做酒徒、做侠客、做隐士、做神仙，而决不作当权者手下的帮闲和弄臣。他抒写的高洁个性虽被迫害、践踏，但终究保持着雄节迈伦、

———————

① 《梦游天姥吟留别》，《李太白全集》卷一五。

气高盖世。他的存在,就是对当时的制度、道德以及一切维护这制度与道德的恶人或庸人的抗议。

李白"五岳寻仙不辞远,一生好入名山游"①。他又以写自然山水诗见长。他不只生动地描绘出祖国山川雄奇秀丽的景观,在他对自然美的表现中更贯注了自己的审美情趣,赋予大自然以理想与人格。他写的大自然或气象峥嵘,或明净如画,往往是作为个人精神追求的寄托或与恶浊卑俗的现实的对应来表现的。名作如《蜀道难》《西岳云台歌送丹丘子》《庐山遥寄卢侍御虚舟》《荆门送别》以及小诗《峨眉山月歌》《独坐敬亭山》《望庐山瀑布水》《望天门山》《早发白帝城》等,都不仅以其描绘的奇丽风光激动人心,读者从中还可以感受到诗人对于美与自由的不倦的追求。

李白的创作题材多样,内容又极其广阔。他写了不少悲壮苍凉的边塞诗(《战城南》《塞下曲》《北风行》等);也写过一些情真意切的爱情诗(《长干行》《乌夜啼》《子夜吴歌》以及怀念妻室的《寄远十二首》等);他的怀古诗(《乌栖曲》《苏台览古》《越中览古》《登金陵凤凰台》等)渗透着深刻的古今之感;他的那些送别、相思的抒情小诗(《静夜思》《黄鹤楼送孟浩然之广陵》《闻王昌龄左迁龙标遥有此寄》《赠汪伦》等)更深情绵眇,余意不尽;他对社会生活中的多方面的矛盾,如权贵的豪奢、离乱的苦难、船夫、矿工的艰辛、弃妇、宫女的哀怨等等,也有相当深刻的描绘。而这内容和形式都极其丰富多样的创作统一表现为飘逸豪放的总的风格:奇思逸想,自由奔放,挥洒自如,不受拘束。李白身上由"盛世"培养出来的浪漫精神,大胆冲破传统的束缚喷薄而出。

李白在体裁上更擅长古诗(包括歌行体)和绝句:古诗发挥其排宕豪纵的气势,绝句则利用其言简意赅的特长。他"善作豪语",特别喜欢用夸张、比喻、象征等写法,想象恢奇丰富,思致曲折奔

①《庐山遥寄卢侍御虚舟》,《李太白全集》卷一四。

放。而他的语言更是瑰伟绚丽归于自然，直率流畅，浑然天成，用他自己的话比喻为"清水出芙蓉，天然去雕饰"①。他继屈原之后，把浪漫主义创作方法发展到新的高峰。

　　李白生前已誉满海内。杜甫终其一生，对他倾服备至，称赞"白也诗无敌，飘然思不群"②，"笔落惊风雨，诗成泣鬼神"③。中唐时韩愈等人亦对他绝口称颂。韩愈反对当时一些人用杜甫贬抑李白的偏见，赞扬"李、杜文章在，光焰万丈长"④，指出在唐诗发展上，陈子昂之后"勃兴得李、杜，万类困陵暴。后来相继者，亦各臻阃奥"⑤。后人常这样并称"李、杜"，把他们两人作为唐诗以至整个中国古典诗歌的代表，并从比较中阐发两人在艺术上的特征与贡献。如宋人严羽说："子美不能为太白之飘逸，太白不能为子美之沉郁。"⑥明胡应麟说："才超一代者李也，体兼一代者杜也。李如星悬日揭，照耀太虚；杜若地负海涵，包罗万汇。""李才高气逸而调雄，杜体大思精而格浑。"⑦等等。在创作实践上，唐人如韩愈、李贺、杜牧等人都从不同方面继承、发扬了他的传统；宋人如欧阳修、苏轼、陆游，明人如高启、"公安三袁"（宗道、宏道、中道），清人如屈大均、龚自珍等著名诗人都受到他的深刻影响。直到现代，李白的遗产仍给予人们丰富滋养。

七、杜甫

　　杜甫（712—770），字子美，襄阳（今湖北襄阳市）人，寄籍河南巩县（今河南巩义市）。他出身于"奉儒守官"的世家，是晋名将、著

①《经乱离后天恩流夜郎忆旧游书怀赠江夏韦太守良宰》，《李太白全集》卷一一。
②《春日忆李白》，《杜少陵集详注》卷一。
③《寄李十二白二十韵》，《杜少陵集详注》卷八。
④《调张籍》，《昌黎先生文集》卷五。
⑤《荐士》，《昌黎先生文集》卷二。
⑥《沧浪诗话·诗评》。
⑦《诗薮》卷四《近体上·五言》。

名《春秋》学者杜预的后代。祖父杜审言,前面已有介绍;父杜闲,曾任奉天(今陕西乾县)令等微官,可知其家道已经中落。他少有才名,"七龄思即壮,开口咏凤凰。九龄书大字,有作成一囊"①,十四五岁即出入文坛。自开元十九年(731)二十岁起,到天宝四载(745)三十四岁,他与李白早年情形一样,度过长期漫游生涯。这是唐代青年学子增长阅历、结交友朋、制造名声的典型手段,是只有在当时那种安定繁荣的经济文化条件下才能进行的。他曾南下吴、越,北上齐、赵,这中间开元二十三年曾至洛阳,应进士试,不第。约在开元二十九年,他与夫人杨氏结婚;天宝三载,在洛阳结识李白,同游宋中、齐、鲁。自天宝五载(746)三十五岁至十四载四十四岁的十年间,他困守长安,屡次求进未成。当时玄宗暮年昏庸,李林甫当政,朝政日非,各种社会矛盾正在激化。杜甫长期过着"朝叩富儿门,暮随肥马尘。残盃与冷炙,处处潜悲辛"②的困顿无聊的生活。经天宝十载、十三载两次向朝廷献赋自荐,才得到右卫率府胄曹参军的小官。天宝十五载(756)四十五岁至乾元二年(759)四十八岁这三年多时间,杜甫流落奔波在"安史之乱"的战祸之中。天宝十五载六月叛军占领长安,杜甫只身北上,拟投奔肃宗在灵武(今宁夏永宁县)新立的朝廷,中途被叛军俘获,羁押长安半年多。次年五月,他乘间逃脱,投奔朝廷所在地凤翔(今陕西凤翔县),拜右拾遗;不久即因疏救友人房琯,被放还鄜州(今陕西富县)省亲。是年九、十月,两京收复,杜甫回长安。次年即乾元元年,被出为华州司功参军。二年春,赴河南省家,至初夏西归,遂弃官去秦州(今甘肃秦安县),初冬赴同谷(今甘肃成县),年底又经艰难的蜀道流落到成都。这一年他"一岁四行役",是奔波流离最艰辛的一年。从上元元年(760)四十九岁到大历五年(770)五十九岁逝

---

① 《壮游》,《杜少陵集详注》卷一六。
② 《奉赠韦左丞丈二十二韵》,《杜少陵集详注》卷一。

世,是杜甫寓居巴蜀和飘零江湘的又一个十年。他入蜀后在成都
西浣花池西畔营建了草堂,得到包括剑南节度使严武在内的友人
的帮助,虽曾因蜀中内乱居东川一年余,生活基本是比较安定的。
杜甫还曾短期进入严武幕府,被奏授工部员外郎的京衔。但到永
泰元年(765),严武死,五月,杜甫即举家乘舟东行。中间曾居于云
安(今重庆云阳县)、夔州(今重庆奉节县),谋东归之计。至大历三
年(768)启程出峡,经江陵(今湖北江陵县)、公安(今湖北公安县)
至岳阳(今湖南岳阳市),再溯湘江而上。杜甫逝世前的两年大部
分时间是在江上漂泊度过的。大历五年冬,诗人卒于长沙至岳阳
间的湘江舟中。白居易《读李杜诗集因题卷后》诗说:"翰林江左
日,员外剑南时。不得高官职,仍逢苦乱离。暮年逋客恨,浮世谪
仙悲。吟咏流千古,声名动四夷。文场供秀句,乐府待新辞。天意
君须会,人间要好诗。"①这就指出了时代、际遇与李、杜创作成就的
关系。杜甫比李白又迟生十一年,"盛世"他只赶上个尾声。他更
直接地被卷入了丛生的社会矛盾和作为其总爆发的"安史之乱"的
战乱之中,他也更深地沦落到了社会底层。他一生的相当长的时
间,已经脱离了士大夫阶层的优裕生活而与流民为伍。这样,他也
就从统治阶层的疏离者而成为民众的友人。这是他成就为伟大诗
人的基本条件,也是形成他独特的创作面貌的根本原因。杜甫原
有集六十卷,早佚,北宋以后重编、注释杜集在百种以上,以仇兆鳌
《详注》二十五卷最为详尽;通行者还有钱谦益《钱注杜诗》、浦起龙
《读杜心解》、杨伦《杜诗镜诠》等。

　　杜甫诗"当时号为'诗史'"②,在概括与反映现实生活方面达到
了前所未见的深度与广度。浦起龙说:"少陵之诗,一人之性情而
三朝之事会寄焉者也。"③就是说,杜甫的诗不仅抒发了一己的感

①《白氏长庆集》,卷一五。
②孟棨:《本事诗·高逸第三》。
③《读杜心解·少陵编年诗目谱后记》,《杜少陵集详注》。

情,还深刻反映了玄、肃、代三朝的历史事变。他的全部诗作可看作是自身经历的沉痛自述,也是时代的真实写照。如果说李白诗中表现的主要是理想与现实的冲突以及这种冲突激发的对现实的抗议与抨击,那么,杜甫则主要是对黑暗现实与惨淡人生的揭露与批判。他早年漫游时期的作品留存不多,如《望岳》,尚很有浪漫气息。及至困守长安时期,他耳闻目睹了当时日益深重的社会危机,又有自身潦倒生活的沉痛体验,开始大力创作前、后《出塞》《兵车行》《丽人行》《醉时歌》《秋雨叹》等真切反映现实的诗篇。当时社会上统治者的骄淫、权贵的跋扈、黩武开边的失策、民生的艰窘等等,在其中得到了栩栩如生的表现。在这一时期的结束,他于天宝十四载初冬赴奉先(今陕西蒲城县)省家,写出了史诗式的长篇《自京赴奉先县咏怀五百字》。这首诗以纪行形式,概括了长安十年的见闻,展现了大乱之前陷入全面危机的社会的画卷,发出了“朱门酒肉臭,路有冻死骨。荣枯咫尺异,惆怅难再述”的震动千古人心弦的浩叹。“安史之乱”中,他流徙于乱兵流民之间,这也是他诗兴最旺盛的时期。《哀王孙》《悲陈陶》《悲青坂》《春望》《哀江头》《北征》《三吏》《三别》等一大批不朽之作,从不同侧面揭示了战乱中的社会面貌,特别着力倾诉了民众的苦难。入蜀以后,生活比较安定了,但诗人仍热切地关心社会问题:骄兵悍将的跋扈,吐蕃、回纥的内侵等等,都是他忧虑的主题。直到飘零江湘的暮年,他仍然壮心未已,在临终前所作《风雨舟中伏枕书怀三十六韵奉呈湖南亲友》诗中说:“公孙仍恃险,侯景未生擒。书信中原阔,干戈北斗深。畏人千里井,问俗九州箴。战血流依旧,军声动至今。”这样,全部杜诗是“随所遇之人、之境、之事、之物,无处不发其思君王、忧祸乱、悲时日、念友朋、吊古人、怀远道,凡欢愉、幽愁、离合、今昔之感,一一触类而起,因遇得题,因题达情,因情敷句”①,成为以诗的形式写

①《原诗·内篇下》,《杜少陵集详注》。

出的一代信史。

　　构成杜甫动人诗情的最为核心的内容，还有患难人生长途中与民众的血肉联系，和由于这种联系形成的对民生疾苦的深切同情。天宝年间他写《兵车行》，还是站在咸阳桥头、以旁观者的身份听"老者"叙说开边战争造成的征人无归、家业凋零之苦的。后来他自己也被逼得将家属寄托他乡，幼子仍不免饿死，因此《奉先咏怀》在叙写朝廷的奢靡、聚敛的残酷、贫富悬殊的巨大并暗示社会危机之深刻之后说：

　　　　老妻寄异县，十口隔风雪。谁能久不顾？庶往共饥渴。
　　入门闻号咷，幼子饿已卒。吾宁舍一哀，里巷犹呜咽。所愧为
　　人父，无食致夭折。岂知秋禾登，贫窭有仓卒。生常免租税，
　　名不隶征伐。抚迹犹酸辛，平人固骚屑。默思失业徒，因念远
　　戍卒。忧端齐终南，澒洞不可掇。

他推己而及天下穷人，胸襟十分崇高而博大。他的《羌村三首》《三吏》《三别》，都是代民众发出的血泪控诉。在蜀中他写出了《茅屋为秋风所破歌》，虽自己老贫无力、屋漏无干处，所忧愁却在天下寒士：

　　　　自经丧乱少睡眠，长夜沾湿何由彻。安得广厦千万间，大
　　庇天下寒士俱欢颜，风雨不动安如山。呜呼，何时眼前突兀见
　　此屋，吾庐独破受冻死亦足！

这就不只是推己以利人，而更宁可苦己而利人。直到他生命结束，不管他个人处境多么悲惨，总是想到还有比自己更悲惨的民众。这也成为鼓舞他的生活与创作的精神支持。一大批农夫、贫女、役夫、饥民、船夫、渔父等普通人成了杜诗的表现中心，诗人直接代他们抒写不幸与愤懑。中国古代伦理中的仁爱精神，民胞物与、己饥己溺的胸怀，被发扬到了新的高度。

　　杜甫还表现出强烈的爱国精神。这是与他的爱民思想相关联

的。作为封建时代的文人,他的爱国当然离不开忠于朝廷和君主,以至宋人说他"每饭不忘君"。但他并不是盲目地愚忠。他的爱国思想的主要内容是维护国家统一、社会安定,保障人民安居乐业。因此对危害国计民生的人和事,即使是涉及最高统治者,他也勇于揭露和批判。上面列举的许多诗,如《奉先咏怀》《北征》等,都深刻揭露统治者的倒行逆施,表现出对国步艰危的忧虑。在与安史叛军的斗争中,他有许多作品倾诉了抗敌救国的热忱。如《塞芦子》直接为平叛军事献计献策;《悲陈陶》《悲青坂》对朝廷用兵的失计表示悲愤;《春望》则抒写身陷长安时的思家忧国之情;在四川听到安史乱军终于被平定,写出《闻官军收河南河北》:

　　　　剑外忽传收蓟北,初闻涕泪满衣裳。却看妻子愁何在?
　　漫卷诗书喜欲狂。白首(日)放歌须纵酒,青春作伴好还乡。
　　即从巴峡穿巫峡,便下襄阳向洛阳。

如此感极而悲,悲后又喜,欲哭欲歌,正宣泄出爱国的情愫。在四川,他还有《警急》《对雨》等不少诗写到对吐蕃犯边的忧虑,这是那一时期唐王朝面临的大问题。直至晚年,他仍坚持不渝地为国事殷忧,期望为国效力,写下了《登岳阳楼》《江汉》等洋溢爱国热情的诗篇。

　　杜甫诗歌的题材非常广泛,艺术手法丰富而多变,因而在创作的许多方面表现出极高的水平与鲜明的独创性。他的思亲诗如《月夜》《天末怀舍弟》等情真意切,深挚绵眇;他的友情诗如《彭衙行》《赠卫八处士》《江南逢李龟年》,特别是那些怀念李白的作品,不仅歌唱纯真的友谊,还写出了特定环境下的人物命运及其相互关系;他的感兴诗如《遣兴五首》《野望》《秋兴八首》《登高》等,在一时一事的感发中抒写了忧时忧国之思;他的征行诗除了前面提到的《奉先咏怀》《北征》之外,名作还有自秦州赴同谷和自同谷赴成都的各十二首组诗,生动描绘了乱世旅程的画图;他的写景诗如

《春夜喜雨》《阁夜》《登岳阳楼》等，意境鲜明，情景交融，在自然景物中寄托了深刻感情；他的咏物诗，咏马、咏鹰、咏松、咏橘，以至咏病竹、咏枯椶，不仅为对象传神写貌，更多有讽喻寄托；他的怀古诗如《咏怀古迹五首》《蜀相》等，不仅再现了历史人物风采，更往往托古以喻今，蕴含深刻的现实感；他的忆昔诗如《夔府咏怀》《忆昔二首》《壮游》等，感叹身世，感伤世事变迁，在今昔之感中流露出批判意识和社会理想；他的题画、咏歌舞的诗，如《奉先刘少府新画山水障歌》《戏题王宰画山水图歌》《丹青引赠曹将军霸》《观公孙大娘弟子舞剑器行》等，不仅生动描绘出艺术家的技艺，还抒写出时代盛衰之感；他的论诗诗如《戏为六绝句》，则表现了深刻而精辟的文学观念与艺术鉴赏力。杜甫的牢笼万物的诗笔，集中代表了时代文化的成就，描绘出了一个时代的千姿百态的面貌。

杜甫七岁学诗，转益多师，积众流之长。他又极富才学，并刻意求工，"新诗改罢自长吟"[①]，"语不惊人死不休"[②]。结果他在创作上无体不能，无体不工，在集大成的基础上全面创新。特别是五、七言律这些古典诗歌最为精致的体裁，他精工娴熟，并多有新变；长篇排律更是他的矜创。元稹说："至于子美，盖所谓上薄《风》《骚》，下该沈、宋，言傍苏、李，气夺曹、刘，掩颜、谢之孤高，杂徐、庾之流丽，尽得古人之体势，而兼人人之所独专矣。"因此他说"诗人以来，未有如子美者"[③]。

前节介绍李白，曾提到严羽评杜甫为"沉郁"，语出杜甫自我评价"沉郁顿挫，随时敏捷"[④]。对这一个词的含义，清人陈廷焯的解释庶几近之："所谓沉郁者，意在笔先，神余言外，写怨夫思妇之怀，寓孽子孤臣之感，凡交情之冷淡，身世之飘零，皆可于一草一木发

---

①《解闷十二首》，《杜少陵集详注》卷一七。
②《江上值水如海势聊短述》，《杜少陵集详注》卷一〇。
③《唐故工部员外郎杜君墓系铭并序》，《元氏长庆集》卷五六。
④《进雕赋表》，《杜少陵集详注》卷二四。

之;而发之又必欲隐欲现,欲露不露,反复缠绵,终不许一语道破。匪独体格之高,亦见性情之厚。"[1]就是说,沉则不浮,郁则不薄,其蓄积也厚,其识见也深,又讲究表达的波澜曲折,音情顿挫,造成强烈的艺术效果。

杜甫树立了中国古典诗歌中现实主义的又一高峰,其在诗歌史上的影响极其深远。唐代诗人韩愈、白居易、杜牧、李商隐等人都直接受到他的影响,宋代欧阳修、苏轼、黄庭坚、陆游等人都以他为楷模。他更成为中国历史上的一面爱国主义旗帜。他的爱民之心、济世之志以及处患难不惧不馁的奋斗精神,乃是中华民族不朽的精神遗产,为后人树立了榜样。

八、中唐前期诗人

自大历至大和(766—835)的七十年间的中唐诗坛,略可分为前后两个时期。前三十年左右是一个发展中的低潮,后四十年左右则又迎来了唐诗史上的另一次繁荣。

前一时期不少诗人是跨越在盛、中唐之间的。这三十年左右的时间"安史之乱"虽已平定,但河北三镇的割据形势已经形成,回纥、吐蕃乘虚侵逼,朝廷暗弱,政出多门,已不复有兴旺振作的气象。在这种情况下,士人们的精神境界也由开阔自由、发扬蹈厉归于沉静收敛,他们把视野由广大社会转向身边哀乐与内心感受。这在诗风上也明显地表现了出来。这一时期成就杰出的有元结、顾况、刘长卿、韦应物等人。

元结(719—772),字次山,今传《元次山集》十卷补遗一卷。天宝十二载(753)进士,曾任道州(今湖南道县)刺史、容管(治容州,广西北流县)经略使。其创作锐意复古,努力发扬比兴讽喻传统,偏好乐府与古诗。所作《系乐府十二首》《喻瀼溪乡旧游》《贼退示

---

[1]《白雨斋词话》,《杜少陵集详注》。

官吏》《舂陵行》等痛陈时弊,揭露民间疾苦。杜甫评论后两首诗说:"道州忧黎庶,词气浩纵横。两章对秋月,一字偕华星。"①但元结好古返朴,往往流于质直而乏浑圆之气。

顾况(727—816),字逋翁,号华阳山人。至德二载(757)进士,曾任秘书省著作佐郎,贬饶州(江西鄱阳县)司户参军,晚年隐居茅山,受道箓。有集二十卷,已佚,今传《华阳集》三卷,又《顾逋翁诗集》四卷。他主张诗乃"理乱之所经,王化之所兴"②,注重讽喻教化。拟《诗经》作《上古之什补亡训传十三章》;又有七言歌行《公子行》《行路难三首》等,讽刺权豪弟子奢侈与帝王求仙。清贺裳谓:"顾况诗极有气骨。但七言长篇,粗硬中时杂鄙句,惜有高调而非雅音。"③

刘长卿(?—790?),字文房,天宝中登进士第,至德二载为长洲(江苏苏州市吴江区)尉,晚年曾任随州(今湖北随州市)刺史。今传《刘随州集》十一卷,今人储仲君有《编年笺注》。他身经丧乱,诗中颇有感时伤世之作,而以五、七言近体写景为工,曾自诩为"五言长城"。其作品气韵流畅,音调谐美,于深密中见清秀,如五绝《逢雪宿芙蓉山主人》:

> 日暮苍山远,天寒白屋贫。柴门闻犬吠,风雪夜归人。④

五律《陪王明府泛舟》、七律《长沙过贾谊宅》等均传诵人口。张戒评他的诗"笔力豪赡,气格老成"⑤。但其作品内容伤于窘狭,落句语意多雷同,这显出了思想境界的弱点。

韦应物(737?—792?),天宝末为玄宗侍卫,任侠使气;后折节

①《同元使君舂陵行》,《杜少陵集详注》卷一九。
②《悲歌序》,《全唐诗》卷二六五。
③《载酒园诗话又编·中唐》。
④《全唐诗》卷一四七。
⑤《岁寒堂诗话》卷上。

读书，历官比部员外郎，滁（今安徽滁州市）、江（今江西九江市）、苏州刺史等职。今传《韦苏州集》十卷，今人陶敏、王友胜有《校注》。他身经丧乱，写了些表现战祸与重赋苛役的诗，而主要成就在山水田园诗，世称"陶、韦"。白居易曾说："近岁韦苏州歌行，才丽之外，颇近兴讽。其五言诗又高雅闲淡，自成一家之体。"[1]其《郡斋雨中与诸文士燕集》诗中有句云："兵卫森画戟，宴寝凝清香。海上风雨至，逍遥池阁凉。"[2]把清雅超俗与雍容华贵融为一体，向为人所称道；又《滁州西涧》一诗：

> 独怜幽草涧边生，上有黄鹂深树鸣。春潮带雨晚来急，野渡无人舟自横。[3]

澄彻秀朗，绝去雕饰，很见工巧。

典型地代表了中唐前期诗风的是"大历十才子"。最早提出这一概念的是唐姚合，其《极玄集》卷上李端名下注曰：与"卢纶、吉中孚、韩翃、钱起、司空曙、苗发、崔洞（峒）、耿沣、夏侯审唱和，号十才子"。但宋人对十才子包括哪些人已有不同说法，后来更多有增减，往往把郎士元、李益、戎昱、李嘉祐、皇甫曾列入其中。事实上，后人论十才子，往往指造成以大历为中心一段时期的诗坛风气的诗人群。当时有诗名而创作倾向相似的还有严维、张继、戴叔伦、于鹄、李涉等人。这些人多是落拓的士大夫，或沦落失意于宦途，或依附权门为清客。他们的思想境界比较狭窄，多描写自然景物、乡愁羁恨和应答酬赠之作。其长处在"争工字句，然隽不伤练，巧不伤纤，又通体仍必雅令温醇，耐人吟讽"[4]。但从诗歌发展上看，"大历以还，诗格初变，开、宝浑厚之气，渐远渐漓，

---

①《与元九书》，《白氏长庆集》卷四五。
②《全唐诗》卷一八六。
③《全唐诗》卷一九三。
④管世铭：《读雪山房唐诗钞》。

风调相高,稍趋浮响,升降之关,十子实为之职志"①。以下略叙几位较杰出者。

"十才子"中钱起(710?—782?)年事较长,曾与王维、裴迪唱和,肃、代时诗名籍甚。《省试湘灵鼓瑟》诗是唐人试帖诗中少见的杰作,落句"曲终人不见,江上数峰青",意远情遥,脍炙人口。又《归雁》诗:

> 潇湘何事等闲回,水碧沙明两岸苔。二十五弦弹夜月,不胜清怨却飞来。②

理致清远,体格奇秀。高仲武《中兴间气集》把钱起列为肃、代"中兴"诗坛的第一人。李益(748—827?),字君虞,大历年间诗名卓著,世称"文章李益"。他常在兵间,故诗多军旅之思,为中唐边塞诗第一人,《夜上受降城闻笛》当时天下传唱:

> 回乐峰前沙似雪,受降城下月如霜。不知何处吹芦管,一夜征人尽望乡。③

胡应麟说:"七言绝开元之下,便当以李益为第一,如《夜上西城》《从军北征》《受降》《春夜闻笛》诸篇,皆可与太白、龙标竞爽,非中唐所得有也。"④卢纶(生卒年不详),字允言,诗风比较雄健,亦善边塞诗。《和张仆射塞下曲》六首尤为有名,如其三:

> 月黑雁飞高,单于夜遁逃。欲得轻骑逐,大雪满弓刀。⑤

气势健举,贺裳称其"俱有盛唐之音"⑥。韩翃(生卒年不详),字君

---

①《四库全书总目提要》卷一五○《集部·别集三》。

②《全唐诗》卷二三九。

③《全唐诗》卷二八三。

④《诗薮·内编》卷六《近体下·绝句》。

⑤《全唐诗》卷二七八。

⑥《载酒园诗话又编·中唐》。

平,工于七绝,走蕴藉含蓄一路,其《寒食》诗:

> 春城无处不飞花,寒食东风御柳斜。日暮汉宫传蜡烛,轻
> 烟散入五侯家。[①]

语新意妙,托讽深微,据说德宗极为称赏,以此诗注为知制诰。张
继(?—779?),字懿孙,其诗体清迥,秀发当时,《枫桥夜泊》一诗:

> 月落乌啼霜满天,江枫渔父(火)对愁眠。姑苏城外寒山
> 寺,夜半钟声到客船。[②]

历来传为名篇。戴叔伦(732—789),字次公,颇多讽兴之作,如《女
耕田行》《屯田词》等,下开元、白等人抒写民间疾苦的先河。其他
如李嘉祐、李端、严维、李涉等人亦有相当的成就。

　　由以上介绍可知,中唐前期诗坛上人才不少,佳作亦多,所以
所谓"低潮"只是相对而言。这个时期的许多诗人更承前启后。到
了贞元(785—805)末年至元和(806—820)时期,唐王朝的国力渐
得恢复,文化(包括文学)又进入了一个新的发展时期。

九、白居易与"新乐府运动"

　　中唐后期的一批诗人,一方面力图追踪盛唐李、杜等人的伟大
传统,另一方面又各自独辟蹊径,力求创新,结果造成了又一个流
派纷呈、百花齐放的繁荣局面。代表着这个时代诗歌思想境界的
是白居易等人倡导的"新乐府运动"。

　　白居易(772—846),字乐天,晚号香山居士,祖籍太原(今山西
太原市),寄籍下邽(今陕西渭南县),生于郑州新郑(今河南新郑
市)。祖父白锽,官至滑台节度使;父季庚,任彭城令、徐州别驾等
职。居易少聪敏,五六岁习诗,九岁识声韵,遇"建中之乱",有过

---

①《全唐诗》卷二四五。
②《全唐诗》卷二四二。

"田园寥落干戈后，骨肉流离道路中"①的经历。贞元十六年（800）二十九岁登进士第，十八年书判拔萃登科，次年补秘书省校书郎；元和元年（806）登才识兼茂明于体用科，授盩厔尉；次年授翰林学士；曾任左拾遗等职，在朝廷以抗直敢言、讽刺时政为权贵所忌。六年丁母忧服阕，服满，授左赞善大夫。十年四十四岁贬江州（今江西九江市）司马。此后思想渐趋消沉。十三年转忠州（今重庆忠县）刺史，后又迁杭州、苏州刺史等。至大和三年（829）以太子宾客分司东都，从此定居洛阳。会昌二年（842）以刑部尚书致仕，晚年居龙门香山，游优山水以终。居易好佛、道，尤喜禅，至老尤笃。有《白氏长庆集》七十一卷传世，今人朱金城有《笺校》。

　　元稹（779—831），字微之，鲜卑族后裔，世居于京兆万年（今陕西西安市）。八岁丧父，其母教以书学；贞元九年（793）十五岁明经擢第，十九年书判拔萃登科，署秘书省校书郎，与白居易结下友谊。元和元年与白居易同登才识兼茂明于体用科，授右拾遗，以论时政为宰臣所恶，出为河南（今河南洛阳市）尉。四年，以监察御史出使东川，获罪权要，分务东台；次年召还，至敷水驿与宦者争厅，贬为江陵（今湖北江陵县）士曹参军。十年，奉召还京，出为通州（今四川达州市）司马。十三年转虢州（今河南灵宝市）刺史；翌年入朝，为膳部员外郎。穆宗即位，渐次超升为相，并历任为中外大僚。元稹早年与白居易志同道合，颇能自励；晚年依附大阉以致通显，为时论所鄙。原有《元氏长庆集》一百卷，宋以后传本皆六十卷。

　　"新乐府者，皆唐世之新歌也。以其辞实乐府，而未尝被于声，故曰新乐府也。"②早自杜甫已开始大量写作《兵车行》《丽人行》等"即事名篇，无复倚傍"③的新题乐府体诗，后来元结、顾况、韦应物

---

①《自河南经乱关内阻饥兄弟离散各在一处因望月有感聊书所怀寄上浮梁大兄于潜七兄乌江十五兄兼示符离及下邽弟妹》，《白氏长庆集》卷一三。
②郭茂倩：《乐府诗集》卷九〇。
③《乐府古题序》，《元氏长庆集》卷二三。

等人续有创作。到了贞元、元和年间,鉴于"安史之乱"以后的社会危机日渐深化,士大夫间要求变革的呼声日趋高涨,与此同时利用诗歌来讽刺比兴、褒贬讽喻的意识也强烈起来。白居易、元稹等人讽喻诗的创作就是这种意识的实践。在这种情况下,由推尊杜甫而赞赏杜诗对乐府诗传统的继承与发展,元和四年(809),李绅写作《新题乐府》二十首(今佚)。元稹极为赞赏,以为他们"雅有所谓,不虚为文",因此"取其病时之尤急者列而和之"①十二篇,白居易再加扩展而为五十篇。

这个时期当然还有不少人写古题乐府,例如元稹称赞并选和过的刘猛、李余各曾作过数十首,或虽用古题全无古义,或颇同古义全创新词。张籍与王建也大力创作这一类作品。相对于传统的乐府,这些作品具有新的特征。而且白居易和元稹还在一系列诗文中系统地阐述了他们创作这类新乐府以及一般的诗歌理论主张。他们要求以诗歌"补察时政""泄导人情",主张"文章合为时而著,歌诗合为事而作"②;他们特别重视以诗反映民生疾苦,"非求宫律高,不务文字奇。惟歌生民苦,愿得天子知"③;为了发挥直接的讽喻效用,他们提倡表达上的质直通俗:"其辞质而径","其言直而切","其事核而实","其体顺而肆"④;他们坚决摒弃六朝"嘲风雪,弄花草"的靡丽诗风,提倡以真情感人心,"根情,苗言,华声,实义"⑤。他们的理论与实践,形成诗坛潮流,近人称之为"新乐府运动"。实际上这个运动的意义不仅限于诗歌体裁、诗歌创作方法的革新,它是当时要求变革的社会政治斗争在文学上的反映,与后面将介绍的"古文运动"相呼应,同是具有革新意识的士大夫力挽社

---

① 《和李校书新题乐府十二首序》,《元氏长庆集》卷二四。
② 《与元九书》,《白氏长庆集》卷四五。
③ 《寄唐生》,《白氏长庆集》卷一。
④ 《新乐府序》,《白氏长庆集》卷三。
⑤ 《与元九书》,《白氏长庆集》卷四五。

会颓势的一种努力。

　　白居易的创作中成就最高、影响最为深远的,是他自己所作分类中的讽喻诗。这也是最集中地体现了他的诗歌理论、并为他本人引以自豪的作品。其中以新乐府五十首最具代表性。这些诗"系于意不系于文",每篇都有明确的立意;又"首句标其目,卒章显其志"①,继承《诗经》的手法把讽喻主旨表达得尽量显豁。如《卖炭翁》,题下有注曰:"苦宫市也",这即是《诗》小序的作法。诗是写宦官借宫市掠夺民财的,诗人是从现实中的实事提炼出这一题材的:

　　　　卖炭翁,伐薪烧炭南山中。满面尘灰烟火色,两鬓苍苍十指黑。卖炭得钱何所营,身上衣裳口中食。可怜身上衣正单,心忧炭贱愿天寒。夜来城外一尺雪,晓驾炭车辗冰辙。牛困人饥日已高,市南门外泥中歇。翩翩两骑来是谁,黄衣使者白衫儿。手把文书口称敕,回车叱牛牵向北。一车炭,千余斤,宫使驱将惜不得。半匹红纱一丈绫,系向牛头充炭直。②

当时宦官干政,气焰熏天,这里写的又是身为"敕使"的宦官,可见诗人的胆识。他的深切同情是给予贫老无助的炭伕的。白居易在写《新乐府》之前和以后写的讽喻诗如《秦中吟十首》《观刈麦》《采地黄者》《宿紫阁山北村》等,都体现了这种精神。这些作品以揭露民生艰窘为中心内容,举凡赋役的苛重、权势的劫掠、豪门的奢侈、宦官的横暴、穷兵黩武之患、边民流离之痛以及怨女的悲愤、寒士的屈抑等等,都被集中、强烈地反映了出来,敏锐地透视出社会底层的危机,给予统治者以批判与警告。

　　白居易存诗三千首,在唐诗人中数量居第一位。他的讽喻诗,批评者往往致讥为"浅俗"。它们也确实有过于质直浅露的偏向。他曾表示自己是以诗当谏书的,浅俗正来自这种功利的要求。事

①《新乐府序》,《白氏长庆集》卷三。
②《白氏长庆集》卷四。

实上他具有多方面的才能与技巧。他在讽喻诗之外又把自己的创作分为感伤、闲适、杂律三类，这其中有不少述情细腻、表达优美、格律精严的杰作。长篇如《长恨歌》《琵琶行》，都是流传古今的名篇。前者在天宝事变的背景之下展开李隆基、杨贵妃的爱情悲剧，在同情中寓荒淫致祸的教训之意，情节曲折，形象鲜明，文字优美，音调和谐。后一篇通过自己与沦落倡（娼）女的一次偶然相会，抒写迁谪失意的悲哀，把自身与倡女的境遇、感情合而为一，诗的最后写道：

> 我从去年辞帝京，谪居卧病浔阳城。浔阳地处（僻）无音乐，终岁不闻丝竹声。住近湓江地低湿，黄芦苦竹绕宅生。其间旦暮闻何物，杜鹃啼血猿哀鸣。春江花朝秋月夜，往往取酒还独倾。岂无山歌与村笛，呕哑嘲哳难为听。今夜闻君琵琶语，如听仙乐耳暂明。莫辞更坐弹一曲，为君翻作《琵琶行》。感我此言良久立，却坐促弦弦转急。凄凄不似向前声，满座重闻皆掩泣。就中泣下谁最多，江州司马青衫湿。[①]

这首诗用明快形象的诗语写凄婉幽怨的感情，艺术上极富感染力。白居易的抒情写景小诗亦多有意味隽永、表达优美的作品，如《钱塘湖春行》《西湖晚归回望孤山寺赠诸客》《暮江吟》等。

元稹的古、新题乐府计五十余篇，与白居易具有同样的思想倾向。元和初他们两人倡导新乐府时本来是互相支持的。但元稹在表达上比较僻涩，不及白的流畅圆润，曲尽事情。其《连昌宫词》则是与《长恨歌》桴鼓相应之作，同是以李、杨悲剧为题材，讽刺却更为显豁：

> 开元之末姚、宋死，朝廷渐渐由妃子。禄山宫里养作儿，虢国门前闹如市。弄权宰相不记名，依稀忆得杨与李。庙谟

颠倒四海摇，五十年来作疮痏。今皇神圣丞相明，诏书才下
吴、蜀平。官军又取淮西贼，此贼亦除天下宁。年年耕种官前
道，今年不遣子孙耕。老翁此意深望幸，努力庙谟休用兵。①

这首诗取材多用传闻，是为了达到以古讽今的目的；而以当时人论
前朝事，则使人感受更为直截与痛切。元稹另有一些精警峭拔或
缠绵悱恻之作，例如他的悼亡诗，一往情深，十分感人。

白、元之外，新乐府运动中以张籍、王建贡献最大。曾季貍评
论说："唐人乐府，唯张籍、王建古质。"②两人古、新题兼擅，并称
"张、王"。张籍（766？—830？），字文昌，贞元十五年（799）进士，半
生贫病，五十余岁始任太常寺太祝，官至国子司业。有《张司业集》
八卷传世。白居易极口称赞他："张君何为者，业文三十春。尤工
乐府诗，举代少其伦。为诗意如何，六义互铺陈。风雅比兴外，未
尝著空文……"③其作品揭露、批判时弊，同情民间疾苦，与白、元讽
喻诸作的精神一致，如《野老歌》：

老翁家贫在山住，耕种山田三四亩。苗疏税多不得食，输
入官仓化为土。岁暮锄犁倚空室，呼儿登山收橡实。西江贾
客珠百斛，船中养犬长食肉。④

这两种生活的鲜明对照，得自于阶级对立的现实的概括。还有《董
逃行》《筑城词》《节妇吟》等都讽喻尖刻，含意深婉。他的诗在表达
上浅切畅达，然又不失清警凝练，后来王安石评论是"看似寻常最
奇崛，成如容易却艰辛"⑤。这与白居易等人的情形一样，是研炼而
归于自然的。王建（766？—830？），字仲初，多年屈居幕僚，晚年始

---

① 《元氏长庆集》卷二四。
② 《艇斋诗话》。
③ 《读张籍古乐府》，《白氏长庆集》卷一。
④ 《张司业集》卷一。
⑤ 《题张司业诗》，《临川集》卷三一。

任昭应(今陕西西安临潼)尉、陕州(今河南三门峡市)司马等职,其《自伤》诗说"四授官资元七品,再经婚娶尚单身"①,与张籍经历不同而落拓潦倒情况相似。今存《王建集》十卷(八卷)。其乐府诗题材也十分广泛,水夫、渔父、蚕妇、织女以至边关战士、乡里百姓的艰难祸害都被摄入他的笔下,如《簇蚕辞》《空城雀》《当窗织》《田家行》《水夫谣》等。后一首是写官驿的纤夫的:

> 苦哉生长当驿边,官家使我牵驿船。辛苦日多乐日少,水宿沙行如海鸟。逆风上水万斛重,前驿迢迢后森森。半夜缘堤雪和雨,受他驱遣还复去。衣(夜)寒衣湿披短少,臆穿足裂忍痛何。到明辛苦无处说,齐声腾踏牵船出(歌)。一间茅屋何所直,父母之乡去不得。我愿此水作平田,长使水夫不怨天。②

从这样的诗中读者可以真切地感受到,诗人是把民众的疾苦当作自己的切肤之痛的。现实把诗人推向了社会底层,从而把他的精神境界扩展、提高了,民胞物与的情怀在诗中发扬到了新高度。王建诗艺术风格与张籍大体相似。他又有《宫词百首》著名,刻画宫廷隐秘,情境入微,取客观叙写的手法而隐含讽刺之意。创作新乐府的发轫者李绅(772—846)字公垂,是贞元、元和文坛活跃的人物,会昌(841—846)中以李德裕引荐为相。今存《追昔游诗》三卷。而其传世名作是《古风二首》:

> 春种一粒粟,秋成万颗子,四海无闲田,农夫犹饿死。
> 锄禾日当午,汗滴禾下土。谁知盘中餐,粒粒皆辛苦。③

两首短诗的价值超过他现存全部百余首诗。

---

① 《自伤》,《全唐诗》卷三〇〇。
② 《全唐诗》卷二九八。
③ 《全唐诗》卷四八三。

新乐府运动作为一个文化现象,反映了在中唐社会矛盾丛生、政治斗争激化的条件下,文学与政治、与现实更密切、直接地相结合的要求;白、元、张、王等人的实践,也显示了当时士人精神面貌的变化。在艺术上,元和以后"学浅切于白居易"[①],新乐府运动特别深远地影响到后代追求平易自然一派诗人的创作;而诗人们的关心政治、同情民众的意识、情操,作为这一时代文化心理的特征,也为后人树立了榜样。

十、中唐其他诗人

中唐诗坛还有以孟郊、韩愈为代表的追求高古奇崛的一派,势力与影响亦大。这一派人政治态度、人生理想等方面与白居易等人并无原则差异,但在艺术上走的是另一条道路。新乐府诗人是"不务文字奇"[②],他们则刻意好奇。然而白居易等人的浅俗也是力反典雅的某一种"奇"。这样看来,两派人的艺术追求就又有了一致处:他们都想特立独行,扭转时风。

论诗派,俗称"韩、孟"。实则孟年事高于韩,韩对之称扬不止,是这一派诗风的开创者。孟郊(751—814),字东野,出身寒微,屡试不第;至贞元十二年(796)始举进士,十六年年五十得溧阳(今江苏溧阳市)尉;元和初曾任河南水陆转运判官。今传《孟东野诗集》十卷,有今人华忱之校订本。孟郊一生贫困潦倒,又性不谐俗,发而为诗,多愤世惨苦之言。所作乐府诗如《织女辞》《征妇怨》四首等感时伤世,比较质朴自然。而最显示其艺术特征的是五言诗,刻意冥搜,力求词意的奇僻警醒。其《寒地百姓吟》曰:

> 无火炙地眠,半夜皆立号。冷箭何处来,棘针风骚劳。霜吹破四壁,苦痛不可逃。高堂搥钟饮,到晓闻烹炮。寒者愿为

---

① 李肇:《唐国史补》卷下。
② 《寄唐生》,《白氏长庆集》卷一。

蛾,烧死彼华膏。华膏隔仙罗,虚绕千万遭。到头落地死,踏地为游遨。游遨者是谁,君子为郁陶。①

立意极其痛切,更设想奇拔,比喻新切。他抒写身世悲苦,亦着力刻削融炼,如"冷露滴梦破,峭风梳骨寒。席上印病文,肠中转愁盘"②,"食荠肠亦苦,强歌声无欢。出门即有碍,谁谓天地宽"③等等,意境奇峭,刻画入微。他也有雄鸷不羁的诗,如"天地入胸臆,吁嗟生风雷。文章得其微,物象由我裁"④等。韩愈称赞孟诗格调高古,"作诗三百首,窅默咸池音"⑤;又肯定其不袭陈言,力求奇警,"横空盘硬语,妥帖力排奡"⑥。孟郊诗代表了当时士人理想受挫的另一种心态。其精思苦炼的风格影响到后来,与贾岛并称为"郊寒岛瘦"⑦,两人从而同被视为苦吟诗人的代表。

韩愈(生平等见《散文》节)诗有孟郊的奇古而益之以雄健,在表现方法上则大量使用铺叙与议论,在篇章结构、句式、虚词运用等方面掺入"古文手法",被评作"以文为诗",从而诗风更加纵恣奔放,健美富赡,如《山石》:

> 山石荦确行径微,黄昏到寺蝙蝠飞。升堂坐阶新雨足,芭蕉叶大支子肥。僧言古壁佛画好,以火来照所见稀。铺床拂席置羹饭,疏粝亦足饱我饥。夜深静卧百虫绝,清月出岭光入扉。天明独去无道路,出入高下穷烟霏。山红涧碧纷烂漫,时见松枥皆十围。当流赤足蹋涧石,水声激激风吹衣。人生如

---

① 《孟东野诗集》卷三。
② 《秋怀十五首》之二,《孟东野诗集》卷四。
③ 《赠崔纯亮》,《孟东野诗集》卷四。
④ 《赠郑夫子鲂》,《孟东野诗集》卷四。
⑤ 《孟生》,《昌黎先生文集》卷五。
⑥ 《荐士》,《昌黎先生文集》卷二。
⑦ 《祭柳子玉文》,《东坡集》卷三五。

　　此自可乐,岂必局束为人鞿? 嗟哉吾党二三子,安得至老不
更归![1]

这首诗借留宿山寺写人生感怀,在韩诗中还算比较清新平易的。
其名篇如《此日足可惜赠张籍》《八月十五夜赠张功曹》《赴江陵途
中寄赠翰林三学士》《岳阳楼别窦司直》《石鼓歌》等,都纵横开阖,
气健意奇,寄慨深长。由于他好逞奇斗异,喜欢使僻典,用奇字,压
险韵,有时不免流于险怪。他又才兼众体,律、绝都写得精美谨严,
如七律《左迁至蓝关示侄孙湘》《答张十一功曹》、七绝《早春呈水部
张十八员外》等向为人称道。他晚年之作转而不尚雕绘,走清新自
然一路,这是反映他心态变化的另一种境界。对于他的诗,宋代以
后评价上多有分歧,贬之者至谓是"押韵之文耳","终不是诗"[2],而
称赞的人则认为他"以古文之浑浩,溢而为诗,然后古今之变尽"[3]。
韩愈开拓诗体与艺术创新之功是应该肯定的。

　　韩愈后学而在"尚奇"上另创新境的有李贺。李贺(790—
816),字长吉,系出宗室;少好词章,有名文坛。元和三、四年(808、
809)至洛阳往谒韩愈,受到器重。后来只作过奉礼郎的小官,短命
早卒。有《李贺集》四(五)卷传世,注本以清王琦《李长吉歌诗汇
解》最为详备,今人叶葱奇有校注本。李贺体弱多病,仕途困厄,但
才大志高,思想敏锐,其所作多含有对现实矛盾的揭露批判(如《老
夫采玉歌》《雁门太守行》《秦宫词》《感讽五首》等),且多用乐府体。
有人以为"大历以后,解乐府遗法者,唯李贺一人"[4]。他的抒情咏
物之作如《李凭箜篌引》《致酒行》《梦天》《浩歌》等更寄兴深微。在
创作风格上,他力求奇诡华艳:意想超拔,境界奇谲,多用大胆新颖

---

①《昌黎先生文集》卷三。
②惠洪:《冷斋夜话》卷一。
③赵秉文:《答李天英书》,《闲闲老人滏水文集》卷一九。
④毛先舒:《诗辩坻》卷三。

的比喻和象征,锻炼瑰丽富艳的辞彩。特别是那些写神仙鬼魅的作品,更把诡秘凄艳的效果发挥到了极致。《金铜仙人辞汉歌》是写魏明帝命宫官拆运汉武帝捧露仙人盘事:

> 茂陵刘郎秋风客,夜闻马嘶晓无迹。画栏桂树悬秋香,三十六宫土花碧。魏官牵车指千里,东关酸风射眸子。空将汉月出宫门,忆君清泪如铅水。衰兰送客咸阳道,天若有情天亦老。携盘独出月荒凉,渭城已远波声小。①

这首诗以"唐诸王孙"身份写前代亡国的悲哀,显然寓有深意;而想象奇绝,意境迷离惝恍,比喻夸饰更新颖形象。李贺《高轩过》诗称赞韩愈曰"笔补造化天无功"②,这实际是他自己的追求。其名句如"我有迷魂招不得,雄鸡一声天下白"③,"女娲炼石补天处,石破天惊逗秋雨"④等等,设想超迈绝伦。史称其"尚奇诡,所得皆警迈,绝去翰墨畦迳,当时无能效者"⑤。杜牧称他是《骚》之苗裔,理虽不及,辞或过之"⑥,这是公允的评价。人或称其为"鬼才"。

韩愈门下的另一位诗人贾岛则着力向奇僻清峭的方向发展。贾岛(779—843),字阆仙,早年出家,号无本;还俗后举进士不第,晚年为长江(今四川蓬溪县西)尉、普州(今四川安岳县)司仓参军。有《长江集》十卷。他尚奇而苦吟,据传他曾为"鸟宿池边树,僧敲月下门"⑦一联中下"推""敲"两字不能决,至冲撞京兆尹韩愈车驾。他的生活范围狭小,诗情愁苦幽独,喜写荒寒冷落景物。诗中颇有

---

①《李贺诗集》卷二。
②《李贺诗集》卷四。
③《致酒行》,《李贺诗集》卷二。
④《李凭箜篌引》,《李贺诗集》卷一。
⑤《新唐书》卷二○三《文艺下》。
⑥《太常寺奉礼郎李贺歌诗集序》,《全唐文》卷七五三。
⑦《题李凝幽居》,《全唐诗》卷五七二。

警句,如"秋风吹渭水,落叶满长安"①等,意境相当雄阔,然视其全篇,意思殊馁。又,姚合(779?—846),元和十一年(816)进士,终秘书少监。有《姚少监集》十卷。与贾岛友善,诗风略同于贾岛而较为平浅,内容亦以写萧条官况与自然景物见长,世称"姚、贾"。两人诗在晚唐诗坛得到相当的重视,这与当时时代风气与诗人们的心态有关系。

以上是中唐诗坛上与元、白诗风相对照的"尚奇"一派。从意境的雄奇到词语的研炼,这一派诗人的艺术追求与创作成就并不全同。但他们精神上不安于鄙俗、艺术上努力戛戛生新的总的倾向是一致的。这反映了唐王朝日渐衰颓形势下受现实压抑的知识分子的精神挣扎。不过他们走的不是元、白努力于直接补察时政、救济时艰的路线,而更倾心于精神上与艺术上的警绝超凡。在这两派之外,中唐诗人重要的还有柳宗元、刘禹锡等人。

柳宗元在诗史上被列入"王、孟、韦、柳"一派,艺术上走高简闲淡一路。其写景与抒情诗于闲散自然中见深致,苏轼称赞为"发纤秾于简古,寄至味于淡泊",如《渔翁》:

> 渔翁夜傍西岩宿,晓汲清湘燃楚竹。烟销日出不见人,欸乃一声山水绿。回看天际下中流,岩上无心云相逐。②

他也有不少作品反映现实问题,颇见愤激之情,如《田家三首》《行路难》《古东门行》等;而如《登柳州城楼寄漳汀封连四州刺史》则写贬谪之情,意境深丽奇峭。

刘禹锡(772—842),字梦得,洛阳(今河南洛阳市)人,匈奴族后裔。贞元九年(793)进士,与柳宗元相交好。贞元十九年为监察御史,后以参加"永贞革新"贬朗州(今湖南常德市)司马;十年后被召还京,又外放为连州(今广东连州市)刺史,转夔州(今重庆奉节

---

① 《忆江上吴处士》,《全唐诗》卷五七二。
② 《柳河东集》卷四三。

县）、和州（今安徽和县）；至宝历二年（826）罢归洛阳；晚年历职中外，曾任太子宾客分司东都，加检校礼部尚书。有《刘梦得文集》四十卷，今人瞿蜕园有《笺证》。其早期作品深得《诗》《骚》美刺精神，《聚蚊谣》《武夫词》《贾客词》等皆深于影刺。后期之作，渐趋平淡含蓄。其怀古诗在继承传统的基础上有所开拓，如《西塞山怀古》：

> 王濬楼船下益州，金陵王气黯然收。千寻铁锁沉江底，一片降幡出石头。人世几回伤往事，山形依旧枕寒流。而今四海为家日，故垒萧萧芦荻秋。①

又有《金陵怀古》《金陵五题》《观八阵图》等，皆寄托深远，词意俱佳。在夔州时，他学习巴蜀民歌，写《竹枝词》《杨柳枝词》等民歌体诗，词意高妙，体兼流丽谐婉与含思怨慕之长，也是他开拓诗体的又一贡献。

中唐诗人较重要的还有王涯（763？—835），字广津，宪宗、文宗时两度为相，死于"甘露之变"。其创作长于绝句，风韵遒然，殊超意表，以边塞与宫词为佳。令狐楚（766—834），字彀士，宪宗、文宗时为相。聪敏博学，才思俊丽，近体诗清新可诵。李商隐曾向他学骈文，实际诗风亦有相承袭的痕迹。张祜（792？—853？），字承吉，狷介少合，屡举进士不第，以隐居终。喜游山水寺庙，多有题咏，宫词与五言律皆享盛名。其《宫词》的"故国三千里，深宫二十年。一声《何满子》，双泪落君前"②，传诵极广。徐凝（生卒年不详），以布衣终，与元、白交好。以七绝见长，有句云："天下三分明月夜，二分无赖是扬州。"③"长林遍是相思树，争遣愁人独自行。"④皆情境俱佳。朱庆余（生卒年不详），字可久，宝历二年（826）进士，与张籍、贾岛等

---

① 《刘梦得文集》卷四。
② 《全唐诗》卷五一一。
③ 《忆扬州》，《全唐诗》卷四七四。
④ 《相思林》，《全唐诗》卷四七四。

唱和,长于七绝、五律,《近试上张籍水部》曰:"洞房昨夜停红烛,待晓堂上拜舅姑。妆罢低声问夫婿,画眉深浅入时无。"[1]本是干谒之作,但比喻巧妙,词清意婉,广传人口。

后代论诗有一种相当有影响的看法,就是极力推尊盛唐而不取大历以下。然而从上面的介绍可以看出,中唐时期是诗歌创作全面繁荣的又一个高峰期,特别是在诗体的拓展、技巧的研练和风格的创新等方面,都是在盛唐全盛的基础上又开新生面的。

十一、晚唐五代诗人

唐宪宗平定藩镇,号称"中兴"。但宪宗死,形势迅速逆转。河北三镇逆态复萌,各地强藩起而效尤;宦官弄权,朋党相争,历敬、文、武三朝愈演愈烈。大和九年(835)"甘露之变"诛杀朝臣,更使朝廷元气大伤。各地兵变、起义不断,至僖宗乾符元年(874),终于爆发了王仙芝、黄巢领导的全国性的农民起义,攻陷两京,建国立号。后大乱虽被平定,唐王朝也灭亡在强藩手中。这时的文坛,"士生于斯,无他事业,精神伎俩,悉见于诗。局促于一题,拘挛于律切,风容色泽,轻浅纤微,无复浑涵气象。求如中叶之全盛,李、杜、元、白之瑰奇,长章大篇之雄伟,或歌或行之豪放,则无此力量矣"[2]。但全盛之下,余波未泯,时代的压迫也给诗歌发展提供了动力。晚唐五代百余年的诗歌比起前代来景象是大为衰飒了。但就个别诗人来说,仍有相当的成绩。特别是揭露时代危机、陈述民生疾苦与近体诗技巧的运用等方面,更显出一定的特色。

这一期诗歌的前一阶段,大体到懿宗咸通年间(860—874),有杜牧、李商隐二位大家活跃在诗坛,仍振响着盛世的余音。

杜牧(803—852),字牧之,京兆万年(今陕西西安市)人,出身

---

[1]《全唐诗》卷五一五。
[2] 俞文豹:《吹剑录》。

于高门士族,祖父即德、顺、宪三朝宰相、大学问家杜佑。他少年有经世志;大和二年(828)及进士第,贤良方正直言极谏登科,后长期屈沉幕僚。开成四年(839)入京任左补阙等职,时党争正剧,被排斥出为黄(今湖北新州县)、池(今安徽池州市)、睦(今浙江建德市)州刺史,"三守僻左,七换星霜,拘挛莫伸,抑郁谁诉"①。大中三年(849),入为司勋员外郎,复出为湖州(今浙江湖州市)刺史;终于中书舍人任上。有《樊川文集》二十卷、宋人编《外集》《别集》,诗有清冯集梧《樊川诗集注》四卷较详备。杜牧多才多艺,善书画,好歌舞;文学上推尊李、杜、韩、柳,深受其影响。其诗作颇能追踪前修,如《感怀诗》《郡斋独酌》《河湟》《雪中书怀》等,或议论朝政,或感慨时事,或抒写怀抱,很有现实内容。其咏史诗《赤壁》《题乌江亭》《过华清宫绝句》三首等,识见精拔,多翻历史旧案。他的诗诸体皆工,最见功力在七言近体,于风华流畅之中见峻爽超逸之趣,情韵跌宕,余味不尽。如《题宣州开元寺水阁阁下宛溪夹溪居人》:

> 六朝文物草连空,天淡云闲今古同。鸟去鸟来山色里,人歌人哭水声中。深秋帘幕千家雨,落日楼台一笛风。惆怅无因见范蠡,参差烟树五湖东。②

其他如《泊白秦淮》《山行》《江南春》等,都是传诵古今的名篇。他在落拓之中,时时放浪形骸,表见于诗,时现颓唐。但这并不影响他总的成就。清洪亮吉说:杜牧"文不同韩、柳,诗不同元、白,复能于四家外诗文皆别成一家"③。

李商隐(813—858),字义山,号玉溪生,怀州河内(今河南沁阳市)人。早年以古文名;大和三年(829)受天平军(驻郓州,今山东东平县)节度使令狐楚之招入幕,至从之受骈文章法,后随楚调太

---

①《上吏部高尚书状》,《全唐文》卷七五〇。
②冯集梧注:《樊川诗集注》卷三。
③《北江诗话》卷一。

原。开成二年(837)登进士第。令狐楚卒,入泾原(驻安定,今甘肃泾川县)节度使王茂元幕掌书记,并娶王女为妻。时"牛、李党争"正剧,令狐为牛党骨干,王则接近李党,李商隐出入两人门下,被认为"诡薄无行"。他身处党争夹缝中,后半生除两度在朝任微官外,自大中元年(847)先后入桂管(治始安,今广西桂州市)观察使郑亚、武宁(驻徐州,今江苏徐州市)节度使卢弘正、东川(驻梓州,今四川三台县)节度使柳仲郢幕,悒悒不得志。晚年罢职家居,病逝于郑州。有《樊南甲、乙集》各二十卷,《玉溪生诗》三卷等,已佚;今传集为后人所辑,以清冯浩注《玉溪生诗笺注》三卷、《樊南文集详注》八卷,钱振伦、钱振常注《樊南文集补编》十二卷为详备,今人刘学锴、余恕诚有《李商隐诗歌集解》。李商隐素有匡时之志,但宦途偃塞,屈沉幕僚,于政治黑暗、国步艰危深有感触,因此多有抨击时事、感愤寄慨之作。其《行次西郊作一百韵》,与杜牧《感怀诗》同为史诗型的巨制,被上比杜甫的《奉先咏怀》和《北征》。又《有感二首》《重有感》《哭刘司户蕡》《漫成五章》等,直接揭露宦官弄权、藩镇跋扈,抒写愤懑,相当尖锐深刻。李商隐咏史诗成就突出。这是中唐以来流行的题材,反映了人们兴亡之感的浓重。他多用七绝,如《北齐二首》《隋宫二首》《贾生》《筹笔驿》《马嵬》《华清宫》等,或写前代,或写本朝,或著以议论,或"有案无断",俱深婉有致,含意不尽。而历代最引人注目的,也是充分显示其艺术特色的,是那批《无题》(或以首二字为题,同于无题)诗。这些作品不少题旨难以确考,大致说来有影射时事的,有感慨身世的,更多的是写爱情的。由于辞情隐晦,其中不少篇章历代解释多有分歧。如《锦瑟》:

> 锦瑟无端五十弦,一弦一柱思华年。庄生晓梦迷蝴蝶,望帝春心托杜鹃。沧海月明珠有泪,蓝田日暖玉生烟。此情可待成追忆,只是当时已惘然。[1]

---

[1]《玉谿生诗笺注》卷四。

这首诗曾有悼亡、咏瑟、咏私情、伤唐室残破等不同解释,以张采田作追叙生平、自伤身世之辞为近。但不论辞旨如何隐晦,其辞情之要眇、音调之谐婉、比喻之优美,都给人以巨大的艺术感染。那些肯定是写爱情的无题诗(如"相见时难别亦难"等),更写得缠绵悱恻,一往情深。刘熙载说:"杜樊川诗雄姿英发,李樊南诗深情绵邈。"[①]可谓的评。

李商隐、杜牧被称为"小李、杜",是晚唐诗坛上的双星。在他们周围还有一批颇有成就的诗人。温庭筠(812?—870?),本名岐,字飞卿,曾任方城(今河南方城县)尉、国子助教。后人辑有《温飞卿诗集》,清曾益等有《笺注》。温庭筠才思绮丽,诗风华艳,尤工短章,与李商隐并称"温、李"。代表作《鸡鸣埭曲》《利州南渡》《经五丈原》《咸阳值雨》等颇工感慨。《商山早行》诗有"鸡声茅店月,人迹板桥霜"[②]之句,写旅途情境,摹写如画。许浑(791?—?),字用晦,官至睦(今浙江建德市)、郢(今湖北钟祥市)二州刺史。今传《丁卯集》二卷及《续集》等。工七律,以登临、怀古见长,《南楼春望》《咸阳城东楼》《金陵怀古》等都是传世名作。马戴(生卒年不详),字虞臣,官终国子博士。有《马戴集》一卷,已佚,《全唐诗》编诗二卷。其诗以五、七律为主,格调壮丽,五言句如"猿啼洞庭树,人在木兰舟"[③],"霜风红叶寺,夜雨白苹州"[④]等,意境鲜明,在晚唐诗中不多见。李群玉(?—862),字文山,曾任弘文馆校书郎。今存《李群玉诗》三卷,《后集》五卷。其诗托意幽远,文笔遒丽。他久居沅、湘,《洞庭风雨二首》《题二妃庙》《黄陵庙》等皆情辞兼备。其"远客坐长夜,雨声孤寺秋。请量东海水,看取浅深愁"[⑤]之句,曲尽羁旅坎壈之情。李郢

---

① 《艺概》卷二《诗概》。
② 《温飞卿诗集笺注》卷七。
③ 《楚江怀古三首》之一,《全唐诗》卷五五五。
④ 《将别寄友人》,《全唐诗》卷五五五。
⑤ 《雨夜呈长官》,《全唐诗》卷五六八。

（生卒年不详），字楚望，官至侍御史。有《李郢诗》一卷，已佚，《全唐诗》编诗一卷。善七律；其《茶山贡焙歌》是写阳羡茶农生活的长篇，是这一题材难得的杰作。曹邺（生卒年不详），字邺之，曾为祠部郎中、洋州（今陕西洋县）刺史。原有集三卷，已佚，《全唐诗》编诗三卷。多讽时刺世之作，如《官仓鼠》《捕鱼谣》等。

　　到了黄巢起义以后的唐末时期，唐王朝已面临土崩之势。士人不论在朝还是在野，或被卷入纷争乱斗的漩涡，或被投入流离颠沛之中。面临着穷途末路，他们的思想意识也明显地分化。在诗坛上，对现世境遇的关注替代了高远的精神追求，上焉者更加激愤地揭露现实矛盾，如皮日休、陆龟蒙、聂夷中、杜荀鹤等人，下焉者则或隐沦避世，或沉溺于身世感伤。他们共同为强大兴盛的王朝唱出了挽歌。

　　皮日休（834？—883？），字逸少，后改袭美。出身贫寒，屡举不第。曾为太常博士，出为毗陵（今江苏常州市）副使。黄巢军兴，参与起义队伍，为翰林学士，后不知所终。今传《皮子文薮》十卷，今人萧涤非、郑笃庆有重校本，又有与陆龟蒙唱和的《松陵集》十卷。其作品多暴露官府压迫之深重与民生之艰窘。《正乐府》十篇尤能发扬杜、白新题乐府传统。如其中的《橡媪叹》，写农民辛苦耕作却只好以橡实充饥，"狡吏不畏刑，贪官不避赃。农时作私债，农毕归官仓"①，使得农民已无法存活。他的唱和、山水之作则流于僻涩，这是精神境界的关系。陆龟蒙（？—881？），字鲁望，自号天随子、甫里先生，布衣终生。今存《甫里先生文集》二十卷、《笠泽丛书》四卷《补遗》一卷，以及与皮日休唱和的《松陵集》。他的《感事》《杂讽九首》《新沙》《筑城词二首》等也以揭露现实黑暗为内容；而即景抒怀之作颇清新可喜，如《怀宛陵旧游》：

　　　　陵阳佳地昔年游，谢朓青山李白楼。惟有日斜溪上思，酒

①《皮子文薮》卷一〇。

旃风影落春流。①

流畅浑成,颇有风韵。聂夷中(837—884?),字坦之。曾任华阴(今
陕西华阴市)尉。其作品反映农村悲惨情况极其具体深刻,语言又
十分省净简练,如《咏田家》:

> 二月卖新丝,五月粜新谷。医得眼前疮,剜却心头肉。我
> 愿君王心,化作光明烛。不照绮罗筵,只照逃亡屋。②

还有《田家二首》等,向称得风人之体。杜荀鹤(846—904),字彦
之,自号九华山人,依朱温,为翰林学士。有《唐风集》三卷。其诗
作《山中寡妇》《乱后逢村叟》《蚕妇》等反映唐末乱世情态,堪称佳
作。如《再经胡城县》:

> 去岁曾经此县城,县民无口不冤声。今来县宰加朱绂,便
> 是生灵血染成。③

直斥统治者血腥杀人,也是当时世态的实际。他与晚唐不少诗人
一样,多用律体,虽时见融炼刻画之功,但局面终嫌窄小。

　　和以上四人为代表的一派作者相对照,司空图代表了另一种
倾向。司空图(837—908?),字表圣,自号知非子、耐辱居士,曾官
礼部郎中;黄巢义军攻占长安,退守河中(今山西永济市);僖宗在
凤翔(今陕西凤翔县),召为知制诰、中书舍人。晚年隐居中条山王
官谷,不应召辟,闻唐祚亡,不食而卒。有《一鸣集》三十卷,已佚,
后人辑有《司空表圣文集》十卷,《诗集》五卷。其论诗强调"韵外之
致",味在"咸酸之外"④,推崇王、韦、柳一派诗风,批评元、白"力勍

---

① 《甫里先生文集》卷一二。
② 《全唐诗》卷六三六。
③ 《唐风集》卷下。
④ 《与李生论诗书》,《司空表圣文集》卷二。

而气屚"①。其所作《诗品》,以四字韵语论诗境与风格,是表现其诗歌思想的重要作品,对总结唐诗艺术成就有一定价值。他心向王室,关心世情,但诗中很少触及时事。其主要作品多用以写景遣怀,如"绿树连村暗,黄花入麦稀"②,"曲塘春尽雨,方响夜深船"③等,描写细腻,颇有意境,为人所称道。

唐末著名诗人又有"咸通十哲",据《唐诗纪事》卷七十,包括张乔、许棠、喻坦之、剧燕、任涛、吴罕、张蠙,周繇、郑谷、李栖远、温宪、李昌符等,实为十二人。其中以张乔、郑谷成就为高。张乔(生卒年不详),隐居九华山,与许棠、张蠙、周繇又称"九华四俊"。原有集不传,《全唐诗》编诗二卷。诗句清雅,《听琴》《送许棠下第归蜀》《寄维阳故人》《江村》等为传世名篇。郑谷(851?—?),字守愚,官至都官郎中。有《云台编》三卷,今人赵昌平有《笺注》。善五、七言近体,颇有感时伤事之作。其《雪中偶题》诗有句"江上晚来堪画处,渔人披得一蓑归"④,颇见情致;又以《鹧鸪》诗著名,人称"郑鹧鸪"。此外可称道者还有唐彦谦、曹唐、方干、崔涂等人。其中曹唐有《小游仙》九十八首,借神仙世界述悲欢离合,才情缥缈,语尤清丽;方干、贾岛、姚合,尚苦吟,《早春》《除夜》等诗流传人口。

早在唐灭亡前,吴、楚、闽、吴越等已割据自立。唐祚灭亡,天下土崩。五代十国是唐藩镇割据的延续;五代诗坛也是唐末诗坛的延续。其时北方战乱频仍,南方各小国大体能保境安民,因此文人词客多流落江南和两川。由于其时新兴的韵文——词正在兴起,多数人的诗创作已鲜有特色。成绩较突出的有依于前蜀王建的韦庄,依于吴越钱氏的罗隐,依于闽王审知的韩偓、黄滔,依于南唐的张泌等人。其中韦、罗、韩的创作颇可称述。此外活动在南方

①《与王驾评诗书》,《司空表圣文集》卷一。
②《独望》,《司空表圣诗集》卷二。
③《江行二首》之一,《司空表圣文集》卷一。
④《郑谷诗集笺注》卷二。

的有两位诗僧——贯休与齐己，他们是众多诗僧的代表，与世俗文坛有广泛的交流，作品亦相当可观。韦庄(836？—910)，字端己，乾宁元年(894)近六十岁方得进士及第，授校书郎，后入蜀依王建为相，前蜀开国制度多出其手。有《浣花集》二十卷等，今传已非原编，今人向迪琮编有《韦庄集》。其作品颇感时伤乱，对易代动乱多有反映。所作近体则音调谐畅，情致委曲。最重要的成就则是敦煌文书中佚存的近一千七百言的长篇叙事诗《秦妇吟》，这是现存唐诗中最长的一首。通过逃难的"秦妇"叙说黄巢起义时长安战乱情景，虽对义军有污蔑之词，但对官军的腐败残暴、民众所受劫难以及动乱中的社会情态等，都有相当细致生动的描绘。如"内库烧为锦绣灰，天街踏尽公卿骨""野色徒销战士魂，河津半是冤人血"[1]等，写得极其惨痛。全诗结构布局也相当谨严，叙事亦委曲有致。罗隐(833—909)，字昭谏，早年宦游失意，依吴越钱氏，官至给事中。有《甲乙集》十卷，今人雍文华校辑有《罗隐集》。其诗多写景应酬之作，亦有一些讽刺时事的。有些诗描摹人情世态广传人口，如"今朝有酒今朝醉，明日愁来明日愁"[2]，"采得百花成蜜后，为谁辛苦为谁忙"[3]之类，但境界终究伤于浅俗。韩偓(842—923)，字致尧，龙纪元年(889)进士，官翰林学士、中书舍人，晚年依闽王审知。今存《玉樵山人集》《香奁集》等，清吴汝纶有评注《韩翰林集》三卷。亦多感时伤乱之作，尤工于七言律、绝，其《故都》《残春旅舍》《春尽》等感慨深长，用典工切，寓苍凉悲慨于清丽芊绵，在晚唐五代是不多见的佳作。

晚唐五代诗人论才华颇有不同凡响者，个别作品也可直追盛、中唐，列之当时大家并无逊色，但整个局面却是衰飒浮薄了。时代使诗人的精神不能振起，才能也就多消耗在钉饾凿削之中了。唐

---

① 《补全唐诗》，《全唐诗外编》上册。
② 《自遣》，《全唐诗》卷六五六。
③ 《蜂》，《全唐诗》卷六六二。

代是诗的时代,晚唐五代众多的诗人仍用自己的诗作替培养他们的王朝唱出了送终曲。

第二节　散　文

一、隋及初唐文坛

南北朝是骈体文的全盛时代,其时已有裴子野、颜之推等人对当时那种讲究词句对偶、使典用事、音律谐靡的雕藻浮艳文风提出批评。隋文帝建国以后,出于政治需要,"每念雕雕为朴,发号施令,咸去浮华。然时俗词藻,犹多淫丽,故宪台执法,屡飞霜简。炀帝初习艺文,有非轻侧之论"①。开皇四年(584),为摒黜轻浮,遏止华伪,"普诏天下,公私文翰,并宜实录"。其年九月,泗州刺史司马幼之文表华艳,付有司治罪。又有治书御史李谔感于属文之家体尚轻薄,上疏革正文体,批评六朝文是"体尚轻薄","流宕忘反","遗理存异,寻虚逐微,竞一韵之奇,争一字之巧。连篇累牍,不出月露之形;积案盈箱,唯是风云之状",以为"文笔日繁,其政日乱。良由弃大圣之轨模,构无用以为用也"②。隋末大儒王通,身处乱世,守道不仕,著书百余卷,刻意追模圣贤口吻,首次提出学以贯道、文以济义的主张③。但这些改革文体的努力效果并不大。因为这一时期的革正文体的要求主要着眼在有利于行政方面,还没有形成整个文坛的自觉。欧阳修指出:"南、北文章至于陈、隋,其弊极矣。以唐太宗之致治,几乎三代之盛,独于文章,不能少变其体。

---

① 《隋书》卷七六《文学传论》。
② 《隋书》卷六六《李谔传》。
③ 参阅《文中子中说》卷二《天地》。

岂其积习之势，其来也远，非久而众胜之，则不可以骤革耶。"①这样，至唐初百余年间，文坛仍是骈文的天下。

但隋、唐建国，时代在变化，整个文化环境在变化，推动着文体与文风也在发生变化。这种变化表现在观念上，也表现在创作实践中。前述的王通是明确主张宗经复古的。初唐时期文学家如王勃、杨炯等都曾对六朝以来艳丽纤巧的文风提出批评；史学家如令狐德棻在《周书·王褒庾信传论》里，魏徵在《隋书·文学传论》里，都总结历史教训，批评梁、陈文章"淫放""轻险"，斥之为"亡国之音"；史学家如刘知幾在《史通》中，从修史角度批评"虚加练饰，轻事雕彩"，"体兼赋颂，词类俳优"②的写作方法。这些批评角度不同，态度也不一致，但革正文体的要求是普遍、一致的。

在创作实践上有个探索过程。王通走模拟经典的路子，复而不知变，难于为社会所接受。王绩创作了散文《醉乡记》《五斗先生传》等，一改时风而用散体，但与他在诗坛上的情形一样只是特立独行的个别现象。文坛一般的情况则是在骈体中求新变：内容上求充实，表达上求比较地疏朗畅达。例如"四杰"的文章，名篇如王勃的《秋日登洪府滕王阁饯别序》、骆宾王《代徐敬业传檄天下文》等就是如此。《滕王阁序》辞藻华丽，偶对工整，全篇是精致的骈体，名句"落霞与孤鹜齐飞，秋水共长天一色"正脱胎于六朝③；但整个行文已在努力克服雕饰堆砌之病，流利条畅，用笔自如。叙述到羁旅愁怀，失路怨恨，更感慨良深，如：

> 四美具，二难并。穷睇眄于中天，极娱游于暇日。天高地迥，觉宇宙之无穷；兴尽悲来，识盈虚之有数。望长安于日下，

---

① 《集古录跋尾》卷五《隋太平寺碑》。
② 《史通》卷六《内篇·叙事》。
③ 如庾信《马射赋》："落花与芝盖同飞，杨柳共春旗一色。"释道安《平心露布文》："旌旗共云汉齐高，锋锷与霜天比净。"等等。

> 目吴会于云间。地势极而南溟深，天柱高而北极远。关山难越，谁悲失路之人；萍水相逢，尽是他乡之客……①

如此随手注措，谐顺自然，已与流行的梁、陈堆砌铺排的文字不同。

独孤及说："帝唐以文德旉祐于下，民被王风，俗稍丕变。至则天太后时，陈子昂以雅易郑，学者浸而向方。"②陈子昂在文坛上与在诗坛上一样，也发挥了开风气的作用。他的文章虽仍用骈体，但内容充实，条理清楚，全无婉丽浮俊之习，已有解散文体的意味。如写给武则天的长篇章奏《谏用刑书》：

> 臣窃观当今天下百姓思安久矣。曩属北胡侵塞，西戎寇边，兵革相屠，向历十载。关、河自北，转输幽、燕，秦、蜀之西，驰骛湟、海，当今天下疲极矣。重以大兵之后，屡遭凶年，流离饥饿，死丧略半……顷年以来，伏见诸方告密，囚累百千辈，大抵所告皆以扬州为名。及其穷竟，百无一实。陛下仁恕，又屈法容之。傍讦他事，亦为推劾。遂使奸恶之党，决意相雠，睚眦之嫌，即称有密。一人被告，百人满狱，使者推捕，冠盖如市。或谓陛下爱一人而害百人，天下喁喁，莫知宁所……③

这种文章疏朴近古，已接近汉、魏风格。《谏灵驾入京书》《论政理书》《上军国机要事》等文章都是如此。他的创作影响很大，当时已是市肆里巷传写其文，吟讽相属，飞驰远迩。他为文坛指出了方向，"独溯颓波，以趣清源，自兹作者，稍稍而出"④。

这一时期的重要作者还有张说。张说（667—731），字道济，一字说之，起身武后时；睿宗、玄宗朝三秉大政，封燕国公。掌文学之任三十年，朝廷重要文诰皆出其手，与封许国公的苏颋并称"燕、许

①蒋清翊注：《王子安集注》卷八。

②《检校尚书吏部员外郎赵郡李公中集序》，《全唐文》卷三八八。

③《陈子昂集》卷九。

④李舟：《独孤常州集序》，《全唐文》卷四四三。

大手笔"。他的碑志之作如《贞节君碣》《齐黄门侍郎卢思道碑》《姚
文贞公神道碑》等皆运思精密,典雅精壮,不同于六朝唐初一般碑
志的浮艳空洞;又其论事书疏与陈子昂的作品相似,具有西汉晁、
贾政论的风神,其中《谏武后幸三阳宫不时还都疏》等三篇被录入
《旧唐书》本传。

直到天宝前后"古文运动"兴起,仍有许多作家写作骈文并取
得了相当成就。如诗人王维、李白的书序就是优美如散文诗的作
品;中唐名臣陆贽的章奏,则是骈体政论的名篇,在散文史上亦占
有一席地位。

二、"古文运动"兴起

散文史上所谓"古文"是指散体单行的文体,它是先秦两汉文
章所使用的,故与骈文并立而称为"古文"。唐代古文运动不单纯
是文体的复古,它是文体、文风与文学语言的革新运动。这一运动
又与当时士大夫阶层中革新政治、变革现实的思想潮流密切相关
联。它的成果不仅表现为中国文体史上由骈体向散体的变化,而
且促成了文学散文创作的大繁荣。

这一运动,以活跃在天宝(742—756)以后的萧颖士、李华、独
孤及、元结等人为先驱。他们正生活在"安史之乱"前后社会矛盾
由酝酿到勃发的剧烈动荡的时代条件下。

萧颖士(709—760),字茂挺,开元二十三年(735)进士,任集贤
校理、扬州功曹参军等职。有集十卷,已佚,后人辑有《萧茂挺文
集》一卷。李华(715—766),字遐叔,与萧同年进士,曾官监察御
史、右补阙,"安史"乱中受伪职被贬江南。有《前集》十卷,《中集》
二十卷,已佚,后人辑有《李遐叔文集》四卷。独孤及(725—777),
字至之,天宝十三载(754)对策上第,曾任吏部员外郎,舒(今安徽
潜山县)、常(今江苏常州市)州刺史。今存《毗陵集》二十卷。萧、
李、独孤已开始有意识地创作古文,而其倡导文体复古之功尤为显

著。萧颖士指出："文也者,非云尚形似,牵比类,以局夫俪偶,放于奇靡,其于言也,必浅而乖矣。"[1]李华也反对魏、晋之浮诞,反对"化物谐声为文章"[2]。独孤及则说："自典、谟缺,雅、颂寖,世道陵夷,文亦下衰。故作者往往先文字,后比兴,其风流荡而不返,乃至有饰其辞而遗其意者。则润色愈工,其实愈丧。及其大坏也,俪偶章句,使枝对叶比,以八病、四声为梏桎,拳拳守之,如奉法令,闻皋繇、史克之作,则呷然笑之。天下雷同,风驱云趋,文不足言,言不足志,亦犹木兰为舟,翠羽为楫,玩之于陆而无涉川之用。痛呼,流俗之惑人也旧矣。"[3]这样,萧、李、独孤等人坚决、明确地表明了反对沿袭六朝以来骈体的立场;在正面建设上,虽还没有提出"古文"这个概念,但已清楚表明了文章内容要宗经明道,形式要"与古同辙"[4]"格不近俗"[5]的主张,以复古为革新的文体革新的路线从而明确起来。

　　在创作上取得重大实绩的是元结。在萧颖士等人的文集中,散体古文只是少数篇章,元结则全力用这一文体写作,甚至骈体势力最牢固的章奏(如道州《谢上表》)、铭赞(如《大唐中兴颂序》)也用古文。他不满于文坛"时俗之淫靡",主张文章要"救世劝俗"[6]"导达情性"[7]。可贵者还在于他不师孔氏,自称是不受规检的九流百家之外的"漫家",这就使他的创作思想更为开阔自由。他的杂文如《时化》《世化》《自述三篇》《订古五篇》《丐论》等,短小精悍,冷峭尖刻,充满"愤世嫉邪之意"[8]。其山水记简淡高古,情境生动,如

---

[1]《江有归舟三章序》,《全唐诗》卷一五四。

[2]《赠礼部尚书清河孝公崔沔集序》,《全唐文》卷三一五。

[3]《检校尚书吏部员外郎赵郡李公中集序》,《全唐文》卷三八八。

[4] 李华:《元鲁山墓碣铭》,《全唐文》卷三二○。

[5] 萧颖士:《赠韦司业书》,《全唐文》卷三二三。

[6]《文编序》,《元次山集》卷一○。

[7]《刘侍御月夜宴会序》,《元次山集》卷三。

[8] 章学诚:《书元次山集后》,《章氏遗书》卷一三。

《右溪记》：

> 道州城西百余步，有小溪。南流数十步，合营溪。水抵两岸，悉皆怪石，欹嵌盘屈，不可名状。清流触石，洄悬激注。休木异竹，垂阴相荫。此溪若在山野，则宜逸民退士之所游处；在人间，可为都邑之胜境，静者之林亭。而置州已来，无人赏爱；徘徊溪上，为之怅然。乃疏凿芜秽，俾为亭宇；植松与桂，兼之香草，以裨形胜。为溪在州右，遂命之曰右溪。刻铭石上，彰示来者。①

以峻洁的文字写林泉幽胜，寄托感慨，已开柳宗元山水文先声。欧阳修说："次山当开元、天宝时，独作古文。其笔力雄健，意气超拔，不减韩之徒也。可谓特立之士哉！"②然而元结的文字，时而流于艰涩，不如后来古文的浑融条畅。皇甫湜的评论比较中肯："次山有文章，可愧只在碎。然长于指叙，约洁有余态。心语适相应，出句多分外。于诸作者间，拔戟成一队。"③

"安史之乱"以后，辞尚古学，已成风气。在韩、柳以前，有梁肃、柳冕等一批人继续倡导古文。梁肃（753—793），字敬之，一字宽中，曾任监察御史、右补阙。有集二十卷，已佚，《全唐文》编文五卷。他师事独孤及；贞元八年（792）协助兵部侍郎陆贽主持贡举，举荐韩愈、李观上第，是古文传承上的关键人物。他批判汉代以后作者，"理胜则文薄，文胜则理消。理消则言愈繁，繁则乱矣；文薄则意愈巧，巧则弱矣"④。他要求文章与政教合一，一方面从文章盛衰看世态隆污，另一方面通过变革文风来整顿世风。柳冕（？—804），字敬叔，官至福建观察使。有集已佚，今存文四篇。他更明

---

① 《元次山文集》卷一○。
② 《唐元次山铭》，《集古录跋尾》卷七。
③ 《题浯溪石》，《全唐诗》卷三六九。
④ 《补阙李君前集序》，《全唐文》卷五一八。

确地强调文章本于教化,形于治乱,系于国风。在现实政治矛盾日渐激化的形势下,他和梁肃都更紧密地把文章与教化联系起来。这一时期提倡古文有贡献的还有萧颖士之子萧存、韩愈之兄韩会,以及权德舆等,可见已渐成潮流。

三、韩愈与柳宗元

到了德宗贞元(785—805)年间,随着唐王朝面临的各种社会矛盾的加深,士大夫间社会变革的要求越来越强烈。表现在学术上,主要是儒学复古思潮的兴起;表现在文学上,则是新乐府创作的繁荣与古文运动走向兴盛。古文运动是当时社会整体要求变革的思想文化潮流的一部分,与学术、文学的其他领域的发展有着密切关联。另外自陈子昂以来,革正文体的努力已经过百余年的实践,积累了众多的成果与经验。正是在这种形势下,韩愈、柳宗元起来把古文运动推向了高潮。

韩愈(768—824),字退之,河阳(今河南孟州市)人。三岁而孤,随长兄韩会播迁岭表。十三能文,时梁肃尚古学,深受影响。贞元八年(792)进士,先后在汴州(今河南开封市)、徐州(今江苏徐州市)为幕僚。十八年入朝为四门博士,次年擢监察御史。时王叔文一派新进的改革派官僚得势,以议事不合贬阳山(今广东阳山县)令。宪宗即位后入朝,两度为学官。至元和八年(813),擢职方郎中、史官修撰,渐进为中书舍人、太子右庶子。元和十二年,从裴度平定叛乱的淮西镇,以功授刑部侍郎。十四年以论佛骨贬潮州(今广东潮州市)刺史,量移袁州(今江西宜春市),次年征为国子祭酒。长庆元年(821)以兵部侍郎赴镇州(今河北正定县)宣慰王庭凑,使还,转吏部侍郎,历京兆尹等职,卒。有集四十卷,为婿李汉所编,今传本以宋魏怀忠《五百家音辨昌黎先生文集》、廖莹忠世彩堂《昌黎先生集》为善,文有近人马其昶《文集校注》,诗有钱仲联《系年集释》。

　　柳宗元（773—819），字子厚，河东（今山西运城）人。幼敏悟，以童子有奇名于贞元初。贞元九年（793）进士，十四年登博学宏辞科，授集贤殿正字。十九年自蓝田（今陕西蓝田县）尉转监察御史里行。时王叔文一派势力渐张，柳宗元是这一派骨干。二十一年顺宗继位，擢礼部员外郎。王叔文等专朝政，推行一系列压抑宦官、限制方镇以及改革弊政、减免赋税等措施，史称"永贞革新"。但仅经半年余，革新失败。王叔文一派被贬逐，柳宗元贬永州（今湖南永州市）司马。元和十年（805）召还京师，旋出为柳州（今广西柳州市）刺史，四年后卒于任所。有《柳河东集》，为友人刘禹锡所编，以宋廖莹忠世彩堂《河东先生集》四十五卷、《外集》二卷为善，今人吴文治有校点本。

　　韩、柳两人于贞元初定交，思想、政治观点多有不同。韩在政治态度上较稳健，不赞成"永贞革新"一派的激进作法，指王叔文等新进分子为"小人"，因此革新派当道时不为所容；柳则是革新派重要成员。韩以儒家正统传人自居，一生辟佛、道不遗余力，而柳主张统合儒、释，思想、学术更驳杂。但两人同样是庶族出身、有济世抱负和改革意识的知识分子，同受现实的压抑而有落拓的经历，两人作为诤友，经常著文论辩，而在倡导古文上则志同道合，携手并进。由于他们的努力，造成了古文创作的全盛之局，实现了文体史上的伟大变革。

　　韩、柳倡导古文，提出了更系统、全面、实践上更有成效的理论主张。其基本纲领是文以明道。这个观点最早是韩愈在贞元九年所作《争臣论》中提出的，他说："君子居其位，在思死其官；未得位，则思修其辞以明其道。我将以明道也。"①就是说，"圣人之道"是文的内容，文是明道的形式与手段。柳宗元的说法也同样，在《报崔

---

①《昌黎先生文集》卷一四。本节引用韩愈文字均据东雅堂翻世彩堂本，以下只注卷次。

黯秀才论为文书》中说:"圣人之言,期以明道。学者务求诸道而遗
其辞。辞之传于世者,必由于书。道假辞而明,辞假书而传,要之,
之道而已耳。"①在当时,儒家仁义之道被认为是整饬纪纲、挽救社
会危机的武器,不但旗号正大,而且富有现实意义,这在本书《学
术》章已经讲到过。从一定意义上说,古文运动是与儒学复古思潮
相为表里的。但文以明道这个观念又突出了文的重要:道非文不
明,文章又成了关键。这就强调出文体与文风变革的必要,也显露
了韩、柳等人的文人本色。在作文实践方面,他们继承发扬前人的
"复古"主张,但又不要求模拟圣人之言,而是广采众长,旁推交通,
适时达变。韩愈提出师古人意而不师其辞,在《进学解》中他借太
学生对自己的讥嘲说自己的创作是:"沉浸秾郁,含英咀华,作为文
章,其书满家。上规姚姒,浑浑无涯,周《诰》殷《盘》,佶屈聱牙;《春
秋》谨严,《左氏》浮夸;《易》奇而法,《诗》正而葩;下逮《庄》《骚》,太
史所录,子云、相如,同工异曲——先生之于文,可谓闳其中而肆其
外矣。"②柳宗元也有相似的说法,他在《答韦中立论师道书》中指出
要以儒经为"取道之原",又要"参之《穀梁氏》以厉其气,参之《孟》
《荀》以畅其支,参之《庄》《老》以肆其端,参之《国语》以博其趣,参
之《离骚》以致其幽,参之太史公以著其洁——此吾所以旁推交通
而以为之文也"③。这里值得注意的是他们学文章并不限于儒典,
对《国语》《史记》等史传文学特别重视,对道家《老》《庄》文章也很
赞赏,也不排斥司马相如、扬雄的辞赋。实际上他们在创作中对六
朝骈文、小说、琐记以及佛、道二典的语言、技巧也注意批判地汲
取。他们一方面主张务去陈言,辞必己出,不因袭,善创新;另一方
面又要求文从字顺,气盛言直,"志深而喻切,因事以陈辞"④,"引笔

①《柳河东集》卷三四。本节引用柳宗元文字均据世彩堂本,以下只注卷次。
②《昌黎先生文集》卷一二。
③《柳河东集》卷三四。
④《答胡生书》,《昌黎先生文集》卷一七。

行墨,快意累累,意尽便止"①。他们把作文当作切身大业,一生刻苦钻研,认识到自身修养是为文的根本,"本深而末茂,形大而声宏,行峻而言厉,心醇而气和,昭晰者无疑,优游者有余"②。他们的理论完整一贯,没有前人的片面与偏颇,又能身体力行,因此很有说服力、号召力。

　　韩愈的散文,柳宗元评价为"猖狂恣睢,肆意有所作"③,苏洵则比喻"如长江大河,浑浩流转,鱼鼋蛟龙,万怪惶惑"④。其行文感情充沛,气势磅礴,声情并茂,精炼条畅;又兼擅众体,对散文的各种体裁均有创新。一般认为他各体文章中,第一是传状碑志,因而有"韩碑杜律"之称。他的这一体文章中确有些隐恶扬善的溢美之作,以至被讥之为"谀墓",但其中不少优秀篇章,善于融裁提炼,摹写人物,成为卓越的史传文字。如《柳子厚墓志铭》《贞曜先生墓志铭》《清河张君墓志铭》《试大理评事王君墓志铭》等,刻画出一系列落拓文人或下层官吏的生动形象,借人物坎壈的命运揭露社会的不平。他的《张中丞传后叙》是写"安史之乱"中保卫睢阳城的张巡、许远、南霁云等英雄人物、批驳对他们的污蔑的,文章夹叙夹议,激昂慷慨,纵横开阖,奇正相生,在广阔的历史背景上展现了抗敌英雄的动人风采。以下是围城时南霁云突围乞援与牺牲一段:

　　　　南霁云之乞救于贺兰也,贺兰嫉巡、远之声威功绩出己上,不肯出师救;爱霁云之勇且壮,不听其语,强留之。具食与乐,延霁云坐。霁云慷慨语曰:"云来时,睢阳之人不食月余日矣。云虽欲独食,义不忍;虽食,且不下咽。"因拔所佩刀断一指,血淋漓以示贺兰。一座大惊,皆感激为云泣下。云知贺兰

①《答杜温夫书》,《柳河东集》卷三四。
②《答尉迟生书》,《昌黎先生文集》卷一五。
③《答韦珩示韩愈相推以文墨事书》,《柳河东集》卷三四。
④《上欧阳内翰书》,《嘉祐集》卷一一。

终无为云出师意,即驰去。将出城,抽矢射佛寺浮图,矢著其
上砖半箭,曰:"吾归破贼,必灭贺兰,此矢所以志也。"愈贞元
中过泗州,船上人犹指以相语。城陷,贼以刃胁降巡,巡不屈,
即牵去,将斩之;又降云,云未应。巡呼云曰:"南八,男儿死
耳,不可为不义屈!"云笑曰:"欲将以有为也。公有言,云敢不
死!"即不屈。[1]

这里用几个生动的细节,在与庸懦的唐将的对比中,把人物精神风
采刻画得栩栩如生,又流露出作者深深的感慨。书序本是应用文
体,六朝以来逐步发展为艺术散文,到唐代大为盛行。韩愈的《送
孟东野序》《送李愿归盘谷序》《送董邵南序》《与孟东野书》《与崔群
书》等,都构想奇特,语言精美,文笔超绝,把这一类文章的艺术水
平大大提高了一步。韩愈的论说文字说理透彻,结构谨严,特别善
于先声夺人,造成高屋建瓴、无往而不胜的气势。如《原道》,开端
即立起圣人之道为仁义道德之纲,然后一气直下,揭示儒与佛、老
的对立,自己一方是道义在手,稳操胜券,对方自然在被声讨之列,
而究其实际并没作什么深刻的辨析。《原毁》《师说》《讳辩》等也是
这样论说的名篇。韩愈的杂文构思新颖,立意深刻,巧譬善喻,庄
谐杂陈,又常用亦散亦骈的语言,杂以小说笔法,如《杂说》《毛颖
传》《送穷文》《进学解》《祭鳄鱼文》等都是传世佳作。其他如颂赞
(《子产不毁乡校颂》《伯夷颂》等)、哀祭(《欧阳生哀辞》《祭十二郎
文》等)诸体文字,韩愈也创造了突出的成绩。韩愈自负为圣人之
徒,但其最用功处却在文章;他作文标榜"明道",但他一不追摹古
圣先贤的口吻声气,二不受经典章句所束缚,以至宋人批评他是好
其名而不能乐其实,对儒道的认识不免支离佚荡。他感应时代,面
向社会,发挥他的杰出才华与创造力,使他在文学史上取得了比学
术史上更重要的地位。

———————————

① 《昌黎先生文集》卷一三。

　　相对于韩愈文的高古雄健,柳宗元文的风格是俊洁廉悍;韩愈所长在碑传、书序与杂文,柳宗元所长则在论说、山水记与寓言;韩愈辞赋仅四篇,柳宗元则有"九赋十骚",是唐代辞赋大家。刘昫评论中唐文坛说:"贞元、大和之间,以文章耸动搢绅之伍者,宗元、禹锡而已。其巧丽渊博,属辞比事,诚一代之宏才。"①相对比之下,他认为韩、李(翱)之功更在"遑遑仁义"。这个看法,在韩、柳间判定优劣,正如所谓"李、杜优劣论"一样,难免流入偏颇。但柳宗元的文才确有特长则是事实。他的论说文有政论、学术论文如《天说》《断刑论》《封建论》等,还有史论如《晋文公问守原议》《桐叶封弟辩》等,都具有更深刻的思想、理论意义,在《学术》章已经论及;从文章看,它们思理细密、论证详悉,不同于韩愈同类文字的气势浩大、意雄语健,而更以理致与精严胜。如《封建论》,是批评欲行封建以固国本的倒退主张的,这是当时挽救藩镇割据危局的一种意见。柳宗元排比周、秦、汉、唐四朝史实,证明封建废而郡县兴是历史发展之"势",而造成这"势"的是"生人之意"。全文洋洋洒洒,用丰富的史实与透辟的分析论证自己的意见,给历史上长期进行的封建制与郡县制的争论作了总结。柳宗元视野开阔,善诸子之学,精熟《国语》《战国策》等著作,对诸子以及纵横家论辩中的譬喻之术善于继承、发挥,创造出一批优秀的寓言文。如传诵人口的《临江之麋》《黔之驴》《永某氏之鼠》《蝜蝂传》等,都创意出奇,嬉笑怒骂,假寓言以讽刺世态人情,针砭时弊。寓言文在中国散文中形成独立文体,柳宗元起了关键作用。他又发展了晋、宋以来山水文学的成就,创造出《永州八记》《柳州山水近治可游者记》等一批山水记,也为这一文体的发展树立了典范。他以出神入化之笔描绘自然山川,如他笔下的永州西山:

　　　　攀援而登,箕踞而遨,则凡数州之土壤,皆在衽席之下。

①《旧唐书》卷一六○。

其高下之势，岈然，洼然，若垤，若穴，尺寸千里，攒蹙累积，莫
得遁隐。萦青缭白，外与天际，四望如一。然后知是山之特
立，不与培塿为类，悠悠乎与颢气俱，而莫得其涯；洋洋乎与造
物者游，而不知其所穷。引觞满酌，颓然就醉，不知日之入。
苍然暮色，自远而至，至无所见，而犹不欲归。心凝形释，与万
化冥合……①

小石潭：

> 从小丘西行百二十步，隔篁竹，闻水声，如鸣珮环，心乐
> 之。伐竹取道，下见小潭，水尤清冽。全石以为底，近岸，卷石
> 底以出。为坻，为屿，为嵁，为岩。青树翠蔓，蒙络摇缀，参差
> 披拂。潭中鱼可百许头，皆若空游无所依。日光下澈，影布石
> 上，怡然不动，俶尔远逝。往来翕忽，似与游者相乐……②

这就不只是涤漱万物、牢笼百态，写出了如画的景致，更在奇丽清
幽的境界中表现了对于美的追求，寄托了自己的贬谪之苦。在他
的笔下，被遗弃在南荒的美丽山水乃是恶浊现实社会的对照。唐
代早期倡导文体复古的人如萧颖士、李华等都鄙弃辞赋。实际上
从两汉大赋到六朝抒情小赋，其艺术上的成就是不应抹煞的。韩、
柳都注意到屈原《离骚》以下辞赋体的遗产，辞赋排比铺叙、对偶用
事的技巧他们都多有运用。而柳宗元更写出了《惩咎赋》《闵生赋》
《囚山赋》《吊屈原文》《骂尸虫文》《宥蝮蛇文》等一批辞赋作品，或
抒写愤懑，或寓言托讽。由于他身贬南荒，对屈、贾身世与作品自
有深刻领会，因此所作辞赋亦能得其风神。严羽说"唐人唯柳子厚
深得骚学"③。他成为文学史上写作抒情短赋的后殿，也是晚唐、宋
代兴盛的赋体散文的滥觞。此外如传记文《段太尉逸事状》《童区

---

①《始得西山宴游记》，《柳河东集》卷二九。
②《至小丘西小石潭记》，《柳河东集》卷二九。
③《沧浪诗话·诗评》。

寄传》《梓人传》《种树郭橐驼传》等都是传世佳作。其中《梓人传》等不以传人为主而别有寄托,是一种"拟传",与韩愈《毛颖传》相似,有寓言和小说性质。再如杂文(如《捕蛇者说》等)、书序(如《与韩愈论史官书》《与韦中立论师道书》等)、铭赞(如《敌戒》)等方面的创作,成绩亦可观。又柳宗元好释教,留有一批释教碑,与古文运动主导观念不相一致。其内容很复杂,涉及当时佛教理论的众多方面,是应认真研究的。

四、古文运动繁荣期的诸作家

韩、柳以自己的实践为古文创作树立了楷模,他们更广为号召,诱掖后进。时风所会,一时波趋云委,古文创作笼盖文坛。至此,魏晋以后五百余年骈体为主的局面宣告结束。

宋谢采伯说:"唐之文风,大振于贞元、元和之时,韩、柳倡其端,刘、白继其轨。"[①]刘禹锡政治上、思想上与柳宗元为盟友,称"刘、柳";诗歌上与白居易齐名,称"刘、白"。他也是重要的散文家。他以议论文见长。《天说》等哲学论文,《学术》章已述及;《因论》等杂论,往往因事立题,针砭时弊;其论事书序,亦推理缜密,立论谨严。白居易以诗笔写散文,《草堂记》《冷泉亭记》《荔枝图序》等记叙文,皆意味隽永,清新可诵;《与元九书》等述事论文之作,更感慨深长,悱恻动人。又元稹亦善古文。值得特别提及的是,朝廷制诰例用骈体,而元稹为知制诰,以"旧体"即古文写制诰,攻破了骈体的最后一个阵地,因此白居易有句说"制从长庆辞高古",注谓"微之长庆初知制诰,文格高古,始变俗体,继者效之也"[②]。此外,吕温、李德裕、牛僧孺、舒元舆等人古文创作均有成绩。这些人多为高官大僚,以其社会地位推行古文,起了一定的作用。

---

① 《密斋笔记》。
② 《余思未尽加为六韵重寄微之》,《白氏长庆集》卷二三。

柳宗元以"罪人"贬在南方,其交友授业受到限制。但即便如此,"衡、湘以南为进士者,皆以子厚为师。其经承子厚口讲指划为文词者,悉有法度可观"①。而韩愈则"好为人师"。他力倡师道,一以张扬儒道,一以推行古文。他招致同好,教导后学,时有"韩门弟子"之称。韩、柳倡"文以明道",是明确歧文与道为二的,因此古文运动在发展中就出现了重道与重文两派。重道者为文尚平易畅达,重文者则追求文章辞采的奇警新异,两派的风格与贡献也就有所不同。

属于前一派的有李观、张籍、李翱等人。前两位是韩愈的友人,列入"韩门"是勉强的。李观(766—794),字元宾,与韩愈同年进士,曾任太子校书郎。有《李观集》三卷及宋人所编《外编》二卷,清秦恩复辑有《李元宾文集》六卷。其论文主张与韩愈大体相近,但英年早逝,创作上尚欠熔炼之功,行文不免蹇涩。代表作有《安边书》《报弟兑书》等。张籍今仅存文二篇,是给韩愈写的两封信,鼓励韩兴存圣人之道,批评他尚驳杂无实之说,表明他对儒道的态度更为纯正,而文章是主张严正典则的。最有代表性的是李翱(772—836),字习之,贞元十四年(798)进士,终山南东道(驻襄州,今湖北襄阳市)节度使。有《李文公文集》十八卷。其《复性书》等学术著作前已介绍。其碑传文字如《杨烈妇传》《高愍女传》《韩吏部行状》等状人叙物,颇见功力。《南来录》记载元和三年(808)自长安南下至广州一路行程,是游记文学的滥觞。其文笔平实流畅,于雍容和雅中见骨力;加之所倡"复性"说开宋人言性理先河,因此特别为宋人所重视,与韩愈并称"韩、李"。元白珽认为唐文人中"能拔足流俗,自成一家,韩、柳、李义山、李翱数公而已"。②

另一派的代表人物则有皇甫湜、樊宗师、沈亚之等。皇甫湜

①韩愈:《柳子厚墓志铭》,《昌黎先生全集》卷三二。
②《湛渊静语》卷二。

（777?—830?），字持正，元和元年（806）进士，仕至工部郎中、东都判官。今存《皇甫持正文集》六卷。其论文标举尚奇，以为"意新则异于常，异于常则怪矣；词高则出于众，出于众则奇矣"①。他肯定韩愈，则重其"豪曲快字，凌纸怪发，鲸铿春丽，惊耀天下"②的一面。不过他自己的作品并非只在形式上趋奇走险，如元和三年对直言极谏策文、《论进奉书》《吉州刺史厅壁记》等，都攻驳时政，议论强直，很有现实内容。而且他在表达上多用生词俊语，巧譬善喻，显示了艺术独创功力。据说裴度修福先寺，拟撰碑，皇甫湜自荐执笔，"文思古謇，字复怪僻，公寻绎久之，目瞪舌涩，不能分其句读"③，结果给了一字三匹绢的润笔。这个传说不一定是实事，但却形象地反映了皇甫湜的行文风格与影响。樊宗师（766?—824），字绍述，元和三年登军谋宏远科，曾任山南西道（治兴元，今陕西汉中市）节度副使，绵（今四川绵阳市）、绛（今山西新绛县）二州刺史。集已佚，今存后人所辑《樊谏议集七家注》，仅录文《绛守居园池记》《蜀绵州越王楼诗序》，诘屈聱牙，不可读，以奇涩著名。但后来发现的《大唐故朝散大夫太子左赞善大夫南阳樊府君（说）墓志铭》④却文从字顺，明白晓畅，这是贞元九年（793）即早年作品。韩愈称赞他"惟古于词必己出""文从字顺各识职"⑤，大概是见到他创作的不同风格的缘故。沈亚之（生卒年不详），字下贤，元和十年（815）进士，历官秘书省正字、福建都团练副使等。今传《沈下贤集》十二（十）卷。他曾趋韩愈之门，为文"务为险崛"⑥，其所作《霍丘县万胜冈新城录》《旌故平卢军节

①《答李生第一书》，《全唐文》卷六八五。
②《韩文公墓志铭》，《全唐文》卷六八七。
③高彦休：《唐阙史》卷上。
④《千唐志斋藏志》。
⑤《南阳樊绍述墓志铭》，《昌黎先生全集》卷三四。
⑥《四库全书总目提要》卷一五〇《集部·别集类三》。

士文》等反映藩镇问题，内容比较充实。其行文往往流于窒涩纤巧，少浑融条畅之气。尚奇的一派本意在求艺术上的出新，但尺度一有偏差，就流于"怪怪奇奇"了。

五、晚唐五代文坛

晚唐五代散文，比起整个文化与文学的其他领域，显得较为衰飒。这是因为散文这种形式与现实社会、与政治形势结合得更为紧密的缘故，时代的动向在散文中就会更直接地反映出来。但这一时代的作家们承受着散文发展兴盛的遗产，仍取得了一些瞩目的成绩。

晚唐文坛上杰出者首推杜牧。洪亮吉说："有唐一代，诗文兼擅者，惟韩、柳、小杜三家。"[1]李慈铭则认为："樊川文章风概，卓绝一代。其学问识力，亦复如是。予向推为晚唐第一人，非虚诬也。"[2]杜牧论文，"以意为主，以气为辅，以辞采章句为之兵卫"，并谓意不先立，"言愈多而理愈乱""辞愈华而文愈鄙"[3]。这种思路强调内容为主，与韩、柳一致；而把"明道"扩展为达意，观念上则更为开阔。其创作成就主要在议论文，最精彩者为论兵诸作。这是感应现实中藩镇割据日加严重的形势的产物。如《罪言》《战论》《守论》《原十六卫》等，都写在三十余岁年轻的时候。援古论今，议论侃侃，言辞博辩，剖析详切，虽然属于书生的纸上谈兵，但不乏精识卓见。而其中洋溢的济时救国的热忱更令人感动。其他如《杭州新造南亭子记》之攻驳佛教卖罪祈福的虚妄；《同州澄城县户工仓曹厅壁记》之揭露内官横暴、官吏侵渔；《燕将录》之歌颂周旋折冲于跋扈藩帅间的爱国策士等等，都是内容充实又富有表现力的优秀作品。其传世最广的是赋体散文《阿房宫

①《北江诗话》卷二。
②《越缦堂读书记》卷八。
③《答庄充书》，《樊川文集》卷一三。

赋》,被后人称赞为"诗人之赋"。文中以亡秦之鉴寄托兴亡之感,痛斥统治者骄矜败国,指出天下千万人心之不可逆。自贾谊《过秦论》以亡秦的教训著文以来,无数文人写过这一题材,杜牧是写得最为警辟、痛切的。文章极力铺陈、描摹阿房宫建筑的繁华、歌舞游宴的奢侈、掠夺财宝之充溢,然而盛大的形势紧接着冷峻的反跌,用"嗟乎""呜呼"分别领起两段,抒写感慨,著以教训:

> 嗟乎!一人之心,千万人之心也。秦爱纷奢,人亦念其家,奈何取之尽锱铢,用之如泥沙?使负栋之柱,多于南亩之农夫;架梁之椽,多于机上之工女;钉头磷磷,多于在庾之粟粒;瓦缝参差,多于周身之帛缕;直栏横槛,多于九土之城郭;管弦呕哑,多于市人之言语。使天下之人,不敢言而敢怒;独夫之心,日益骄固。戍卒叫,函谷举;楚人一炬,可怜焦土。

> 呜呼!灭六国者,六国也,非秦也。族秦者,秦也,非天下也。使六国各爱其人,则足以拒秦;使秦复爱六国之人,则递三世可至万世而为君,谁得而族灭也?秦人不暇自哀,而后人哀之;后人哀之而不能鉴之,亦使后人而复哀后人也。[①]

这样,全篇文章词采瑰丽,气势遒健,在发展赋体散文上更别有创获。后来苏东坡"在雪堂,一日读杜牧之《阿房宫赋》,凡数遍。每读彻一遍,即再三咨嗟叹息,至夜分不能寐",可见其为后人所称赏。杜牧文用笔明快而锋利,俊爽遒劲,气概不凡,在晚唐渐趋浅露衰弱的文风中自是不同凡响。

　　孙樵、刘蜕继续写作古文,属于皇甫湜尚奇一派。孙樵(生卒年不详),字可之,大中九年(855)进士;黄巢义军攻占长安,僖宗奔岐、陇,樵奔赴行在,迁职方郎中。今存《孙可之集》十卷。樵自称"得为文真诀于来无择,来无择得之于皇甫持正,皇甫持正得之于

---

①《樊川文集》卷一。

韩吏部退之"①，明确表示其宗法皇甫湜一系。代表作有《复佛寺奏》《书褒城驿壁》《书何易于》等，针砭时事，幽怀孤愤，章章激烈。面对当时残酷的现实，他并没有一味地趋奇走怪。刘蜕（825？—？），字复愚，自号文泉子，大中四年进士，官至户部郎中、商州（今陕西商洛市商州区）刺史。有《文泉子》十卷。已佚，明人吴馡辑有《刘蜕集》三卷。蜕为文风格奇峻，在皇甫湜、孙樵之间，代表作有《山书》《文冢铭》等。

晚唐至五代散文的一个引人注目的成就，是讽刺性杂文的兴盛。这是时代的产物。当时的形势是"横戈负羽正纷纷，只用骁雄不用文"②，多数文人生活在流离动荡之中。他们已无暇去制作精雕细刻的鸿篇巨制，也不能去鼓吹崇高伟大的救世幻想。在他们身上，热情化为激愤。他们把现实中一时一事的感受凝聚为犀利的抨击。鲁迅指出："唐末诗风衰落，而小品放了光辉。但罗隐的《谗书》，几乎全部是抗争和愤激之谈；皮日休和陆龟蒙自以为隐士，别人也称之为隐士，而看他们在《皮子文薮》和《笠泽丛书》中的小品文，并没有忘记天下，正是一塌糊涂的泥塘里的光彩和锋芒。"③这里提到的三个人，皮日休小品文的代表作《鹿门隐书》，是一些杂感式的短章，如"古之用贤也为国，今之用贤也为家"，"古之置吏也，将以逐盗；今之置吏也，将以为盗"④等等，尖锐犀利，泼辣大胆，言人所不能言。还有仿韩愈《五原》的《十原》与《读司马法》等，也都切中现实弊端，十分深刻激烈。陆龟蒙以写讽刺性的杂感见长，文风很似元结。《记稻龟》《禽暴》《记锦裾》等都以细明微，含意深长；《野庙碑》比喻贪权尸位的官僚如享受淫祀的野鬼邪神；《送小鸡山樵人序》通过一个贫苦百姓的疾患，写到时代的危机，官

---

① 《与王霖秀才书》，《孙可之集》卷二。
② 陆龟蒙：《五歌·食鱼》，《全唐诗》卷六二一。
③ 《南腔北调集·小品文的危机》。
④ 《皮子文薮》卷九。

守的失职,夹叙夹议,悲慨填膺。罗隐依于吴越,已进入五代。他集讽刺小品名为《谗书》,意谓"他人用是以为荣,而予用是以为辱;他人用是以富贵,而予用是以困穷。苟如是,予之书乃自谗也,目曰《谗书》"①。其文章触事感兴,随意立言,涉及历史、现实、传说、寓言等,自由生发,如《英雄之言》《说天鸡》《荆巫》《汉武山呼》诸篇,都忿世嫉邪,直斥统治者的骄妄背谬,抒写胸中的不平。唐末五代的这类杂文以鲜明的政治性和强烈的现实性为突出特色,在中国散文史上占有重要地位。

　　到了晚唐,从整个古文运动的发展看,已衰败不振,被批判、摒弃的骈体回潮。这里有时代条件的原因,也与古文运动的内在矛盾有关。韩、柳等人文、道并重,同时也就把文、道歧而为二。结果重道则难免流于空疏,重文则走向奇僻。晚唐孙樵、刘蜕、陆龟蒙的古文都不同程度地显得艰涩而乏浑成之风。与此相对照,骈文的华美和谐正切合了末世士大夫阶层的精神要求。在这一发展过程中,李商隐的情形具有典型意义。李商隐早年"能著《才论》《圣论》,以古文出诸公间"②。后来从令狐楚习骈体章奏,青出于蓝;加之他作为幕僚的实际需要,益加专精骈文。他的文字典丽精工,且主要用四、六字句,取柳宗元《乞巧文》"骈四俪六"的形容,名自己的集子为《樊南四六》。这就创造出一种新体骈文——四六文。他作为诗人,才思俊丽,素喜博艳文字,又有近体诗的技巧,因此写起这种四六文得心应手。例如在东川柳仲郢幕,为拒绝赐予乐籍女子上启曰:

　　　　某悼伤以来,光阴未几。梧桐半死,才有述哀;灵光独存,且兼多病。眷言息胤,不暇提携。或小于叔夜之男,或幼于伯喈之女。检庾信荀娘之启,常有酸辛;咏陶潜通子之诗,每嗟

①《谗书序》,《全唐文》卷八九五。
②《樊南甲集序》,《樊南文集详注》卷七。

漂泊。所赖因依德宇，驰骤府庭。方思效命旌旄，不敢载怀乡土。锦茵象榻，石馆金台，入则陪奉光尘，出则揣摩铅钝。兼之早岁，志在玄门；及到此都，更敦夙契。自安衰薄，微得端倪。至于南国妖姬，丛台妙妓，虽有涉于篇什，实不接于风流……①

这样的文字，自述悼亡情悲，风怀久淡，言情恳挚，而表达之精严典则，更显示了高度文字技巧，是有一定艺术价值的；以李商隐的文名来提倡这种文体，自会有相当大的影响。

后来唐末的李巨川、吴融，南唐的徐铉、徐锴，闽的徐夤、黄滔等，都文尚赡丽，词慕浮华，继续推行骈文，使得骈文一时又成了朝野流行的文体。但这类文字，上焉者差能附骥燕、许，却往往变典雅为虚饰；下焉者"但山川草木，雪风花月，或以古之故实为景题赋，于人物情态为无余地，若夫礼乐、刑政、典章、文物之体，略未备也"②。这种文体，宋人又称为"时文"。时文的回潮是散文史上的逆流，要等待北宋又一次诗文革新运动来加以挽救了。

第三节 小 说

一、传奇

隋唐五代是中国小说的成熟时期，在小说发展史上是个承前启后的关键阶段。主要形式是文人创作的文言短篇小说——传奇。宋洪迈说："唐人小说，不可不熟。小小情事，凄婉欲绝，询有

---

① 《上河东公启》，《樊南文集详注》卷四。
② 陈鸿墀：《全唐文纪事》卷一二一引《四六话序》。

神遇而不自知者，与诗律可称一代之奇。"①他是把唐传奇与唐诗并列的。

六朝的志怪（如晋干宝《搜神记》）、志人（如宋刘义庆《世说新语》）小说是中国小说草创期的产物。志怪多神仙怪异之谈，近于神话传说；志人多记录士族或士大夫的异闻、清谈，近于野史札记；再就是佛、道二教的灵迹、灵验故事，是依附于宗教宣传而制作流行的。这些作品情节只是粗陈梗概，表述也比较拙朴。而"传奇者流，源盖出于志怪，然施之藻绘，扩其波澜，故所成就乃特异，其间虽亦或托讽喻以纾牢愁，谈祸福以寓惩劝，而大归则究在文采与意想，与昔之传鬼神明因果而外无他意者，甚异其趣矣"。归结到一句话，就是唐人"始有意为小说"②。明胡应麟也早已说过："凡变异之谈，盛于六朝，然多是传录舛讹，未必尽幻设语。至唐人乃作意好奇，假小说以寄笔端。"③这都指明，到了唐传奇，才有了明确自觉的小说创作的观念。这对于这一文学体裁的形成及其艺术水平的提高是至为关键的。

中国小说的这一重大演进与时代社会生活的变化和文人的观念、生活的状况有密切关联。前者为小说的发展提供了生活内容与社会需要，后者推动了创作队伍的形成。一种文学体裁，是适应它反映特定内容的需要而形成与发展的。隋唐时期，阶级结构在发生重大变化，庶族阶层力量上升，市民阶层正在兴起，特别由于城市经济的繁荣，使社会生活与人际关系空前地丰富了。一批新的人物如吏役、士子、商人、工匠、闺秀、妓女、游侠、僧道等等活跃在广大城乡，他们的悲欢离合、逸闻趣事要求有更客观、更细致的文学形式来表现。小说正是从客观角度叙述广阔社会生活与人物

①《唐人说荟》例言引。
②《中国小说史略》第八篇《唐之传奇文（上）》。
③《少室山房笔丛》卷二〇《二酉缀遗中》。

命运的文体。而庶族文人们就生长在这种社会环境之下，他们觅举求官，奔波市廛，熟悉社会上的新鲜人物与故事，又培养出新的道德观念与审美趣味。唐传奇到中唐达到发展的巅峰，正与"安史之乱"后庶族文人的活跃、社会矛盾的复杂化以及传统道德意识动摇等因素有关。

促成唐传奇的繁荣还有一些因素。从文学内部的相互影响讲，隋唐时期广泛流行的民间说话与俗讲（下面将介绍）给文人写作传奇提供了滋养与借鉴；古文运动革正文体、文风和文学语言为传奇创作提供了更有表现力的表达工具；诗歌的繁荣对传奇的发展也有所推动，直接的表现如诗语以至诗作被用入传奇；而与诗相配合也是传奇创作的方式，如白居易写《长恨歌》，陈鸿写《长恨歌传》，元稹写《莺莺传》，李绅写《莺莺歌》等。从当时社会习俗看，唐代士子向名公巨卿投送诗文制造名声，谓之"行卷"，"逾数日又投，谓之温卷，如《幽怪录》《传奇》等皆是也。盖此等文备众体，可以见史才、诗笔、议论"①。加之唐世文人"浮薄""以文为戏"成为风气，写小说不被当作轻贱无聊的事，更使许多文人借传奇一逞才思了。

唐传奇使小说发展水平得到全面提高。六朝小说的内容主要写奇闻异事、神仙方术、佛道异闻，可用一个"怪"字来概括；而唐传奇虽然有幻想夸张、作意好奇的成分，却基本是以现实中的人与事为表现对象。传奇的题材大量是写爱情的，还有写历史事变和侠义故事的；也有写神异幻想的，不过不占主要地位，而且在看似荒诞不经的情节背后有着一定的现实根据。六朝小说主要写达官贵人与僧道神怪，都是不平常的人物；唐传奇当然也写到帝王后妃、官僚贵族以至出自虚构的龙王、神女、异僧、异道、鬼怪等，但更多的是普通的士子、闺秀、妓女，写他们日常的悲欢离合，特别是一些动人的爱情故事，这是利用婚姻这一基本社会关系来反映多方面

---

① 赵彦卫：《云麓漫钞》卷八。

的社会生活。从结构上看,六朝小说"粗陈梗概",多是丛残小语式的,由于篇幅短小,情节简单,难以充分地展开矛盾,塑造性格;而唐传奇已有五六千言以上的长篇,背景的交待、情节的发展已相当充分,人物的描写、细节的刻画也已相当细腻生动,并运用了铺垫、悬念等艺术技巧,这都反映了有意识地进行艺术创作的特征。在语言上,六朝小说多用散体,然而当时文坛上骈体流行,比起骈体的技巧与辞采来,小说的语言就显得过于质朴,以至刘勰《文心雕龙》文体论部分介绍当时流行的各种文体,及于谐辞隐语,却于小说不置一词,因为从当时的"文"的观念看,小说是不值一顾的;而唐传奇非常讲究词采,作者多是杰出的文人,早期作品多杂骈语,后来古文盛行则多用古文,在语言的修饰锤炼上都十分着力。以上众多方面的演进,表明了本节开端所说中国小说的成熟。

传奇的发展可分为三个阶段。

第一阶段是隋至唐德宗建中(780—783)年间的二百年左右的时期。隋末唐初人王度(生卒年不详)作《古镜记》,以一面古镜为线索,记述其神异经历与神奇法力,连缀起十余个故事,记叙颇为详悉,文笔亦较细致。这篇作品标志着志怪向传奇的转变。又不详作者的《补江总白猿传》,据推测也是传奇早期作品。叙述梁大同年间将军欧阳纥携妻南征,途中妻被猿妖窃去,怀孕生子,后欧阳纥获罪被杀,子被江总收养。或以为这篇作品是讥刺欧阳询的。欧阳询貌肖猿猴,曾被人嘲弄,事见孟棨《本事诗》。又张鷟(658—730),字文成,《学术》章介绍过他的《朝野佥载》,他又作有传奇《游仙窟》,在我国久佚,但在日本却很流行,近代始自日本抄回。作者自称奉使河源,途中夜投大宅,与两女子调笑宴饮。所谓"游仙",实指狎妓,语涉浅薄,格调不高。但本篇全以人世悲欢离合为内容,行文多用骈语俗谚,显然受到民间文学影响,在传奇发展史上占有重要地位。张说亦作有传奇文《绿衣使者传》等,见王仁裕《开元天宝遗事》。虽然文已佚失,但以宰相而兼文宗的身份写传奇,可见这种体裁的社会影响。此外，唐初唐临（生卒年不详），太宗、高宗朝历任显职，尝预修《唐律疏议》，撰有《冥报记》，记载因果报应之事；又初唐僧人道世于总章元年（668）编纂的《法苑珠林》是一部佛教类书，其各篇的《感应缘》部分，广录佛教故事传说（许多是抄录自前代著述的），这些都属于六朝"释氏辅教之书"的余绪，没有多少创新意义。总之，在传奇发展的第一时期，从艺术上看还是开创、探索阶段，作品较少，质量亦远不及后来，文坛上的重要作家也还少有参与创作的。但传奇作为小说发展新阶段的篇幅、格局已经形成了。

自德宗建中年间到文宗大和（827—835）年间这半个多世纪，是传奇发展的第二阶段，也是它的全盛期。这正是在社会矛盾丛生的情况下思想文化领域十分活跃的时期；唐诗与古文的发展都再度出现了高潮。在这五十年左右的时间里，传奇创作名家辈出，名作如林，许多作者都是著名的散文家与诗人。这一期著名篇章中明确记载了写作年代的是沈既济的《任氏传》，其中讲到于建中二年（781），既济自左拾遗谪居东南（指贬处州，今浙江丽水市），"浮颍涉淮……闻任氏之事"①。这可以看作传奇发展进入繁盛期的标志。

如上所述，唐传奇中最主要也是最有价值的部分是以爱情为主题的作品。这些作品通过爱情故事展示复杂的社会纠葛与人间感情，往往对现实社会有相当深刻的反映。前述沈既济（生卒年不详），贞元（785—805）年间官终礼部员外郎，工于史笔。其所作《任氏传》写狐女和郑生的爱情悲剧，歌颂了狐女的坚贞情操，文字背后显然含有深意；他又作有下面将讲到的《枕中记》，李肇称赞为"庄生寓言之类……真良史才也"②。代、德时代的人李朝威（生卒年不详）作有《柳毅传》，写书生柳毅为洞庭湖龙女传书，解其困厄，终成眷属；又陈玄祐（生卒年不详）作有《离魂记》，写张倩女生魂追

----

① 本节引用传奇文，均据鲁迅校录：《唐宋传奇集》。
② 李肇：《唐国史补》卷下。

随爱人王宙入京,表扬对爱情的执着。这些作品创作时期较早,基本还是利用奇幻情节来表现主题的。在此基础上进一步发展,就出现了完全以现实的人间故事为内容的作品。白行简(776—826),字知退,白居易之弟,官至司门员外郎、主客郎中;史称文笔有父、兄风,尤长于传奇。其代表作《李娃传》,据考写于贞元二十一年(805)或元和十四年(819),表现世家子弟郑生与长安名妓李娃的恋爱故事,情节波澜起伏,人物个性鲜明,描写亦委婉动人。如郑生落难为西肆歌者,在长安天门街赛丧歌一段:

> 士女大和会,聚至数万。于是里胥告于贼曹,贼曹闻于京尹。四方之士,尽赴趋焉,巷无居人。自旦阅之,及亭午,历举辇罩威仪之具,西肆皆不胜,师有惭色。乃置层榻于南隅,有长髯者,拥铎而进,翊卫数人。于是奋髯扬眉,扼腕顿颡而登,乃歌《白马》之词。恃其夙胜,顾眄左右,旁若无人。齐声赞扬之,自以为独步一时,不可得而屈也。有顷,东肆长于北隅上设连榻,有乌巾少年,左右五六人,秉翣而至,即生也。整衣服,俯仰甚徐,申喉发调,容若不胜。乃歌《薤露》之章,举声清越,响振林木。曲度未终,闻者歔欷掩泣。西肆长为众所诮,益惭耻。密置所输之直于前,乃潜遁焉……

像这样,场面的描绘,气氛的烘托,人物动态、神情的刻画,都显示出高度技巧。这篇作品歌颂了平凡的风尘女子的坚贞爱情,对门阀制度与封建道德的冷酷虚伪进行鞭挞,虽然其中有夫贵妻荣之类庸俗观念,却是具有深刻社会意义的杰作。诗人元稹作有《莺莺传》,据考这是根据作者本人的一段恋爱经历写成的。作品的结尾为男主人公张生遗弃女主人公莺莺辩护,称之为能"忍情"的"善补过者",但作品的主体部分却塑造了一个闺阁少女的形象,她大胆冲破封建道德的束缚,克服了内心的重重矛盾,去追求理想的爱情。从客观意义上讲,作品主题的矛盾正是当时士人心态的一种反映。这篇作品文字优美,描写生动,特别是已注重心理刻画,这在中国小说中是有创新色彩的。又蒋防(生卒年不详),字子徵,大和(827—835)年间官至中书舍人,工诗文。传奇《霍小玉传》写妓女霍小玉与文人李益恋爱,李益登第授官而负心的悲剧故事,描写了一个为爱情至死不屈的、富于反抗性的烈性女子,比起李娃与崔莺莺来这一形象更显得光彩照人。爱情题材的重要作品还有许尧佐的《柳氏传》、沈亚之的《湘中怨解》《异梦录》《秦梦记》等。沈亚之是古文家,写的是人与鬼的情爱,以华艳之笔,写恍惚之情,很有特色。

　　写历史题材的重要作品有陈鸿的《长恨传》。陈鸿(生卒年不详),字大亮,官终主客郎中。元和元年(806)与白居易、王质夫游,话及玄宗旧事,居易撰《长恨歌》,陈鸿作《传》。这是一篇铺衍史实的历史小说,加入了较多创意的成分,叙事婉转,颇有情致,文末明确表示"意者不但感其事,亦欲惩尤物,窒乱阶,垂于将来者也",比起白居易的诗来,有更鲜明的批判色彩。又有陈鸿祖的《东城老父传》也是写开、天乱阶的讽世之作。

　　再有一类作品用幻想的神异情节,却另有现实的寓意。沈既济的《枕中记》写卢生凭道士吕翁的一青瓷枕入梦,历尽荣华富贵,梦觉,所在旅店"黄粱未熟",恍然有悟,怃然良久,谢道士曰:

> 夫宠辱之道,穷达之运,得丧之理,死生之情,尽知之矣。此先生所以窒吾欲也,敢不受教。

又李公佐(生卒年不详),元和年间为淮南(驻扬州,今江苏扬州市)、江西(驻洪州,今江西南昌市)从事。所作《南柯太守传》,立意与《枕中记》近似。同样是主人公淳于棼在梦中经过荣宠贬谪,不过是大槐树南柯下蚁穴的幻化。这类作品宣扬佛、道的离欲遗世观念,对社会上的富贵功名表示鄙弃,反映了当时士人中一种新的人生态度与价值观念。

　　李公佐又有《谢小娥传》,写主人公女扮男装,为父报仇,表扬

义勇兼备的侠义。沈亚之有《冯燕传》，记述贞元年间冯燕"杀不
谊，白不辜"的故事。"侠以武犯禁"，表扬侠义复仇，是富有反抗精
神的主题。

大和年间以后，传奇的创作情形又有变化。单篇的杰出作品
较少出现，而传奇专集大量创作、编纂出来。所以作品数量较前两
期为多，形成了另一种繁荣局面，不过艺术水平却较前有所逊色
了。传奇集较早的有牛僧孺的《玄怪录》，有人认为是他早年之作，
但所述下及大和年间事，待考。接着有李复言（文宗时人）《续玄怪
录》、薛用弱（文宗时人）《集异记》、张读（懿、僖宗时人）《宣室志》、
袁郊（僖宗时人）《甘泽谣》、裴铏（僖宗时人）《传奇》、皇甫枚（唐末
后梁人）《三水小牍》等。这些集子从艺术水平看参差不一，其中不
乏相当精彩与可读之作。《玄怪录》中的《杜子春》（录入《太平广
记》时注出《续玄怪录》）源出于佛教故事，本是宣扬无念、离欲观念
的，但对心理与情节的描绘相当生动细致。《续玄怪录》的《辛公平
上仙》写得离奇诡异，据考是影射宫廷政变的，史家曾用以证史①。
《集异记》多记文士逸闻，颇带神异色彩，《旗亭赌唱》一段反映盛唐
文人风采与社会风习，前已引用过。《宣室志》主要是仙鬼怪异之
说，宣传因果报应，但叙写技巧较高，已与前期《冥报记》等情形不
同。《甘泽谣》中的《红线》，《传奇》中的《聂隐娘》，都写侠女参与藩
镇斗争，把侠士神仙化，表现其腾空飞行等技能，开后代武侠小说
的端序。这个时期对剑侠的美化，正与藩镇动乱中民不聊生的形
势有关。《传奇》中的《昆仑奴》则是兼写爱情与侠义，述说勇武不
凡的昆仑奴磨勒成就一对恋人的故事。《三水小牍》的《飞烟传》写
武公业之妾步飞烟的爱情悲剧，是后期爱情小说的优秀作品。此
外，有署为杜光庭道士所作《虬髯客传》，写后来所谓"风尘三侠"李
靖、红拂、虬髯客三人在隋末中辅助李世民立国故事，人物性格鲜

---

① 参阅章士钊：《柳文指要》上《体要六部》卷四《晋文公问守原议》。

明,文笔亦细腻,在晚唐传奇中为上乘之作。

唐代传奇标志着中国小说这一文学体裁的成熟,它又有着情节曲折生动、语言优美精粹等一系列突出优点,不但流传久远,而且广泛影响到当世与后代的文学创作。至此已完成的文人短篇小说,其直系传承为宋代传奇小说,直到明瞿佑《剪灯新话》,清蒲松龄《聊斋志异》、纪昀《阅微草堂笔记》等,佳作甚多,在中国小说史上自成一系。宋、元、明的白话小说——话本和拟话本也受到传奇的深刻影响。如《清平山堂话本》、冯梦龙《三言》、凌蒙初《二拍》的一些故事就是取自唐传奇加以铺衍的。唐传奇的故事生动,结构紧凑,富于今人所谓"戏剧矛盾",因此广为后代戏剧家所取材,几乎每一篇著名的传奇都被后人改编为院本、杂剧、传奇(戏剧),直到今天的各个剧种。如根据《李娃传》改编的,宋元戏文有《李亚仙》、元杂剧有《打瓦罐》《曲江池》,明传奇有《绣襦记》等。《长恨歌传》广为金院本、元杂剧、明清传奇取材,其中包括元白朴《梧桐雨》、清洪昇《长生殿》这样的著名作品。根据《莺莺传》改编的,宋元戏文中已有《西厢记》,元王实甫《西厢记》则是戏剧史上的经典作品,以后明、清继有改编者。如此等等。后代改编之盛,正反映了原作的艺术水平。后世民间说唱中,也有演说传奇故事的。较早而著名的如《莺莺传》,宋代就有赵令畤的鼓子词《商调蝶恋花》、金董解元有《西厢记诸宫调》等。传奇的艺术与语言也影响到诗文创作,唐宋古文家的某些作品难于认定是传奇还是散文,潜移默化的势力则更为强大。至于传奇中表现的开放意识与道德观念,更给后人以滋养与启迪。

二、话本

与传奇并行,隋唐五代民间说话也非常流行。说话的文字记录本就是话本,也就是白话短篇小说。说话这一民间艺术形式应是早已存在的,但话本却最早出现于唐代。

　　说话的流行，文献上有许多资料提到。《太平广记》卷二四八录《启颜录》记载，侯白为杨素僚属，素子玄感曾对他说："侯秀才可与玄感说一个好话。"郭湜《高力士外传》上说，在玄宗晚年，高力士曾"转经说话"以取悦他。这都可见说话在隋、唐统治阶级上层的流行情形。元稹《酬翰林白学士代书一百韵》诗有句云："翰墨题名尽，光阴听话移。"下有注曰："乐天每与予游从，无不书名屋壁，又尝于新昌宅说《一枝花话》，自寅至巳，犹未毕词也。"①《一枝花话》即李娃故事，讲了四个时辰还没有结束。这个材料表明当时文人对说话的热衷，也是传奇创作受说话影响的一例。晚唐段成式《酉阳杂俎》续集《贬误》，曾说到他大和年间于弟生日观杂戏，有"市人小说"，也就是说话。可知当时是作为曲艺来表演的。

　　自敦煌遗书发现后，在其中得到了唐五代话本实物，有《唐太宗入冥记》（拟题）、《庐山远公话》《叶净能诗（"话"之讹）》《韩擒虎画（"话"之讹）本》等，为了解当时话本提供了资料。其中《唐太宗入冥记》为残卷，写唐太宗生魂入地府被勘问事，这是六朝以来地狱巡游的常见的题材。地狱判官崔子玉原来是阳世辅阳尉，太宗为了增加阳寿，向他求情；他则趁机讨得阳世官爵。情节虽出于荒诞，却很有讽世意味。《韩擒虎话本》叙述隋将韩擒虎灭陈、降大夏事。《庐山远公话》和《叶净能话》则是佛、道故事。从这几篇作品看，说话的题材相当广泛，艺术表现上也有特点，例如多用想象、夸张的手法，情节生动紧凑，文字少雕饰、多俗语等。但它们较少细致地加工，又不像传奇出于文化层次较高的作者之手，因此从整体看还比较粗糙。这也是民间文艺的一般特征。到宋代城市经济继续繁荣，主要是作为市民游艺的话说进一步兴盛，随着专业"说话人"队伍的壮大，话本创作也取得了更大的成绩，逐渐取代传奇成为短篇小说的主要形式。

———————————

①《元氏长庆集》卷一〇。

第四节 词

词,亦称曲子词,是始形成于隋、发展于唐五代、大盛于两宋的新诗体。它是新兴的乐曲"燕乐"的曲辞,发展而为新一代的声诗。

词的兴起,有诗歌发展的内在要求与外部条件等多种因素所促成。中国古代的诗本是合乐的,乐府诗原来也是合乐的。但后来诗、乐分离,发展为徒诗,多数乐府诗也不再供歌唱了。但诗、乐结合的需要一直存在。直到隋唐时期,有些乐府诗、近体诗如绝句仍可入乐。但从发展趋势看,原有的古、近体诗、乐府诗的形式已不适应乐曲变化的要求。所谓乐曲变化,主要是自六朝以来"胡戎之乐"大量传入中土。其具体情形在下面《艺术》章还将说明。隋、唐统一,丝绸之路畅通,"胡戎之乐"更广泛地进入、流行中原。这是更加清新活泼、曲调节奏更复杂多样的"胡部新声"。这种"新声"作为流行音乐征服了朝野。朝廷新制的燕享之乐即燕乐就是融合这外来音乐的新曲。为这种燕乐所配的词就是曲子词。当然,推动词的形成的还有多种因素,如民歌的流行、乐府传统的影响、诗歌创作的繁荣、社会上下音乐生活的兴盛、朝廷内外歌舞伎乐的发达以及士大夫阶层生活与情趣的变化等等。

据现存资料,隋代已有后来的词调《泛龙舟》《河传》《杨柳枝》等。但今存署名隋炀帝的《泛龙舟》是五言八句诗,隋代《河传》《杨柳枝》曲辞不传,因此有人怀疑隋代词是否出现。但从音乐发展情况看,"胡部新声"当时已相当流行,配合新兴音乐的曲辞应是已经存在的。即使不具以后词牌的定格,也应承认是词的萌芽。所以宋王灼已说

"盖隋以来,今之所谓曲子者渐兴,至唐稍盛"①。

可以设想,当新兴音乐流传民间的时候,已经有人在为它谱新词。但对新音乐和与它相配合的新曲辞的发展起关键作用的是朝廷燕乐的制作。因为朝廷不仅是音乐活动的中心,集中了最优秀的音乐人才,而且能垂范天下,将新乐曲推广。特别是唐玄宗雅好俗乐,设内、外教坊,又适逢文明昌盛之时,文艺的发展得到良好的环境。教坊所用的曲子或取自民间,或出于创作;它们或用于歌唱,或用于歌舞,或用于扮演戏弄。音调有些出于传统音乐的清商乐或大曲,相当大的一部分则是"胡部新声"。这更推动了曲子词的创作。崔令钦《教坊记》备载开、天年间教坊曲名三百二十八个,可见其一时之盛。据今人分析,其中作为唐五代词调者如《清平乐》《浣溪沙》《浪淘沙》《菩萨蛮》等计七十九曲,以五、七言诗为曲辞者三十曲,另有四十余曲如《雨霖铃》《安公子》等至宋以后转化为词调。这只是现在可考知者。除了教坊艺人之外,官僚士大夫家蓄养的乐人、歌伎也是新曲的创造者、传播者。

自宫廷到民间流行的新歌,自然要引起文人的注意。今传李白所作《菩萨蛮·平林漠漠烟如织》《忆秦娥·箫声咽》两阕,或以为是最早的文人词,但其所出传承并无确据。到张志和(肃、代宗时人)、韦应物、白居易则已留下词作。张志和《渔父》曰:

　　　　西塞山前白鹭飞,桃花流水鳜鱼肥。青箬笠,绿蓑衣,斜风细雨不须归。②

这首词名为写渔夫,实际上写士大夫的隐逸情趣,形式上不过是把七绝的第三句改为两个三字句而已。白居易有《忆江南》词三首,其一曰:

---

①《碧鸡漫志》卷一。
②《全唐诗》卷三〇八。

> 江南好,风景旧曾谙。日出江花红胜火,春来江水绿如蓝。能不忆江南。[①]

这首词一向被评为早期词的佳作。但这种文人词只是用了长短句的形式,语言、意境则大体同于诗。王国维所指出的"词之为体,要眇宜修……诗之境阔,词之言长"[②]的词的表达上的特征还没有形成。当时的诗人只是以余兴为词,诗坛上还没有把词的创作放在重要地位。

在文人探索制作新曲辞的同时,民间的词创作取得了更大的成绩。在敦煌遗书中发现大批歌辞写卷,今人任半塘编著《敦煌歌辞总编》,凡收入乐曲辞千二百余首。这当然不全部都是曲子词,其中包括很多五、七言声诗、民谣、宗教歌赞偈颂等等,但却充分反映了当时音乐生活之兴盛。最重要的词写卷为《云谣集杂曲子》共三十首,至迟写定于后梁乾化(911—915)以前,即比下述《花间集》早编成三十年左右的时间。近人王重民校辑《敦煌曲子词集》三卷计收词百六十二首(下卷中多五、七言乐府诗,计十五首),全无作者名氏,当多出于民间。创作年限据内容及词调,上起于盛唐,下至五代。而内容则"有边客游子之呻吟,忠臣义士之壮语,隐居子之怡情悦志,少年学子之热望与失望,以及佛子之赞颂,医生之歌诀,莫不入调"[③],题材非常之广阔。值得注意的是,在该书所辑作品中,言闺情花柳者尚不及半,这与晚唐五代文人词显然不同;风格上也不同于后者的委婉香艳,充分表现出质朴浑厚、热情奔放的民间性格。如爱情词《菩萨蛮》:

> 枕前发尽千般愿,要休且待青山烂。水面上秤锤浮,直待黄河彻底枯。白日参辰现,北斗回来面。休即未能休,且待三

---

①《白氏长庆集》卷三四。
②《人间词话》卷下。
③ 王重民辑:《敦煌曲子词集·叙录》。

更见日头。①

除动人的情词外,陈述民间疾苦、怨别伤离亦有不少杰作。敦煌词的格律还不严整,如同调字数不定、平仄不拘等,这也是词处在定型过渡期的特征。

晚唐五代有更多的文人用更大的精力作词,对这一新的韵文体裁的发展起了重大作用。当时社会衰败,官僚士大夫间流行着末世的颓唐享乐之风。一般文人仕途厄塞,处境困顿,多寄身于拥兵自立的藩帅幕下,而以西蜀和南唐最为集中。这两处也就成了词的创作中心。现存最早的词集——后蜀赵崇祚于广政三年(940)编的《花间集》,是一部供伶工演唱的文人词总集,收晚唐五代作者十八人的五百首作品。其中温庭筠、皇甫松(唐末人)列在前面,以示词的发展源流;以下十六人除和凝、孙光宪以外,皆为前、后蜀人。和凝(898—955)活动在北方的五代王朝;孙光宪(?—968)仕于荆南,但出生于蜀(贵平人,今四川仁寿县)。所以这部书可看作是蜀中文人的作品。取名《花间集》,意指所录如“裁花剪叶,夺春艳以争鲜”②。内容不外是燕婉之私,羁旅之怀,形式则富丽工巧,谐婉委靡。在动乱的时代里,写这种脱离现实、格调低下的小词,受到后人不少讥评。但正是这些有闲的文人倾心于调谐音律,镂玉雕琼,才使得拙朴的民间词体格律化与规范化,并突出发展了词作为音乐文学的一系列特征。花间派诗人的创作在题材、境界上是缩小了,而在艺术表现水平上却提高了。其中代表人物是温庭筠和韦庄。

温庭筠是第一位大量写词并以词名家的文人。他精通音律,“能逐弦吹之音,为侧艳之词”③。他本善诗。他用诗陈情述事,多

---

① 王重民辑:《敦煌曲子词集》卷上。
② 欧阳炯:《花间词叙》。
③ 《旧唐书》卷一九〇下《文苑下》。

及于时事；而词则主要写婉媚的闺情与恋情，且多用代言体。这表明他已在自觉地发挥两种体裁的不同功能。他的词写得委曲绵密，绮丽富艳，以十四首《菩萨蛮》最为著名，其第一首曰：

> 小山重叠金明灭，鬓云欲度香腮雪。懒起画娥眉，弄妆梳洗迟。照花前后镜，花面交相映。新贴绣罗襦，双双金鹧鸪。[①]

这里写一个少妇晨妆的情景，笔法细腻，用暗示、象征等手法表现人物的内心世界，刻画得相当真切鲜明。传说"宣宗爱唱《菩萨蛮》词，令狐相国（绹）假其新撰密进之"[②]。温庭筠也有比较疏朗清新的作品，如《望江南·梳洗罢》等。

韦庄的诗多及世事，前已述及。词则多写男女相思之情。在运用不同体裁上与温的情形相似。他的词包含更多的身世之感，表达上也比较清绝疏淡，不像温词那样秾艳含蕴。清周济评论他是"'初日芙蓉春月柳'，使人想见风度"[③]。他于黄巢义军占长安后流寓江南，作组诗《菩萨蛮》五首，第二首曰：

> 人人尽说江南好，游人只合江南老。春水碧于天，画船听雨眠。 炉边人似月，皓腕凝双雪。未老莫还乡，还乡须断肠。[④]

像这样用疏朗笔致、情深意切地抒写离乱之思，代表了韦庄的风格。

另一个词的创作中心南唐，曾有一度兴盛时期。加上领据六朝以来文物繁华之邦，君臣的文化素养又都相当高，整个文化颇为繁荣，也是词的发展的有利条件。其代表作家有冯延巳和南唐二

---

①《花间集》卷一。
②孙光宪：《北梦琐言》卷四。
③《介存斋论词杂著》。
④《花间集》卷二。

主李璟、李煜。

　　冯延巳（903？—960），一名延嗣，字正中，曾任南唐宰相。有《阳春集》传世。温、韦都兼擅诗、词，冯则是第一位以词作为主的作家。其作品虽仍不离闺阁之思，但取境较阔，语言亦清丽自然，能在花间体之外另辟蹊径。《谒金门》中的"风乍起，吹皱一池春水"①是历来被传诵的名句。陈廷焯评其词是"极沉郁之致，穷顿挫之妙"。在唐末五代，他向与温、韦并列，是开拓词境的重要人物。

　　李璟（916—961），字伯玉，南唐中主，公元943年即位，建元保大。他多才多艺，好文学，宫廷中又有冯延巳、徐铉、韩熙载等一批文士相切磋。今仅存词四首。名作《浣溪沙》二首，以伤春伤别寓家国之思，颇为凄婉动人。"菡萏香销翠叶残，西风愁起绿波间""细雨梦回鸡塞远，小楼吹彻玉笙寒"②等句，境界鲜明，含蕴深厚，被人称道。

　　李煜（937—978），初名重嘉，字重光，李璟第六子，南唐后主。他于宋建隆二年（961）即位。他在位时，南唐一直在新建的强大的北宋的虎视眈眈之下。开宝八年（975）宋兵破金陵（今江苏南京市），后主出降，后被幽囚于汴京（今河南开封市），至太平兴国三年（978）被害。有文集三十卷，已佚，其词作与李璟词被合编为《南唐二主词》。李煜工书画，知音律，善诗文，尤以词作为工。其前期词多写宫廷生活及男女情爱，题材狭小，但往往写得情景交融，清新谐畅，显示了杰出的才华。被俘后处境骤变，带来了他词风上的转变。屈辱的人生，亡国的惨痛，瞻前顾后，悲感交集。如《虞美人》：

　　　　春花秋月何时了，往事知多少？小楼昨夜又东风，故国不堪回首月明中。　　　　雕栏玉砌依然在，只是朱颜改。问君能

---

①林大椿：《唐五代词》。
②王仲闻：《南唐二主词校订》。

　　有几多愁，恰似一江春水向东流。①

又如《浪淘沙令·帘外雨潺潺》《乌夜啼·无言独上西楼》等，都在国破家亡的悲慨中引发出对于现实、人生的深沉思索；在艺术上则一变花间派的秾艳词风，笔致委婉隽永而又清新自然，体兼刚柔之美。特别是完全改变了代言体的写法而抒发真情实感，把词的表现领域扩大了。王国维说："词至李后主而眼界始大，感慨遂深，遂变伶工之词而为士大夫之词。"②文人词打破了在花间、樽前溺情于歌舞游宴的限制，才得到了发展的广阔天地。

　　晚唐五代词都是短章，总的说来还未离婉转绸缪之度，但境界在逐渐展开，表达上也逐渐繁富，显示出这一新的音乐文学的韵文体裁的生命力。在诗、文都相对衰败的情势下，词却得到了蓬勃发展。宋人需要再度做出革新诗文的努力，独于词却可以在唐五代人开拓的道路上继续前进，创造出这一诗体更盛大的局面。

第五节　俗文学

一、变文

　　敦煌遗书中包含了大量文学资料，尤以俗文学作品的佚存弥足珍贵。由于这后一类作品难于被士大夫阶层给予足够重视，很难保存下来。敦煌的佚存向我们展示了当时俗文学发展的实态。话本与曲子词的情况前已述及，本节简单介绍变文，及于通俗诗与俗赋。

　　广义的变文包括讲经文、押座文等和严格意义上的变文。这

---

①王仲闻：《南唐二主词校订》。
②《人间词话》卷上。

是唐五代盛行的、从佛教的通俗宣传唱导中发展起来的一种有说有唱（韵散结合）的文学体裁（表演形式）。六朝时的唱导在讲解佛经时"或杂序因缘，或傍引譬喻"①，已经在利用文艺手段。到了唐代，发展而为俗讲，即对佛经进行通俗的讲解。敦煌遗书中的讲经文引录佛经（或有疏文）后，再用文艺形式加以铺衍，就是俗讲的记录。晚唐时俗讲甚至依朝廷敕命在两街诸寺同时举行，皇帝亲自参加，规模相当盛大。同时还有与之相似的道讲即道教俗讲。会昌（841—846）年间，有僧文溆，朝命为内供奉、赐紫、引驾起居大德，长安城中俗讲第一，"公为聚众谭说，假托经论，所言无非淫秽鄙亵之事。不逞之徒，转相鼓扇扶树。愚夫冶妇乐闻其说，听者填咽。寺舍瞻礼崇奉，呼为"和尚"。教坊效其声调，以为歌曲"②。所说歌曲今仍传《文溆子》的名目。在他以前韩愈有《华山女》诗，写道"街东街西讲佛经，撞钟吹螺闹宫庭。广张罪福资诱胁，听众狎恰排浮萍"③；但又有"华山女儿"即女道士讲道，把听众都夺走了。这生动地写出了和尚与道士各以俗讲争夺群众的情形。从文溆的情形看，既然说他是"假托经论"，表明是在借佛经为门面，讲说"淫秽鄙秽"的世俗故事。他的艺术技巧已相当高，实际上已是专业的俗讲艺人。正是在这一类人手中，衍化出了严格意义上的变文。变文的"变"，一般认为是变佛经为故事的意思，与画佛教故事为图画称"变相"同例。变文有说有唱，说的部分是散文，唱的部分是韵文，主要是七言句，杂有三、五、六言句；有时又有图画配合。这种综合的艺术表演形式，受到社会上下各阶层的欢迎，成了民众文艺生活的一部分。诗人张祜曾讥讽白居易《长恨歌》像《目连变》；吉师老有《看蜀女转昭君变》诗，可见变文的流行情形。

　　敦煌遗书中所存讲经文有《维摩诘经讲经文》《阿弥陀经讲经

---

① 慧皎：《高僧传》卷一三《唱导》。
② 赵璘：《因话录》卷四。
③《昌黎先生文集》卷六。

文》《父母恩重经讲经文》等,而以《维摩》所存文本最多。《维摩经》本是当时最为普及的大乘经典之一,以描写的生动与富戏剧性见长。讲经文的一个卷子(p. 2292)只是其《菩萨品》佛请弥勒、光严童子问疾一段,经文只千余言,却被铺衍至一万字左右。经文中弥勒、光严童子拒请时只说了几句话,讲经文却刻画出不同的人物个性与心理活动,栩栩如生。据计算,按这篇讲经文计算,讲《维摩诘经》全文要六十万字左右,那将是一部规模相当大的叙事作品了。押座文现存《八相押座文》《温室经讲唱押座文》等。所谓押座文,是指在正式讲经之前用以招揽、安定听众的短篇,类似宋人话本中的"得胜头回",作用如曲艺中的定场诗。

狭义的变文有两类,一类是佛教题材的,如《目连变文》《破魔变文》《降魔变文》《八相变》等,亦有称为"因缘变"或"缘起"的。另一类是世俗题材的,应是在前一类变文发展起来之后逐步出现的。后来演唱这一类作品的应有一批民间艺人,所以这已经脱离宗教而为民间文艺了。这一类作品有的演说历史故事与传说,如《舜子至孝变文》《伍子胥变文》《汉将王陵变文》《王昭君变文》《孟姜女变文》等;有的则直演实事,如《张议潮变文》《张淮深变文》等。

现存佛教题材作品中以《目连变文》[①]艺术上最为完美。佛弟子目连母堕饿鬼道中、目连往饷其母的故事,出自《盂兰盆经》。据近人研究这是一部中土伪经。这个故事集中表现了中土的伦理观念,梁、陈之后广为流传,并不断被加工、丰富。《目连变文》在此基础上加以再创作,情节更曲折,人物个性更鲜明。写的是目连母青提夫人因悭吝而入地狱,目连请佛救济,经过重重艰难,终于达到了目的。这篇作品把佛教的因果报应与中土传统的仁孝观念相结合,宣扬孝道终于战胜了地狱罪罚和恐怖,从而把佛教故事中土化、世俗化了,因此受到民众的欢迎而传之久远。《伍子胥变文》今

---

① 此变文见王重民等编:《敦煌变文集》卷六,其中收录三个不同文本。

存残卷,故事取材史传,写楚平王荒淫无道,害死子胥父兄,子胥去吴国借兵复仇,以吴王信谗被害。文中描写统治者残暴昏庸,子胥不畏强暴,浣沙女和渔父仗义助子胥逃亡,都相当生动感人。《张议潮变文》取材于大中(847—860)年间,沙州(今甘肃敦煌市)人张议潮收复沙州后朝廷赐号归义军,将士为巩固边防与回鹘、吐蕃军的斗争,作品反映了强烈的爱国意识,战斗场面也写得相当生动。

变文是面向群众的艺术创作,语言通俗生动,故事曲折多波澜,又善于铺陈。实际表演时又有说有唱,可以设想其受到群众欢迎的情形。它的说唱形式,直接影响到后来的诸宫调、宝卷、鼓词等,对戏曲艺术的发展也有所推动。

二、民间通俗诗

唐五代诗歌大盛,民众中诗歌创作也十分盛行。《全唐诗》收录了不少无名氏的民间诗作和歌谣。敦煌写卷中也留下了不少民间通俗诗。由于这些写卷多抄写于寺院,关系佛教内容的作品就留存很多。歌辞已被任半塘录入《敦煌歌辞总编》;诗作最集中而有特色的是署名王梵志的诗。

关于王梵志,后来有各种神奇传说。例如说他是隋、唐之际人,生于林檎树上或生于西域林木之上,家世殷富,经变衰落,皈依了佛教,等等。但这些并非事实。关于王梵志的资料,今天所见均出于盛唐之后,而且在敦煌遗书发现前所谓王梵志诗只留有散章断句。在敦煌遗书中发现了一批王梵志诗集的写卷,有三卷本与一卷本两类,今人项楚整理、厘定为三百二十一首,编成《王梵志诗校注》。

与王梵志情况相似的还有寒山(包括拾得),自宋代以来其诗集一直传世,也是三百余首。关于他的传说也很多,同样也很离奇。有的材料说他是道士,又有的说是和尚,有的材料说他是唐初人,又有的说中、晚唐他仍在世。

　　全面地考察今传王梵志诗与寒山诗，可以看出其思想观念和涉及的现象非常驳杂，不可能是同一时期同一人的作品，只能看作是当时流行的通俗诗的结集。王梵志诗反映的历史现象起于唐初，下及开元(713—741)末，结集在此以后。寒山诗出现应当更晚一些，从内容看当在中唐了。应当注意的是，在中唐时期，唐人伪撰的梁僧人宝志、傅大士的诗也在传出，禅门中偈颂正流行起来，出现了庞居士(蕴)那样的善偈颂的人。所以中唐是通俗诗，特别是宗教通俗诗大繁荣的时期。

　　王梵志诗与寒山诗的风格、面貌大体一致，但由于产生时期有先后，也存在一些差异。内容上都大略可分为宗教的与世俗的两类。宗教题材一类王梵志诗多鼓吹轮回报应之说，而寒山诗则多讲明心见性的禅观，并杂有道教神仙思想。这与天宝以后禅宗兴盛有关。世俗题材一类都重在讽时刺世、道德教化，而王梵志诗多含劝善意味，寒山诗则更多激愤不平。这也与时代条件有关。仅各录一首，王梵志：

　　　　吾富有钱时，妇儿看我好。吾若脱衣裳，与吾叠袍袄。吾出经求去，送吾即上道。将钱入舍来，见吾满面笑。绕吾白鸽旋，恰似鹦鹉鸟。邂逅暂时贫，看吾即貌哨。人有七贫时，七富还相报。图财不顾人，且看来时道。[①]

又寒山：

　　　　贤士不贪婪，痴人好炉冶。麦地占他家，竹园皆我者。努膊觅钱财，切齿驱奴马。须看郭门外，垒垒松柏下。[②]

他们的诗多是五言，多用平易的口语并杂以俚词俗谚，不求声律的严整，善用比喻、象征、谐音等手法，又喜用嘲谑笔调，富于机趣。

---

① 项楚校注：《王梵志诗校注》卷一。
② 《全唐诗》卷八〇六。

　　以王梵志诗和寒山诗为代表的隋唐五代通俗诗，是当时诗歌大繁荣的一个构成部分。这些出自下层文人或民众的创作，以其独特的艺术格调丰富了当时诗坛，并产生深远影响。

三、民间俗赋等

　　敦煌遗书中还有《韩朋赋》《燕子赋》《季布骂阵词文》等俗赋、词文，这也是唐五代流行的、以白话韵文为主的民间叙事文学形式。它们写得生动活泼，充满机趣，表现了民间文艺刚健清新的特色。

　　敦煌俗文学当然只是隋唐五代流行全国各地的民间文艺的一小部分。只是因为一定的机缘被保存下来并被发现了。人们从中可以看到当时民间文艺十分繁盛的情形，以及普通民众文学生活的丰富多彩。这种发达的民间文艺创作，也正是整个文学发展的深厚基础。

第六章 艺 术

第一节 舞 乐

唐初，命著名音乐家、太常少卿祖孝孙修订雅乐，贞观二年（628）奏之，其时孝孙说：

> 陈、梁旧乐，杂用吴、楚之音；周、齐旧乐，多涉胡戎之伎。[1]

这就指出了南北朝后期雅乐崩坏和胡乐流行的情况。自匈奴、羯、羌、鲜卑、丁零等族入主中原，以西凉乐、龟兹乐为主的"胡戎之乐"就取代了"华夏正声"而流行于北方；在南朝，吴歌、西曲等带有浓厚民间色彩的音乐为人们所喜爱，而陈"后主唯赏胡戎乐，耽爱无已"[2]。这样，到了隋唐时期，继承这一发展趋势；南、北，中原与边疆，中、外音乐实现了更大规模的交流，开辟了中国音乐发展史的新生面。

这种交流，首先引起乐器与乐制的变化。先后自西域输入的

---

①《旧唐书》卷二八《音乐志一》。
②《隋书》卷一四《音乐志中》。

乐器如箜篌、笛、笙、筚（觱）篥、羯鼓等流行起来，其中以琵琶最为突出。唐贞观时太常乐工裴神符废木拨而用手弹，称"抶琵琶"，促进了演技的发展。不过捍拨琵琶一直兴行不废。乐制的变化主要是隋音乐家郑译参照龟兹人苏祇婆琵琶七调整理乐调。本来由于外来音乐和乐器的影响，传统乐调已经相当混乱，如郑译所说"考寻乐府钟石律吕，皆有宫、商、角、徵、羽、变宫、变徵之名，七声之内，三声乖应"，这指的是半音位置的混乱。而周武帝时苏祇婆"从突厥皇后入国，善胡琵琶，听其所奏，一均之中，间有七声，因而问之，答云：父在西域，称为知音，代相传习，调有七种。以其七调勘校七声，冥若合符"[①]。这七声的名称为娑陀力（宫）、鸡识（商）、沙识（角）、沙侯加滥（变徵）、沙腊（徵）、般赡（羽）、俟利箷（变宫），即西洋音乐的七个音阶。郑译习而弹之，始得七声之正，就此七调，又有五旦（"五旦"义待考，或以为即同一主音的五个调域）之名，并推演出十二均（调域）。再把它附会到古代十二律相旋为宫的理论上去，就创立了八十四调。这就不但统一和规范了乐制，而且大大丰富了乐调，并能够创造出新声叠变的乐曲。但在实际运用中，隋唐时期只用宫、商、羽、角四声（即现代唱名 fa、so、re、mi）的二十八调，也即是四弦琵琶的定弦。

祖孝孙等修订雅乐，后又经协律郎张文收加以厘革，但却衰落不兴。隋时已于雅乐外"置七部乐，一曰国伎，二曰清商伎，三曰高丽伎，四曰天竺伎，五曰安国伎，六曰龟兹伎，七曰文康伎，又杂有疏勒、扶南、康国、百济、突厥、新罗、倭国等伎……及大业中，炀帝乃定清乐、西凉、龟兹、天竺、康国、疏勒、安国、高丽、礼毕，以为九部"[②]。这里除了"清乐"和"礼毕"为南朝音乐外，其他均为中原之外的音乐，主要是西域音乐。唐初，仍因隋制。至贞观十四年

①《隋书》卷一四《音乐志中》。
②《隋书》卷一五《音乐志下》。

（640）平高昌，得高昌乐；又命张文收制燕乐，去掉《礼毕》，合称"十部乐"。燕乐即宴享之乐，这是狭义的所指；而唐时又把与雅乐不同的俗乐"十部乐"均称为燕乐。宋沈括《梦溪笔谈》概括说："先王之乐为雅乐，前世新声为清乐，合胡部者为燕乐。"燕乐代雅乐而兴盛，可看作是唐乐的代表，是唐代中华各族人民吸收外域音乐进行艺术创造的成果。

后来燕乐又分为坐、立二部。"高祖登极之后，享宴因隋旧制，用九部之乐，其后分为立、坐二部。今立部伎有安乐、太平乐、破阵乐、庆善乐、大定乐、上元乐、圣寿乐、光圣乐，凡八部……自破阵乐以下，皆擂大鼓，杂以龟兹之乐……安乐等八舞，声乐皆立奏之，乐府谓之立部伎，其余总谓之坐部伎……坐部伎有谦乐、长寿乐、天授乐、鸟歌万寿乐、龙池乐、破阵乐凡六部……自长寿乐以下，皆用龟兹乐。"①这可以看出，燕乐中广泛使用了龟兹乐，相对照之下清商旧曲则渐被淘汰。武后时宫中存六十三曲，其后则只余三十七曲了。而白居易《新乐府·立部伎》题下注谓："太常选坐部伎无性识者退入立部伎，又选立部伎绝无性识者退入雅乐部，则雅乐之声可知矣。"②

隋时朝廷典音乐的机构为太常寺，乐工至三万人。唐之盛时，太常乐人及太常杂户子弟隶太常及鼓吹署的音声人亦达数万人。中宗时李峤上书，提到"太常乐户已多，复访求散乐，独持鼗鼓者已二万员"③。此外朝廷还有教坊与梨园，这对唐时的舞乐关系更大。教坊典倡优杂伎，教习乐舞，武德（618—626）年间设于禁中。到开元（713—741）时期，玄宗雅好俗乐，特于宫廷内置内教坊。外教坊复分左、右，在东都亦设教坊两所。从此，太常主郊庙、教坊主燕飨的分工明确了。玄宗"洞晓音律，由之天纵，凡是丝管，必造其妙，

①《旧唐书》卷二九《音乐志二》。
②《白氏长庆集》卷三。
③《新唐书》卷一二三《李峤传》。

若制作调曲，随意而成"①。他还在禁苑内梨园亲自培训一批艺人（女艺人在宜春北院），称"皇帝梨园弟子"。朝廷的兴盛的音乐生活，再加上像唐玄宗这样君主的提倡，对整个社会的音乐的发展、普及起了很大推动作用。根据唐代法律，品官家里有蓄养女乐的具体规定；地方官府、军中也有隶于乐籍的艺人；士大夫家蓄养歌伎也成为风气。前面曾提到唐代士风浮靡，伎乐的流行是它的表现之一。而民间音乐也十分兴盛。据考为玄宗时期的敦煌曲辞《皇帝感》(p.2721)中说："新歌旧曲遍州乡，未闻典籍入歌场。"②中唐白居易诗说："《六么》《水调》家家唱，《白雪》《梅花》处处吹。"③这些就是现实场景的写照。

天宝十四载(755)，有旨将太常供奉曲十四调计二百四十四曲的名字立石刊于太常寺。后载于杜佑《理道要诀》，书久佚，但《唐会要》卷三十三仍有记载。教坊传习的"胡夷里巷之曲"，崔令钦《教坊记》载开元、天宝间曲名，杂曲凡二百七十八，大曲凡四十六，计三百二十四；《羯鼓录》只列羯鼓曲，计一百三十一；段安节《乐府杂录》列曲名四十三。这些曲子有用于歌唱的，有用于伴乐的，有用于说唱的，也有用于班演戏弄的；所配合的歌词，有齐言声诗，也有长短句的词；曲的形式，有单调的杂曲，也有成套的大曲。大曲如《庆善乐》《上元乐》《破阵乐》《霓裳羽衣曲》《绿腰》《薄媚》《柘枝》以及《凉州》《伊州》《甘州》《渭州》等，由三大乐段缀合而成，即散序，䂀；中序、拍序或歌头，擫，正擫；破，或舞遍，其中有入破、虚催、实催、衮遍、歇拍、杀衮。"大曲前缓叠不舞，至入破则羯鼓、震鼓、大鼓与丝竹合作，句拍益急，舞者入场，投节制容，故有催拍、歇拍

---

①南卓：《羯鼓录》。

②引据任半塘编著：《敦煌歌辞总编》卷中，第 734 页，上海古籍出版社 1987年版。

③《杨柳枝词》，《白氏长庆集》卷三一。

之异,姿致俯仰,百态横出"①。它的曲调和表演都很复杂。杂曲则短小灵活,不用复杂的伴奏,易于流行。就今传这些曲名,也可见当时音乐题材之丰富,反映生活之广泛和形式的多样。总之,可知音乐繁荣的情形。

在音乐的普遍繁荣中,隋唐五代出现了一大批优秀的音乐家。在朝廷上负责典乐的,隋有牛弘、何妥、万宝常、白明达等人,唐初有祖孝孙、吕才、张文收等人。他们都做出了各自的贡献。而更多的则是活动在民间的。下面仅举些例子。

玄宗朝有著名歌者韦青,他有诗曰:"三代主纶诰,一身能唱歌",显然出身世家。又有梨园子弟许和子,艺名永新,"美且慧,善歌,能变新声……遇高秋朗月,台殿清虚,喉啭一声,响传九陌。明皇尝独召李谟吹笛,逐其歌,曲终管裂,其妙如此。又一日赐大酺于勤政楼,观者数千万众,喧哗聚语,莫得闻鱼龙百戏之音。上怒,欲罢宴。中官高力士奏请命永新出楼歌一曲,必可止喧,上从之。永新乃撩鬓举袂,直奏曼声,至是广场寂寂若无一人,喜者闻之气勇,愁者闻之肠绝"②。"安史之乱"后,她流落风尘。李龟年是同时人,晚年流落江、湘,杜甫有诗曰:"岐王宅里寻常见,崔九堂前几度闻。正是江南好风景,落花时节又逢君。"③此后大历(766—779)中的才人张红红,贞元(785—805)中的宫人田顺郎,元和(806—820)、长庆(821—824)时期的李贞信、米嘉荣、何勘、陈意奴,会昌(841—846)以后的陈幼奇、南不嫌,咸通(860—874)中的陈彦晖等人,都是著名的歌唱家。

唐代代表性的乐器是琵琶。前面提到了"捣琵琶",称"捣弹家"。"开元中有贺怀智,其乐器以石为槽,鹍鸡筋绽,用铁拨弹之。

①陈旸:《乐书》卷一八五《乐图论》。
②段安节:《乐府杂录》。
③《江南逢李龟年》,《杜少陵集详注》卷二三。

贞元中有康昆仑第一手。始遇长安大旱,诏移两市祈雨,及至天门街,市人广较胜负及斗声乐,即街东有康昆仑、琵琶最上,必谓街西无以敌也……其街西亦建一楼,东市大诮之。及昆仑度曲,西市楼上出一女郎,抱乐器,先云:'我亦弹此曲,兼移在枫香调中。'及下拨,声如雷,其妙如神。昆仑即惊骇,乃拜请为师"①。这个女郎乃是化装的僧人段师。又"有王芬、曹保,保子善才,其孙曹纲,皆袭所艺。次有裴兴奴,与纲同时。曹纲善运拨,若风雨,而不事扣弦。兴奴长于拢撚,不拨稍软。时人谓曹纲有右手,兴奴有左手"②。白居易《琵琶行》写到的女艺人"曲罢曾教善才伏",是无数善琵琶的女伎中的一人。文宗朝,内人郑中丞善胡琴,内库中有大、小忽雷二琵琶,以弹小忽雷有名。

羯鼓是唐代另一种代表性的乐器。唐玄宗不好琴,而好羯鼓、玉笛,这都是胡夷乐器,他能度曲演奏。当时宫廷中羯鼓流行,宰相宋璟即"深好音乐,尤好羯鼓"。广德(763—764)年间双流县(今四川成都市双流区)丞李琬亦能之,他调集至长安,"尝夜闻羯鼓声,曲颇妙,于月下步寻,至一小宅,门极卑隘,叩门请谒",原来鼓工是太常乐人,经他指点,声意皆尽,后为太常少卿。代宗朝宰相杜鸿渐镇西川,出蜀时"始临嘉陵江,颇有山水景致,其夜月色又佳……遂命家僮取鼓与板笛,以前所得杖,酺奏数曲,四山猿鸟皆惊,飞鸣嗷嗷"。③

出于羌族的笛在隋唐时代也是流行的乐器。古曲《落梅花》《关山月》《折杨柳》等都是广为流传的曲子。"开元中有李谟独步于当时,后禄山乱,流落江东。越州刺史皇甫政月夜泛镜湖,命谟吹笛,谟为之尽妙"④。李谟外孙许云封亦以善吹名家,诗人韦应物

---

①段安节:《乐府杂录》。
②段安节:《乐府杂录》。
③南卓:《羯鼓录》。
④段安节:《乐府杂录》。

洞晓音律,为和州(今安徽和县)刺史时大加称赏。

箜篌,宪宗时李凭技艺特精,李贺与杨巨源均有诗描写。李的《李凭箜篌引》形容其感人的效果:"昆山玉碎凤凰叫,芙蓉泣露香兰笑。十二门前融冷光,二十三弦动紫皇。女娲炼石补天处,石破天惊逗秋雨……"[1]

善吹筚篥者开元年间有凉州人安万善,诗人李颀《听安万善吹觱篥歌》说:"世人解听不解赏,长飙风中自来往。枯桑老柏寒飕飕,九雏鸣凤乱啾啾。龙吟虎啸一时发,万籁百泉相与秋。忽然更作《渔阳掺》,黄云萧条白日暗。变调如闻杨柳春,上林繁花照眼新……"[2]形象描绘了艺人的高超技艺与其艺术效果。梨园子弟中有张野狐善筚篥,据说玄宗所制《雨霖铃》曲即由他吹传于世,张祜诗中写到的张徽应是同一人:"雨霖铃夜却归秦,犹是张徽一曲新。长说上皇和泪教,月明南内更无人。"[3]德宗朝有尉迟青,官至将军;元和、长庆中有黄日迁、刘楚材、尚陆陆;大中(847—860)以后有汴州(今河南开封市)史敬约,皆为筚篥名手。

中国传统乐器的琴,玄、肃朝有董庭兰善弹。元和时又有颖师,韩愈等人皆赞其技艺。大和(827—835)中贺若夷,后为待诏,对文宗弹一曲,受到嘉赏;又有甘党,亦是名家。僖宗(873—888)时的陈康士是有名的琴家,著有《琴书正声》《琴调》等,均佚;又精于作曲,其琴曲《离骚》历代有传弹奏,现存于明人所编《神奇秘谱》中的古曲,可见原作风貌;又《琴书大全》中有《唐陈居士指法》,为解释古谱的重要文献。此外筝、笙、五弦、阮咸、瓯、鼓等亦各有能者。名家辈出,正显示了普遍的艺术水平。

隋唐五代时期舞蹈也非常发达。前面讲到的燕乐有相当部分是伴舞的。上自宫廷、下至民间,乐与舞同样地盛行。民间流行的

---

[1]《李贺诗集》卷一。
[2]《全唐诗》卷一三三。
[3]《雨霖铃》,《全唐诗》卷五一一。

踏歌、合生、胡旋等群众舞蹈在本书相关章节多有记述。这里着重讲一讲专业的舞蹈，是主要流行在宫廷、官府、军镇与士大夫家庭中的。

配合燕乐的有健舞、软舞、字舞、花舞、马舞等。字舞是舞人亚身于地，布成字形；花舞舞者着绿衣，偃身合成花形；马舞由拢马人着彩衣执鞭于床上舞马，蹀躞应节，这类似今天的马戏；而最主要的是健舞和软舞。这两类舞蹈，是依风格不同而做出的分类。健舞雄健刚烈，软舞轻柔舒缓。综合现有的资料，可知著名的健舞有《棱大阿连》《柘枝》《剑器》《胡旋》《胡腾》《阿辽》《黄獐》《拂林》《大渭州》《达摩支》等；软舞则有《凉州》《绿腰》《苏合香》《屈柘枝》《旋甘州》《垂手罗》《回波乐》《兰陵王》（按任二北说应为戏弄）、《春莺啭》《半社渠》《借席》《乌夜啼》等。从题目就可以知道，舞蹈的题材非常广泛，内容也很丰富，来源更是多方面的。很多出自边疆少数民族和外国，健舞出自外国的更多。下面举几个例子，以见当时舞艺的水平及其在社会上下流传的情况。

《剑器》是著名的健舞，伴舞曲有《西河剑器》和《剑器子》。这是一种武装的独舞。杜甫晚年有《观公孙大娘弟子舞剑器行》诗，序云："大历二年十月十九日，夔州别驾元持宅，见临颍李十二娘舞《剑器》，壮其蔚跂，问其所师，曰：'余公孙大娘弟子也。'开元三载余尚童稚，记于郾城观公孙氏舞剑器浑脱，浏漓顿挫，独出冠时……"接着还写道"昔者吴人张旭，善草书书帖，数尝于邺县见公孙大娘舞西河剑器，自此草书长进，豪荡感激。"下面诗中更形容舞姿"耀如羿射九日落，矫如群帝骖龙翔。来如雷霆收震怒，罢如江海凝清光"[1]，可见《剑器》流传情形及雄健威武的舞姿。此舞手执何种舞具，说法不一，近人多以为是双手执剑而舞。

《胡旋》是出自康国的舞蹈。西域诸国献胡旋女子，从此此舞

---

① 《杜少陵集详注》卷二〇。

盛行中原。白居易《胡旋舞》一诗描写说:"胡旋女,胡旋女,心应弦,手应鼓。弦鼓一声双袖举,回雪飘飘转蓬舞。左旋右转不知疲。千匝万周无已时。"[①]诗中又说"中有太真外禄山,二人最道能胡旋",显然是别有所讽,但亦可知此舞流行宫廷。《旧唐书·外戚传》记载武延秀亦能胡旋。则不独女子作此舞,亦不限于艺人。今在敦煌千佛洞和新疆克孜尔千佛洞壁画里,保存着一些衣袂飘举、旋转起舞的形象,据考即是描绘《胡旋》舞的。

《胡腾》舞以跳跃和急促腾踏的舞步为主。唐诗人多有描写到的,如刘言史《王中丞宅夜观舞胡腾》说:"石国胡儿人见少,蹲舞尊前急如鸟。织成蕃帽虚顶尖,细氎胡衫双袖小。手中抛下蒲萄盏,西顾忽思乡路远。跳身转毂宝带鸣,弄脚缤纷锦靴软……"[②]又李端《胡腾儿》:"扬眉动目踏花毡,红汗交流珠帽偏。醉却东倾又西倒,双靴柔弱满灯前。环行急蹴皆应节,反手叉腰如却月……"[③]这种舞是用横笛、琵琶伴奏的。

《柘枝》,陈旸《乐书》谓"唐明皇时那胡《柘枝》,众人莫不称善。"[④]曲名中杂曲有《柘枝引》,大曲有《柘枝》。《教坊记》上说:"凡棚车上击鼓,非《柘枝》,则《阿辽破》也。"杨巨源诗也说:"小船隔水催《桃叶》,大鼓当风舞《柘枝》。"[⑤]卢肇《湖南观双柘枝舞赋》说:"古也郅支之伎,今也《柘枝》其名","郅支"为匈奴名号,又说它是"拂菻妖姿,西河别部"[⑥],可见其出自西域,并以击鼓伴奏。

《乐府诗集》卷五六引《乐苑》云:"羽调有《柘枝词》,商调有《屈柘枝》。"前者合上叙健舞,后者合软舞,考见任二北《教坊记笺订》。

---

①《白氏长庆集》卷三。
②《全唐诗》卷四六八。
③《全唐诗》卷二八四。
④陈旸:《乐书》卷一八四《乐图论》。
⑤《寄申州卢拱使君》,《全唐诗》卷三三三。
⑥《全唐文》卷七六八。

软舞的《柘枝》也是唐时颇为流行的舞蹈。白居易、刘禹锡、张祜等许多诗人都描写过它。上引《乐苑》说此舞"用二女童,鲜衣帽,施金铃,抃转有声。其来也,于二莲花之中藏之,花折而后见。舞中之雅妙者也"。①

《春莺啭》是另一种具有代表性的软舞。乐曲为高宗时乐工白明达所制。元稹《新乐府·法曲》曰:"女为胡妇学胡妆,伎进胡音务胡乐。火凤声沉多咽绝,《春莺啭》罢长萧索。"②可知《春莺啭》是典型的中土乐调。张祜《春莺啭》诗说:"兴庆池南柳未开,太真先把一枝梅。内人已唱《春莺啭》,花下偬偬软舞来。"③此曲传入日本,今日本雅乐中仍存《春莺啭》。

隋唐五代朝廷祭典和礼仪均用舞蹈,一部分是古代相传的雅乐,另一部分是大曲配合的大型舞蹈。如唐有《破阵乐》《太平乐》(《五方狮子乐》)、《庆善乐》《中和乐》《圣寿乐》,五代有《昭德舞》《成功舞》等。其中以《秦王破阵乐》即《七德舞》最为著名。据传此舞为太宗亲制,元稹《法曲》诗曰:"《秦王破阵》非无作,作之宗庙见艰难。"④这是歌颂大唐创业的武舞,舞者一百二十八人,衣画甲,执旌旆,三变十二阵,往来击刺,疾徐有节。朝廷大宴集时,于玄武门外舞之,擂大鼓,声震百里,马军两千人引入舞队,极其壮观。此舞唐时已西传西域、天竺,东传日本。在日本《信西古乐图》中有《秦王破阵乐图》,正仓院现仍存《破阵乐》所用大刀、複袜等,日本还留传《秦王破阵乐》遗谱九种。

又有《霓裳羽衣舞》,配舞的大曲为《霓裳羽衣曲》。白居易和元稹的《霓裳羽衣歌》说"杨氏创声君造谱",指曲谱为西凉节度使杨敬述所进,而由明皇润色。杨贵妃工此舞有名。白诗云:"散序

---

① 《续通典》卷八九《乐·杂舞曲》。
② 《元氏长庆集》卷二四。
③ 《全唐诗》卷五一一。
④ 《元氏长庆集》卷二四。

六奏未动衣，阳台宿云慵不飞。中序擘騞初入拍，秋竹竿裂春冰
坼。"注曰："散序六遍无拍，故不舞也。""中序始有拍，亦名拍序。"
又诗云："繁音急节十二遍，跳珠撼玉何铿铮。翔鸾舞了却收翅，唳
鹤曲终长引声。"注曰："霓裳曲十二遍而终。""凡曲将毕，皆声拍促
速，惟霓裳之末，长引一声也。"又诗云："飘然转旋回雪轻，嫣然纵
送游龙惊。小垂手后柳无力，斜曳裾时云欲生。"[①]这个舞蹈有独
舞、双人舞和群舞多种形式，舞姿十分优美，艺术上相当成熟，是代
表了唐舞水平的。

第二节　散乐百戏与民众游艺

　　散乐百戏是大型的、群众性的文艺活动。隋唐五代散乐百戏
的兴盛，充分显示了民众文化生活的丰富多彩，也是乐观、开放的
时代精神的表现。同时这一时期多种多样的民众游艺活动也很
盛行。

　　散乐与百戏是一个意思，是汉代以来西域传入的各种技艺，如
扛鼎、寻橦、爬竿、履火等等的总称。隋唐时宫廷宴乐往往陈百戏，
如"大业二年（606），突厥单于来朝洛阳宫，炀帝为之大合乐，尽通
汉、晋、周、齐之术，胡人大骇。帝命乐署肄习，常以岁首纵观端门
内"[②]。这里"大合乐"即是表演百戏。当时司乐的太常署也开始习
百戏。据《新唐书·百官志》，太乐署下有散乐二百八十二人，仗内
散乐一千人。又据《礼乐志》，晚唐大中（847—860）初，太常乐工五
千余人，俗乐（即散乐）一千五百余人。唐玄宗时谯设酺会于勤政

---

① 《白氏长庆集》卷二一。
② 《旧唐书》卷二九《音乐志二》。

楼,"太常卿引雅乐,每色数十人,自南鱼贯而进,列于楼下,鼓笛鸡娄,充庭考击,太常乐、立部伎、坐部伎依点鼓舞,间以胡夷之伎"①。白居易描写立部伎,就有"舞双剑、跳七丸、嫋巨索、掉长竿"②的,这些都是散乐;而"胡夷之伎"就是西域输入的百戏。《明皇杂录》也写到"玄宗在东洛大酺于五凤楼下,命三百里县令、刺史率其声乐来赴阙下,或请令较其胜负而赏罚焉"。则地方官署也有散乐。在这些场合"郡邑教坊大陈山车、旱船、寻橦、走索、丸剑、角抵、戏马、斗鸡……"这虽是小说家言,反映的情景当是真实的。

隋时柳彧见近代以来都邑百姓每年正月十五日作角抵之戏,请令禁绝。从章奏中可见当时百戏规模的盛大及万众聚观的情形:

> 窃见京邑,爰见外州,每以正月望夜,充街塞陌,聚戏朋游,鸣鼓聒天,燎炬照地,人戴兽面,男为女服,倡优杂伎,诡状异形。以秽嫚为欢娱,用鄙亵为笑乐,内外共观,曾不相避。高棚跨路,广幕凌云,袨服靓妆,车马填噎。肴醑肆陈,丝竹繁会,竭资破产,竞此一时。尽室并孥,无问贵贱,男女混杂,缁素不分……③

或由于靡费至重,或恐伤于礼教,唐代也有限制百戏或禁妇女为俳优戏乐之议。这从另一方面表明了百戏的广泛流行及其所受到的欢迎。

下面介绍几种有代表性的散乐演出情况。

绳伎。封演描写说:"玄宗开元二十四年八月五日,御楼设绳伎。伎者先引长绳,两端属地,埋鹿卢以系之。鹿卢内数丈立柱以起绳,绳之直如弦。然后伎女以绳端蹑足而上,往来倏忽之间,望

---

①《旧唐书》卷二八《音乐志一》。
②《立部伎》,《白氏长庆集》卷三。
③《隋书》卷六二《柳彧传》。

之如仙。有中路相遇侧身而过者；有著屐而行之从容俯仰者；或以画竿接胫，高五六尺；或踏肩蹈顶，至三、四重。既而翻身掷倒，至绳还注，曾无蹉跌，皆应严鼓之节，真奇观者。"①可见伎艺之精湛。刘言史有《观绳伎》诗，题注"潞府李相公席上作"，这是指代宗时任泽潞节度使的李抱真，中有云："泰陵遗乐何最珍，彩绳冉冉天仙人。广场寒食风日好，百夫伐鼓锦臂新。银画青绡抹云发，高处绮罗香更切。重肩接立三四层，著屐背行仍应节。两边丸剑渐相迎，侧身交步何轻盈。闪然欲落却收得，万人肉上寒毛生。危机险势无不有，倒挂纤腰学垂柳。一一下来芙蓉姿，粉薄钿稀态转奇。坐中还有沾巾者，曾见先皇初教时。"②泰陵为玄宗陵号。这里的伎人是梨园弟子，"安史之乱"散出宫廷者。

　　竿木，古所谓"缘橦""寻橦"。唐太宗承乾太子受到疏忌，身陷危机时，曾"命户奴数十百人，专习伎乐，学胡人椎髻，剪彩为舞衣，寻橦跳剑，昼夜不绝。"③可见曾流行宫廷间。又《教坊记》云："汉武（指唐玄宗）时于天津桥南设帐殿，酺三日。教坊一小儿筋斗绝伦，乃衣以缯彩，梳洗，杂于内伎中。少顷，缘长竿上，倒立，寻复去手。久之，垂手抱竿，翻身而下。乐人等皆舍所执，宛转于地，大呼万岁。"这里写的是教坊艺人的表演。竿木亦流行民间。王建《寻橦歌》写一位"纤腰女儿"戴行直舞的惊险情景，表演又是有音乐伴奏的。

　　戴竿。这是以人力负长竿，往往与竿木表演相结合。如张鷟记载："幽州人刘交戴长竿高七十尺，自擎上下。有女十二，甚端正，于竿上置定，跨盘独立。见者不忍，女无惧色。后竟为扑杀。"④《明皇杂录》又记载玄宗时"教坊有王大娘者，善戴百尺竿。竿上施

①封演：《封氏闻见记》卷六《绳伎》。
②《全唐诗》卷四六八。
③《册府元龟》卷二五八《储宫部·失德》。
④张鷟：《朝野佥载》卷六。

木山，状瀛州方丈。令小儿持绛节出入于其间，歌舞不辍。"①咏戴竿的诗赋不少。

扛鼎。这是秦汉以来的力技。《隋书·音乐志》上有"夏育扛鼎②，取车轮、石臼、大瓮器等，各于掌上而跳弄之"；《旧唐书·音乐志》称为舞轮伎。五代时有戏车轮者。

幻术。原出于西域与天竺。下面《宗教》章将讲到祆教徒弄幻术。张鷟记载了不少幻术的例子。其一谓："咸亨（670—674）中，赵州祖珍俭有妖术，悬水瓮于梁上，以刃斫之，绳断而瓮不落。又于空房内密闭门，置一瓮水，横刀其上。人良久入看，见俭支解五段，水瓮皆是血。人去之后，平复如初。冬月极寒，石臼水冻，咒之拔出。"③又《旧唐书》记载："睿宗时，婆罗门献乐舞人，倒行而以足舞于极铦刀锋。倒置于地，低目就刃，以历脸中。又植于背下，吹筚篥者立其腹上，终曲而亦无伤。又伏伸其手，两人蹑之，旋身绕手，百转无已。"④由于外来幻术流行，恐幻惑百姓，朝廷曾有禁幻戏的诏令。

此外，传统的倒掷、长跻、蹙毬、叠置、跳剑、吞剑、弄丸、吐火、柔术、盃盘舞等，亦均流行广泛。又属于马戏的有舞马、驯象等；还有斗鸡、斗蟋蟀等。

唐时盛行歌舞戏，或称"杂戏""戏弄"，为后世戏曲的萌芽。《旧唐书》记载：

> 歌舞戏，有《大面》《拨头》《踏摇娘》《窟礧子》等戏……其余杂戏，变态多端，皆不足称。《大面》出于北齐，北齐兰陵王长恭，才武而面美，常着假面以对敌。尝击周师金墉城下，勇

---

① 《明皇杂录》卷上。
② 夏育为周时卫国勇士，传说其力大能拔牛尾，则"夏育扛鼎"已是带表演的技艺。
③ 张鷟：《朝野佥载》卷三。
④ 《旧唐书》卷二九《音乐志二》。

冠三军,齐人壮之,为此舞,以效其指麾击刺之容,谓之《兰陵
王入阵曲》。《拨头》出西域,胡人为猛兽所噬,其子求兽杀之,
为此舞以像之也。《踏摇娘》出于隋末。隋末河内有人貌恶而
嗜酒,常自号郎中,醉归必殴其妻,其妻美色善歌,为怨苦之
辞。河朔演其曲而被之弦管,因写其妻之容。妻悲诉,每摇顿
其身,故号《踏摇娘》。近代优人颇改其制度,非旧旨也。《窟
礧子》,亦云《魁礧子》,作偶人以戏,善歌舞,本丧家乐也。①

　　这些都是具有人物、情节的歌舞表演。如《代面》,"戏者衣紫、腰
金、执鞭也";《钵头》,昔有人父为虎所伤,遂上山寻其父尸,山有八
折,故曲八叠。戏者被发素衣,面作啼,盖遭丧之状也"②。《踏摇
娘》又号《苏郎中》,"时人弄之,丈夫着妇人衣,徐步入场行歌,每一
叠,旁人齐声和之云:'踏摇,和来,踏摇娘苦,和来。'以其且步且
歌,故谓之踏摇,以其称冤,故言苦。及其夫至,则作殴斗之状,以
为笑乐。今则妇人为之,遂不呼郎中,但云阿叔子,调弄又加典库,
全失旧旨"③。这后面一段说明了节目情节演变的情况。

　　《魁礧子》,又作《傀儡子》,关于其起源,"自昔传云:'起自汉祖
在平城,为冒顿所围。其城一面即冒顿妻阏氏,兵强于三面。垒中
绝食。陈平访知阏氏妒忌,即造木偶人,运机关舞于陴间。阏氏望
见,谓是生人,虑下其城,冒顿必纳妓女,遂退军。史家但云陈平以
秘计免,盖鄙其策下尔。'后乐家翻为戏。其引歌舞有郭郎者,发正
秃,善优笑,闾里呼为郭郎,凡戏场必在俳儿之首也。"④

　　又一种戏曲萌芽状态的表演形式是参军戏。这是一种滑稽诙
谐的表演,又称"假官戏",亦即后来"跳假(家)官"的由来。赵璘

---

① 《旧唐书》卷二九《音乐志二》。
② 段安节:《乐府杂录》。
③ 崔令钦:《教坊记》。
④ 段安节:《乐府杂录》。

说："肃宗宴于宫中,女优有弄假官戏,其绿衣秉简者谓之参军椿。"①参军是一个人物,还有另一个人物苍鹘相配合。所以李商隐有"忽复学参军,按声唤苍鹘"②的诗句。《乐府杂录》说："开元中有李仙鹤善此戏,明皇特授韶州同正参军以食其禄,是以陆鸿渐撰词云韶州参军,盖由此也。武宗朝,有曹叔度、刘泉水;咸通以来,即有范传康、上官唐卿、吕敬迁等三人。《弄假夫人》,大中以来,有孙乾、刘璃瓶;近有郭外春、孙有熊;僖宗幸蜀时,戏中有刘真者尤能,后乃随驾入京,籍于教坊。《弄婆罗》,大中初有康迺、李百魁、石宝山。"《弄假夫人》和《弄婆罗》应是参军戏的一种。参军戏是后来宋元杂剧的源头。

隋唐五代盛行多样的群众游艺活动,规模浩大,活跃了社会生活,有利于民众的身心。当然有些项目要有一定物质条件,只能在社会上层举行。

拔河之戏自古已有,唐时流传很广。据封演记载,朝官、宰臣亦兴此戏:"古用篾缆,今民则以大麻绁长四五十丈,两头分系小索数百条挂于前,分二朋,两相齐挽。当大绁之中立大旗为界,震鼓叫噪,使相牵引,以却者为胜,就者为输,名曰拔河。中宗时曾以清明日御梨园毬场,命侍臣为拔河之戏。时宰相、二驸马为东朋,三宰相、五将军为西朋。东朋贵人多,西朋奏胜不平,请重定,不为改,西朋竟输……玄宗数御楼设此戏,挽者至千余人,喧呼动地,蕃客、士庶观者莫不震骇。进士河东薛胜为《拔河赋》,其辞甚美,时人竞传之。"③唐玄宗有《观拔河俗戏》诗,序曰:"俗传此戏,必致年丰,故命北军,以求岁稔。"④则拔河在当时还带有祈福意味。

马毬,即波罗毬,隋唐时已传入中国。封演记载说:"太宗常御

①赵璘:《因话录》卷一。
②《骄儿诗》,《玉溪生诗笺注》卷三。
③封演:《封氏闻见记》卷六。
④《全唐诗》卷三。

安福门,谓侍臣曰:'闻西蕃人好为打毬,比亦令习,会一度观之。昨升仙楼有群蕃街里打毬,欲令朕见。此蕃疑朕爱此,骋为之。以此思量帝王举动岂宜容易。朕已焚此毬以自诫。'景云中,吐蕃遣使迎金城公主,中宗于梨园亭子赐观打毬……数都吐蕃皆胜。时玄宗为临淄王,中宗又令与嗣虢王邕、驸马杨慎交、武(延)秀等四人敌吐蕃十人。玄宗东西驱突,风回电击,所向无前……中宗甚悦……开元、天宝中,玄宗数御楼观打毬为事,能者左萦右拂,盘旋宛转,殊可观……打毬乃军州常戏,虽不能废,时复为耳。"①韩愈有《汴泗交流赠张仆射》诗,就是在徐州(今江苏徐州市)张建封幕观打毬有感而作的。其中写了打毬时"毬惊杖奋合且离,红牛缨绂黄金羁。侧身转臂著马腹,霹雳应手神珠驰"②的激烈奋争的情景。而王建与花蕊夫人的《宫词》中都写到宫人打毬。花蕊夫人写"玉鞍初跨柳腰柔"③,是骑马的;而王建写"寒食宫人步打毬"④,是不骑马的。像打毬这种游艺,要场地等条件,平民间不易推行。

泼寒胡戏是西域传入的游艺,或以为已发展为歌舞戏,配合它的乐曲即《苏莫遮》。《周书·宣帝纪》大象二年(580)十二月"纵胡人为乞寒,用水浇沃为戏乐",这是中土有关的最早记载。《旧唐书·西戎传》记载康国"至十一月鼓舞乞寒,以水相泼,盛为戏乐"。唐时中西交流兴盛,西域人来中土很多,自则天末至玄宗初,此戏大为流行。中宗曾御楼以观,睿宗时朝廷亦曾举行。因为这种活动裸露形体,浇灌道路,鼓舞跳跃以索寒,不合中土习俗,大臣吕元泰、张说等屡有谏疏,后被禁断。

隋唐五代民众间盛行的游艺,有些是中土传统的,还有不少是外来的,点缀了当时华丽活跃的社会生活,装饰着伟大的、动荡的

①封演:《封氏闻见记》卷六。
②《昌黎先生文集》卷三。
③《全唐诗》卷七九八。
④《全唐诗》卷三〇二。

时代。

第三节　绘　画

　　隋唐五代绘画，继承了六朝顾恺之、陆探微、张僧繇等一批优秀画家的传统，开拓进取，创造出伟大的成就。这个时期的人物画进入了发展的全盛期。所表现虽仍以王侯贵族和释、道为主，但题材已大为扩展，形象更为丰满，个性更加突出，体现了统一强盛的时代人们的气魄与精神。这一时期的山水画脱离人物、楼阁而独立为一科，并形成了不同的风格与流派；鞍马、花鸟等杂画已独立发展起来形成画种，艺术技巧也已相当精妙。而石窟、墓室、寺观的壁画，多出于众工之手，至今仍多有遗存，其题材之多样、内容之丰富、表现的新颖与生动，同样显示了极高的艺术水平。这种不知名的群众性的创作，恰好印证了真迹留存不多或难于确考的画家作品的艺术水平，也反映了整个社会的艺术气氛与水准。

　　隋唐五代绘画取得这样的成就，除了前述促进文化发展的一般社会条件之外，还有几个特殊因素在起作用。一是南北统一之后，南方华美绮丽的画风与北方刚健朴质的画风得以融合，新时代的画家可兼取双方之长。再是自南北朝以来，西域艺术大量传入中土，中、外绘画技法的交流结出了新的艺术果实。如北齐曹仲达原为曹国人，以画"外国佛像"名噪一时，形成了躯体稠叠、衣服紧窄的"曹衣出水"的风格，影响很大；隋与唐初，随着"丝绸之路"再开，许多西域画家来到内地，著名的如于阗国的尉迟跋质那、尉迟乙僧父子，康国的康萨陀，天竺的昙摩拙义、僧迦佛陀等人。再次，这一时期出现了一大批不同于六朝贵族画家的出身于庶族的画家，他们接近民众与多方面的社会生活，又没有像宋、元以后的画家那样与画工相分离。如大画家吴道子，出身贫寒，后来才进入宫廷。像他这样的人，既有充分的经济条件与余裕来钻研艺术，又没有脱离民众，从而成为画苑中有生机、有创造力的生力军。

隋代著名画家展子虔、杨契丹、郑法士、董伯仁等都善画人物。展被后人视为"唐画之祖"，有多方面的建树，其所画人物"描法甚细""面部神采如生，意度具足"[①]。而"契丹则朝廷簪组为胜，法士则游宴豪华为胜，董则台阁为胜"[②]。《历代名画记》卷八记载一则故事："昔田（僧亮）、杨与郑法士同于京师光明寺画小塔，郑图东壁、北壁，田图西壁、南壁，杨画外边四面，是称三绝。杨以簟蔽画处，郑窃观之，谓杨曰：'卿画终不可学，何劳障蔽。'杨特托以婚姻，有对门之好。又求杨画本。杨引郑至朝堂，指宫阙、衣冠、车马曰：'此是吾画本也。'由是郑深叹服。"以实际生活为原型，这是新的艺术观念，也是艺术上取得新进展的基础。

唐初最重要的人物画家是阎立本（？—673），他与父毗（仕于隋）、兄立德俱有画名。立本高宗朝为相。他"虽有应务之才，而尤善图画，工于写真，《秦府十八学士图》及贞观中《凌烟阁功臣图》，并立本之迹也，时人咸称其妙"[③]。这两件都是纪功旌贤之作。前者清初尚存；后者北宋上石，今有拓本传世。开元（713—741）年间，曹霸重新妆画凌烟阁功臣图，杜甫形容是"良相头上进贤冠，猛将腰间大羽箭。褒公（段志玄）鄂公（尉迟敬德）毛发动，英姿飒爽犹酣战"[④]，可以推想原作的风采。今传《步辇图》，存故宫博物院，一般认为是立本作品（或认为是北宋摹本），表现贞观十四年（640）吐蕃使节禄东赞来唐通聘情景，章法洗练，人物仪态、神情、性格毕现。又《历代帝王图》《萧翼赚兰亭图》亦题为立本作，疑问较多。

---

①汤垕：《画鉴》。
②张彦远：《历代名画记》卷二《叙师资传授南北年代》。
③《旧唐书》卷七七《阎立德传附立本传》。
④《丹青引赠曹将军霸》，《杜少陵集详注》卷一三。

初唐的尉迟乙僧在促进西域与内地艺术交流上起了重大作用。其时于阗（今新疆和田市）佛教艺术十分发达，"贞观初，其国王以丹青奇妙，荐之阙下"。其所画"慈恩寺塔前功德，又凹凸花面中间千手眼大悲精妙之状，不可名焉，又光泽寺七宝台后面画降魔像，千怪万状，实奇踪也"[①]。他所画皆外国物像。所谓"凹凸花"，是不同于中国线描的明暗法，有强烈的立体效果。

吴道子创造了唐代绘画艺术的巅峰。道子名道玄，约生于7世纪90年代，卒于"安史之乱"爆发后。出身孤贫，被玄宗召入宫廷，授内教博士，为宁王友。他画人物、神鬼、山水、台阁无一不精，唐时已被评为"国朝第一"，后人誉为"画圣"。宋人把他与曹仲达的"曹衣出水"相对比，称"吴带当风"[②]，以形容其人物衣袖飘举，满壁生风。米芾说他"行笔磊落挥霍，如莼菜条，圜润折算，方圆凹凸，装色如新"[③]。比喻运笔如莼菜条，是说线条圆转流利而内含劲挺。他还吸收了外来的凹凸法，苏轼说他"画人物，如以灯取影，逆来顺往，旁见侧出，横斜平直，各相乘除，得自然之数，不差毫末。出新意于法度之中，寄妙理于豪放之外"[④]。吴道子的人物雍容、丰满而有律动感与生命力，充分体现了盛唐的时代精神。他生前名声已很大，带领弟子作寺观壁画达三百余壁。前已提到过，他画一寺院"中门内神，圆光在最后，一笔成……及下笔之时，望者如堵，风落电转，规成月圆，喧呼之声，惊动坊邑"[⑤]。可见其艺术的感染力。他的作品在宋代流传甚多，然今天已不可见。只有《天王送子图》，藏日本大阪博物馆，可能是摹本。全画分三部分，前两段内容待考，第三段绘释迦降生、净饭王和摩耶夫人抱谒自在天神事，形

---

① 朱景玄：《唐朝名画录》。
② 郭若虚：《图画见闻志》卷一《论曹吴体法》。
③ 《画史·唐画》。
④ 《书吴道子画后》，《东坡集》卷二三。
⑤ 《太平广记》卷二一二《吴道子》。

象生动,笔致雄放,衣带飘举,正是"吴家样"风格。

吴道子影响了一代画风。他的弟子众多,成就最高者为卢楞伽。现有《六尊者像》(存故宫博物院)传为他的作品。玄、肃时代的宫廷画家陈闳,曾与道子合作《金桥图》,早佚。现存《八公图》(存美国纳尔逊博物馆),与《六尊者像》一样,真伪尚待研究。

开元(713—741)以后,张萱、周昉为代表的仕女画繁荣起来。所画虽为贵族仕女,但表现的却是平凡人生的场景,在人物画方面有所开拓。张萱,生卒年不详,开元年间为史馆修撰。"善画人物,而于贵公子与闺房之秀最工。其于花溪竹榭,点缀皆极妍巧。尤长于写婴儿。其画妇人,以朱晕耳根,以此为别"①。今存《捣练图卷》(存美国波士顿博物馆)和《虢国夫人游春图》(存辽宁博物馆)相传为宋徽宗的临摹之作,笔法精细,人物生动。特别是前者表现妇女劳动生活,极富情趣。周昉,字景玄,一字仲朗,代、德间人,作过越州(今浙江绍兴市)、宣州(今安徽宣城市)属官,潜心画艺,名震一时。"初效张萱,后则小异,颇极风姿"②,"传写妇女,则为古今之冠"③。所表现多艳丽丰肥之态,正符合当时富贵典雅的艺术趣味。今传作品有《簪花仕女图》(存辽宁博物馆)、《纨扇仕女图》(存故宫博物院)等,真伪均有不同看法。前一幅通过十三个嫔妃宫娥的姿容动态,写出其内心的苦闷与寂寞,即使非周昉所作,也反映了他那一派的画风。他又创制水月观音像,在中土观音形象发展上影响深远。

顾闳中,生卒年不详,五代时南唐待诏,善画人物。"是时中书舍人韩熙载以贵游世胄,多好声伎,专为夜饮,虽宾客糅杂,欢呼狂逸,不复拘制。李氏……乃命闳中夜至其第窃窥之,目识心记,图

---

① 夏文彦:《图绘宝鉴》卷二《唐》。
② 张彦远:《历代名画记》卷一○《唐朝下》。
③ 《宣和画谱》卷六《人物二》。

绘而上之"①。这个传说在细节上不必拘泥,顾闳中作画以贵族游乐生活为依据则是事实。这幅《韩熙载夜宴图》今只传北宋摹本,临摹技艺极高,全图分五个场面,形象生动,描染极工,是当时贵族生活的写照。

展子虔在山水画发展史上占重要位置。隋以前山水与台阁、人物尚未分离,写群峰之势,若细饰犀栉,或水不容泛,或人大于山。到了展子虔,"写江山远近之势尤工,故咫尺有千里趣"②。今存故宫博物院的《游春图卷》传为他的作品,但近人研究应出于北宋中期以后人之手。但子虔开李将军父子先河之功是可以肯定的。

李思训(653—718),唐宗室,官至右武卫大将军;其子昭道(生卒年不详),官至中舍人,俗称大、小李将军,均得山水之妙。玄宗曾对李思训说:"卿所画掩障,夜闻水声,通神之佳手也。"③据说他与吴道子同在大同殿壁画三百里嘉陵江山水,吴一日而毕,而他数月方成,可见他用笔工致。他的创作特点是"笔格遒劲,得湍濑潺湲、烟霞缥缈难写之状,用金碧辉映,为一家法"④。他注重着色,青绿重彩,富丽堂皇,突出了焕烂以求备的效果。但表现上却富装饰性而略欠自然之妙趣。昭道风格与之相似,笔力略有不及。传为思训所作《江帆楼阁图》和昭道所作《明皇幸蜀图》《春山行旅图》等是否真迹,学术界有不同看法,但总反映了两者的风貌。

吴道子亦善画山水,但他不同于李思训的细笔重彩,而以笔迹磊落、气韵豪纵胜,状景写物,直抒胸臆。他画嘉陵山水,玄宗问其状,答称"臣无粉本,并记在心"⑤,正说出了他重写意的特征。

---

①《宣和画谱》卷七《人物三》。
②《宣和画谱》卷一《道释一》。
③朱景玄:《唐朝名画录》。
④夏文彦:《图绘宝鉴》卷二《唐》。
⑤朱景玄:《唐朝名画录》。

发展了吴道子画风而另开新生面的是王维。他"书画特臻其妙，笔踪措思，参于造化，而创意经图，即有所缺。如山水平远，云峰石色，绝迹天机，非绘者之所及也"①。他在绘画上的突出成就是创制了水墨山水，以墨色浓淡变化来抒写心境，以至苏轼作"画中有诗"之评，开创所谓"文人画"传统，后来绵延而蔚为大国。苏轼本人是诗人，又是文人画的继承者，给他以高出吴道子的评价，有诗说："何处访吴画，普门与开元。开元有东塔，摩诘留手痕。吾观画品中，莫如二子尊。道子实雄放，浩如海波翻。当其下笔风雨快，笔所未到气已吞……吴生虽妙绝，尤以画工论。摩诘得之于像外，有如仙翮谢笼樊。吾观二子皆神俊，又于维也敛衽无间言。"②其代表作"《辋川图》，山谷郁郁盘盘，云水飞动，意出尘外，怪生笔端。尝自题诗云：'夙世谬词客，前身应画师。'其自负也如此。"③此图今只有石刻传世，可供研究参考。又《江山雪霁图》《雪溪图》等皆题为王维作，不是真迹。

与王维同时以画山水名家的有张璪、郑虔、卢鸿等人。张璪，代宗朝为盐铁判官，坐事贬衡州（今湖南衡阳市）司马。时毕宏亦善山水，曾问璪之所受，璪答以"外事造化，中得心源"④，传为论画的警语。其所画山水松石，高低秀绝，咫尺深重，几若断取，一时号为神品。

五代时期，荆、关、董、巨称"四大家"。荆浩（生卒年不详），字浩然，避乱隐居于太行山洪谷，今传《匡庐图》，多认为是真迹。关仝（生卒年不详）师荆浩，成就超过其师，今传《山溪待渡图》《关山行旅图》《秋山晚翠图》，是否真迹，看法不一。又有李成，亦主要生活在五代时期，逢乱世以诗酒自娱，今传《寒林图》《寒林平野图》

---

①《旧唐书》卷一九〇下《文苑传下》。
②《凤翔八观·王维、吴道子画》，《东坡集》卷二。
③朱景玄：《唐代名画录》。
④张彦远：《历代名画记》卷一〇《唐朝下》。

《瑶峰琪树图》等,是否真迹待考。这三个人多写寒山秋林,村居野渡,造境古淡,意简笔长,开山水画的北方画派。关仝、李成与北宋范宽又称"山水三大家",其影响支配了宋代山水画坛。董源(生卒年不详),字叔达,作品较可靠的有《潇湘图》《夏景山口待渡图》《夏山图》等。释巨然(生卒年不详)亦为南唐人,后入宋。他们多写江南景色山林洲渚的烟峦气象和山村渔舍的野逸景物,笔墨秀润,开创山水画的南方画派。宋祁有诗曰:"钿点峰头蠹太虚,远帆遥岸水平铺。不知真到云波上,得似工毫可爱无。"①正写出了这一派的作风。

唐五代鞍马、畜兽、花鸟画各有名家,不少画家专攻一科,取得了突出成绩。这些画种到后来都得到很大发展。众多画种的发达,一方面表现了画家们创作题材的丰富与扩大,另一方面后代山水花鸟取代人物而成为文人画的主流,则又有脱离社会生活的倾向了。

唐前期国势隆盛,游骑射猎,边关行旅,加上西域大量输入良马,朝廷牧监畜养至数十万匹,这都促成了绘画中重鞍马的风气。名家有曹霸、韩幹、韦偃等。曹霸(生卒年不详),活动在"安史之乱"前后。天宝中,每诏写御马及功臣像,笔墨生动,神采凝重,杜甫形容"诏谓将军拂绢素,意匠惨淡经营中。斯须九重真龙出,一洗万古凡马空"②。杜又有《韦讽录事宅观曹将军画马图歌》,也是对其称扬倍至。韩幹(生卒年不详)为曹霸弟子,"明皇天宝中召入供奉,上令师陈闳画马。帝怪其不同,因诘之,奏云:'臣自有师,陛下内厩之马,皆臣之师也。'"③其所画奇毛异状,筋骨既圆,蹄甲皆厚,其丰肥壮美之貌与曹霸不同,正反映了盛唐时期审美意识的转变,这一点前已用作例子讲到过。今传《照夜白图》(存美国大都会

---

①《题北郭巨然山水》,《景文集》卷二四。
②《丹青引赠曹将军霸》,《杜少陵集详注》卷一三。
③朱景玄:《唐代名画录》。

博物馆)、《牧马图》(存台北"故宫博物院"),一般认为是韩幹真迹。照夜白为玄宗所爱名马,韩写其挣脱羁绊之态,躯体肥壮,神采飞扬,用笔纤细传神,正是杜甫所谓"画肉不画骨"的风格。韦偃(生卒年不详),中唐时人,善山水人物,尤以画马著名。杜甫有《题壁上韦偃画马歌》。今存《牧马图卷》(存故宫博物院),是北宋名画家李公麟摹本,为四米余的长卷,描绘皇家牧场牧官圉人驱赶马群的壮观场面,计马一千二百余匹,奚官、马夫百四十余人,构图疏密有致,远近分明,人、马形态各异,生动逼真,全卷气势极为磅礴。

韩滉与戴嵩都以画牛著名,这是与田家生活相关的题材。滉(723—787),字太冲,德宗朝宰相。他工书画,兼擅人物与畜兽,尤好田家风俗。传世有《五牛图》(存故宫博物院),描绘五条神态各异的牛,用笔厚重有力。戴嵩为韩滉下属官,亦善画牛而又过于滉,今传《斗牛图卷》,真伪待定。

花鸟画名家者初唐有薛稷,盛唐有姜皎,中唐有边鸾,晚唐有滕昌佑、刁光胤,五代有黄筌、徐熙等。这是新兴的画种。薛稷(649—713),字嗣通,睿宗朝宰相,以附太平公主,为玄宗所杀。他文章学术,为时名流,善画,尤善画鹤。他在秘书省厅所画鹤,为"四绝"之一。作品已不传。杜甫有诗咏其画说:"薛公十一鹤,皆写青田真……低昂各有意,磊落如长人。"[1]可见其风貌。姜皎(生卒年不详),玄宗朝官至太常卿,以画鹰著名。杜甫《姜楚公画角鹰歌》曾赞其"掣臂欲飞"之态。边鸾(生卒年不详),德宗时人,曾为右卫长史,"近代折枝花居其第一,凡草木、蜂蝶、雀蝉,并居妙品"[2]。贞元中,新罗进孔雀,诏于玄武殿写其貌,一正一背,翠彩生动,金羽辉灼,若连清声,宛应繁节。惜作品亦不传。滕昌佑(生卒年不详),字胜华,中和元年(881)随僖宗入蜀,至前蜀犹在世。工

---

①《通泉县署壁后薛少保画鹤》,《杜少陵集详注》卷一一。
②朱景玄:《唐代名画录》。

画花鸟草虫，谓"点画"；又画折枝花果，随类赋色，宛有生意。又刁光胤（生卒年不详）亦于唐末入蜀，善湖石花竹、猫兔鸟雀，在西川教授生徒，黄筌等为其弟子。筌（？—965），字要叔，前蜀待诏，后蜀累官至如京副使，入宋，与子居寀皆赴都下。善花竹翎毛，兼工人物，博采众长，融为一家。居寀（933—993），字伯鸾，得筌亲传，画艺敏瞻，不让其父。前后蜀的花鸟画影响深远，黄氏父子的画格成为北宋画院的轨范。传世作品有黄筌《珍禽图》、居寀《山鹧棘雀图》等。徐熙（生卒年不详），南唐人，以处士终身。他多画江湖上的汀花野竹、水鸟渊鱼，不同于黄氏父子等宫廷画家笔下的珍禽瑞鸟、奇花怪石；他善落墨，以墨为主，着色为辅，又与黄氏父子重勾勒的富丽秾艳不同。因此有"黄家富贵、徐熙野逸"之说。徐、黄二体也就对后世有不同影响。今传《玉堂富贵图》《雪竹图》，是否为徐熙之作待考。

　　除了大家辈出、各画科普遍繁荣的画坛上的创作成就之外，唐代寺观、陵墓、石窟壁画也取得了杰出成绩。从史料看，大画家展子虔、吴道子、卢楞伽等都从事壁画创作，更多的作品则完成于无名画工之手。石窟壁画下有专节另叙。寺院壁画早在晚唐毁佛时已毁损大半，即使是残存的个别建筑物经历代修葺也不可能保存原貌。陵墓壁画深藏地下，近年发掘甚多，已有二十处左右，主要是唐前期的。其中以陕西三原县淮南王李寿（李渊从弟）墓、乾县永泰公主（中宗李显女）、章怀太子（高宗李治子）墓、懿德太子（中宗李显子）墓的壁画最为精美。这些作品气魄都很宏大，人物众多，表现上准确流畅，生动传神。永泰公主墓全长 87.5 米，墓道、过洞、前后甬道、前后室都画满了壁画，以仕女图最佳。章怀太子墓全长 71 米，残存壁画五十余幅，反映了当时宫廷多方面的生活，如《狩猎出行》《马球》《客使》《宫女》（均为拟题）等都是极其出色之作。隋唐传世绘画真迹稀少，这些作品保存了当时绘画原貌、弥足珍贵；其反映的多方面的社会生活，更提供了研究历史的绝好材料。

第四节 雕 塑

隋唐五代的雕塑,也是中国雕塑史上的一个高峰。其作品的技巧、力度和气魄等方面都达到了极高水平,反映生活的深广程度与内在意蕴也都十分突出。今存作品以纪念性雕塑、佛道造像和俑为主,虽然宗教性质很突出,但实际内容是相当接近人生的。

隋唐五代的宫殿、苑囿以及重要建筑物(如明堂)都有雕刻装饰,但今天只剩个别遗存。保存比较完好的是陵墓。唐帝陵在今西安附近有十八处,俗称"十八陵"。周围分布大批诸王贵戚、公主嫔妃和文武臣僚的墓。当初这些陵寝规模宏大,地上、地下均有建筑群。但时代变迁,屡遭盗掘,地面建筑已经坍毁。不过大型石雕却保存不少。"昭陵六骏"与乾陵石雕就是这类艺术作品的代表。

"六骏"是唐太宗为追念征战中骑过的六匹战马(飒露紫、拳毛騧、白蹄乌、特勒骠、青骓、什伐赤)而命匠师制作的石屏式浮雕,每块高约148.5厘米,宽约181.5厘米。六匹战马或屹立、或徐行、或奔驰,形象逼真,神采飞扬,突显出特定环境中(如"飒露紫"表现激战中箭后拔箭的场面)每匹马的性格。在这些战马的形象上,记录了唐王朝开国浴血奋战的历史,间接地表现了骑乘者顽强拼搏的无畏精神。"六骏"于1914年被毁,其中"飒露紫""拳毛騧"二石被盗,现存美国费城博物馆;其余四石已被复原(被盗二石亦复制),现存陕西省博物馆。

乾陵是唐帝陵中唯一未被盗掘过的,石雕保存也最为完好。坟山四周的方城四门外各有蹲狮一对,北门玄武门之外还有一对石马,神道两侧排列华表一对,翼马一对,孔雀一对,鞍马和奚官五对，文武侍臣十对，蕃臣六十一躯。石狮高 3.85 米，胸宽 1.3 米，蹲踞在 3 米高的台座上，粗壮的前腿支撑着立起的巨大身躯，双目圆睁，口颌微开，姿态劲健，形容猛厉。翼马身躯庞大，高 3.17 米，长 2.8 米，昂首挺立，以浮雕表现双翼，有飞腾之势。整个石雕群威武雄壮，死后的声威正展示了生前的功业。它如乾陵武则天母杨氏顺陵的遗存石雕也很有名。

隋唐五代作为随葬明器的陶、瓷、石以及鎏金铜俑至今遗存甚多，其中多有精美的艺术品。修建陵墓也好，陪葬明器也好，都与经济条件有关，因此现存的俑也以唐前期所制为多。隋唐时期俑的制作的一个重大变化是大量的舞乐伎俑和侍女俑代替了北朝流行的甲士铠马俑。这反映了社会生活与审美观念的转变。俑的形象则面目丰腴、躯体修长、姿态多变化，与唐时人物画的风格略似。最著名的是本书《科学技术》章里还将讲到的唐三彩，这种由于"窑变"而形成的特殊彩陶绚丽夺目，富丽堂皇，盛行于开元、天宝年间。唐三彩中除了女俑、舞乐俑、武士俑等之外，还有胡人俑、马俑、骆驼俑，这是当时盛大的中外交流的艺术体现。在西安西郊中堡村出土的一个驼俑上，载有八人歌舞队，其中一歌伎作引吭高歌状，其余七个女伎各执乐器坐在四周，造型生动，结构紧凑，场面栩栩如生。而三彩马与骆驼更是引人注目的艺术精品。实用的壶、罐、钵等也有三彩陶器。隋唐时期俑的制作，远超出作为明器的意义，具有独立的艺术价值。

隋唐五代继北朝之后，佛教造像盛行，尤以隋与唐前期更为兴盛。石窟造像下有专节另述。鎏金铜像近年出土很多，主要在北方和四川。如 1984 年在陕西临潼县（现陕西西安市临漳区）武屯乡邢家村一处窖藏即发掘出鎏金铜像三百余件。这些佛像躯体匀称，表情端庄丰润；菩萨戴宝冠，身体修长，衣带飘举，达到了很高的艺术水平。一些合体造像，如 1974 年在西安南郊出土的隋开皇元年（581）董钦造弥陀组像，一佛、二菩萨、二力士置于高座之上，旁有二蹲狮,通高41厘米,造型准确,雕造细密,人物个性突出,整体组合严谨。大型造像,如隋石灰岩观音立像(存美国波士顿博物馆)是很精美的作品。又山西五台山佛光寺东大殿和南禅寺正殿造于唐代的两铺塑像,虽经后代装塑,仍可窥原作风貌。今广东韶关市南华寺六祖慧能夹纻漆像相传为"真身"装塑,现无确证;但日本奈良唐招提寺的鉴真夹纻漆像确系其中、日弟子合制,显示了唐代的风格。此外,今尚遗存不少隋唐时期的造像碑,可见浮雕的成就。除佛教外,道教也兴起造像之风。今存隋开皇十五年(595)元始天尊玉石造像、原在骊山华清宫朝元阁的汉白玉老君像等,都是一代雕塑的精品。

现存雕塑均出于无名的众工之手,但也出现过一批著名匠师,在方志与佛典中多有记述。如韩伯通早在隋时已享盛名,唐高宗时曾为道安塑像。宋法智曾随王玄策使天竺,带回了塑造佛像的蓝本。最有名的是杨惠之(生卒年不详),约与吴道子同时,据说原与道子一起学画,自愧弗如,改而习塑。他曾为两京许多寺院塑像,精绝殊胜,无与伦比。"尝于京兆府塑倡优人留杯亭,像成之日,惠之亦手装染之,遂于市会中面墙而置之。京兆人视其背,皆曰'此留杯亭也',其神巧多此类。后著《塑诀》一卷行于世。"[①]

第五节　工艺美术

隋唐五代的工艺美术极为发达。除了促进艺术发展的一般条件之外,当时国内、外市场的需要,促使工艺制作越趋精良;制作分工趋细,锻炼出大批能工巧匠,不少是世袭的;手工业作坊和商业

---

①刘道醇:《五代名画补遗》。

行会组织也对提高工艺技术起了促进作用。由于社会艺术观念与审美趣味的丰富与提高，更使得不少日常应用物品附带上一定艺术价值或发展为独立的艺术品。例如铜镜，不只被当作梳妆用具，还作为祝寿或相互馈赠的礼品。由于铜工艺品流行，用铜数量增大，致使朝廷有禁铜之举。在辉煌盛大、气象万千的文化潮流中，这一时期的工艺品以其典丽精工的技艺和博大雄浑的风格而在艺术史上占有重要地位，无论从技术上看还是从艺术上看，成就都是极为突出的。下面只介绍重要的几个门类。

一、铸冶工艺

隋少府监(初为太府寺)设掌冶署，为职掌镕铸铜铁器物的机构。唐循隋制不改。各地方政府与民间更有不少行作。当时的金属铸冶与加工工艺已相当成熟，镕铸、钣金、切削、抛光、焊接、刻凿、铆镀等技艺都很高。最精美的属铜制品。大型的、见于记载的如武则天在端门外用铜铁所造天枢，高 105 尺，径 12 尺；今存实物如陕西省博物馆所藏景云二年(711)所铸"景龙铜钟"，重约 12,000 余斤，饰有舞狮、翔鹤、云朵、缠枝等花纹，整个铸件稳健浑厚。小型的如铜盘、铜碗、铜洗、铜薰炉、铜灯、铜杓等多有出土，不过这类日用品多因袭前代而少创制。因当时已流行陶瓷制品，有些精品或许早被历代镕铸(造像或制钱)了。这一时期最富创造性的铜工艺品是铜镜。由于它作为贡品、礼品而流行，数量大增，质量也提高了。《朝野金载》卷三记载中宗令扬州造方丈镜，铸铜为桂树，金花银叶，帝每骑马自照，人马并在镜中。这是特大的镜子。现存铜镜大者径 65 厘米以上，小者仅 4 厘米。由于使用合金(锡)成分较多，增加了亮度。形制上改变了圆形为主，发展出菱花、葵花镜，更具装饰性。又由于体积加重加厚，使用了高浮雕，加强了立体效果。在制作上则用了鎏金、贴金、螺钿镶嵌、彩漆等工艺，而尤以金银平脱(将金、银箔片剪成花纹用胶漆贴牢，再髹漆数重，细磨加工,露出图形)最为精巧。还有涂珐琅质的,则已是景泰蓝的滥觞。浮雕的图案,则由传统的缠枝、忍冬、连珠、四神、十二生肖增添出鸟雀(凤凰、鸳鸯、孔雀以至蝴蝶等飞虫)、花草(牡丹、莲花等)、瑞兽(海马、狻猊等)、盘龙等,其中海兽葡萄纹大行于武周时期,典型地显示了外来文化的影响;人物故事则由以前的西王母、伍子胥等增加了嫦娥奔月、伯牙弹琴以及狩猎、打毬、饮宴等现实生活题材;还有表现自然山水的,并多有诗句相配合。唐代铸镜的主要地区是扬州与太原。白居易有诗咏扬州铸造的贡品镜说:"百炼镜,镕范非常规,日辰处所灵且祇。江心波上舟中铸,五月五日日午时。琼粉金膏磨莹已,化为一片秋潭水。镜成将献蓬莱宫,扬州刺史手自封。人间臣妾不合照,背有九五飞天龙。"①可见其制作的繁费与精良。日本奈良正仓院藏唐镜多面,都是早年输入的精品。

　　隋唐五代金银器被当作贡品,因而大有发展。中华人民共和国成立以来各地多有出土,尤以西安一带更为集中。如1970年西安何家村曾出土银器230件,1982年江苏丹徒丁卯桥一次出土950余件。这一期的金银器造型多样,制作精美,碗有六曲、六棱、八曲、八棱的;杯多高足、环耳的;盘有圆形、花瓣形、棱形的;壶有圆形、方形、多角形的,等等。何家村出土的舞马衔杯银壶,壶体两侧各有舞马一匹,颈系彩带,口里衔盃,皮囊形壶体吸收了游牧民族工艺,正与舞马相配合。丹徒出土的涂金龟负"论语玉烛"是行令的酒具,银龟昂首屈尾,背负圆筒,上刻龙凤与瑞草,并有"论语玉烛"四个字,筒内置刻有《论语》章句的50支酒筹。又日本正仓院藏有一唐代银薰炉,遍体镂空,球体分两个半圆,以子母扣连接,系以四股银丝编成的辫绳。近年西安大明宫遗址发现的天宝时期的鎏金盘、西安东南洪庆村发现的鎏金花草人物银盒、日本正仓院所藏金银平纹琴等,都是工艺极其精良的艺术瑰宝。

①《百炼镜》,《白氏长庆集》卷四。

二、陶瓷工艺

隋唐五代时期青瓷在工艺上又取得了长足的进步,白瓷也发展成熟,釉下彩绘技术已被创造出来,彩陶的唐三彩也已流行,这正是陶瓷工艺大发展的时期。陶瓷器工艺水平的提高,与它广泛普及到人民日常生活之中有关,包括自中唐饮茶开始流行后茶具的广泛使用。从发展上看,唐前期的陶瓷器多姿多彩,创制上富于想象,风格大胆创新,中唐以后则实用性突出,艺术上渐趋平庸。这与金属铸冶工艺的发展趋势相同。

中华人民共和国成立以来考古发掘出不少窑址,对研究古代陶瓷工艺很有裨益。隋唐青瓷产地以越州(今浙江绍兴市)最为著名,并遍及今浙江、福建、江西、湖南、四川等地。由于胚料加工越发精细,烧成的瓷胎也更加细腻密致,制成器皿质地绝佳,有"薄如纸、声如磬"之说。陆龟蒙有诗云:"九秋风露越窑开,夺得千峰翠色来。"①许裳又有诗说:"巧剜明月染春水,轻旋薄冰盛绿云。"②可见其晶莹剔透之美。隋代开始在瓷胎上使用白色化妆土,创造了白瓷。至唐代,发展出与青瓷并立的另一瓷器系统,以邢窑(在邢州,今河北邢台市)产品最为有名。杜甫在成都营草堂,向朋友乞瓷碗,有诗曰:"大邑烧瓷轻且坚,扣如哀玉锦城传。君家白碗胜霜雪,急送茅斋也可邻。"③咏的是西川大邑(今四川大邑县)白瓷。陆羽《茶经》比较邢瓷、越瓷:"若邢瓷类银,越瓷类玉,邢不如越一也;若邢瓷类雪,则越瓷类冰,邢不如越二也;邢瓷白而茶色丹,越瓷青而茶色绿,邢不如越三也……"④他讲"邢不如越",却可见整个制瓷工艺的水平。唐代的饶州新昌县昌南镇即今江西景德镇市,已发

①《秘色越器》,《全唐诗》卷六二九。
②《贡余秘色茶盏》,《全唐诗》卷七一〇。
③《又于韦处乞大邑瓷碗》,《杜少陵集详注》卷九。
④《茶经》卷中。

展为制瓷业中心。从近年发掘唐代窑址出土青、白瓷碎片看,其白瓷水平已与当代接近。到了晚唐五代,白瓷瓷土的选练逐渐精纯,釉药中铁的成分减少,使胎骨的纯白反映于表面,从而完成了青瓷向白瓷的过渡;另一方面,五代十国朝廷又设御窑,如后周显德柴窑、吴越秘窑,也有助于技术的提高。唐五代制瓷工艺的发展下开宋以后瓷器制造的全盛局面。唐代还发展了彩瓷,即在青黄釉或白釉下用褐彩或绿彩绘出几何纹或云水、花鸟图案。另外花釉与绞胎瓷器亦已出现,这是陶瓷装饰史上的重要进展。

唐代瓷器造型改变了六朝稍长而瘦削的形体而转变为饱满丰腴,这同样反映了审美观念的转化。早期流行凤头壶、天鸡壶、双柄龙首壶、鸳鸯壶、高足钵、双龙尊、四耳罐等,多平底或圆瓶底,形体明显缩短,显得浑圆丰腴,雍容饱满。这个时期的作品显然借鉴了波斯鸟首壶的造型。中期以后,大型器物减少,实用器皿增多,下有圈足,形体也变得质朴了。

唐代陶器工艺最重要的成就是彩陶的一种即唐三彩,在有关章节另有介绍。

三、染织工艺

隋唐五代纺织业非常发达。最主要的是与农业结合的家庭纺织业。这从实行租庸调法时征收绢、麻布数量之大就可知道(据《通典·食货典》,天宝年间(742—756)向产丝郡县征绢约 740 余万匹,向产麻郡县征麻布 1035 万余端,而当时全国最高户口数是900 余万户)。另外还有相当规模的手工业作坊,如《朝野金载》记载定州(今河北定州市)阿明远家即有绫机 500 张。至于庞大的朝廷织染署织造供御产品,其品种、数量、质量均极可观。据《唐六典》,少府监织染署"凡织纴之作有十:一曰布、二曰绢、三曰绝、四曰纱、五曰绫、六曰罗、七曰锦、八曰绮、九曰绸、十曰褐;组绶之作有五:一曰组、二曰绶、三曰绦、四曰绳、五曰缨;绅线之作有四:一曰绅、二曰线、三曰弦、四曰纲；练染之作有六：一曰青、二曰绛、三曰黄、四曰白、五曰皂、六曰紫"。如此大规模的生产，精细的分工，培养出大批的能工巧匠，不但推动染织技术取得长足进步，工艺水平也迅速得到提高。

织锦是中国古代最为珍贵的纺织品。唐以前多用经线夹纬的织法，称"经锦"；盛唐以后开始大量以纬线起花，称"纬锦"。在色彩上，唐锦也打破了传统的质朴古拙的格调，不但用色绚丽，又用晕𰶘的办法织出色调深浅层次。图案设计也更丰富多样，有盘龙、对凤、麒麟、狮子、天马、辟邪、孔雀、仙鹤、芝草、卍字、双胜及羌文字样，千姿百态。王建《织锦曲》中说："大女身为织锦户，名在县家供进簿。长头起样呈作官，闻道官家中苦难。回花侧叶与人别，唯恐秋天丝线干。红缕葳蕤紫茸软，蝶飞参差花宛转……"[1]从中可看出专业织锦户的艰辛，及其技艺的高超。自 21 世纪初在新疆塔里木盆地和吐鲁番阿斯塔那墓葬等处发现为数不少的唐锦，有双鱼纹锦、云纹锦、花鸟纹锦、兽头纹锦、联珠对马纹锦、联珠同字对狮纹锦等。日本正仓院也藏有不少精美唐锦。

丝织品中绢、绝、绸、绮、罗、縠等，都是著名的优质产品。尤以绫品类众多，织造精致。白居易《缭绫》诗说："缭绫缭绫何所似，不似罗绡与纨绮。应似天台山下明月前，四十五尺瀑布泉。中有文章又奇绝，地铺白烟花簇雪。织者何人衣者谁？越溪寒女汉宫姬……"[2]可见其织造之精美。唐绮多用团花连环纹或回纹、菱形、棋局、龟背等几何图形，饰以动植物图案，设计美观大方。

唐代的麻织品有纻布、葛布、蕉布等。纻布产地很广，主要是南方各道，尤以淮南道产品为佳。鲍溶《采葛行》云："织成一尺无一两，进供天子五月衣。"[3]形容其织作的轻薄细密。

---

①《全唐诗》卷二九八。

②《白氏长庆集》卷四。

③《全唐诗》卷四八七。

棉织在唐代有很大发展。岭南产的桂管布、高昌产的氎布都很有名。白居易《新制布裘》诗中有"桂布白胜雪"之说。而传奇《东城老父传》里也提到玄宗时长安有专卖白氎布的店肆。在新疆巴楚县脱库孜沙来遗址的唐代地层中,曾发现蓝地白花棉布实物。

毛织品主要是毡毯,凉州(今甘肃武威市)与太原府(今山西太原市)的产品驰名全国。唐时输入日本的毡毯,在日本正仓院尚存有三十床之多。唐毡毯除了白色和绯色的之外,还有图案精美的花毯,是把毛染色织成的。这种塞外民族的日用品,传入中土后被提高为工艺品了。唐代毛织技艺水平可以举一个例子:"中宗女安乐公主有尚方织成毛裙,合百鸟毛,正看为一色,旁看为一色,日中为一色,影中为一色。百鸟之状,并见裙中。"[1]这个裙子的具体织法没有说明,但极精美工巧是肯定的。

随着纺织业的发展,练染技术也有提高和创新。马缟《中华古今注》记载:"隋大业中,炀帝制五色夹缬花罗裙,以赐功臣及百僚母、妻。"这是有关夹缬工艺的最早记载。但吐鲁番考古已发现北朝时期高昌麹氏王朝的夹缬实物。夹缬是用两块缕花木板,将丝帛夹在中间,练染出图案。传闻中又说其法创自玄宗柳婕好,由此遍于天下,至为庶民所服。实际上这只表明了在唐代夹缬普及的事实。类似夹缬的还有古代民间早已发明的蜡缬、绞缬,唐时也已盛行。蜡缬即蜡染,是把蜡涂在织物上,描出图案,练染后再使蜡脱落,图案就显现出来了。蜡染可以套色,色彩非常艳丽。绞缬则是将丝绸或衣裙折成连皱,用线缝牢,染后拆线,就形成了深浅不同的花纹。吐鲁番阿斯塔那304号墓出土的垂拱四年(688)丝裙,就是用绞缬染成绛紫、茄紫菱形网格图案而造成了彩色斑斓的纹理的。

工艺美术是最为普及、最为接近生活实际的艺术样式。它的

---

① 《旧唐书》卷三七《五行志》。

水平的大幅度提高，显示了隋唐五代广大民众审美水准和享受艺术的条件的提高。这是社会精神生活发展与丰富的重要表现。从另一个角度看，工艺美术又结合在实用技艺之中，它的发展，又是艺术人生化、生活艺术化的标识。人们赋予物质生产与消费以更多的艺术价值，这在社会发展上和民族精神发展上都是有重大意义的。

第六节　书　法

　　中国书法发展到两晋南北朝，众体皆备，创造了一个高峰。隋唐五代人在继承传统的基础上另辟新境，创造了又一个高峰。唐楷变六朝的欹斜倾侧、娟媚遒逸为端庄雅正、雄浑谨严；唐草更超越前代而大有创新；隶、篆、行书也各有突出成绩。唐代书法的成就，又有二事给人以深刻印象。一是今传大量唐碑刻，书丹者多数是书法史上无名的人物，但书艺多有可观者；二者现存大量隋唐五代写卷，多出于一般写经生或僧人之手，书法上也显示了很高的素养。这表明了当时整个社会书法艺术的普及程度。

　　这样，隋唐五代的书家从帝王将相到布衣、方外，各色人等，人才济济。这反映出当时一般教育水平的提高，也与科举、铨选制度有一定关系：书法是读书人应举、选官的重要的基本功之一。当然书艺的提高，新风格的创造，更主要地决定于文化潮流与社会审美趣味的发展变化。

　　隋代书法是北碑至唐的过渡期。关系后代书法发展的重大变化是碑、帖合流，风格上则是承前启后。叶昌炽在《语石》中说：

　　　　隋代上承六代，下启三唐，由小篆、八分，趋于隶、楷，至是而巧力兼至。神明变化，而不离于规矩。盖承险怪之后，渐入坦夷,而在整齐之中,仍饶浑古。古法未亡,精华已泄,唐欧、虞、褚、薛、徐、李、颜、柳诸家精诣,无不有之。此诚古今书学一大关键也。

隋代书家,今知名者以智永为代表。僧智永(生卒年不详),为王羲之七世孙。曾书楷、草二体《千字文》八百本,遍散江东诸寺。今传著名者有四本。"关中本"为宋大观(1107—1110)年间刻于关中,是今知上石最早者,书体古雅有骨力。原石已佚,今存西安碑林者为翻刻。又早年传入日本的"铁臣本",书亦遒劲丽美,或谓非智永所书。隋碑著名者有今河北正定龙兴寺的正书《龙藏寺碑》,欧阳修《集古录跋尾》谓张公礼撰,明拓本末有"张公礼"三字未泐,为世所重。此碑结体拙朴,用笔沉挚,康有为谓其"安静浑穆,骨髓不减曲江,而风度端凝,此六朝集成之碑,非独为隋碑第一也"①。又山东东阿县陈思王(曹植)墓旁的《曹子建庙碑》,失撰书人姓名,为隋开皇十三年(593)所刻,体兼篆、隶,笔法古雅雄劲,亦为精品。智永从二王(羲之、献之)来,平正和美,唐虞世南承之;《龙藏寺》走秀朗劲挺一路,下启褚遂良等人;《曹子建》则浑厚圆韧,开颜真卿一派先河。

唐初,以欧、虞、褚、薛为四大家。虞世南(558—638),字伯施,历陈、隋入唐,太宗朝官至秘书监,封永兴县公。他学书于智永,为二王嫡传,正、行、草书皆善。初唐时二王书大行。特别是太宗广购图书,雅好二王,更使之举世风靡。二王书本来骨力、娟秀兼重,世南得其真髓,笔致内含刚柔,遒逸有神。虞书最著名者为正书《孔子庙堂碑》,刻于武德九年(626),其时世南已七十余岁,笔力毫不见衰惫之态。今存精品古拓,仅清人李宗翰原藏一本,已流入日本。重刻本有数种,以存西安碑林的"陕西本"最著名。此碑笔法凝重圆腴,渊穆深远,不仅在虞书为造极之作,亦是唐碑妙品。此

① 《广艺舟双楫》。

外传世名作有《汝南公主墓志铭》草稿真迹（或以为米芾摹本）等。世南甥陆柬之（生卒年不详）学其书，亦有成就。

论唐人书，以虞为南派（二王为东晋人），欧、褚为北派。北派谓接受北碑隶书的影响，虽亦宗法二王，但更在刚劲瘦硬上用功夫。欧阳询（557—641），字信本，官至太子率更令、弘文馆学士，封渤海县男。《旧唐书》说："询初学王羲之书，后更渐变其体，笔力险劲，为一时之绝。人得其尺牍文字，咸以为楷范焉。"①他不用二王的含蓄娟秀，而注重结体的纤浓得度，用笔的刚劲不挠。其名作有正书《化度寺邕禅师塔铭》《九成宫醴泉铭》。前者原石久佚，宋以来翻刻本极多，由于在敦煌遗书中发现了唐拓（分存巴黎图书馆、大英博物馆），始得窥原作真貌；后者原石久经捶拓，磨损严重，以北宋拓本为佳。此二碑均锋锷森严，外露筋骨，深厚沉劲，气韵生动，向被视为楷书极则。此外名作有《房彦谦》《温彦博》《皇甫诞》诸碑，行草则有《行草千字文》《仲尼梦奠帖》等。其四子欧阳通亦能书，得其嫡传。

褚遂良（596—658），字善登，太宗朝为相，为太宗临终顾命大臣之一，后以反对武则天贬死。他生在虞、欧之后四十年，虽同样宗法二王，却能更成功地融合南、北，别有创新。张怀瓘《书断》上说他"少则服膺虞监，长则祖述右军，真书甚得其媚趣"。他虽注重吸取隶体的清远奇伟，矩度森严，但又力求风流绰约、温雅端丽。其代表作有《伊阙佛龛碑》《孟法师碑》《房玄龄碑》《雁塔圣教序》等。《伊阙佛龛碑》为龙门摩崖石刻，今仍留存，传本以宋拓为佳，结体雄浑、秀逸兼而有之，是早年风格。《房玄龄碑》永徽二年（651）刻，为昭陵陪葬碑之一，现存三百余字（原二千余字），传世有宋拓本，历来被认为是褚书杰作，笔力瘦劲清拔，韵格超绝。《雁塔圣教序》书似《房玄龄》，亦为成熟期作品。褚书行书有《枯树赋》及

---

① 《旧唐书》卷一八九上《儒学传上》。

《临兰亭序》为代表。

薛稷是画家,前已介绍,其书法师承褚遂良,结体遒丽,用笔纤瘦,别是一家,后人评价甚高。代表作有《信行禅师碑》。又薛曜,为其堂兄弟,亦能书,称"二薛"。

盛唐时期以楷书名家者有徐浩。徐浩(703—782),字季海,历仕玄、肃、代三朝,官至吏部侍郎。真、行、草、隶皆工。最负盛名者为正书《不空和尚碑》,现存西安碑林,《宣和书谱》谓其如"怒猊抉石,渴骥奔泉",形容其劲健而有超逸气象。米芾说:"开元以来,缘明皇字体肥俗,始有徐浩,以合时君所好。"[①]是说他矫欧、褚的结体瘦劲而趋肥腴。这也符合绘画、雕刻表现出来的时风。

到徐浩以前,唐书家皆以二王为宗(当然各有新变)。直到颜真卿出来,才真正变瘦硬为雄强,创下唐楷新典型,把楷书艺术推向新境界。真卿(709—784),字清臣,安史乱起,以平原(今山东平原县)太守号召河北州县抗敌,历官尚书右丞、刑部侍郎等职,封鲁郡开国公;兴元元年(784)出使宣慰淮西被叛帅李希烈杀,以忠贯白日、识高天下称。其落落大节、道德文章,均有助于培养其书格。唐韦续评他的书法是"锋绝剑摧,惊飞逸势"[②]。其正书参用篆籀,结构宽博,运笔遒逸,显示出庄重恢宏的气度,发扬了阳刚之美,为虞、欧、褚、徐所不及,真正体现了盛唐的时代精神。代表作《多宝塔感应碑》,天宝十一载(752)刻,存西安碑林,多翻刻本。此碑为其壮年所作,书风方整严谨,秀媚多姿,尚近徐浩风格。因此书匀稳易学,大为习书者所嗜。又《大唐中兴颂》,是大历六年(771)所书元结颂唐中兴之作,在湖南祁阳县浯溪摩崖,今保存尚完整。后世摹刻甚多,故宫博物院藏前半部分宋拓为佳。此书磊落奇伟,被评为颜书第一。《麻姑山仙坛记》世传大、中、小三本,原石均佚。

---

① 《海岳名言》。
② 《续书品》,《说郛》(宛委山堂本)卷八六。

大字本有宋拓，存上海博物馆。中字本、小字本难信为唐人所作。大字《麻姑》向为书家赞赏，谓其朴逸厚远，气势磅礴，亦有以它为颜书之冠的。此外《东方朔画像碑》《颜氏家庙碑》《颜勤礼碑》《自书告身》等亦为传世杰构。颜亦善行草，"颜氏三稿"（《争座位稿》《祭侄文稿》《告伯父又稿》）和《刘中使帖》有名。

晚唐柳公权取法颜真卿而又得欧阳询的劲健，兼备晋、唐众长而自成一家。公权（778—865），字诚悬，穆、敬、文三朝均担任翰林侍书学士供奉内廷，官至国子祭酒、工部尚书，以太子太保致仕。他精于楷书，亦善行、草、篆书。《金刚经刻石》为长庆四年（824）的早年之作，是传世最早的柳字，有敦煌写卷中的唐拓（存巴黎图书馆），结构、用笔极谨严，锋棱犀利，神气清健。《大达法师玄秘塔碑》为会昌元年（841）刻，存西安碑林，是柳体的典型代表，体兼方圆，顿挫分明，一点一划，俱见锋力，向被作为学习楷书的范本。又《神策军碑》，会昌三年刻，原拓存北京图书馆，较《玄秘塔》更为精炼苍劲，也是今传柳书妙品。又小楷如《太上老君常清静经》、行书《蒙诏帖》，亦是唐人书法的典范之作。

晚唐善正书者还有沈传师（769—827）、裴休（791—864），均称大家。沈有《罗池庙碑》等，裴有《圭峰定慧禅师碑》等传世。

如上所述，虞、欧以来书家多兼长行书，而专精者有李邕、杜牧、杨凝式等人。李邕（675—747），字太和，曾任北海（今山东潍坊市）太守，被奸相李林甫迫害致死。"邕早擅才名，尤长碑颂，虽贬职在外，中朝衣冠及天下寺观多赍持金帛往求其文，前后所制，凡数百首。"[①]这几百通碑文不会全是他书丹上石的。其行书代表作今传有《李思训碑》《麓山寺碑》《云麾将军李秀碑》《叶有道碑》等。他运笔任情流放，纡徐妍溢，瘦劲有骨力。《李秀碑》为晚年之作，趋于渊穆。董其昌说"右军如龙，北海如象"，即比喻他雄迈蕴藉的

---

① 《旧唐书》卷一九〇中《文苑传中》。

特征。今传诗人杜牧行书妙品《张好好诗》，藏故宫博物院，字体婉媚，一气贯注，《宣和书谱》评谓"气格雄健，与其文章相表里"。杨凝式（871—954），字景度，五代后周时官至左仆射、太子太保，以行、草名世。笔致遒放，宗欧、颜而加纵逸。欧阳修跋其字，谓五代之际有一杨凝式，为一时之绝。行书名作有《韭花帖》《卢鸿草堂十志图题跋》等。前者淳古淡雅而近王，后者较雄浑而近颜。

唐代的草书成就甚高，而以狂草影响尤大。晋草飘逸而唐草狂放，这也是时代开阔自由、不受迫束的精神的反映。初唐孙过庭（生卒年不详）有论书名著《书谱》，现存草书真迹一卷（全本二卷六篇），藏台北"故宫博物院"。他论书多精辟之见，而书迹正符其言，真正做到了言顾其行。如他要求"草贵畅而流"，《书谱》真迹的笔法正是坚劲流畅、笔墨温润的。其传世草书以《景福殿赋》最著名，或以为是伪作。到了盛唐，狂草登峰造极，以颠张、狂素二家最著名。张旭（生卒年不详），官至左率府长史，与李白、贺知章等人同被李白列入"饮中八仙"。李顾有赠诗形容他"露顶据胡床，长叫三五声。兴来洒素壁，挥笔如流星"[1]，写他大醉狂呼落笔的情景。韩愈《送高闲上人序》说"张旭善草书，不治它伎。喜怒、窘穷、忧悲、愉佚、怨恨、思慕、酣醉、无聊、不平，有动于心，必于草书焉发之。观于物，见山水崖谷、鸟兽虫鱼、草木之花实、日月列星、风雨水火、雷霆霹雳、歌舞战斗，天地事物之变，可喜可愕，一寓于书。故旭之书，变动犹鬼神，不可端倪，以此终其身而名后世"[2]。这可见他的人格、境遇与书艺的关系。传世之作有《肚痛帖》，系重刻，存西安碑林；《古诗四帖》，藏辽宁省博物馆，书法劲健，但是否真迹有不同意见。释怀素（725—?），字藏真，本姓钱，诗人钱起之侄。陆羽《僧怀素传》记载他与颜真卿的对答："……颜公徐问之曰：'师亦有自

---

①《赠张旭》，《全唐诗》卷一三二。
②《昌黎先生文集》卷二一。

得之乎？'对曰：'贫道观夏云多奇峰，辄尝师之。夏云因风变化，乃无常势，又无壁折之路，一一自然。'颜公曰：'噫，草圣之渊妙，代不绝人，可谓闻所未闻之旨也。'"①这个情节形象地道出了怀素的草书风格。他学张芝、张旭而别创新境，驰骋绳墨之外，回旋进退而莫不中节。他最著名的作品是《自叙帖》，传为真迹者有数本，完整不缺者现藏台北"故宫博物院"。又《苦笋帖》，藏故宫博物院；《食鱼帖》，藏辽宁省博物馆，均高华圆润，天真放逸。又贺知章（659—744），字季真，自号"四明狂客"，累迁秘书监，隐居会稽（今浙江绍兴市）而终。与李白友善，亦善草书。但今存于日本皇室的《草书孝经》是否真迹，尚多疑问。杨凝式亦善草书，代表作有《神仙起居法》《夏热帖》等。

唐代篆书以李阳冰最有名。阳冰（生卒年不详），字少温，官至将作少监，为李白族叔，任当涂（今安徽当涂县）令时李白依之而终。其小篆上承李斯，用玉箸笔法，但体势上变平正为伟劲流动。代表作《三坟记》原刻已毁，宋代重刻存西安碑林；《城隍庙碑》原石已佚，今存于浙江缙云县的也是宋代重刻；《滑台新驿记》，中国社会科学院考古所存宋拓海内孤本；《般若台》，在福州乌山，原刻亦毁。阳冰早期字划瘦硬，后期之作越发淳劲。

唐代善隶书者有韩择木、史惟则、蔡有邻、李潮等人。以韩择木成就最高。择木（生卒年不详），官至工部尚书，为韩愈族叔。传世名作有《告华岳文》，存陕西华阴华岳庙；《叶慧明碑》，原石已佚，今存浙江遂昌县者乃重刻。其隶法清瘦，以风骨爽劲为特点。史惟则（生卒年不详），名浩，以字行，官至殿中侍御史。存《大智禅师碑》，在西安碑林，向被推为隶法开元第一；又有《兴唐观金箓斋颂》，在山西浮山县，笔法清隽秀健。蔡有邻为蔡邕后裔，李潮为杜甫外甥，均以隶书著名。

---

①《全唐文》卷四三三。

第七节　石窟寺

　　石窟寺本是佛教建筑,然而却包括了建筑、雕塑、绘画、碑刻等多方面内容,成为综合性的艺术宝库。而如敦煌莫高窟,又藏有大量文书、绘画等,更具有极其广泛、丰富的学术价值。中国的石窟分布极广,东起辽宁义县,南至杭州飞来峰、南京栖霞山,西南有四川的大足、剑川,西至今新疆库车、拜城等地,大规模的洞窟密集的石窟群有二十个左右。中国石窟开凿始于 3 世纪,一直延续千余年,到 16 世纪仍造有新窟,而最为兴盛的时期是北朝与隋唐。从艺术成就看,则隋唐时期达到了顶峰。这一时期各门类艺术的普遍发展水平,中、西文化交流所取得的成果,宗教艺术与世俗艺术的相互影响等等,在石窟艺术中都明显地反映了出来。

　　石窟艺术以佛教内容为中心。南北朝时期佛教的发展,南方重义理,北方重践行,所以凿窟造像主要盛行于北方。延续至隋唐时期,石窟开凿仍主要集中在北方,特别是自中原、经河西、出新疆的一线。这正是当年佛教传播的主要路线。隋唐时期佛教已经中国化,宗派佛教大盛,流行于统治阶级上层直至广大民众间,这对佛教艺术包括石窟艺术的发达是巨大的推动力。而这一代的石窟艺术虽接受传统的传承和外来的影响,却又是在当时的文化与艺术的环境中发展,因此必然带有时代的特征,同时也保证它取得了前所未有的成就。隋唐时代石窟艺术最重要的是敦煌莫高窟和洛阳龙门石窟,一个更集中地反映了中、西艺术交流的成果;另一个则是中原佛教艺术长期演化的结晶。前者下节另叙,这里简单介绍后者。

　　河南洛阳市南 13 公里伊水两岸山崖的龙门石窟,主要开凿于北魏迁都洛阳(494)之后,至北宋续有雕凿。现存窟龛 2100 余个,造像 10 万余躯,碑刻题记 3600 余品,佛塔 40 余座。其中唐代窟龛占三分之二以上,而特别集中在武则天当政的 7 世纪下半叶。这也是龙门石窟艺术最为成熟的时期。自唐初到这一时期洞窟形制上的根本变化,是由北魏以来的马蹄形平面、穹窿顶改变为方形平面、圆顶、前室平顶,相应地变后壁列像为凿出坛床列像。这是摆脱外来影响的进一步中国化的构筑方式。龙门石窟的主要内容是造像和碑刻。在造像题材上,相对于北朝以释迦和弥勒为主,到隋唐时期阿弥陀像与观世音像比例增大。这与净土信仰的流行有关。唐初净土宗师善导就是主持造窟者之一。在雕像的组合上,由七身一铺(一佛、二弟子、二菩萨、二天王),增加到九身或十一身(加二力士、二供养人)。在整个石窟群中最宏伟的建筑是上元二年(675)完工的摩崖像龛奉先寺,它坐西向东,面宽约 30 米,进深约 35 米,以卢舍那佛为中心,排列着弟子、菩萨、天王、力士等十一尊雕像。主尊高逾 17 米,结跏趺坐在须弥座上,着通肩大衣,面相丰腴,眉眼低垂,隐含微笑,显得雍容慈和,气宇轩昂,被称为"东方的蒙娜丽莎"。武则天曾以脂粉钱两万贯助修,据说主尊面目就是按着她的容貌雕造的。现在其右手已被盗往国外,左手和腹部以下有毁损,但无害于整体的艺术效果。奉先寺的布局在整齐中见变化,不同形象个性鲜明突出,达到了极高的艺术水平。万佛洞是高宗、武后时期雕造的另一大洞窟,主尊在后室正壁,一佛、二弟子、二菩萨、二天王、二供养人九身一铺造像,南、北壁还浮雕 1.5 万尊小佛像,窟口外侧雕二力士像,惜部分造像已遭破坏。此外,唐初完成的宾阳南、北洞,咸亨二年(671)完工的惠简洞,延载元年(694)完工的净土洞等也很有名。龙门碑刻题记之多,居各地石窟之冠。以北魏时期的魏碑体造像记最为著名。唐碑价值最高的是前已提到的褚遂良《伊阙佛龛碑》和开元十年(722)补刻的《大卢舍那像龛记碑》。另外还有刊刻的《金刚经》《心经》《观世音经》等,在书法艺术上都值得重视。

　　山西太原市西南 40 公里的天龙山石窟兴造于东魏,至唐代大盛。在今存 21 窟中,唐窟有 15 个。这里是中原发达地区,显示了成熟的中土风格。石窟形式多数呈方形、三壁三佛式,造像妍丽丰腴,优美稳健,是成熟的圆雕手法,被称为"天龙山样式"。隋开皇四年(584)完成的东峰第八窟,窟内设中心塔柱,塔柱四面有天幕式佛龛,东壁有摩崖碑即所谓《开皇石室铭》。西峰第九窟居整个石窟群的中心,原建有三重檐高阁,已毁,现仅存二层壁面,上层雕造高 8 米的倚坐弥勒佛,下层主尊为高 5 米的十一面观音立像,都是典型的盛唐风格。正因为天龙山在交通发达地区,被毁坏劫掠也特别严重。

　　甘肃省永靖县西南 35 公里处小积石山中的炳灵寺石窟开凿于西秦时期,亦到唐时大盛。在今存 195 个窟龛中,唐代的占 134 个。多数是摩崖小龛,造像多是石雕加敷彩绘,也有石胎泥塑的。最重要的是贞元十九年(803)建造的 171 号窟,原在窟前建有七重依山高阁,已毁,窟有 28 米的倚坐弥勒像,为石胎泥塑,已经后代重装。炳灵寺石窟造像体态丰满,表情生动,也是唐代中原风格。

　　此外,甘肃庆阳市附近覆钟山下南、北石窟寺,北石窟寺现存各代窟龛 295 处,南石窟寺现存 5 处,唐窟亦占三分之二以上。如意元年(692)所造北石窟寺 32 号窟,主尊为阿弥陀佛的造像一铺,形态优美生动,最为杰出。四川广元县西嘉陵江岸的皇泽寺和千佛崖是西南地区石窟艺术的代表,始凿于南北朝,至元、明继续修建,亦以唐时最盛。皇泽寺后的大佛窟,主尊阿弥陀佛高 4 米,左右为高浮雕的二弟子、二菩萨、二力士,像后有半圆雕的天龙八部众,结构谨严生动,形象雄健富丽。千佛崖于 1935 年修建川陕公路时已毁损过半,现存者在南北 200 余米的山崖上,密布窟龛,高者距地 40 米,重叠处有达 13 层的,极为壮观。造于唐代的睡佛洞中有佛涅槃像,最为有名。

　　今新疆拜城县东南 60 余公里处的克孜尔石窟、新疆库车县西南约 30 公里处的库木吐喇石窟、新疆鄯善县西南约 40 公里处的吐峪沟石窟，均开凿于中原的南北朝时期。这里本来是龟兹地区，是中原与西域文化的交会地。唐初在这一带设都护府，有效地实行着统治，汉地居民大量迁入，石窟艺术也显现了东、西风格交融的特色。西域流行的晕染法与中原的线描、敷彩方法在这里并存，造像也融入了中原特色，出现了汉族供养人像与汉文题记等。这些石窟是研究古代文化交流的宝贵实物资料。

　　新疆吐鲁番市东北约 50 公里处的柏孜克里克石窟主要凿造于 9 世纪以后的回鹘高昌时期，云南剑川县西南的石钟山石窟始凿于南诏第七代王晟丰祐（823—859 年在位）时期，终于段氏大理国中期，对于研究晚唐五代边疆文化和我国少数民族维吾尔族、白族的文化史都是极其重要的材料。

　　东晋以后南方大量兴建佛寺，石窟艺术不发达。江苏南京市东北 20 公里处的栖霞山千佛岳开凿于齐永明二年（484），后续有凿造，现存佛龛 294 个，造像 515 尊，其中不少为明代以后雕凿的。栖霞寺门右侧的《明征君碑》是高宗撰文、高正臣书丹，为唐碑中行书精品；又栖霞寺后隋仁寿元年（601）始建、南唐时重建的八角形密檐式舍利塔亦很有名。杭州灵隐寺前飞来峰造像群为五代时始造，多密教内容，对研究佛教史和南方雕塑艺术很有价值。

　　大同云冈石窟、甘肃天水麦积山石窟、河北邯郸市响堂山石窟、河南巩义市石窟、辽宁义县万佛堂石窟等均兴造于北朝，到隋唐时代已过了发展的隆盛期，只是做了些增饰、修补的工作。其中麦积山石窟隋代仍有重要凿造，第 13 和第 98 两窟的高 10 米以上的主尊造像、第 5 窟（"牛儿堂"）在前廊后凿一大窟与二大龛，气势宏伟。但到唐代，山崖南侧崩毁，也就不可能再有大的兴构了。

第八节　敦煌石窟——古代文化宝库

一、历史上的敦煌与敦煌石窟

在中国各地众多的石窟中,就文化史的意义说,敦煌石窟的价值无疑是最为巨大与丰富的。敦煌石窟狭义上是指今甘肃敦煌市东南鸣沙山麓的莫高窟,广义上还包括另外三个石窟群:敦煌市西南的西千佛洞、安西县南的榆林窟及其以东的小千佛洞(水峡口窟)。20 世纪初,在敦煌石窟发现了大批写卷和文物,成了轰动世界的大事件,影响于学术研究至为深远。"敦煌学"如今已成为显学。敦煌石窟作为中国古代的文化宝库、中西文化交流的结晶的意义,已陆续并仍在继续被发掘出来。

今甘肃省的河西走廊,自古以来就是自中原通向西域的孔道。这里南临青藏高原,北界腾格里沙漠和巴丹吉林沙漠,一条狭长地带点缀着一系列绿洲,敦煌就在它的最西端。古玉门关在敦煌西北 100 公里处,而阳关则在敦煌西南约 20 公里处。出了玉门关和阳关,就进入了广大的西域,在古代的中原人看来就已经是"异域"了。而敦煌以西,则是蒲昌海(罗布泊)和库姆塔格沙漠,这里又成为西进商旅的最后一个休憩地,或迎接西域来客的前哨。

河西走廊在战国时期是古月氏族的居住地。公元前 3 世纪后期,匈奴族兴起,将月氏族驱赶到西方。到了汉代,汉武帝破匈奴,据有河西,设武威(今甘肃武威市)、张掖(今甘肃张掖市)、酒泉(今甘肃酒泉市)、敦煌(今甘肃敦煌市)四郡,并进而经营西域。李广利两次出征大宛,均以河西四郡为根据地。据《汉书·地理志》记载,西汉时敦煌有户一万一千二百,口三万八千三百三十五,除了居住月氏、匈奴、氐、羌人之外,还有大批汉人。魏、晋时期继续经营河西。到了西晋崩溃,北方动乱,河西地方前后建立起五凉(前凉、后凉、南凉、北凉、西凉)政权。当时这一地区相对地安定,经济、文化得到了发展,大批中原避乱民众移居到这里。《晋书·凉武昭王传》记载:

> 初,苻坚建元之末,徙江汉之人万余户于敦煌,中州之人有田畴不辟者亦徙七千余户。郭黁之寇武威,武威、张掖以东人西奔敦煌、晋昌者数千户。及玄盛东迁,皆徙之于酒泉,分南人五千户置会稽郡,中州人五千户置广夏郡,余万三千户分置武威、武兴、张掖三郡,筑城于敦煌南子亭,以威南虏。

这可以看出中原人口大量向河西流移的情形。河西又成为东、西方交流的中介地。

东汉时期佛教已在中土广泛传播,这种传播也是伴着东往西来的商旅进行的。作为贸易中心与通道的河西也成了西行求法、东来传教的佛教徒集中之地,从而也是佛教发展的重要中心。公元 3 世纪的著名译师竺法护即世居敦煌,有"敦煌菩萨"之称,来华后译经 149 部,对教法的传播有重要贡献。他的弟子竺法乘,避中原之乱,回到敦煌,立寺讲经,推动了当地佛教的发展。苻秦时派吕光出兵西域,命攻下龟兹后送鸠摩罗什入关,后吕光据有河西立前凉,罗什居其地十余年之久。法显于后秦弘始元年(399)西行,次年到张掖夏坐,又到敦煌休整月余方始前行。著名译师昙无谶亦曾居敦煌数年,他在北凉译《大涅槃经》,是对中国学术产生巨大影响的经典。这都可以看出敦煌佛教发展的情形。

正是在这种情况下,敦煌石窟应运而兴建起来。据圣历元年(698)的《大周李君重修莫高窟佛龛碑》,最初兴造者为沙门法傅,时间是前秦建元二年(366)。但一个被称为《沙州地志残卷》(p.2691)的写卷则记载初凿于永和八(应为"九"字之讹)年(353)。确切年月无关紧要,大体可确定开始兴造在竺法护以后,罗什、法显等人以前时期。北凉和统一北方的北魏都加护佛教,莫高窟也就繁荣起来。

隋立国后,大兴佛法,同时又经营西域,开通"丝绸之路",敦煌的地位更形重要起来。裴矩在《西域图记序》中说:

> 发自敦煌,至于西海,凡为三道,各有襟带:北道从伊吾,经蒲类海铁勒部、突厥可汗庭,度北流河水,至拂菻国,达于西海;其中道从高昌、焉耆、龟兹、疏勒,度葱岭,又经钹汗、苏对沙那国、康国、曹国、何国、大小安国、穆国,至波斯,达于西海;其南道从鄯善、于阗、朱俱波、喝槃陀,度葱岭,又经护密、吐火罗、挹怛、忛延、漕国,至北婆罗门,达于西海。其三道诸国,亦各自有路,南北交通。其东女国、南婆罗门国等,并随其所往,诸处得达。故知伊吾、高昌、鄯善,并西域之门户也。总凑敦煌,是其咽喉之地。[①]

这段话,说明了当时"总凑敦煌"的西域交通的发达。炀帝曾亲巡河西,至燕支山下,命裴矩至敦煌,遣使招诱西域诸王前来朝见。隋炀帝本人亦笃信佛教,隋时东、西佛教交流正盛。敦煌石窟在此时期进入了发展繁盛期,也是很自然的事。隋王朝立国不足四十年,今莫高窟存隋窟达95个,占全数的近五分之一。

隋唐五代近四百年,敦煌地区经历了大的变动,但石窟的兴造基本上保持了持续的繁荣。唐初又一次开通"丝绸之路",并将西域广大地区收入版图,于今新疆设置了安西四镇。敦煌作为出入西域的后方重镇的地位也更形重要起来。这个时期也正是中国与西域、天竺的佛教交流十分活跃的时候。从敦煌遗书中的《沙州都督府图经》等地志残卷可以了解到,这时的敦煌人口增长,城市繁荣,田园垦辟,沟渠整齐,驿路通畅,商贸发达,并有许多大的寺院,

---

① 《隋书》卷六七《裴矩传》。

又是中、外各族人聚居的边疆国际都市。大量石窟开凿于这一时期。石窟群中最高的两个造像 96 号窟的北大像（释迦坐像，33 米）和 103 号窟的南大像（释迦倚像，23 米）即分别兴造于万岁通天元年（696）和开元年间。

自 7 世纪后期起，新兴的吐蕃已一直在与唐王朝争夺安西四镇，并进逼河西地区。"安史之乱"以后，河西防兵撤回中原。广德二年（764）吐蕃攻陷凉州（今甘肃武威市），进而扫荡河西全境，约在建中二年（781）攻陷敦煌，从而占领敦煌近七十年。在吐蕃占领下，敦煌的行政制度与寺院体制均有变更，但佛教的发达与石窟的开凿仍在继续。到大中二年（848）沙州豪杰张议潮率众起义，驱逐吐蕃，收复河西；五年，向朝廷献上瓜、沙十一州地图、户籍，唐王朝赐名归义军。自此，这一地区名义上又属唐王朝辖地，但实际是独立的地方政权。张氏政权传二世，发生内乱。五代初，曹氏继掌政权。其时甘州（今甘肃张掖市）回鹘与盘踞凉州的吐蕃势力强盛，曹氏的统治仅限制在西部瓜、沙一带。及至 11 世纪初，终于被新兴的西夏所攻灭。张氏、曹氏据领河西的时期，敦煌作为东西交通的要冲仍起着重要作用。在五代时，这里不仅是西域与中原，也是西域与新兴的辽的商贸转运站。张氏、曹氏都笃信佛教，当时这里有著名的十七大寺，并大力开凿新石窟和修补旧窟。新凿巨大的当家窟是这一时期石窟的特征。

宋景祐三年（1036），西夏在扫平河西东部、战胜了甘州回鹘和青唐羌之后，挥军西指，破瓜、沙、肃（今甘肃酒泉市）州，平定了河西全土。曹氏政权下落不明。后来发现的敦煌遗书，一般推测就是在这次战乱中被仓皇封存起来的。从此以后，在中国史籍中敦煌的地位就大大降低了。但在西夏统治下，敦煌在东、西贸易中仍起重要作用，佛教也仍很发达。13 世纪后期马可·波罗来到这里时，曾看到许多佛教徒与寺院，他还看到不少土耳其人与基督教徒。元代在敦煌设沙州路，明初降为沙州卫。嘉靖三年（1524），明封闭嘉峪关,东西交通阻绝,放弃敦煌。这里被吐鲁番人占据,石窟寺完全荒废。到清康熙年间,清兵征讨阿酋出嘉峪关,重新领有河西西部。莫高窟开始恢复并逐渐引起人们的重视。但这时中国佛教已经衰落,新疆地区已盛行伊斯兰教,石窟寺已不可能再现往日的光彩了。

20 世纪初,敦煌遗书发现,其珍贵文物屡遭各帝国主义劫掠。清政府、北洋政府和民国政府均无力加以保护与维修。1920—1921 年间,自苏俄逃出的白俄 900 人栖居莫高窟,造成了重大破坏。直到抗日战争中,著名艺术家张大千等人才开始调查工作,并呼吁引起国人重视。1942 年中央研究院西北科学考察团赴莫高窟考察;1944 年,国立敦煌艺术研究所成立。1950 年,西北军政委员会文化部文物处接管,次年成立敦煌文物研究所;1961 年,敦煌石窟被国务院确定为重点文物保护单位。敦煌石窟在新中国得到了新生。

敦煌石窟的文化遗存极其丰富,主要的是壁画、彩塑和敦煌遗书等大量文献,还有建筑、碑刻等等。在现已编号的 492 个洞窟中,隋唐五代时期凿造的占 70% 多。下面简略介绍隋唐五代洞窟的主要内容。

二、敦煌壁画

敦煌石窟内布满壁画,总计达 45,000 左右平方米。隋唐五代是石窟壁画最为成熟、艺术上达到顶峰的时期。

北朝时期石窟壁画的主要题材是说法图与佛传、本生故事,其中心思想是宣传释迦牟尼如何积累功德而成佛,并教化众生得到解脱。隋代作为过渡阶段,除沿用原来的题材之外,出现了经变图。到了唐代,这类经变图逐渐占据了主要地位。配合经变的还有感应故事画、瑞像图等。经变表现的是大乘佛教所宣扬的佛国土,其中心思想是表现众生如何得救的前景。敦煌石窟壁画题材的演变,正反映了中国佛教思想观念的变化。盛唐窟的典型格式是左壁(南壁)为《西方阿弥陀净土变》,右壁(北壁)为《东方药师净土变》。同一壁面有两幅以上壁画时,左壁加《法华变》,右壁加《华严变》。又在入口处往往有《维摩变》。此外还有画《金刚经变》《楞伽经变》《报父母恩重经变》《劳度叉斗圣变》的。《净土变》大为流行,是净土信仰兴盛的表现。这与龙门石窟反映的发展趋势是完全一致的。这说明地处西陲的敦煌,其佛教发展已汇入中原佛教的主流之中。早期的经变画面较小,内容单纯;越发展到后来,画幅越加大,内容越丰富多彩,而且将多种经变汇集于一窟。如85号窟,就集中了多达十五种经变。经变的格调与北朝说法和佛传、本生图也全然不同了。说法图追求崇高与超越,本生图表现忍辱负重的悲苦凄绝,而经变则歌颂佛国土的光明繁华,一派乐观欢娱,洋溢着幸福、向上的精神。这也是时代精神的反映。如220窟、112窟、172窟的净土变都是有代表性的,其中以绚丽繁华的色彩,描绘出重楼叠阁、宝树莲花、祥云缭绕,佛、菩萨周围是天人伎乐,一片富丽祥和的美好景象。有些经变中还穿插描绘了生动的现实场景,如耕作、收获、伐木、射猎、挤奶、拉纤等,具有浓厚的生活情趣。如103窟的《维摩变》、榆林25窟的《弥勒变》等都是如此。这也是现实生活的极其生动的反映。壁画中创造的大量佛、菩萨、罗汉、天王、力士、飞天,特别是现实人物的供养人等,都是优秀的人物肖像画。

　　北朝的绘画以土红色或以白色壁面为底色,用青、绿、赭、白等颜料敷彩晕染,鲜明地表现出西域画风的影响。到了隋唐时期,敷彩晕染已与中国传统的线描技法更完满地相结合,色调和谐而瑰丽。人物形象则变得肌肤丰肥,神态恬静,姿势雍容,衣纹流畅。这也是当时中原流行的人物画的画风。那些端庄美丽的菩萨显然是以现实中的美丽女性为原型的;体魄强健的力士则是按劳动者的形象创造的;众多的供养人像则以现实人物为底本,他们已不再是北朝时期那种局促于画面下部的数寸小像,而扩大为二三尺或等身像,排列在甬道两侧或窟内显著位置。出于浪漫想象的飞天更是姿容姣好,优美动人。

唐代供养人像最大的是130窟晋昌郡太守乐庭瓌及其夫人王氏像。画像在南北壁间,原为宋画所掩,经张大千剥去,现出唐画。瓜州于天宝元年(742)设晋昌郡,乾元元年(758)复为州,画应作于天宝年间。北壁男像四身,后有持杖、拂等器物者四人侍从;南壁女像三身,后有侍婢九人。画面背景为花饰绿茵,是园林景致。两组像的第一身份别为乐庭瓌及其夫人,并各有题名。乐庭瓌像6.7尺,夫人像4.8尺。男像乌帽青袍,手持长柄香炉,须髯甚美;女像锦衣红裙,钗钿簪花,形容已近周昉笔下的仕女。张氏统治时期,156号窟是张议潮的当家窟,其两侧壁下段自南壁至东壁右面是《张议潮出行图》,自北壁至东壁左面是《宋国夫人出行图》,这也是特殊的供养人像,又是颂功壁画。《张议潮出行图》前列是排成两列的由旗手、武骑、文骑组成的长长的仪仗队,骑士间有舞女四对,其后是十二人的乐队,旗手、持伞者、兵丁等,接着在前后各两名骑士的护卫下,是白帽、红袍、身骑白马的张议潮,后面还有十几个骑士,持大旗前进。《宋国夫人出行图》更为华丽。前面是力士头戴长竿,上有四位杂伎艺人表演,然后是四个音声人、四个舞女、七人乐队,再后面是三对兵丁,前面有三名骑士疾驰,接着侍女数名之后是有盖二轮马车、六角舆一对,装有车盖的马车二对,在妇人骑马像、乐队、兵丁前导下,出现了宋国夫人。夫人骑白马,后面有男、女侍者九人,持团扇等物。这两支庞大的队伍,浩浩荡荡,极为壮观,从中再现了唐代贵族豪华生活,也可见当时敦煌地区文明与风俗的一斑。

敦煌壁画越发展到后来,内容越丰富多彩。例如宗教内容中,密教的形象增加了;在反映实际生活方面,世俗化倾向也加重了。

三、敦煌彩塑

北朝敦煌石窟的主要形制是所谓"中心柱窟"，长方形窟内凿方形塔柱，柱体四面开龛，这是受印度礼拜窟影响的形制。同时也出现了方形平面的覆斗顶窟。到了隋唐时期，后一种形制的窟成为主要形式，南、北、西面各凿一龛，龛口敞开，龛顶上仰，龛内供奉塑像。唐前期还兴造了高30米以上的大像窟，正壁前为大型倚坐像，两侧与后部是绕行顶礼的通道。还有在窟内中部设置佛坛的。这都吸收了中原佛寺结构上的特点。

敦煌石窟里经彩色、金箔装銮的彩塑，是中国雕塑史上的瑰宝。全部塑像达2400躯之多，隋唐五代塑制的占千余躯（其中部分有毁损）。隋唐时代，塑像规模更加宏大，组合更多样化，艺术水平也更为提高了。北朝塑像多是一佛、二菩萨或在佛旁加二弟子的三身、五身一铺的组合，到隋唐时增加了二天王、二力士而为七身或九身一铺。也有四菩萨和四天王的。此外还有三身佛立像、七佛像、佛涅槃像以及供养菩萨像或高僧像（如17号窟中的洪䛒像）。营造于大历十一年（776）的148号窟的佛涅槃像，主尊长15米，像后排列72弟子像，神态、姿势各异。这一时期塑像躯体增高是个趋势，特别是唐前期的大像窟，显示了宏伟的气魄。前述北大像、南大像可作为代表。

这一时期塑像的艺术技巧更为纯熟了。由于佛龛加深，壁面垂直，塑像可以直立起来，不必如北朝时那样躯体前倾；大多数塑像也不取高浮雕的形式而成为脱离壁面的圆雕。隋代塑像已改变了头大、体长、腿短、衣纹如"曹衣出水"、面容清癯的北朝旧格，但作为过渡期，下肢仍嫌短小，身姿亦较僵硬，面部显得扁平。到了唐代，躯体更加匀称，面容变得丰腴，鼻梁降低、耳轮加大，表情生动，姿态自然，衣袖飘动流畅，正如"吴带当风"。这种人物造型显示了盛世的风韵，艺术上也已入化境。著名的45号窟的菩萨像，宛如庄重秀美的少女，而迦叶像则如睿智博学的高僧在沉思。敦煌石窟中这一大批佛像、菩萨像等，与壁画中的众多人物一样，都是现实中的善良、慈祥、智慧等美好人格的艺术概括。创作者通过它们歌颂人的美好情操，寄托了人生的理想。

四、敦煌遗书的发现及其学术价值

1900 年（一说 1899 年），一个偶然的机缘，住在莫高窟的道士王圆箓在后来编号为 16 号窟的洞窟里发现了一批古文书，成为 20 世纪学术史的一个伟大发现的肇端。当时消息虽然传出，个别文献也陆续流出，并引起某些人如任甘肃学台的叶昌炽等人的重视，但腐败的清政府却无力加以清理收藏。其时英、俄等帝国主义国家正在激烈争夺中亚腹地，配合这种侵略活动的中亚考古也在积极开展之中。1907 年，由匈牙利人斯坦因率领的英国第二次中亚探险队来到敦煌，从王道士处骗购古写本 24 箱，古美术品 5 箱（后于 1914 年又买走古写本约 600 件，5 箱），送伦敦大英博物馆。接着，伯希和率领的法国中亚调查团于 1908 年也来到敦煌，由于伯希和精通中文并得身入石室检阅，他精选文书五千余件，送巴黎图书馆，敦煌遗书精华基本被扫劫一空。次年 5 月，伯希和携所掠文书精品东来，至宁、京、津等地展出，引起极大反响。罗振玉、端方等人和清政府驻比利时公使李盛铎分别吁请清政府将残剩文书运往北京。是年 8 月，清学部致电甘肃"行陕甘总督，请饬查检齐千佛洞书籍解部，并造像古碑，勿令外人购买"[①]。次年 10 月，敦煌知县陈泽奉陕甘总督之命，将石窟残存文书八千余件运送北京京师图书馆。一路上损失颇多，王道士隐匿者仍有不少。此后，日本大谷调查队于 1912 年购去文书五百余件；俄国人鄂登堡于 1914 年和 1915 年亦掠获甚夥。1919 年，甘肃省政府教育厅命敦煌县长精查

①《学部官报》第一〇四期。

石窟寺内,悉将遗书残卷检阅,送省图书馆保存,所得只是劫后余烬。美国人来到敦煌较迟,1923 年,华尔纳用胶布粘走第 320、321、328、329、331、335、272 号窟的精美壁画 26 块,计 326 平方米,对石窟壁画造成严重破坏。他还掠走第 328 号窟的高 1.2 米的半伽观音彩塑等。敦煌文献发现的历史,是帝国主义文化掠夺的历史,也是中国文化遗产被劫掠的伤心史。

据近年清理登录,敦煌遗书计五万件以上。其中万件存北京,万件存伦敦,五六千件存巴黎,万件存彼得堡,千件存日本,各地博物馆与私人手中还有零星收藏。这五万多件文书 80％以上是汉文,其次是藏文,还有梵文和多种古西域文字的,也有少数希伯来文、阿拉伯文、西夏文和蒙文的。从内容上看,多数是佛经写本,同时包含大量的普通典籍与社会历史资料。从抄本时间看,主要出自北魏到五代时期,尤以唐代所出为多。这数量庞大的遗书,是一个巨大的古代文献库。20 世纪东亚、中亚、近东的考古有一系列重大发现,如殷墟的发掘、"死海卷轴"的发现、中亚考古的一系列成果、巴比伦楔形文字的解读等,莫高窟中遗书的发现应该说是内容最为丰富的。

对这一大批古代文献的清理与研究至今尚很不充分。其中如苏联的收藏,长时间隐秘没有公布。由于文书分散在各国,也给研究带来了很大不便。直至近年,我国方和各国以及国内各收藏单位合作,陆续完整影印了这批文献。作为敦煌学的一部分,敦煌遗书的研究还刚刚开始。随着研究的深入,它的巨大学术价值会被更充分地发掘出来。本书有关章节多涉及这些文献的内容,下面仅据汉语材料归纳出以下几个方面。

遗书中占比重最大的佛典写本,这是译经史的实证,亦可作现存佛典校勘、补订之用。此外有三部分对于佛教史研究非常重要:一是大量的禅文献,由于禅宗在中国佛教史上占特殊重要的地位,而敦煌本《坛经》《神会语录》(后定名)以及许多早期禅籍的发现,推动禅宗史研究发生了革命性的转变；二是出现一批古佚经，其中有不少中土撰述的疑伪经，如《提谓波利经》《佛说十王经》等，可帮助解明民俗佛教的实态；三是被唐朝廷取缔的三阶教文书被发现，可以了解久已淹没的一个佛教教派的情况。有关道教的有价值的材料也不少，如古代引起争议的《老子化胡经》就留有抄本。此外，还发现一批袄教、景教、摩尼教经典，因为这些宗教的材料在中土典籍中已佚失殆尽，新的发现就弥足珍贵。

遗书中存有一大批古代典籍残卷，经部如《诗经》及其《毛传》《正义》《古文尚书》《周易》王弼注、《左传》《穀梁传》《论语》《孝经》、陆德明《经典释文》等，史部如《史记》《汉书》等，子部如《孔子家语》《老子》《庄子》《列子》《文子》《抱朴子》《新论》、苏敬《新修本草》等，集部如《文选》《玉台新咏》，唐诗人陈子昂、李峤、高适、李白、王昌龄、邱为、陶翰、白居易等人诗、《文心雕龙》等。这些残卷不仅是宝贵的校勘资料，而且对研究有关典籍与问题有着巨大价值。

弥足珍贵的典籍残卷中的古佚书，有关宗教一类前面已提到过。如六朝人作的《毛诗音》(p. 3383)、智颢弟子智骞的《楚辞音》(p. 2494)，是两书最早的音义著作；《春秋穀梁经传解释》(p. 3535)据考为久佚的魏东海糜信《疏》；陆法言《切韵》(p. 2017)及孙愐的《补正》(p. 3638)残卷是研究古音韵学的宝贵材料；慧超《往五天竺国传》(p. 3532)是《大唐西域记》后有关中、印交通的最重要的史料；还有唐人已佚著作如虞世南《帝王略论》(p. 2636)、杜正伦《百行草》(p. 3053)、张仁亶《九谏书》(p. 3399)、崔融《珠英学士集》(S. 2717)、李筌《阃外春秋》(p. 2668)等。一批通俗教育或启蒙书如《太公家教》《兔园策府》《开蒙要训》等，对了解当时的普及教育及民众文化都是第一手材料。一些地志书，特别是敦煌一带地志，如《沙州都督府图经》《沙州伊州地志》《西州图经》《敦煌录》等，对研究当地地理、人文及中亚交通都极为宝贵。这些残卷，不少是破损的断片，但吉光片羽，值得珍惜。

敦煌遗书中保存了不少隋唐五代俗文学的材料歌辞、变文、话本、俗赋、通俗诗（包括王梵志诗）等。由于这些材料的发现，改变了文学史研究的面貌。这在《文学》章已较详细介绍过。在文人创作方面，敦煌遗书中发现了《文选》六朝人注和李善注原本的残卷；韦庄的名作《秦妇吟》全文也是在遗书中发现的。

敦煌遗书保留下一批隋唐五代民俗材料，其内容是一般典籍中难以见到的，例如《葬录》《卜筮书》《星相占录》《相书》《历日》《医方》之类。

此外，更有大批当时的官方、寺院与民间文书，如朝廷令式、户籍、地卷、名录、氏族志、契约、账目、判词、书仪以及寺院文书等，这是研究隋唐五代社会、政治、经济、宗教等方面的历史的第一手资料。由于这些材料的发现，许多历史上难以解决的问题得到了解决的线索。例如分析残留户籍，可以解明隋唐时期的家族关系、民众经济生活、田制、赋役情况等等。这些材料，不少是迄今历史上唯一的发现。

敦煌遗书是学术研究的宝库。众多语种的文书更涉及有关民族与地区的语言、宗教、文化、社会等诸多领域，目前的研究工作才刚刚起步。敦煌学面临着艰巨的任务，更有着光辉的前景。它作为世界学术的"显学"所取得的进展，必将对学术史做出新的贡献。

第七章 科学技术

第一节 历法与天文

在隋唐五代不断高涨的强大的文化浪潮中,自然科学的发展相对于人文科学与文学、艺术等部门从总体看是稍显逊色的。这首先决定于这一时期意识上重视人文的倾向,也与中国封建制度的整个发展形态有关,牵涉问题很复杂,不宜在这里讨论。但作为一种文化现象,是关心文化史的人所必须了解的。然而社会的统一与兴盛、文化的普遍进步以及物质生产的需要,总会推动自然科学,特别是应用科学的某些领域取得相当的进展。如果从世界历史的范围看,中国在这一时期的科学技术领域所取得的许多成就更占有领先的地位。这里首先谈历法与天文学的成就,而中国古代天文学的研究与朝廷制定历法的工作直接关联着。

历法对封建朝廷来说,是"纪阴阳之通变,极往数以知来,可以迎日授时,先天成务"①的大事。隋秘书省下设太史曹,后改为太史监;唐改为局(以后名称、隶属屡有变动),设太史令、丞、令史、书令

---

① 《隋书》卷一七《律历中》。

史等职,"掌观察天文,稽定历数。凡日月星辰之变,风云气色之异,率其属而占候焉。其属有司历、灵台郎、挈壶正。凡玄象器物、天文图书,苟非其任,不得与焉。……每季录所见灾祥送门下、中书省,入《起居注》,岁终总录,封送史馆。每年预造来岁历,颁于天下"①。这样,天象的观测、历法的制定,均有朝廷官司负专责。以至出于占候灾祥的保密需要,曾颁布过限制司天台人员与一般人来往的禁令。由于朝廷组织专业人员担负这方面的工作,当然加强了研究力量。但是科学不能独立于朝廷,从另一方面看又限制着它的发展。例如统治者喜欢灾祥灵瑞之说,就给予历法、天文研究以很大干扰。下面介绍的僧一行是卓越的天文家,在其制定的著名的《大衍历》中,就把日食预测不验归结为玄宗至德感天所致。

隋代改历法两次:开皇四年(584)颁行道士张宾所撰《开皇历》,开皇十七年改行张胄玄《大业历》。《开皇历》是根据刘宋何承天《元嘉历》微加损益而成;《大业历》则以梁祖冲之《大明历》为基础。二者科学上的意义都不大。隋代最重要的天文学家是刘焯。他作为经学家的成就《学术》章已经论及;他又精"《九章算术》《周髀》《七曜》历书十余部,推步日月之经,量度山海之术,莫不核其根本,穷其秘奥。著《稽极》十卷、《历书》十卷、《五经述议》,并行于世"②。张宾《开皇历》初颁,他就与刘孝孙提出批评,并增损孝孙历法,更名《七曜新术》以奏之,遭到排斥。到开皇二十年(600),以皇太子新立,增修其书为《皇极历》,以驳《大业历》之失,又遭罢去,其历终不得行。但《皇极历》却是综合南、北天文、历法研究而取得的成果。北齐张子信三十年避居海岛观测太阳运行,发现太阳在黄道上的速度有盈缩,并不如历来历法上反映的那样是个固定值。这样如按黄经15度为一个节气,每个节气的实际天数也就不是固

---

① 《唐六典》卷一〇《秘书省》。
② 《隋书》卷七五《儒林传》。

定的。刘焯采用了这一成果以定节气，并认为每个节气平均十五天多一点的平气是不合实际的。又历来的历法都用平朔，即大、小月轮换，每月二十九天半。早在何承天已发现用这种办法计算日、月食不合理，主张计算日、月的真位置以定朔，以使日食一定发生在朔日，月食一定发生在望日。但这个办法在《元嘉历》中并没有采用，至刘焯才开始使用。他又参用了祖冲之《大明历》来计算"岁差"。所谓岁差，是指由于地轴运动而引起春分点向西缓慢运动，这样太阳视圆面中心相继两次经过春分点的时间，即一个回归年（或称太阳年），就比地球围绕太阳运转一周的时间，即一个恒星年短 20 分 24 秒。晋虞喜早已发现了这一现象，祖冲之开始用在历法中。刘焯综合了前人的这些重大成果，使得他计算日月运行、交食、五星数值更为准确。虽然他的《皇极历》未被采用，其成果却给唐代制历奠定了基础。

唐代历法改动了八次。武德二年（619）行傅仁均《戊寅元历》；麟德二年（665）行李淳风《甲子元历》，俗称《麟德历》；开元十七年（729）行僧一行《开元大衍历》，宝应元年（762）行郭默之《宝应五纪历》；兴元元年（784）行《建中正元历》；元和元年（806）行《元和观象历》；长庆二年（822）行《长庆宣明历》；景福元年（892）行《景福崇玄历》。其中前三部历书成就较大，后几部只是沿袭《麟德》《大衍》而微有损益而已。《戊寅历》的一个重大改进，是第一次采用了定朔法。但到贞观十九年（645）以后，按该历法计算，"四朔频大"，即连续四个大月，只好又改用平朔。到《麟德历》再次用定朔，又立进朔法，即如遇一连四个大月三个小月的情况，以改变小数点后进位的办法，使第三个小月变成大月、第四个大月变成小月以作补救。这个办法并不合定朔本意，却一直行用到元代。又《麟德历》废除以前历法计算时间分章（十九年七闰月）、蔀（四章）、纪（二十蔀）、元（三纪）的办法，立总法以推算，这个办法被后来所沿用。

僧一行及其《大衍历》取得了唐代历法、天文学上的最重大的成就。一行（683—727），俗姓张，名遂，为密宗善无畏弟子，下面《宗教》章还将介绍。他"少聪敏，博览经史，尤精历象、阴阳、五行之学……时《麟德历》经推步渐疏，敕一行考前代诸家历法，改撰新历"①。开元年间朝廷还一度任天竺历家瞿昙悉达为太史令，译出《九执历》，与《大衍历》并行，在实行中证明《大衍历》比先行各历法与天竺历法均为精密。《大衍历》对刘焯的定气法又有改进。刘焯根据张子信的观察立太阳盈缩躔差法，但他对太阳运行速度变化的认识与实际距离较大。一行认识到太阳在冬至时速度最快，逐渐变慢，到春分，速度平，再到夏至，最慢，然后加快，到秋分，速度平，如此一年往复（他还不可能认识到地球近日点与冬至点的差异，实际情形是近日点最快）。这样就能更准确地根据太阳在黄道上的运行实际以定气，二气之间从黄道坐标看均为十五度，而时间不等。又刘焯当年曾建议进行大地测量以否定自刘宋以来已被怀疑的日影"一寸千里"的传统说法，一行起草《大衍历》，曾派人到各地实测日影长度。根据开元十二年（724）南宫说观测所得数据，证明日影差与距离的关系并不固定。一行又改用北极高度来计算，得出地差351里80步北极高度相差一度的数值。这实际就是地球子午线一度的长度。这也是世界上第一次测出了子午线长度，当然与实际相比有较大误差。一行在实测中还发现，恒星的去极度数古今并不一致。从牵牛到东井十四宿古大今小，从舆鬼到南斗十四宿则相反，这实际上就是发现了恒星的自行现象（或以为可用岁差来解释），这一发现也远在欧洲人以前。直到元代郭守敬《授时历》出现之前，《大衍历》在诸历法中是最称精密的，成为以后历朝制历的基础。

在仪象方面，隋制盖天图，以魏铁浑仪测七曜盈缩，以盖天图列黄、赤二道距及二十八宿度。开皇十四年（594）鄜州司马袁充上

---

① 《旧唐书》卷一九一《方伎传》。

咎影漏刻。充以短影平仪均十二辰立表,随日影所指辰刻以验漏水之节。大业初,耿询又作古欹器,以漏水注之,献于炀帝。这些均见于《隋书·天文志》。

贞观初,太史令、直史馆李淳风改造浑仪,至七年(633)成。在此以前的浑仪,只有三辰、四游两种重环,而淳风所造"表里三重,下据准基,状如十字,末树鳌足,以张四表焉。第一仪名曰六合仪,有天经双规、浑纬规、金常规,相结于四极之内,备二十八宿、十干、十二辰、经纬三百六十五度;第二名三辰仪,圆径八尺,有璿玑规、黄道规、月游规,天宿矩度,七曜所行,并备于此,转于六合之内;第三名四游仪,玄枢为轴,以联结玉衡游筒而贯约规矩,又玄枢北树北辰,南距地轴,傍转于内;又玉衡在玄枢之间而南北游,仰以观天之辰宿,下以识器之晷度。时称其妙"①。他又撰《象法志》,以谕前代浑仪得失之差。这是古代浑仪的总结性的成就。开元九年(721),太史频奏日食不效,诏一行改新历,时率府兵曹梁令瓒待制于丽正书院,因造黄道游仪木样,甚为精密。一行奏请以铜铁为之,开元十三年成,玄宗亲为制铭,置之灵台。然以之考星度,其二十八宿及中外官与古经不同者凡数十条,又诏梁令瓒与诸术士更造浑天仪,"铸铜为圆天之象,上具列宿、赤道及周天度数,注水激轮,令其自转,一日一夜,天转一周。又别置二轮络在天外,缀以日月,令得运行,每天西转一匝,日东行一度,月行十三度十九分度之七,凡二十九转有余而日月会,三百六十五转而日行匝。仍置木柜以为地平,令仪半在地下,晦明朔望,迟速有准。又立二木人于地平之上,前置钟鼓以候辰刻,每一刻自然击鼓,每辰则自然撞钟,皆于柜中各施轮轴,钩键交错,关锁相持,既与天道合同,当时共称其妙"②。这个仪器又称水运浑天俯视图,置于武成殿。它的制作,改

---

① 《旧唐书》卷七九《李淳风传》。
② 《旧唐书》卷三五《天文上》。

进了张衡的水运浑天仪，是综合了天文学、机械学、力学与工艺制造等多方面知识与技艺的杰作。

前面说到一行为制历而进行的大地测量。开元十二年，太史监南宫说择河南平地以水准绳设八尺之表，选取四个点：滑州（今河南滑县）白马、汴州（今河南开封市）浚仪古台、许州（今河南许昌市）扶沟、豫州（今河南汝南县）上蔡武津，测量夏至那一天的影长，用勾股定理算出子午线的长度。又自南海林邑（今越南中部）至北方蔚州（今山西灵丘县）横野军加以实测，得到了准确数据，在此基础上计算出南北极相去八万余里，其径五万余里（唐里核今半公里多；地球实际直径为 12714 公里）。一行又因而作《复距图》，自丹穴（值日之下的极南之地）至幽都（极北之地）为图二十四幅，以考日食之分数，知夜漏之短长。如此大规模的大地实测，是一个创举，是只有在统一强大的国势下才能进行的。

又隋丹元子根据晋陈卓所定星座，编成七言长歌《步天歌》，唐人王希明进一步整理，成《丹元子步天歌》一书。这是一部古代的天文学普及读本，反映了当时天文学普及程度。

第二节　医药学与化学

隋唐以前，医家注重治法，对医理很少研究；宋以后兴五运、六气之说，始多研医理。隋唐正是一个转变期，也是医药学大发展的时期。实现这一转变和发展，当然是总结前代医药学成果的结果，同时又有时代的经济与文化的全面繁荣为基础。统一、兴盛的形势，给医药学的发展提供了条件，也提出了要求；庶族文化的发达，也有助于医药学水平的提高。许多士大夫都研究医术而有所贡献，而在此以前，习医为贱业，是不被多数士人所重视的。

医药学的发展,首先体现为观念的转变。孙思邈在其《千金要方序》中说:"人命至重,有贵千金。"这种思想是与唐时的重民意识相一致的。又他的弟子卢照麟有恶疾,医所不能愈,问到他,他说:"圣人和之以至德,辅之以人事,故形体有可愈之疾,天地有可消之灾。"①这更表示了愈疾消灾的信心。又隋唐医家普遍地重视妇产、小儿等一般疾病,主张医疗时贵贱贫富,普同一等;所用方药,也注意方便实用,以贱代贵,如此等等,都反映了可贵的重民生、重实际的观念。这些观念上的进步,大大推动了医药学的发展。

隋唐时代建立起相当完备的医疗体系。隋设太医署,唐改为太医令。唐太医令下有医师、针师、按摩师;医师又有医博士、助教、医正、医工之别;又有药园师。天下各州均设有医学博士。这一体系提高了医药学的普及程度。

隋大业(605—617)中,太医博士巢元方等撰《巢氏诸病源候论》五十卷,这是继《内经》之后,张机《伤寒论》、葛洪《肘后备急方》等以下最重要的医书。其书"但论病源,不载方药,盖犹《素问》《难经》之例。惟诸症之末多附导引法……盖其时去古未远,汉以来经方脉论,存者尚多。又裒集众长,共相讨论,故其言深密精邃,非后人之所能及。"②其书凡六十七门,一千七百二十论,对内科、外科、耳鼻喉科、眼科,特别是对妇产科、小儿科的病因、病理详为阐述,是古代临床医学方面的总结性著作。其中许多病因、病状的描述,在今天仍有参考价值。如介绍风湿病,说起于风毒,初多不觉,但发展严重会入腹、胸胁满、气上、便杀人,这是指转为风湿性心脏病而死亡;又如论及传染病时指出与外部传染和季候有关,如此等等,都符合临床医学的实际。不过书中也谈到猫鬼疾候之类,则是不科学的了。

①《旧唐书》卷一九一《方伎传》。
②《四库全书总目》卷一〇三《子部·医家类一》。

　　唐代最卓越的医学家是前面提到的孙思邈。思邈(581?—682),华原(今陕西铜川市)人。自谓幼遭风冷,屡造医门,汤药之资,罄尽家产,以此年轻时即致力于养生长寿之术,以修道行医为事。他又善《老》《庄》及百家之说,兼好释典,学问很渊博。隋时征为国子博士,不就;唐太宗、高宗皆拟授以官爵,亦固辞。一生山居著书,治病解难。著有《千金方》《千金翼方》各三十卷。今传《千金要方》九十三卷,"疑后人并为一书,而离析其卷帙"[1]。这部书是医学史上划时代的巨著。书中发扬了我国古代优秀的医学思想,提出许多有重大价值的观点。他强调医德医风,提出"凡大医治病,必当安神定志,无欲无求,先发大慈恻隐之心,誓愿普救含灵之苦。若有疾厄来求救者,不得问其贵贱贫富、长幼妍蚩、怨亲善友、华夷愚智,普同一等,皆如至亲之想;亦不得瞻前顾后,自虑吉凶,护惜身命"[2]。他认为病本是天地变化之一气,因而只要"贤人善于摄生,能知撙节,与时推移,亦得保全"[3]。他虽提到病有"六不治",但强调在生候尚存之时及时用针药,善为调理,委以良医,病无不愈。这是十分积极的治病防病思想。他又特别重视疾病的预防,重视古今医家的经验及民间偏方、验方,主张针、药并用的综合治疗,重视饮食疗法……这些都是医学思想史上的宝贵财富。正如《千金要方》的书名所表示的,这部书以录经方为主,但对临床诊断与治疗亦很重视。每一病症都先加论述,后列方药。全书的组织是始妇人而次婴孺,先脚气而后中风,并倡立脏病、腑病的分类,在医书中提出了新的体系。书中注意到妇女和小儿的生理特点,开头即列出《妇人方》三卷和《少小婴孺方》七卷,对妇女妊娠及生产诸症、小儿始生到惊痫诸症加以论述;而脚气即风湿病之类民间常见病更在优先讨论之列。对于方药,由于作者对药理、药性及用药有细

---

[1]《四库全书总目》卷一〇三《子部·医家类一》。
[2]《千金要方》卷一《论太医精诚第二》。
[3]《千金要方》卷二九《伤寒方·伤寒例第一》。

致、精深的研究,更多有独到的发明。作者认为《本草》方药,不可不学,更提倡亲自采药,识其体性。他指出各种药材"又有阴阳配合,子母兄弟,根茎花实,草石骨肉,有单行者,有相须者,有相使者,有相畏者,有相恶者,有相反者,有相杀者。凡此七情,合和之时,用意审视,当用相须相使者良,勿用相恶相反者。若有毒宜制,可用相畏相杀者,不尔勿合用也。又有酸、咸、甘、苦、辛五味,又有寒、热、温、凉四气,及有毒无毒,阴干曝干,采造时月,生熟土地所出,真伪陈新,并各有法"①。这一段概括说明,可见作者对药性了解的透彻及其理论的辩证色彩。复方的运用,更是作者的一个创造。以前的医家,治病悉本《内经》,所用皆古圣相传之经方。孙思邈注意到历代积累的医学经验,不但取古方,亦采后世偏杂之法,兼取杂方、单方与通治之品。这是药剂学上的一大变革。他十分注意颐养性情对于养生之重要意义,论养性说:"夫养性者,欲所习以成性。性自为善,不习无不利也。性既自善,内外百病自然不生,祸乱灾害亦无由作,此养性之大经也。"②而养性主要是屏外缘,节嗜欲,并且要安不忘危,恒以忧畏为念,并且要注意运动,常欲小劳,辅之以居处、按摩、调气、服食、杂忌、房中之术。这种养生以防病的思想,也是中国古代医学的精华。《千金要方》中也杂有些神怪之说及唯心主义内容,其中《禁经》二卷,更是迷信的东西。但这些缺点与局限主要来自时代思想、科学发展水平的限制,无害于整部书的价值。宋高保衡、林亿等在《新校备极千金要方序》中说这部书"上极文字之初,下迄有隋之世,或经或方,无不采撷,集诸家之所秘要,去众说之所未至",洵非虚誉。除了在医学史上的重大意义之外,这部书还集中反映了我国医疗文化的特色,在文化史上也占有重要地位。

---

① 《千金要方》卷一《论用药第六》。
② 《千金要方》卷八一《养性·养性序第一》。

　　唐代另一部重要医书是王焘的《外台秘要》。王焘是贞观名医王珪之孙，"性至孝，为徐州司马，母有疾，弥年不废带，视絮汤剂，数从高医游，遂穷其术。因以所学作书，号《外台秘要》"[1]。焘居馆阁二十余年，多见宏文馆图籍方书，也是他著书的重要条件。其成书在天宝十一载（752）守邺（今河北磁县南）时，因称《外台秘要方》，后相沿省"方"字。书分一千一百四门，载方六千余首，皆先论后方。其论多以《巢氏病源》为主，兼引古佚医书，且每条必详注出处。这样不仅保存了许多可贵资料，且可借以窥知佚书原貌，因而在医学史研究上弥足珍贵。书中对内、外、骨、妇产、小儿、精神病、皮肤病、眼、齿等科疾患均详为论述，对天行病即传染病讨论尤详。自巢元方到孙思邈到王焘，中国医学分科成为系统，也是医学史上的一大转变；而王焘对天行病的研究，在中国医学传染病学发展史上具有重要意义。

　　上述三书之外，隋唐五代流传方书与著名医家还有很多。如隋炀帝曾下敕撰集《四海类聚单方》十六卷；则天、中宗朝以后，诸医推张仲文、李虔纵、韦慈藏三人为上首，仲文尤善医风疾，曾撰四时常服及轻重大小诸方十八首表上之，又撰《随事备急方》行于代；唐玄宗开元十年（722）曾诏"宜令天下诸州，各置职事医学博士一员，阶品同于录事，每州写《本草》及《百一集验方》，与经史同贮"[2]；玄宗又下敕撰《开元广济方》五卷，并下诏说："郡县长官，就《广济方》中逐要者，于大板上件录，当村坊要路榜示，仍委采访使勾当，无令脱错。"[3]德宗时曾撰集《贞元集要广利方》五卷。众多流传方书著录于《隋书·经籍志》《旧唐书·经籍志》和《新唐书·艺文志》。值得注意的是唐时士大夫习医术者甚众，特别是中、晚唐时，如陆贽、李绛、贾耽、杨炎、薛景晦、刘禹锡、崔玄亮、杨归厚、郑注、

①《新唐书》卷九八《王珪传》。
②《唐大诏令集》卷一一四《政事·医方》。
③《刊广济方诏》，《全唐文》卷三二。

韦宙等均著有方书。以上情况，也反映了当时医学的发展和普及程度。

　　唐高宗显庆四年(659)颁行李勣领衔编纂的《唐新本草》，包括《目录》一卷、《本草》二十卷、《药图》二十卷、《图经》七卷。这是世界上第一部官修药典，是唐代药剂学上的一大成就。历代相传的《神农本草经》，屡有补正，到唐代，凭其强大国势，有可能广泛搜集资料，再加全面地订补。《唐新本草》收药物八百四十四种，考正陶弘景《本草经集注》所录纰缪者四百余种，增补百余种。值得注意的是其中收入不少外来药物，如安息香、龙脑、胡椒等；还有"底野迦"，有人认为就是鸦片。在唐代，外国人来华常携来药物，《新唐书·百官志》上就记载：番客"献药者，鸿胪寺验复，少府监定价之高下"。由于献药者众，才需要制定这样的制度。隋唐时代医药学的发达，与借鉴外来的成果有关系。像天竺医生的眼外科手术就是驰名当世的。

　　唐开元(713—741)中，陈藏器著《本草拾遗》十卷，这是私家撰述。五代孟蜀时，韩休昪奉命重修《本草》，稍增注释，成《蜀本草》，这属于割据地方的著作。还有专门著录外国药物的，如《新唐书·经籍志》载郑虔《胡本草》七卷，杜甫《八哀》诗中郑虔一章说他"药纂西极名"①，即指此；唐末土生波斯人李珣著《海药本草》六卷，佚文在李时珍《本草纲目》中仍保存七十八条。这也是药剂学中外交流的成果。

　　在古医书的整理上，值得注意的是王冰对《黄帝素问》即《内经》的注释。汉代传古医书名《内经》者三家，后世相传仅此一家。王冰(宋晁公武《郡斋读书志》作王砅)，唐宝应(762—763)人。原书已有缺佚，冰据旧藏补足，所注亦排抉隐奥，多所发明。这就是今通行的二十四卷本。

————————

①《杜少陵集详注》卷一六。

中国古代医家与神仙道术相出入，药物学的发展与炼丹术有密切关系。在《隋书》和《旧唐书》的《经籍志》里，炼丹的书归到《医家》一类，正反映了当时人的看法。孙思邈也是著名的炼丹家，在其《太清丹经要诀序》中说："余历观远古方书，金云身生羽翼、飞行轻举者，莫不皆因服丹。每咏言斯事，未尝不切慕于心。"[①]他的这部书是炼丹专著；丹药也被收入他的《千金方》中。隋唐时期炼丹术发达，矿物药的应用也更为普及，这两方面的现象是有联系的。又中国古代化学本来包含在炼丹术之中。在隋唐时期兴盛的炼丹实践与丹药制备之中，化学也取得了一些重要成果。

唐代本草学家和炼丹家最重要的发明是火药。早在齐梁时，陶弘景就已用炭火来试验硝石（硝酸钾 KNO_3）的真假。硝石遇炭火会发生爆发式燃烧。宋孟要甫《诸家神品丹法》引录孙思邈"丹经内伏硫黄法"，即是在古鼎器内加硫黄、硝石，再投入具有"烧存性"的皂角子，使之迅速燃烧。这本是传统制药中高温焙干的手段，已具备了原始火药的形式。《真元妙道要略》卷上记载："有以硫黄、雄黄合硝石并蜜烧之，焰起，烧手及烬屋舍者。"[②]这里的蜜是有机物，性质与炭相似，与硝石、硫黄、雄黄（硫化砷 AsS）混合，即成为爆炸物。清虚子《铅汞甲庚至宝集成》则提出了硫二两、硝二两、马兜铃（也是碳化物）二钱半这另一个火药方子[③]。总之，虽然年代不可确考，但在唐代火药已在无意间被发明，则是可以肯定的。史书上记载"建中之乱"中李希烈叛军于兴元元年（784）攻宁陵（今河南宁陵县），就"使妖人祈风，火战棚尽"[④]，有的学者认为用的即是术士制造的火药；又唐末天祐元年（904）郑璠攻打豫州（今河南汝阳县），曾用"飞火"攻城，则是用抛石机抛出的火药弹。当

---

① 《云笈七签》卷七一。
② 《正统道藏》如上，第五九六册。
③ 《正统道藏》馨下，第五九五册。
④ 《新唐书》卷二二五中《逆臣传中》。

时人们已将火药利用于战争,表示对它的制法与效用已相当熟悉。后来到宋代,火药被广泛运用。

炼丹中最常用的药物是硫、汞、铅。炼丹实践中经过反复观察,对这些药物的化学反应规律得出许多相当确切的认识。早在汉代,已有"澒,丹砂所化为水银也"[①]的记录。用汞与硫合成丹砂(HgS),一再见于以后炼丹史料的记载。到了唐代,对这一化学反应在定量掌握上更为精确了。盛唐时的陈少微写下了用"汞一斤、硫黄三两(一斤十六两),先捣研为末"加热以得丹砂的办法,其汞与硫黄的比例是 100∶18.75,化学反应的实际数据是 100∶16,二者相差不多;又在烧炼中要求用黄泥紧封容器,这是注意到避免硫氧化为二氧化硫($SO_2 \uparrow$)溢出[②]。由丹砂中抽取汞,则是上述反应的逆反应,陈少微也有说明。丹砂直到今天仍是重要的药物和化工原料。汞与种种金属化合而成"汞齐"即汞合金,这也是炼丹家时常提到的。把金汞齐涂到铜上,用火蒸去汞,金就镀到铜上了,这是一种镀金方法。《外台秘要》还引用了制作升汞($HgCl_2$)的崔氏法,这在今天仍是一种重要的消毒剂。孙思邈的《千金要方》里记载了"飞水银霜法",则是制甘汞(Hg_2Cl_2)的方法。升汞又名降丹,甘汞又名升丹、白降丹,古时往往被混淆。

古代的硫主要是自然硫。楚泽先生《太清石壁记》里已记载在釜中通过蒸汽冷凝以取得太一硫黄丹即硫华(硫的淡黄色粉状晶体)的办法[③]。唐代炼丹家还观察到铅可以生成许多化合物,如红铅(Pb_3O_4)。唐末独孤滔《丹房鉴源》还记载了草节铅即方铅矿(PbS),说烧之气如硫黄,这是因为加热分解为铅与氧化硫的

①许慎:《说文解字》卷一一上《水部》。

②《大洞炼真宝经九还金丹妙诀·炼汞添金出砂品第二》,《正统道藏》清上,第九八六册。

③《正统道藏》兴上下,第五八二—五八三册。

缘故。[1]

　　炼丹家又十分注意金、银，统治者也希望他们能炼出金、银来。隋道士苏元朗已经记载合成金二十件、银十七件，指出除金、银各五件之外，余皆假，即是貌似金、银的合金。实际上他所谓真金的还丹金、水中金、瓜子金、青麸金、草砂金，所谓真银的至药银、山泽银、草砂银、母砂银、黑铅银也属金、银化合物一类。这表明当时已在努力区别出纯的金、银，也能利用时间与火候来熔炼不同的合金。

　　其他如《太清石壁记》里记载了制造"太一雄黄丹"即砒霜（As_2O_3）的方法；《黄帝九鼎神丹金诀作朴硝硝石法》是用朴硝（Na_2SO_4）和硝石（KNO_3）制得芒硝（K_2SO_4）的方法，等等。

　　中国的炼丹术到隋唐五代取得了总结性的成绩。在古代人们对物质结构还根本茫然的情况下，只靠反复实践来摸索化学反应的规律，能取得以上列举那样的成果是很了不起的。炼丹所用药物许多是贵重或稀有的，大量的实践要有经济基础，唐代繁荣的经济提供了这方面的条件。但耗费了巨大的人力、财力，所总结出来的规律只在有限的范围内如医药、染料等领域得以少量应用，主要却用在合炼金丹或伪金、银的迷信活动中。因为当时的社会条件还没有把技术转化为工艺、投入社会生产的可能。在我们赞赏古代化学的这些杰出贡献的时候，也看到了封建生产关系限制科学技术发展的一例。

　　隋唐时代化学上有两个与炼丹术无关的巨大成就值得介绍。一是琉璃制造的进步。中国古代已掌握制作琉璃的技术。《隋书》卷六八《何稠传》记载："时中国久绝琉璃之作，匠人无敢厝意，稠以绿瓷为之，与真不异。"实际上瓷以瓷土作胎，琉璃以矿石为原料，二者截然不同。这里的记载意思不够清楚，所谓"绿瓷"可能是矿

────────────

[1]《正统道藏》如上，第五九六册。

物原料。鉴于唐代玻璃器皿流传与出土不少，可以证明其工艺上的进展。再一个是彩釉烧变形成的窑变即俗称"唐三彩"的。唐三彩的釉质的主要成分是硅酸铝（$Al_2O_3 \cdot 3SiO_2$），呈色剂则是各种金属氧化物，将坯体施彩烧制而成。大量精美的唐三彩的遗存说明当时已熟练地掌握了有关技艺，但在理论上却没有留下任何说明。

第三节　雕版印刷术的发明与笔、墨、纸、砚的改进

中国古代的印玺、碑拓，可以看作是雕版印刷的滥觞。到了唐代，由于文化、教育的普及，书籍的需求量大为增加，抄本已满足不了要求，终于促成了雕版印刷术的发明与推广。

1944年在成都唐人墓中出土一件印有佛像及梵文经咒的刻版印刷物，上有"成都府成都县龙池坊卞家印卖咒本"一行文字。成都于至德二载（757）设府，此经咒刻本当出于其后，但确切年代不可考。有确切年代可考者有敦煌石室中发现的一个咸通九年（868）的长卷。全长487.7厘米，高22.4厘米，由七张纸粘贴而成。卷首刻释迦说法图，以下是《金刚经》经文，末尾有"咸通九年四月十五日王玠为二亲敬造普施"的题记。此件现藏伦敦大英博物馆。从刊刻技术看，这个长卷十分精美，非有熟练的刻工、掌握非常纯熟的技艺不可。这必定是雕版印刷工艺已经相当发展的产物。1966年，韩国庆州佛国寺佛塔内发现雕版印制的《无垢净光大陀罗尼经》，其中使用了则天朝所制新字，有学者考定刻印年代为公元702年。而20世纪在敦煌、吐鲁番、西安、成都等处又曾发现更早的印刷品。

　　在文献记录里,宋人托名晚唐冯贽伪撰的《云仙杂记》一书中记载"玄奘以回锋纸印普贤像,施于四众,每岁五驮无余"。此事在玄奘史迹中无考,不知所据。不过,唐贞观十年(636)唐太宗曾下令梓行《女则》,据此可以推测,此印刷术大约发明在隋末唐初。文献中确切讲到雕版印刷的,是经常被引用的元稹于长庆四年(824)所作《白氏长庆集序》,其中说白居易的诗"至于缮写模勒,衒卖于市井,或持之以交酒茗者,处处皆是",下有自注曰:"扬、越间多作书模勒乐天及余杂诗,卖于市肆之中也。"①这里"模勒"即指刻印。又史书记载"(大和)九年(835)十二月丁丑东川节度使冯宿奏:'准敕:禁断印历日版。剑南、两川及淮南道,皆以板印历日鬻于市,每岁天文台未奏颁下新历,其印历已满天下,有乖敬授之道。'"②在敦煌遗书中已发现了乾符四年(877)和中和二年(882)两种印本历书的实物(此二件亦藏伦敦大英博物馆),可以印证冯宿奏章中的话。日本学问僧宗叡咸通六年(865)回国,在其《新写请来法门等目录》中,也有"西川印子《唐韵》一部五卷,同印子《玉篇》一部三十卷"。"印子"即印本。再参考印本《金刚经》等实物可知,初期刻印图书主要是阴阳、杂占、历日以及小学、字书等民间常用书,佛经等宗教宣传品,也有一些流行的文学作品。晚唐时两川与江浙已经是刻印业的中心。

　　后唐长兴三年(932),宰相冯道等奏请依石经文字,刻九经印版,广颁天下。至后汉乾祐元年(948),《周礼》《仪礼》《公羊》《榖梁》仍未有印本,国子监奏校勘镂版。后周广顺三年(953),尚书兼判国子监事田敏进印版"九经"书、《五经文字》《九经字样》各二部一百三十册。这就是最初的监本《九经》,是用四朝力量、历时二十余年完成的一项大的出版工程。唐时写本经传,字画不一,这有今

①《元氏长庆集》卷五一。
②《册府元龟》卷一六〇。

传众多抄卷可证。至开成石经出，经文始有定本；至监本《九经》出，注文始有定本。这是学术史上意义深远的大事。又后蜀宰相毋昭裔亦奏请于成都镂版印刷"九经"，并出私财印了《文选》《初学记》《白氏六帖》等。五代十国时期发达的印刷业，为宋代印刷业的大繁荣与活字印刷术的发明打下了基础。印刷术是中国古代影响世界文明的"四大发明"之一，它直接促进了唐、宋及以后的文化发展与教育普及，对中国与世界文化的贡献是不可估量的。

文化教育事业的普遍繁荣，使得隋唐五代时期纸、墨、笔、砚的制作工艺大为改进，品种增多，产量也大幅度提高。有许多精品出现，成为传世的名产。

在隋唐时代，纸的用途增多，造纸规模进一步扩大。隋太府寺下有右尚方（后改隶少府），唐少府寺有右尚署，掌纸笔、胶墨，有官营纸作坊；私营作坊更遍布各地。唐太府寺掌诸州贡献杂物，其中有"益州（今四川成都市）之大小黄、白麻纸……杭（今浙江杭州市）、婺（今浙江金华市）、衢（今浙江衢州市）、越（今浙江绍兴市）等州之上细黄、白状纸，均州（今湖北丹江口市）之大模纸、宣（今安徽宣城市宣州区）、衢等州之案纸、次纸。蒲州（今山西永济市）之百日油细薄白纸"[1]等。当时制纸的原料有麻、藤、竹、楮、桑皮、麦秆、稻草、海草等，制法不同、名目繁多。其中如益州的麻纸，用以为朝廷除拜宰相的制书，故时称拜相为"宣麻"。关于宣纸的记载已见张彦远《历代名画记》，这是一种用檀树皮和稻草制成的纸，质地柔韧细腻，洁白光滑，吸水力强，直至今天仍是优良的书画用纸。南唐烈祖李昇居澄心堂，后来到李煜时造出一种纸细薄光润，名为澄心堂纸，至宋代仍传为珍品。在中国文化中，优良的纸不仅是印制书籍的材料，它与书画艺术相结合，其价值相得益彰，以至其自身也成了艺术品。如元和（806—820）初，女诗人薛涛居成都百花潭，

---

[1]《唐六典》卷二〇《太府寺·右藏署》。

造彩色小笺,用以写诗,名"薛涛笺",就传为文坛逸话。至于在唐代,造纸技术西传大食,更是中西文化交流史上的大事,后面还将讲到。

《唐六典》还记载右尚署掌绛(今山西新绛县)、易(今河北易县)等州之墨。唐时集贤殿书院学士使用蜀郡麻纸、上谷墨[①]。上谷即易州。北魏贾思勰《齐民要术》中已记载细筛纯烟,合以好胶,加上香料而制成精纯好墨。这即是松烟墨。到唐、宋,制墨工艺进一步提高。唐末时,易州有墨工奚鼐、奚鼎兄弟有名于时。鼐子起、超能传父业。五代初,奚超及其子廷珪避难江南,住歙州(今安徽歙县),始集大成,制出丰肌腻理、光泽如漆的好墨。南唐后主赐以"国姓"李,至此世之言墨者,以李廷珪为第一,"李墨"从而名满天下。宋时,歙州改名徽州,这就是享誉宇内的徽墨的由来。

相传欧阳询之子欧阳通亦善书,"必以象牙、犀角为笔管,狸毛为心,覆以秋兔毫"[②],以使书体瘦硬。可见当时制笔工艺之精良。在唐代,宣州兔毫笔十分有名。白居易《新乐府·紫毫笔》说:"紫毫笔,尖如锥兮利如刀。江南石上有老兔,吃竹饮泉生紫毫。宣城之人采为笔,千万毛中拣一毫。"[③]韩愈写《毛颖传》,托名戏为笔立传,其中说毛颖(指笔)为"中山人",据《元和郡县图志》卷二十八:宣州溧水县,"中山在县东南一十五里,出兔毫,为笔精妙"。在韩愈的这篇文章里,宣州的笔是与绛州墨、弘农陶砚、会稽楮纸并称的。

隋唐五代的砚种类、形制均较前代增多。以陶砚、石砚为主,多为后部有二足的箕形。也有瓷砚、三彩砚、澄泥砚等。韩愈《瘞砚铭》中说"土乎质,陶乎成器"[④],就是澄泥砚。唐代最有名的砚是

①《新唐书》卷五七《艺文志序》。
②张鷟:《朝野佥载》卷三。
③《白氏长庆集》卷四。
④《昌黎先生文集》卷三六。

产于端溪（今广东德庆县）的端砚："端溪紫石砚，天下无贵贱通用之。"[1]李贺有《杨生青花紫石砚歌》曰："端州石工巧如神，踏天磨刀割紫云。佣刓抱水含满唇，暗洒苌弘冷血痕。"[2]可见其采制之艰苦。又歙州婺源县（今江西婺源县）产歙砚，据说开元（713—741）中猎人在歙溪发现石材，粗刊成砚，从而流行。南唐时置歙砚务，精制为官砚。这两种砚宋后更负盛名。

纸、墨、笔、砚的改进，不只给书写与著述提供了更便利的工具，而且为书、画等艺术创作的发展创造了良好条件。因此这些方面的改进本身又是文化繁荣的标志与成果。而它们在制作工艺上的成就，又使其精品具有了一定的艺术价值，从而形成了可供玩赏的"文房四宝"，点缀着人们的文化生活；又由于它们与东方书画艺术的密切关系，其文化价值更远远超越了中国的国界。

第四节　建筑与交通

隋唐统一富强，经济繁荣，建筑与交通事业也非常发达。这两个领域涉及经济、艺术与工程技术等不同侧面，本节主要从工程技术角度来介绍它们的巨大成就。

隋唐五代在建筑史上也是一个总结与转折的时期，在城市、宫室、园林、住宅、陵庙、宗教建筑等诸方面都取得了划时代的成绩。以下仅选取一些典型例子略作说明。

这一时期，建设或扩建了长安、洛阳、汴州、扬州、益州、广州等一大批都市，它们成了全国或地区性的政治、经济与文化中心。由

---

① 李肇：《唐国史补》卷下。
② 《李贺诗集》卷三。

于封建经济的高度发达,这些城市的经济、文化功能更为突出出来。城市中以首都长安最为宏伟,这是新建的、规划整齐的、居民百万以上的国际大都会。

隋文帝代周以后,以旧都长安宫室破败湫溢,水质咸滴,不宜饮用,遂决定在旧城东龙首山南川原秀丽的开阔地带建新都,由宰相高颎等总督其事,建筑家宇文恺设计、营造。于开皇二年(582)始建;次年朝廷即迁入新宫城,名大兴城。唐建国后,仍以大兴城为国都,改称长安城。当然这其间一直在修建与扩充。史称长安城外郭东西 18 里 115 步,南北 15 里 175 步,周围 67 里,其崇 1.8 丈。今经实测得知,此数据相当准确。实测结果是东西 9721 米,南北 8651.7 米,周长 36.7 公里,面积 81.1 平方公里,全城略呈长方形,四面各有三门。它的面积大于著名的北魏洛阳(约 73 平方公里)城,为汉长安(约 35 平方公里)的一倍多;更远大于著名古都巴格达(30.44 平方公里)、罗马(13.68 平方公里)和拜占庭(11.99 平方公里),在世界十大古都中居第一位。构筑大兴城时,鉴于西汉以来历代都城中皇城内散处民家,遂自北向南规划出宫城、皇城与市坊。宫城在城北部居中,为皇室、朝廷所在,东西 2820.3 米,南北 1492.1 米,中部有太极宫,南部有太极殿,为皇帝正衙。皇城与宫城等宽,南北 1843.6 米,有东西向街道七条,南北向街道五条,是中央衙署及其附属机构的所在。市坊部分即外郭,由东西向街道 11 条、南北向街道 14 条整齐地划分出 108 个坊和两个市。其中贯穿东西 6 个城门和通过南面 3 个城门的 6 条街道是主干道,幅宽均在百米以上;而作为城市中轴线的贯穿南北的朱雀门大街宽达 150 米以上,即今北京长安街的两倍。坊为封闭式的住宅区,四周有围墙,一般是四面开门,中有十字街,其结构与宋以后商肆、民居面街的形式不同。隋唐三百年间,外郭南面的四列坊居民一直很少,因此建起了许多大寺院;北部靠近宫廷,人口较密集;特别是东北部靠近大明宫,高官显贵多居于此,娱乐场所集中的平康坊也在这里。在城东、西的中部各有市，为商业区。每市尽两坊之地，四周围墙，中有东西、南北街道各两条，整个呈"井"字形，商铺临街而设。如前所述，长安东、西两市商业非常繁荣，也是国际商贸的中心。外郭东南隅为汉宜春苑地，地势高亢，筑城不便，隋时辟为芙蓉园，又疏凿其西潴溢之地引水为曲江池，至开元年间更加整饰，成为市民游览胜地。每逢中和（二月一日）、上巳（三月三日）、重阳（九月九日）等节期，往往有赐宴聚会，贵游如云，车骑联翩，杜甫《曲江行》诗曾有生动描绘。进士登科杏园赐宴，雁塔题名，游于曲江，亦为文场一时习俗。这里已不是皇室的苑囿，也对民众开放。在节期里，商肆聚集，坊市为空。如此在城市中规划出公共游览的风景区，在古代城市建设上是个创举。隋建大兴城时，为保证宫苑环境用水，自城东、城南掘龙首、清明、永安三渠引水；到唐天宝元年（742），又于西城开漕渠，引潏水入城达于西市，成广运潭。功毕，盛陈舟舰，献诸方贡赋，玄宗亲临观看。这样，隋大兴城、唐长安城气魄宏伟，布局谨严，宫室、寺观、民宇、街道、商市以至游览区等规划整齐，又有给水系统相配合，是中世纪帝都建筑的总结，也是一个典范。但唐代定都长安是有问题的：只考虑到关中四塞之地的形势与地形，却没有估计到运输不便，以至自高宗时就闹粮荒，朝廷只好率百官东出潼关至洛阳"就食"。后来疏凿了黄河三门之险，问题勉强得到了解决；但终唐之世，漕运一直是一个关系朝廷生存的大问题。正鉴于这一点，宋以后各朝建都都离开了关中。另外里坊制的建筑格局仍保持了古代奴隶社会都邑形式的残余，将商市与民居严格分开，限制了商业与手工业的发展。在长安百余万人的大都会中，手工业人口十分有限。而从对比看，宗教建筑遍及全城，大寺庙如荐福寺跨两坊之地，兴善寺与玄都观都占地尽坊，而民众的游乐地与绿地很少。这些都反映了中国古代城市建设的通弊，也是封建制在城市建筑上打下的烙印。但指出这些，是为了从建筑文化角度来领会隋唐城市的特征，并不损及当时城市建设的伟大成就。洛阳作为隋、唐的东都，自古以来就是中原重要都市。唐代又加扩建，规划格局与长安相似，只是限于历史状况与地形，不能那样整齐对称，规模也略小于长安。其他大城市建筑规模也相当宏大，如对扬州城的考古发掘表明，唐代的扬州城面积达20多平方公里。限于篇幅，不一一叙述了。

隋唐时代的宫苑建筑仅以唐长安宫城东北面龙首原上的大明宫为例。大明宫始建于贞观八年(634)，高宗龙朔二年(662)扩建，次年迁入听政，取代了宫城中的太极宫而成了唐王朝的主要宫廷。因为它在宫城东北，称"东内"。大明宫南部呈长方形，北部呈梯形，共十一个城门：南五、北三、西二、东一。周围7.6公里，面积约3.2平方公里。建筑主要集中在宫城中部。位于南面正门之北、龙首原前沿的含元殿为朝会之所，利用突起的高地构台基，现存台基东西75.9米，南北41.3米，原殿面阔十一间，进深四间。殿前向南伸出三条砖石阶道，长78米，称"龙尾道"，衬托宫廷巍峨高大，非常壮观。麟德殿位于西部，为宴会与接待来使之所。在东西80米、南北130米的台基上，建有前、中、后毗连的三殿，中殿左右各建一楼，周围绕以回廊。其规模为今故宫太和殿的三倍。大明宫北部殿阁疏朗，为园林区，有湖泊太液池，中有小岛蓬莱山，水光山色，为宫城增添胜景。

隋唐五代遗存陵墓甚多，其建筑工艺可以唐帝陵为代表。唐帝陵除昭宗李晔陵和哀帝李柷陵分别在河南渑池和山东菏泽外，其余十八陵均在今西安北部和西北部。其中以太宗昭陵和高宗乾陵保存较完好。各陵大都有陪葬墓，据调查以唐前期诸帝和德、穆宗为多。高宗次子李贤章怀太子墓、中宗第七女李仙蕙永泰公主墓、中宗长子李重润懿德太子墓近年都曾有计划地发掘，其重要发现及出土文物震惊中外。唐帝陵陵园范围均十分宏大，周长十数公里至数十公里不等。原来都有完整的建筑群，现已不存。大致情形是陵体四周有围墙，四方各辟一门，南神门内有献殿。门外有长长的神道，旁列华表、飞马、朱雀、石兽以及石人等。最南有双阙，为陵园入口。陵区例植柏树，故名"柏城"。地下的建筑更是浩大的工程。从已发掘的章怀太子墓等，可知地下墓由墓道、过洞、天井以及甬道联结的前、后墓室组成。墓内壁有精美壁画，这在前面已有介绍。陵墓的地下建筑部分尚保存完好，可看出当时的建筑工艺水平。又江苏省江宁县南唐先祖李昪钦陵、中主李璟顺陵，建国初期曾发掘；四川成都老西门外的前蜀王建永陵，抗战时期曾由历史语言研究所等单位发掘，均有重要收获。规模当然不及唐帝陵，却可看出五代时期陵墓形制与建筑技术。

隋唐五代的纪念性建筑，如武后时期的明堂、天枢等著名建筑，均已不存。只能从文献上了解其规模之宏伟。民宅更不可能保留至今。而宗教建筑则有部分遗存。其中寺庙建筑以山西五台县五台山西麓佛光寺内大殿最为著名。该殿为唐宣宗大中十一年（857）由住在长安的宁公遇出资为大宦官王守澄祈福而建，西向居于土崖上，面阔七间，进深八架椽，单檐四阿顶。后虽经多次修葺，仍保持着唐时原貌。全殿由下层两圈柱网、中层重叠木枋构成方框即槽，上层架设三角形屋架。室内天花顶恰为柱高两倍，而出檐为檐高二分之一，使造型显得匀称、庄重。建造更是精巧。殿内砖砌佛座和塑像是唐代原物（亦经后代装修），佛座背后和栱眼壁上还留有唐、宋壁画，艺术上有很大价值。佛塔建筑有山东济南市神通寺四门塔，这是至迟建于大业七年（611）的单层石塔，四面每面宽7.38米，四角攒尖顶，每面中间各开一门，塔室中有方形柱，上刻佛像，风格简洁朴素。长安荐福寺有小雁塔，为密檐空腔式砖塔，建于景龙元年（707），塔平面呈正方形，底座每面宽11.25米，下有砖砌高台。原十五层，明嘉靖三十四年（1555）陕西大地震塌毁两层，塔残高约43米，塔身已有裂缝。今存塔身仍挺拔秀美。又慈恩寺塔即俗称大雁塔，初建于永徽三年（652），是玄奘奏请朝廷仿印度石浮图形貌建造的，初建五层，到武则天长安（701—704）

年间重建为七层,大历(766—779)时增为十层,后经兵火存七层。今存者为明代重建,高 64.1 米,外貌仿楼阁形,仍大略可窥唐时形状。隋唐五代民宅建筑可据文献资料、壁画以及其他绘画了解。当时的贵族宅邸常用直棂窗回廊绕成庭院,院内房舍不必对称;室内桌、凳、椅、床改为高座式,这是因为生活习惯已由席地危坐改为垂足而坐,其他家具也相应加高。这是涉及中国人生活习性的重大改变。

隋唐五代时期国际、国内交通发达。隋代修运河,开驰道;唐代更由政府建立了遍布全国的水、陆驿网。发达的交通对政治的统一、经济的发展、文化的交流起了重大作用,此不具述。只介绍涉及交通工程的数例。

隋代由著名工匠李春等建造的赵州(今河北赵县)洨河上的安济桥,是这一时期桥梁建筑的代表。这是世界上第一座敞肩拱桥。大拱由 28 道石券并列而成。桥长 37.45 米,而拱高仅 7.23 米,矢跨比率低,桥的坡度就平缓。在大拱两端拱背上又介以四个空拱小券。这不只减轻了桥体自身的重量,又减少了山洪暴发时激流的冲击力量。桥身用 5 根大铁杆将 28 道拱券拉连起来,又利用桥中的"收分"使外侧的拱券内倾,拱背再加上大块"伏石",保证了桥体的整合。桥两侧饰以石栏,上有精美雕刻。原石本已塌毁,中华人民共和国成立后清理河床时挖掘出来,重加装修,使经 1400 年山河变迁而仍以原来的雄姿横陈河面上的古桥恢复了原貌。唐时就有许多诗赋歌咏赵州桥。它确实是古代工程史上的奇迹。

在交通工具方面,值得注意的是船舶的建造。隋炀帝南巡江都,组织了使用挽船夫八万人以上、百里长的船队。他所乘的龙舟四重,高 45 尺(唐尺长 31 厘米),长 200 丈,上层有正殿、内殿、东西朝堂,中层有 120 房,下层内侍处之。这是内河牵挽的巨型航船。大历(766—779)、贞元(785—805)年间有俞大娘航船,操驾之工数百,居者养生送死嫁娶悉在其间,载重量在万石以上。又贞元三年

（787）山南东道节度使李皋"常运心巧思，为战舰，挟二轮，蹈之，翔风鼓疾，若挂帆席，所造省易而久固"①。这是由人力推动的轮船。但这一技术后来并没有得到改进、发展。另外海船建造技术也相当先进，但具体形制已不得其详。阿拉伯商人苏莱曼·丹吉尔于851年写成《中印游记》，记载远航在印度洋与波斯湾的中国船，用铁钉铆牢，船板很坚固，载重量很大。这从慧琳《一切经音义》上的记载也得到了印证。慧琳记载一种昆仑舶，入水60尺，载千余人，货物无算。恐板薄易破，累木枋作之；恐摩擦生火，不用钉镰，以糖灌塞，令水不入。这些工艺技术是相当先进的。

　　综观隋唐五代科技发展的情况，可以看出最重要的成就集中在直接与经济、文化和民众生活相关的技术方面。这当然也体现了作为当时思想潮流的重人生、重实际的文化观念。但这些技术与工艺却很少向探求客观世界的规律的理论科学方面发展，以至科学的进展程度显得与整个文化的繁荣不太相称。这个状况也正表现出中国封建文化深层结构中的某些规律性的特点。

①《旧唐书》卷一三一《李皋传》。

第八章 宗 教

第一节 佛 教

一、佛教的兴盛与寺院经济的扩张

到隋唐时期,佛教传入中国已六百年左右,佛典传译已相当完备,佛教义学已相当发展,民众间的佛教信仰也已很普及,中国式的佛教律仪制度亦已大体定型。特别是经过佛教思想与中国传统意识的长期斗争、交流、融合,佛教已经中国化并在中国的思想文化土壤上扎根,形成势力凌驾于本土宗教道教之上的最强大的宗教。隋唐五代统治者一般都崇信佛教,更为其发展推波助澜,促使它进入了一个新的大发展的时期。在这一时期的思想、文化领域中,佛教成为最为活跃也最为有力的因素,以至有的学者把思想史上的这一时代称为"佛学时代"。

隋文帝继位,距灭佛的周武帝去世只三年,他立即大力恢复佛教。开皇元年(581),即"普诏天下任听出家,仍令计口出钱,营造经像。而京师及并州、相州、洛州等大都邑之处,并官写一切经,置于寺内"[1]；开皇三年,诏"周朝所废之寺咸可修复"[2]。隋文帝以天下统一仰赖佛教之力,又诏天下诸州名藩建灵塔,分送舍利于一百三十一州;并于京城大兴善寺请名僧彦琮等译经,自姚秦鸠摩罗什以来译事再盛。朝廷中讲筵法会,殆无废日;而"民间佛经,多于六经数十百倍"[3]。隋炀帝荒淫,佞佛亦甚。大业三年(607),诏天下州郡七日行道,总度千指,制文称"菩萨戒弟子"。后来到各地巡游,常以僧、尼、道士、女冠自随,称"内道场"。据唐道世统计,隋代四十七年,有寺3985所,度僧236,200人[4]。

隋代国祚短促,灭亡在农民起义与军阀逐鹿战火中,佛教势力膨胀是加剧危机的重要因素。所以隋末农民军的矛头也指向寺庙:"佛寺僧坊,并随灰烬,众僧分散,颠仆沟壑。"[5]

唐室初建,即兴复佛教。武德二年(619)于京师立十大德,总摄僧尼。秦王李世民平王世充,曾得到少林寺僧兵之助,屡对该寺褒扬、封赐。他即位之后,还下诏在战地立寺;并舍通义宫为尼寺,以追报亡母冥福;又两次下诏,在全国普度僧尼,并向官宦五品以上及诸州刺史颁《佛遗教经》。沙门玄琬于贞观初入宫为皇后六宫妃主授戒,并为皇后写藏经;大臣萧瑀兄弟、杜如晦、薛万彻、杜正伦、李百药等并受戒。太宗特别支持了玄奘的大规模译经事业,并为新译佛经写了《大唐三藏圣教序》。后来太子李治也作了《述圣序》。彦琮说:"自二圣序文出后,王公百辟,法俗黎庶,手舞足蹈,欢咏德音……慈云再荫,慧日重明,归依之徒,波回雾委。"[6]但唐王朝亦崇道,这对佛教自然起了抵制作用。高祖晚年时,鉴于隋末教

①《隋书》卷三五《经籍志四》。
②法琳:《辩正论》卷三。
③《隋书》卷三五《经籍志四》。
④《法苑珠林》卷一〇〇。
⑤道宣:《续高僧传》卷一五《玄鉴传》。
⑥《大慈恩寺三藏法师传》卷七。

训,曾沙汰僧尼。而李世民作为卓越政治家,也清楚认识到佛教扩张造成的危害。他曾有诏给萧琮说:"至于佛教,非意所遵,虽有国之常经,固弊俗之虚术。"①在君臣论政中,亦屡引梁武佞佛而终至败亡为戒。这样,他崇佛多从策略方面考虑,佛教的发展同时也受到一定限制。

高宗李治佞佛,大慈恩寺即是他做太子时为追荐亡母长孙皇后冥福而建。到武氏专政,出于政治目的,更大力兴佛。佛典中有一部《大云经》,中有女主临世之语,中土曾有数译;武则天载初元年(689)沙门怀义、法朗等造《大云经疏》,盛陈符命。遂于每州置大云寺,颁《大云经》于天下,度僧千人。僧怀义倍受武氏宠信,任之出入宫禁,且命为行军大总管北讨突厥默啜。又造夹纻大像,小指中犹容数十人,于明堂北构天堂贮之,并在两京继续组织译经。于洛阳大遍空寺重译《华严经》更是译经史上的大事。圣历二年(699)该经译成,法藏受诏在宫中宣讲,受到武则天礼重;后来中、睿二宗均请他作菩萨戒师。久视元年(700),又迎请禅宗大师神秀入京,神秀遂成为"两京法主,三帝门师"。武则天晚年推重禅宗,这对唐代佛教发展是有重要意义的事。武则天有目的地利用佛教来达到政治企图,佛教与政治也更密切地结合起来。

中、睿二宗年祚短促,崇佛沿袭不改。唐玄宗即位之初,有励精求治之志,屡下诏书限制佛教,但仍有不少兴佛之举,另一方面又推崇道教。他与前代帝王一样地造寺、铸像,并御注《金刚经》颁行天下。特别是密宗大师善无畏、金刚智、不空于开元初先后来华,被奉为教主,敕准传授密法,开创了中土密宗。三人被称为"开元三大士"。

"安史"乱起,肃宗驻跸灵武(今宁夏永宁县),宰相裴冕奏售僧、道度牒以充军需,名曰"香水钱"。朝廷鬻度牒自此始。南宗禅

---

①《旧唐书》卷六三《萧瑀传》。

师神会即曾主持度坛，后以助平叛乱之功被迎入内供养。安禄山
陷长安期间，不空曾与朝廷通消息；长安收复之后，被迎请入宫，肃
宗亲受灌顶、菩萨戒。代宗永泰元年（765）制授不空特进、试鸿胪
卿，加号"大广智三藏"；代宗大历九年（774）临终时加开府仪同三
司，封肃国公，食邑三千户，僧人封赐荣宠此为空前。代宗朝的宰
相元载、王缙、杜鸿渐都出名地佞佛。朝廷常设内道场、内斋，招僧
入宫。时吐蕃扰边，每有警急，即在内道场设斋行道，诵《仁王护国
经》。此经为不空译出，主题是镇护国土，祈禳灾变，经查勘不见梵
文原典，是否外来译籍殊堪致疑。自此以后，佛教的护国法会就流
行起来，这又是一个密切佛教与封建政权关系的因缘。德、顺两
朝，佛教继续发展。特别是禅宗与净土法门在此时期大为流行起
来，受到朝野与民众的广泛支持，佛教发展又出现了新机运。

　　唐宪宗李纯在中唐君主中颇有作为，然在崇佛上却一仍前朝
旧贯。著名禅师鹅湖大义、兴善惟宽入京，推动了南宗禅马祖一系
禅法在中原的普及。特别是元和十三年（818）十二月奉迎岐州凤
翔（今陕西凤翔县）法门寺佛骨入朝供养，引起长安一次佞佛狂潮。
相传法门寺护国真身塔所藏佛舍利指骨逢三十年一开，开则岁和
年丰。自贞观五年（631）即屡有迎请之举，但此次轰动特大。佛骨
到长安，"王公士庶，奔走舍施如不及"[1]，百姓有破产充施者，有烧
顶、灼臂而求供养者。韩愈上疏谏诤得罪，即在此时[2]。

　　以下穆、敬、文各朝，推尊佛教，有增无已。穆宗长庆（821—
824）年间曾遣使至五台山斋僧，一次至万人。由于经济紧张，又设
坛增卖度牒。敬宗宝历（825—827）年间，敕两京建立方等戒坛度
僧，以宦官中护军刘规为两街功德使。此时俗讲流行，敬宗曾亲赴
兴福寺听俗讲法师文溆的俗讲。文宗时祠部奏请天下僧尼非正度

----

①《旧唐书》卷一五《宪宗本纪下》。
②1987年法门寺地宫已发掘，舍利骨已出土，见《法门寺发掘简报》，《文物》
　1988年第10期。

者允予申请度牒。但此时破产农民流为僧、道者日众，也成为大的社会问题，因此不得不下诏条流僧尼、限制建造寺院。到武宗时，就施行了大规模灭佛。

武宗死后，宣宗即位的大中元年（847），即下诏恢复佛教。孙樵于大中五年上书谏修佛寺，说今自即位以来，修复废寺，天下斧斤之声至今不绝，度僧几复其旧①。次年祠部亦奏"陛下护持释教……近日天下……建置渐多，剃度弥广，奢靡相尚，浸以日繁"②。懿宗奉佛弥甚，常于禁中设讲席，自唱经题，手持梵文；又数幸佛寺，施与无度。并再一次奉迎佛骨，赐讲经师沉香高座，饭万僧。至僖宗时，黄巢义军占领长安，朝廷出奔凤翔、成都，仍以大德僧为驾前供奉。越是迫近了末世，统治者越要在宗教中求得福佑与慰藉。晚唐佛教一个重要现象是禅宗发达几呈一枝独秀之势。因为唐武毁佛，寺庙被毁坏，经典被焚弃，其他各宗一时恢复不易；而禅宗以其不重经教的宗风，得以迅速恢复了元气，加之其宗义又适应当时思想发展的趋势。

唐武废佛时，"唯黄河以北，镇、幽、魏、潞等四节度，元来敬重佛法，不拆舍，不条流僧尼"③。唐末割据浙东的钱氏、闽地的王氏、蜀地的王氏也都大力保护佛教。五代十国时期，北方各朝对待佛教一仍唐朝旧规，但对僧尼管理一般较严格。后周世宗再度废佛。这一次距武宗那一次不久，对北方佛教的打击比较严重。但南方各政权如吴越、南汉、闽、后蜀、南唐等对佛教均兴崇不息，自此中国佛教发展的重心又转移到了南方。

佛教在中国初传，是靠施主与俗人的布施来维持的。东晋时释道安说"今遭凶年，不依国主，则法事难立"④，主要原因亦在于

---

①孙樵：《复佛寺奏》，《孙樵集》卷六。
②王溥：《唐会要》卷四八《议释教下》。
③圆仁：《入唐求法巡礼行记》卷四。
④慧皎：《高僧传》卷五《道安传》。

此。但在南北朝时期，独立的寺院经济逐步发展起来。寺院不只有田地房舍，还经营邸店、质库、碾硙，渐渐发展为经济实体。到了隋唐五代，寺院经济规模进一步扩大，形成了僧侣地主阶层，奠定了佛教发展的牢固的经济基础。寺院经济的发展是中国佛教形态特征之一。它与世俗地主阶层权益上的争夺造成了佛教发展上的一系列问题。

天台智顗受陈、隋统治者礼重，赐予无算。智顗死前，朝廷允将寺产水田以充基业，并勒王弘施肥田良地，此后并屡有恩赏，天台国清寺遂成为广占良田的大寺院。隋初，时为唐国公的李渊割宅为清禅寺，昙崇引众居之，"晋王（杨广）钦敬禅林，降威为寺檀越，前后送户七十有余，水硙及碾上下六具，永充基业"[①]。嵩山少林寺隋开皇中有诏以柏谷屯一百顷赐予，王世充据其地时寺被废，唐初以僧兵助唐有殊勋，先赐地四十顷，水碾硙一具，至贞观六年（632）补赐六十顷，仍足百顷之数。这都是寺院经济实体形成的事例。

在唐均田制中，规定僧、尼授田：僧三十亩、尼二十亩。虽然数量远小于丁男，但由于不服课役，又聚居在寺院中，从而给寺院大量占田、影庇劳力开了门径。到唐高宗时，寺院占田，影庇逃户已渐成社会问题。如"永徽六年（655），雍州长史长孙祥奏言，往日郑、白渠溉田四万余顷，今为富僧大贾，竞造碾硙，止溉一万许顷"[②]；睿宗时左拾遗辛替否上疏，指陈"十分天下之财，而佛有七、八"[③]；姚崇亦曾上疏玄宗，说到中宗时"倾国造寺"，"富户强丁，皆经营避役，远近充满"[④]。当时的国家大寺如长安西明、慈恩等寺，除口分地外，别有敕赐庄田，而所有供给又皆出国家供养。高宗时

①道宣：《续高僧传》卷一七《昙崇传》。
②李吉甫：《元和郡县图志》卷一。
③《旧唐书》卷一○一《辛替否传》。
④《旧唐书》卷九六《姚崇传》。

建西明寺,一次就赐予"田园百顷,净人百房,车五十辆,绢布二千匹"①。以至空门中出现了像园观那样的"好治生,获园田之利,时谓之'空门猗顿'"②的大财主。到开元年间搜检逃户,寺观也成了对象,敕令规定"天下寺观田宜准法据僧尼、道士合给数外,一切管收,给贫下欠田丁"③。这是由于寺院经济极度扩张而使得政府不得不加干预。

实际上随着均田制破坏,土地兼并加剧,朝廷的限制措施并不能奏效。"安史之乱"中玄宗至成都,赐大慈寺田千亩,这表明朝廷本身也不能执行自颁的律令。到中、晚唐,寺院占田规模更加惊人。如元和七年(812)赐"石壁寺至文谷,赐庄一百五十里有余"④;日本僧人圆仁求法游行至长山县(今山东邹平县)长白山醴泉寺,寺有"庄园十五所",而住寺僧只三十余人,北行十五里仍有该寺庄产⑤;而陇州(今陕西陇县)大象寺"管庄大小共七所,都管地总伍十叁顷五十陆亩叁角"⑥。在敦煌文书中,有不少农民向寺院借贷种子、粮食、绢、褐的文书,反映了寺院经济的实力。会昌毁佛,朝廷收回大批膏腴上田,表明寺院经济已形成对国家正常经济活动的威胁。

北魏僧侣 200 万,全部人口约 3000 万,僧侣占十五分之一;北齐僧侣 200 万,北周 100 万,占北朝人口的十分之一。如此庞大数量的人口流入寺院,造成严重的经济问题,成为北朝灭佛的动因之一。南朝发展的主要是贵族士大夫佛教,出家者相对为少。隋代僧尼近 300 万,大业五年(609)的人口是 4600 余万,僧尼所占比重

---

①苏颋:《唐长安西明寺塔碑》,《全唐文》卷二五七。
②赞宁:《宋高僧传》卷二〇《园观传》。
③王溥:《唐会要》卷五九《尚书省诸司下》。
④《特赐寺庄山林地土四至记》,《唐文续拾》卷一〇。
⑤圆仁:《入唐求法巡礼行记》卷二。
⑥《重修大象寺记》,《金石萃编》卷一一三。

较北朝差小。唐初傅奕反佛，说"天下僧尼，数盈十万"[1]，而官方统计人口只 200 万户，两者距实际数量均相差甚远。元和六年李吉甫奏："国家自天宝以后，中原宿兵，见在军士可计者计八十余万，其余去为商贩，度为僧道，杂入色役，不归农桑者，又十有五六。"[2]长庆四年（824）徐州节度使王智兴以替皇帝诞日祈福的名义于泗州（今江苏盱眙县）置戒坛度僧，人纳二缗给牒，于是四方辐辏，江淮尤甚，浙西观察使李德裕上言："自淮而右，户三丁男，必一男剔发，规影徭赋，所度无算。臣阅渡江者日数百，苏、常齐民，十固八九，若不加禁遏，则前至诞月，江淮失丁男六十万。"[3]由这些资料都可见僧尼数量之众，在居民中比例不会少于唐初。会昌毁佛时检括天下佛寺 4600 余所，招提、兰若 4 万所，僧尼 26.5 万人，这远不是全数。当时朝廷统计户数是 495 万，可推测佛寺与僧侣比重之大。这僧侣中的大多数是劳役僧，所以这些数字也反映了寺院经济的庞大。

二、佛典传译与佛家著述

隋至唐前期，在佛典传译史上是个总结、收缩的阶段。一方面，在这一时期译经取得了总结性的成绩；另一方面至 7 世纪印度密教形成，印度佛教的发展已进入了烂熟时期，此后已没有什么重要经典可译。中唐以后，历代虽有零星译业，但其价值与影响则都很有限了。

这一时期译业的重大变化是国家译场的创立。南北朝时期已建有大规模译场，如姚秦长安逍遥园、元魏洛阳永宁寺、刘宋建业道场寺等为一时译业中心，但主持者为僧侣，朝廷与官府只是作为

---

① 《旧唐书》卷七九《傅奕传》。
② 王溥：《唐会要》卷六九《州府及县加减官》。
③ 《新唐书》卷一八〇《李德裕传》。

施主加以支持。隋建国伊始，相继西游的沙门智周、宝暹、道邃、僧昙等人赍经论回到长安，凡获梵本二百六十部，敕付有司翻译。自是立翻经馆，设翻经学士。次年，敕召天竺沙门达摩般若使掌翻译，立大兴善寺译场。翻经馆是朝廷敕设机构，译场是官营的。后来在东都上林园也立了翻经馆。到唐代，官设译场制度相沿不改，如玄奘在长安慈恩寺、弘福寺，不空在长安净影寺、兴善寺的译场都是敕建的。南北朝时译场人数众多，动辄数百人至二三千人，它同时是佛教教学与研究机构；而到隋唐时期的译场则是几十人的专业班子，参与者都是学有专长的专家。吸收了前代译场的组织经验，此时构成更为严密，其职司有九，即译主，译本题名者即其人；笔受；度语，传译主所宣义，译者为外人时用之；证梵本；润文；证义；梵呗；校勘；正字，不常设。另有朝廷敕命的监护大使，有时是宰相兼任；又有一些著名文人参与润文，保证了翻译质量更加精良。

中土早期译经，多凭外来僧侣口授，难免有所出入。翻译时又要照顾到中土人的思想意识与表达方式，再加上误译，译文就多有增损差讹。有些经典是通过中亚语文（如龟兹语、焉耆语）转译的。到隋唐时期，大量梵箧传入，翻译有了更加可靠的底本。在总结前人翻译经验的基础上，翻译技巧更加成熟，译例也更加精详。隋代彦琮长期主持译事，著《辩正论》，以垂翻译之式，提出"八备十条"：

> 夫预翻译，有八备十条：一诚心爱法，志愿益人；二将践觉场，先牢戒定，不染讥恶；三文诠三藏，学贯五乘，不苦暗滞；四傍涉坟史，工缀典辞，不过鲁拙；五襟抱平坦，器量虚融，不好专执，沉于道术，淡于名利，不欲高衒；六要识梵言；七不坠彼学；八博阅《苍》《雅》，类谙篆隶，不昧此文。十条者：一句韵，二问答，三名义，四经论，五歌颂，六咒功，七品题，八专业，九本部，十字番。[1]

────────────

[1] 义楚：《释氏六帖》卷九《流通大教部第十四》。

这里对译人的修养、翻译的体例说得非常全面、具体。"十条"现仅存题目，原应有所解释。时有沙门明则撰《翻经法式》十卷，后有灵裕撰《译经体式》，均已佚，对译经规则当有详细阐发。隋沙门灌顶《大般涅槃经玄义》载有广州大亮法师所立"五不翻"之说，到玄奘加以整饰，主要是讲外来语音译原则的，即一秘密故，如对于陀罗尼即经咒用音译；二含多义故，如薄伽，一般又意译为世尊，有自在、炽盛、端严、名称、吉祥、尊贵六义；三此无故，如阎浮树；四顺古故，如阿耨菩提；五生善故，如般若①。像这些都是翻译史上的经验总结，对指导翻译起着积极作用，至今仍有借鉴意义。

隋代译业成就杰出者，首推彦琮（557—610）。他作为中土僧人多年主持两京翻经馆，先后参与译经二十三部百许卷，并著《辩正论》以垂翻译之式。特别是他受命将《舍利瑞图经》《国家祥瑞录》译为梵文，合成十卷，赐之西域。此为现知译华为梵之始。他还著有《唱导法》《沙门名义论》《大隋西国传》《众经目录》等多方面著作，是学问渊博的大学者。

隋代外来僧侣译业较丰的有阇那崛多（527—604）和达摩笈多（？—619）。前者西魏时来华，后遇北周毁佛，被迫西归，滞于突厥，经朝廷迎请于开皇五年（585）再次东来，先后住两京翻译，计译出三十七部一百七十六卷，其中《佛本行集经》六十卷是最详细的佛传，对研究古印度与佛教史均有价值。阇那崛多德高望重，彦琮与达摩笈多均曾为其助译，后者译出《起世因本经》《药师如来本愿经》《摄大乘论释论》等七部四十六卷。

唐代译业中首屈一指的当然是玄奘。玄奘（600？—664），俗姓陈，河南缑氏（今河南偃师市）人。他少年出家，广研佛典，遍访名师，特别有感于《摄论》《地论》两家矛盾、不明之点甚多，欲求总赅三藏的《瑜伽师地论》，遂发愿西行求法。时唐室初建，国禁甚

---

① 见周敦颐：《翻译名义集序》。

严，表请出关，未被允准。贞观三年（629）以北方连年饥馑，朝廷允许道俗四出求食。他借机潜行，只身出玉门关，度莫贺延碛，取道伊吾（今新疆哈密市）、高昌（今新疆吐鲁番市）西行，得到高昌王麴文泰之助，又过西突厥，得叶护可汗礼遇，过热海（今伊塞克湖）到飒秣建（今乌兹别克斯坦撒马尔罕），又经西域诸国，越大雪山，经过迦毕试（今阿富汗喀布尔）进入五河流域的犍陀罗（今巴基斯坦白沙瓦及毗邻的阿富汗东部地区），经羯若鞠阇国曲女城（今印度卡瑙季），开始其天竺三十余国的巡礼。他遍访佛教圣地，终于到达位于恒河右岸、王舍城北的当时佛教中心那烂陀寺（在今印度比哈尔邦巴腊贡），参谒瑜伽行派后期重镇戒贤，听讲《瑜伽师地论》。他在寺五年，又遍游五天竺四年，仍回那烂陀寺。应戒贤之嘱，开讲《摄大乘论》《唯识抉择论》。一时德望崇高，受到戒日王礼重。在有五天沙门、婆罗门和外道参加的曲女城无遮大会上，他立《会宗》《制恶见》二论，十八天无人破难，被大乘人尊为大乘天，小乘人则尊为解脱天。后来他携梵本五百二十箧、六百五十七部和佛像、法器东归，于贞观十九年（645）回到长安。他西行求法十八年，历尽艰辛，不但精通了五印方言，而且对佛学进行了全面、精深的研究。他在自归国到逝世的十九年间，在朝廷的支持之下，不间断地从事了规模庞大的译业，计译出经论七十五部一千三百三十五卷。鸠摩罗什译经十二年，得二百余卷，玄奘的成果从卷数看是他的六倍；又《开元释教录》收录唐时三藏计五千零四十八卷（包括中土著作），玄奘一人的成绩就占了四分之一强。玄奘译经主要有两部分：一部分是继陈真谛等人之后全面传译了瑜伽行学派的唯识经论，包括《解深密经》、题为弥勒造的《瑜伽师地论》、著名论师无著的《摄大乘论本》《显扬圣教论》、世亲的《唯识三十论颂》《唯识二十论》等，又糅译护法等十大唯识论师注释《唯识三十论颂》的著作而为《成唯识论》。瑜伽行派的唯识学是印度佛学的理论高峰，玄奘的翻译不只为创立法相宗提供了典据，对整个中国佛学发展也造成了深远影响。另一部分是编译各种版本的大、小般若类经典而成为一部六百卷的大丛书《大般若波罗蜜多经》。其中新译四百余卷，包括般若类经典中最长的文本十万颂的《大般若经》。般若经宣说的般若空观，乃是整个佛教宇宙观的基础。这两部分合起来，就构成了中土空、有二宗的典据。玄奘还译了小乘论书等其他经典，并带领弟子辩机著有前已介绍的《大唐西域记》，还曾将《老子》和《大乘起信论》译为梵文。他培养的弟子如窥基、神昉、嘉尚、普光等都是一代佛门龙象。他的译业有前人的经验和译籍可参考，加之他自身的语学、佛学等方面的高度素养，工作态度又极其认真，名相的确立、义理的表述、行文的组织等都有严格的规定，使译文准确精赅，达到了高水平。赞宁总结佛典翻译的历史发展说：初期的翻译是"梵客华僧，听言揣意……咫尺千里，觌面难通"，这是指鸠摩罗什以前的"古译"；发展到后来则"彼晓汉谈，我知梵说，十得八九，时有差违"，这是指罗什以后的"旧译"；到了玄奘则是"印印皆同，声声不别"①了，这称为"新译"。新译的优长在准确精赅。但为了精确传述文意，表达的优美流畅不足。以《维摩经》为例，玄奘译本《说无垢称经》经对校与藏译本相近，而藏译佛典是从梵文逐句逐字移译的，却不如罗什译的清通晓畅，因此也就不大流行。其他新译的经典也有类似情形。玄奘晚年，疾病缠身，但仍勤奋不辍，完成了迄今历史上无人可与比拟的伟大译业。他所创造的多方面的劳绩，不仅使他成为佛教史上的巨匠，也成为中国文化史与中外文化交流史上的伟人。

武后朝，于阗人实叉难陀（652—710）携《华严》梵本来华；证圣元年（695）住洛阳内廷大遍空寺。《华严经》旧有东晋佛陀跋陀罗在建康所出五十卷本，传至北方析为六十卷，俗称"六十华严"。实叉难陀于圣历二年（699）完成重译《华严》八十卷。久视元年（700）

––––––––––

① 赞宁：《宋高僧传》卷三《译经论》。

又译出《大乘入楞伽经》七卷,此经刘宋求那跋陀罗、北魏菩提流支早各有译本。实叉难陀译经计十九部一百零七卷。所译《华严》较旧译增多一会五品为九会三十九品,是更完整的译本,对中土华严宗的建设具有积极意义,而华严思想对宋明理学曾产生了重大影响。他的译风简约顺适,一些名相没有遵循玄奘新译所勘定,而参用习惯的旧译法。这对纠正玄奘译风的艰深生涩起了好的作用。

另一位活动在武后朝的著名译家是菩提流志(?—727)。他是南印人,长寿二年(693)应邀来洛阳。在佛授记寺译《宝雨经》,以序分中有东方月光天子受记在中国现女人身统治世间一段文字,博得武则天宠重。他的重要译业是神龙二年(706)起编译《大宝积经》一百二十卷,这是一部泛论佛教法门的丛书。玄奘死前一年曾有志传翻此经,试译数行后以力竭辍笔。菩提流志携来新的梵本,完成了玄奘未竟之业。全经四十九会中用旧本的二十三会,又有十五会参酌旧本重出,新译十一会。菩提流志译风也以畅达为特点。例如旧本中的偈颂不少是六言、八言的,他给改为五、七言,就更为符合中国韵文的特点了。

开元四年中印沙门善无畏(637—735)来华。其时印度大乘佛教已发展到密教阶段,密典亦已传入中土。善无畏与弟子僧一行等选择存于长安华严寺的密典,于开元十三四年间在洛阳奉先寺译出《大毗卢遮那神变加持经》七卷(即《大日经》),此经宣传密教胎藏部大法及仪轨。密教重视经咒,即所谓“语密”。善无畏译经咒全部写出梵字,逐字以汉音对译。这成了以后传译密典的规则,客观上传布了梵文语音学知识。

另一位密宗大师不空(705—774)前面已有介绍,他也是密典的大译家。他于开元八年(720)随金刚智来华,随侍金刚智习唐、梵经论与律仪。金刚智死后他受朝命通使师子国(今斯里兰卡),广求密藏及各种经论,于天宝五载(746)重返长安。他受到玄、肃、代、德四朝礼重的情形前已述及。他的译业主要也是密典。金刚部大法即靠金刚智所译《金刚顶瑜伽中略出念诵经》和他译的《金刚顶一切如来真实摄大乘现证大教王经》三卷（即《金刚顶经》）等传出。不空及其弟子给朝廷的奏表被圆照集为《表制集》六卷，是研究唐中期佛教与政治关系的重要材料，从中也可看出不空的文字水平。

密教的教义、仪轨与中土意识和礼俗相距悬远，不空以后即少有传译。且安史乱后，西行之路受阻，大规模的西行求法活动即告结束，因而亦很少新的梵本传入。不空的译业基本上结束了隋唐兴盛的佛典翻译事业。后来北宋重立翻经馆，时过境迁，其规模、成就均难与隋唐攀比。

隋唐五代佛教著述品类之众多、数量之巨大、内容之丰富均远超前代。这不只表现了佛教学术的高水平，也构成了当时整个文化繁荣的一部分。其中多关系一般学术的，《学术》章已经介绍；有关中国佛教各宗派的著作，将在介绍宗派佛教时述及；以下仅简述今存的一般佛教著述。

总集类。最重要的是唐初道宣所编《广弘明集》三十卷。道宣（596—667）是学识渊博、著述宏富的佛教学者。该书是梁僧祐《弘明集》的续篇，集录南北朝至唐初缁素百三十余人的护法与反佛文字。《弘明集》原不分篇，此书分十篇，即归正、辨惑、佛德、法义、僧行、慈济、诚功、启福、灭罪、统归，每篇均有编者的叙述与论辩文字。《弘明集》录有范缜《神灭论》等个别反佛文章，此书更多地收录了这方面文字，还包括阮孝绪《七录序》那样的重要学术文献。这就大为提高了书的价值，也反映了在当时文化环境之下宗教论辩的开阔气魄。道宣又有《集古今佛道论衡》三卷，智昇续编一卷，集录了佛、道辩论的材料。

类书类。最重要的是道世于总章元年（668）编成的《法苑珠林》百卷。此书将佛教故实分类编排，凡百篇六百四十余目。每篇前多有述意部,篇末或部末多编有感应缘。全书博引经、律、论,并注明出典或来源。所引除佛典外,尚有一百四十余种隋唐以上旧籍,其中佚书多有赖以保存者。又五代沙门义楚编有《释氏六帖》二十四卷,将佛教典章制度、旧例传说、人事掌故分部别门,以类相从,加以编排,亦多保存残佚旧籍,学术上有相当价值。

史传类。隋费长房撰《历代三宝记》十五卷,其中包括《帝年》三卷,叙录历代佛事;《代录》九卷,列历代经卷及译人传;《入藏录》二卷;《序目》一卷。这实际上是一部佛教通史。又释道宣撰《续高僧传》三十卷,为续梁慧皎《高僧传》而作,体例与皎书同分十科,但名目上略有不同,即译经四卷、义解十一卷、习禅五卷、明律二卷、护法二卷、感通二卷、遗身、读诵、兴福、杂科各一卷。自序称所录至贞观十九年(645),正传三百四十人,附见一百六十人;然今传本有至麟德二年(665)事,且正传四百八十五人,附见二百十九人。《大唐内典录》载道宣又有《后集续高僧传》十卷,今传本或已糅入《后集》内容。又此书与皎书相较,译经比例降低,而义解、习禅部分大增,正反映了当时佛教内容重心的转移。此外重要的僧传还有慧立、彦琮撰《大慈恩寺三藏法师传》十卷、义净撰《大唐西域求法高僧传》等。

目录类。佛经目录即经录在中国目录学上占有重要地位,晋、宋以来已取得众多成就。隋开皇十四年(594)法经等撰《大隋众经目录》七卷,其中《别录》六卷,《总录》一卷,分类方法已相当系统。《历代三宝记》中也有经录部分。以后隋彦琮(《众经目录》)、唐道宣(《大唐内典录》)、明佺(《大周刊定众经目录》)等又著有多种经录。至开元十八年(730)智昇撰《开元释教录》二十卷,是经录编纂的总结性成果。全书分总录(即《群经录》)和别录(即《别分乘藏录》)两部分。总录以译人为主,录东汉至唐一百七十六人译业,间记此土撰述;别录以经籍为主,分有译有本、有译无本、支派别行、删略繁重、补阙拾遗、疑惑再详、伪妄乱真等七录;最后两卷为入藏录。计入藏经典一千零七十六部,五千零四十八卷。后智昇又将入藏录以千字文编号,编定《开元释教录略出》四卷。《开元录》成为以后中土公私编定藏经的蓝本。此后,圆照于贞元十五年编成《贞元新定释教目录》、恒安于南唐保大三年(945)编成《续贞元释教录》等。

地理类。这一类著作有关中外交通的前已介绍。这一时期值得注意的还有山志、寺志一类作品。著名者如高宗时慧祥撰《古清凉传》,是记五台山佛教及其地的文殊信仰的;晚唐段成式有《寺塔记》二卷,记述长安寺院情形,现收在《酉阳杂俎》内。

感应传类。佛教业报、因缘、感应故事在隋唐五代特别流行,也是当时文学创作的一个内容。有一些记述这类故事的专书,如道宣《集神州三宝感通记》三卷、唐临《冥报记》三(二)卷、郎余令《冥报拾遗》二卷、慧祥《法华传记》十卷、段成式《金刚经鸠异》一卷(亦收在《酉阳杂俎》中)等。这些作品具有相当的文学性,可看作是传奇小说的一部分。

隋唐五代丰富的佛家著作,不只记载了当时佛教发展的内容,而且显示了佛教文化的高水平。而佛教文化的发展作为整个文化的组成部分,是与世俗文化密切相关的。

三、隋唐佛教诸宗派

自东晋以后,研习佛教教义、思想的佛教义学大为发展,形成了一批中国的佛教学派。这类学派是由研究某种经论的义学沙门创立的,如研究《成实论》的称成实师,研究《涅槃》佛性思想的称涅槃师,研究华严《十地经论》的称地论师,研究有部《阿毗昙》的称毗昙师,研究《摄大乘论》的称摄论师等等。学派的建立,不仅表明中国人对外来佛教教义的研究已有相当深度,而且是佛教中国化的成果。在众多学派的基础上,到隋唐时期,形成了中国佛教各宗派。

宗派的分立,不只是由于对佛教教义理解与解释上的差异,还有其深刻的社会基础。从思想意识方面说,在繁荣的佛教义学各学派的研究成果的基础上,佛教要进一步与中国的意识形态相融合,即用中国的思想观念与方法来理解、消化佛教,用佛教来解决中国思想界面临的问题,这就必须在形态上与内容上进一步中国化;而从社会经济基础来说,由于佛教寺院经济的扩张,必然形成封建宗法式的财产传承关系。中国佛教宗派就是思想上进一步中国化、形态上按宗法式的传承统绪建立起来的中国式的佛教。作为汉传佛教的最终形态,它不仅成为隋唐以后中国佛教的形式,而且普及到"汉字文化圈"诸国:日本、朝鲜、越南等国。

宗派佛教首先确立本宗派的传法统绪(有的部分是编造的);又有自宗的"教相判释"方法(简称"教判"或"判教",即把长期形成的、反映不同发展阶段的相互矛盾的佛教思想归结为佛陀一生说法,再确定哪一[几]部经是佛陀的最终了义说法,以为自宗的立宗典据);提出自宗的系统的教义;还有独特的修持方法。隋唐时期发展起来的各佛教宗派,大师辈出,著述宏富,对佛教思想作了多方面的发展。特别是多数宗派均侧重探讨、解决中国思想界面临的某个或某方面的问题,虽然是在宗教的歪曲的形式之下,却对思想、学术的发展作出了重大贡献。所以宗派佛教是中国佛教发展的最高成果。但宗派又有其排他性与封闭性。中国佛教形成宗派,使它失去了前期发展的柔韧的活力,从而也预示着它的衰落。各宗派度过了它或长或短的兴盛期之后,全都衰微或僵化了。

以下简述隋唐五代时期佛教各宗派概况。

天台宗

创始者是活动在陈、隋之际的智颢。其法系追溯到印度的龙树(约 3 世纪),以下慧文、慧思、智颢、灌顶、智威、慧威、玄朗、湛然;其教学"以《法华》为宗旨,以《智论》(《大智度论》)为指南,以

'大经'(《涅槃经》)为扶疏,以《大品》(《般若》)为观法"①,所以又称
"法华宗"。龙树是大乘中观学派的代表人物、注释《大品般若》的
《大智度论》的作者,因而被追认为宗主。

　　天台宗思想启蒙于活动在西魏、北齐的僧人慧文,他因阅读龙
树《中论·观四谛品》一偈:"众因缘生法,我说即是空,亦为是假
名,亦是中道义",领会到"一心三观"的禅法。他传法于慧思
(515—577)。"自江东佛法,宏重义门,至于禅法,盖蔑如也,而思
慨斯南服定、慧双开,昼谈理义,夜便思择,故所发言,无非致远。
便验因定发慧,此旨不虚,南北禅宗(这里所谓"禅宗"指习禅的人,
不是下面讲的作为宗派的禅宗——作者),罕不承绪"②。就是说,
江东佛教受玄学影响,重义学,而北方佛教主践行,重修禅,慧思由
北入南,融合双方,定、慧兼重,因此受到欢迎。智𫖮(538—597),
俗姓陈,祖籍颍水(今河南许昌市),家居荆州华容(今湖南华容
县),出身于梁官僚家庭。十七岁值梁末兵乱,颠沛流离,次年出
家。陈天嘉元年(560)往光州(今河南潢川县)从学于慧思,悟法华
三昧。光大元年(567)受请至建康(今江苏南京市)瓦棺寺开讲《大
智度论》,两年后讲《法华经》题,判释经教,奠定了天台宗教观的基
础,受到陈宣帝君臣礼敬。太建七年(575)入居天台山,十年后出
山,弘法讲学于建康、庐山、扬州、荆州(今湖北江陵县)等地。开皇
十六年(596)回到天台山,重整山寺,次年病卒。晋王杨广依其遗
愿在天台山别创佛刹,大业元年(605)题名为国清寺。智𫖮著述甚
丰,代表作《法华文句》二十卷、《法华经玄义》二十卷、《摩诃止观》
二十卷,俗称"天台三大部";《观音玄义》二卷、《观音义疏》二卷、
《金光明玄义》二卷、《金光明文句》二卷、《观经疏》一卷,俗称"天台
五小部"。其中相当一部分是弟子灌顶整理成书的。灌顶(561—

---

① 湛然述:《止观义例》卷上。
② 道宣:《续高僧传》卷一七《慧思传》。

632)，陈至德元年(583)到天台山修禅寺拜智𫖮为师，随侍左右。智𫖮圆寂后，他弘扬师说，建国清寺。隋末兵兴，隐居山寺，潜心著述。作有《大般涅槃经玄义》二卷、《大般涅槃经疏》三十卷等。晚年移住会稽。由于他家住临海章安(今浙江台州市)，称"章安大师"。他还继沙门智寂搜访智𫖮与陈、隋两朝君臣来往文书等，编为《国清百录》四卷，并著有《智者大师别传》等，天台一宗教义经他的弘扬而光大。

　　智𫖮在《法华玄义》里以五重玄义解释《法华》经题，即释名，释《妙法莲华经》五字字义；辨体，即以诸法实相(空)为经体；明宗，以一乘佛(三乘归一)的因果为经宗；论用，以断疑生信、增道损生为经用；判教，以五时八教判教，从而发明本经大义。判教本是中土学人整理佛教教义体系的方法，早兴于刘宋时的慧观，其后"南(朝)三北(朝)七"，各有不同的见解。智𫖮提出了最为完整的判教体例，以此树立起天台一宗的宗义与解行轨范。所谓"五时"，是把所传佛典归属到佛陀一生教化的五个时期：佛陀成道开法的最初二十七日说大乘无上法门的《华严经》，称华严时，一般学人如聋如哑，解悟者少；接着后十二年在鹿野苑为根浅者说《阿含经》小乘经典，是为阿含时或称鹿苑时；再以后八年应众根基说《维摩》《金光明》《楞伽》等大乘经，称方等时，"方等"谓方广平等，指大乘经；再后二十二年说《般若经》，阐明大乘空观，是为般若时；最后八年为法华时，说《法华经》与《涅槃经》，阐明出世本意，为至高无上的妙法。这个体系，全出杜撰，是为了树立宗(教)义而编排的。所谓"八教"，是根据教化方法区分为化法四教，根据传教形式区分为化仪四教。化法四教即藏(指小乘经、律、论三藏)、通(义通大、小)、别(不共二乘人说)、圆(圆满、圆融)教；化仪四教即顿、渐、秘密(同听异闻，互不相知)、不定(同听异闻，彼彼相知)教。五时与八教相配合如下表：

五时	化法四教	化仪四教
华严	别兼圆	顿
阿含	藏	秘密、不定
方等	圆对藏、通、别	渐
般若	圆带通、别	
法华	圆——非顿、非渐、非秘密、非不定	

这样,《法华》《涅槃》就是化导终极、最为圆满无上的教法。

《摩诃止观》以一心三观开显圆顿止观法门,提出了"一念三千"等教义。早期佛教提出所谓"三千大千世界",是说以须弥山为中心有七山八海交互围绕,外以铁围山为郭,为一小世界,一千小世界为小千世界,累积而为中千、大千世界,以有三种之千故称三千大千世界,此即为一佛之化境。这还是一种偏于现实的宇宙观。但智颛提出了完全不同的解释。他以为"六凡"(天、人、阿修罗、畜生、饿鬼、地狱)"四圣"(声闻、缘觉、菩萨、佛)为十法界;十界互具为百法界;《法华经·方便品》中究尽诸法实相为十如是:如是相(相状)、如是性(性质)、如是体(外相、内性之体)、如是力(潜在能力)、如是作(显在作用)、如是因(直接原因)、如是缘(间接原因)、如是果(因缘所生)、如是报(果报显现)、如是本末究竟(以上九方面相关相合为一贯),此十如是配合百法界为千法界;而每法界都有五蕴(色、受、相、行、识)世间、有情世间、器世间等三种世间。以此概括世间、出世间一切善恶、性相等人、物差别,总括为三千世间,而"此三千在一念心,若无心而已,介尔有心,即具三千"①。这样,他论证了一种彻底的宗教唯心主义的世界观;另一方面,十界互具,善恶相容,每一念心包括了从佛到地狱的一切善恶,这是"性具"善恶的人性论。这后一方面,在解决传统的性善、性恶问题上比以往一切见解都深刻得多。这也是天台教义的一个重点。

"三谛圆融"则是对宇宙万有的另一种观法。根据龙树中观学派的理论,万法本为因缘所生,是无自性、相依存的,因而是空;但

---

① 《摩诃止观》卷五上。

荡相遣执太过则会流于虚无，所以又承认万法如幻如化的相状，因而为有；真空、假有皆不出法性，不待造作，是为中道。这是为挽救大乘般若空观潜在的偏失，而对空、有关系的补正。这种观点是有辩证内容的。智𫖮借鉴了 5 世纪出现的可能是伪经的《菩萨璎珞本愿经》中从假入空、从空入假、中道第一义的三观，发挥龙树的三谛为"三谛圆融"。他认为现实中的自他、男女、父子、老少、生死、美丑、善恶、贫富等等诸般事相，都是二相相依相关而存在，作为假有，其本性是空，不二，这就是由假入空；但空也不能认为是实体，入空不应滞空，正如《般若经》说的"空空"，空是真非真的，由此即由空入假；这样观假为空，观空亦空，破假用空，破空用假，既不滞于从假入空，也不滞于从空入假，空、假双存双用，是为中道第一义，即取空、假相即之中。此谓三谛圆融。

智𫖮在修持上主张止、观双运，解、认并进，认为见空即为一切智，见假为道种智，见中为一切种智。三谛圆融即为三智圆融。配合三观而立三止，即体真止、方便随缘止、息二边分别止。对止即禅定有细致说明，文繁不录。通过止观体得一空一切空，假、中无非空；一假一切假，空、中无非假；一中一切中，空、假无非中。这就是空即假，假即空，不二而二，二而不二的中道第一义。所谓圆顿止观、观不思议境、破邪断惑，即在于此。

灌顶之后，四传至荆溪湛然（711—782），为中兴台教的九祖。他著有《法华玄义释签》二十卷、《法华文句记》三十卷、《摩诃止观辅行传弘诀》四十卷，是注释"三大部"、发挥智𫖮教观深旨的；又有《金刚錍》一卷、《止观义例》二卷，提倡"无情有性"之说。即按依、正不二，色、心一如之理，佛性遍于法界，不隔有情，草木瓦石悉有佛性。因为他早年亲近过华严宗，这种观点接近华严思想。湛然弟子著名者有道邃、行满等。后经武宗毁佛与五代之乱，天台宗一蹶不振。五代时吴越王钱俶遣使至高丽、日本访求天台教典，该宗学统又得在中土延续。至宋代发展为山家、山外二派，复兴一时，此是后话。

　　天台教法具有浓厚的入世性格。它一方面承认性具善恶,另一方面主张勤修教观来实现心性的完善,这实际是中国心性思想的发挥。它突出发展了"佛以治心"的功能,因此受到陈、隋统治者的器重。智𫖮俗弟子中就有许多当时的高官大僚。湛然弟子中有著名文人李华、梁肃等。梁肃以《摩诃止观》文义弘博,删定为《天台法门论》三卷,又述《止观统例》一卷,是天台学的重要著作。柳宗元在永州(今湖南永州市)结交天台学人重巽,亦被列入该宗法系之中。

　　三论宗

　　创始者是比智𫖮年事略后的吉藏,其法系同样追溯到龙树。在印度的传承是龙树、提婆、罗睺罗、青目、须利耶苏摩、鸠摩罗什;罗什东来传僧肇、僧朗、僧佺、法朗、吉藏。实际上吉藏以前只能算是弘扬"三论"的义学沙门,系统的宗(教)义为吉藏所创立。本宗以《大品般若》为所依经,《中论》(龙树造,青目释)、《百论》(龙树造颂并释)、《十二门论》(龙树造颂并释)为所依论,故称"三论宗"。又自罗什以来,即宗承《大品》《法华》《华严》,至僧朗又加《涅槃》,故又有"四经三论"之说。

　　自罗什传译三《论》,门下有僧肇、道生、道融、僧叡等杰出人才,大乘中观思想兴盛一时。后姚秦灭亡,赫连勃勃坑杀僧侣,魏武废佛,北方佛教受到严重打击;而南朝僧朗大弘三《论》,传僧佺,再传法朗。吉藏(549—623)本姓安,其先安息(在今伊朗)人,生于金陵,家世奉佛。七岁从法朗出家,受《百论》;十九岁开始为众讲学,大受赞誉。隋平定江南,移居会稽(今浙江绍兴市)秦望山嘉祥寺,开讲《法华》并自著章疏,从学者千余人,称"嘉祥大师",被晋王杨广延入扬州慧日道场。开皇十九年(599),随杨广赴长安,在长安日严寺完成三《论》注疏,三论宗从而成立。唐室初建,他是朝廷设置的管理佛教事务的十大德之一。后受齐王元吉礼重,延请住延兴寺。吉藏著述甚丰，主要有《中观论疏》十卷、《百论疏》三卷、《十二门论疏》三卷、《三论玄义》一卷、《净名玄义》八卷等。他弘法五十余年，受陈、隋、唐三朝崇重，弟子众多。著名者有慧远、智拔、智凯、智命等。

本宗以为佛陀一代教法皆以无得（破一切有所得）正观（二谛空观）为宗，本无优劣高下之分；只是对机说法，应病与药，才以二藏三轮说法。"二藏"即声闻藏与菩萨藏，指小乘和大乘；前者是"从人立名"，后者是"从法为称"①。如此判教称"横判"。又"如《法华经》总序十方诣佛及释迦一化，凡有三轮：一根本法轮，谓一乘教也；二枝末法轮之教，众生不堪闻一故，于一佛乘分说为三，三从一起，故称枝末也；三摄末归本，会彼三乘，同归一极。此之三门，无教不收，无理不摄，如空之含万象，若海之纳百川"②。这基本还是依天台五时判教的顺序。根本法教指《华严经》，枝末法轮指《华严》以后、《法华》以前的一切大小乘经，摄末归本法轮指《法华经》，此之谓"竖判"。二教、三轮角度不同，实质是一致的。

本宗的基本思想是发挥中观学派的诸法性空的中道实相论。吉藏根据"论虽有三，义唯二辙：一曰显正，二曰破邪；破邪则下拯沉沦，显正则上弘大法"③的认识，着力批判外道及大、小乘其他学派对二谛理解的错误与不足。在破外道方面，他把矛头主要指向玄学。魏晋玄学研究的核心问题是本末有无的问题。般若学在中国初传依附于玄学，是随顺玄学的思维框架把"空"等同于"无"的。直到罗什传译三《论》，门下僧肇著《不真空》等论，才对佛教的因缘空、实相空有所理解，从而般若学摆脱了对玄学的依附，这是佛教教学上的一大转变。吉藏发挥罗什等人的观点，对玄学（外学）的无与般若（内学）的空的区别详为分析：

①《净名玄义》卷七。
②《中观论疏》卷一《因缘品》。
③《三论玄义》卷上。

　　　　罗什昔闻三玄(指《周易》《老》《庄》)与九部(九分教,佛典
　　一种分类法)同极,伯阳(老子)与牟尼抗行,乃喟然叹曰:《老》
　　《庄》入玄故,应易惑耳目,凡夫之智,孟浪之言,言之似极,而
　　未始诣也;推之似尽,而未始至也。略陈六义,明其优劣:外但
　　辨乎一形,内则朗鉴三世;外则五情未达,内则说六通穷微;外
　　未即万有而为太虚,内说不坏假名而演实相;外未能即无为而
　　游万有,内说不动真际建立诸法;外存得失之门,内冥二际于
　　绝句之理;外未境、智两泯,内则缘、观俱寂。以此详之,短羽
　　之于鹏翼,坎井之于天池,未足喻其悬矣……①

这样就给玄学与佛教般若学的区别问题作了系统、清晰的总结,实
际上也是从佛学观点对玄学的总清算。他又立"四宗阶级"批判外
道及其他部派、学派的空观,指出:"外道不达二空(我空、法空),横
存人、法",如玄学讲"本无",实际承认有"无"的实体;《毗昙》已得
无我,而执法有性",《毗昙》是小乘论书,小乘执我空法有;"跋摩具
辨二空,而照犹未尽",指诃黎跋摩的《成实论》,这是小乘向大乘过
渡的论书,已讲我、法两空,但不够圆满、彻底;"大乘乃言究竟,但
封执成迷"②,指般若空荡相遣执太过,仍滞于"空"。这就比较中肯
地指出了各派对"空"的理解的偏失。

　　在显正方面,与"四宗阶级"相一致,立四重二谛义。龙树《中
论·观四谛品》有一偈曰:"诸佛依二谛,为众生说法,一以世俗谛,
二第一义谛。"这意味着佛说空、有二谛不过是化导众生的方便;
《观破因缘品》又以"八不"("不生亦不灭,不常亦不断,不一亦不
异,不来亦不出")的否定方式来说明非有非无的实相空观。吉藏
发挥这种观点,将二谛区分为四重,一重重加以排遣。第一重是
"以有为世谛,空为真谛",世谛即俗谛;他从更彻底的角度看,"若

————————

① 《三论玄义》卷上。
② 《三论玄义》卷上。

有若空,皆是世谛;非有非空,始名真谛",这是第二重;再进一步,"空有为二,非空有为不二,二与不二,皆是世谛;非二非不二,名为真谛",是为第三重;但"三种二谛,皆是教门,说此三门,为令悟不二、无所依得,始明为理"[①]。实际上这样一层层地否定,可一直排列下去。用这种否定的逻辑,使人认识非有非空、无所得、无所依的道理。之所以必须以否定的形式来表达,是因为中道实相非言句可说明,亡言绝虑为第一义。

根据这种中道实相论,诸法寂灭本无生,无众生可度、无佛道可成,说迷说悟,说佛说众生,都是世谛方便。因为一切众生本来是佛,只为无明妄想所障蔽,执着外境为实有,才流转生死之中。若能彻悟诸法不生不灭、非有非空的道理,烦恼顿除,妄想顿歇,本具的法身佛性自然显现。这就归结为顿悟成佛说。

三论宗把中观学派的二谛义发挥到了极致,富于辩证内容;其迷悟成佛义属于"性起"一派的佛性论,发展了顿悟观念。这都是有意义的。但其所研究的主要课题,是中国玄学与早期般若学关于有、无关系的老问题,实际上到僧肇已基本解决了。三论宗的理论又过于繁琐,兼有印度佛教细密的逻辑与中土玄学的思辨方式,不适合中国思想、学术贵简要、明晰的性格。因此它虽在唐初兴盛一时,很快就衰败不振了。到中唐,虽然弘传有人,但已几成绝学。至会昌毁佛,三论章疏毁废殆尽。直至清末,此宗文献自日本取回,方可探知其全貌。

律宗

创始人是隋末唐初的道宣。其法系追溯到《四分律》的创始人昙无德,以下昙柯迦罗、法聪、道覆、慧光、道云、道洪、智首,至道宣为九祖。以下有周秀、道恒、省躬、慧正等。据传中印僧人昙柯迦罗于魏嘉平(249—254)中来华,译出摩诃僧祇部戒本,此为中土律

---

① 《大乘玄论》卷一。

学之始。但《高僧传》上的此项记载，别无他据，且与中土戒律传习历史状况不合，或以为是讹传。法聪以下诸人，都是研究《四分律》的学人，还谈不到创立宗派。本宗以"四律五论"为典据，即《十诵律》六十一卷（姚秦弗若多罗、鸠摩罗什译）、《四分律》六十卷（姚秦佛陀耶舍、竺佛念译）、《摩诃僧祇律》四十卷（东晋佛陀跋陀罗、法显译）、《五分律》三十卷（宋佛陀什、竺道生译）和《毗尼母论》八卷等五部论书，而以《四分律》为主，因称"四分律宗"；又道宣居终南山，称"南山宗"。

佛陀寂灭后第一次结集，弟子优波离诵出律藏。后各部派见解不一，形成了不同的律本。汉地译传的四部律就是印度所传"律分五部"中的四部，仅迦叶遗部广律没有传来。四部律先后译出后，至北魏孝文帝时法聪始加重视，师弟子相传，影响渐大。至道宣才创立起宗派。道宣（596—667），吴兴（今浙江湖州市）人。十岁舍家从长安日严寺慧頵受业，次年落发，二十一岁从智首受律学。智首慨五部律互相混杂，研核古今学说，撰《四分律疏》等，钞疏山积，以律学独步长安三十余年。道宣后更广泛参学，于武德七年（624）入终南山栖居求道，两年后撰成《四分律删繁补阙行事钞》三卷（今本十二卷），贞观元年（627）又撰成《四分律拾毗尼义钞》三卷（今本六卷），九年撰《四分律删补随机羯磨》一卷，后又撰《四分律比丘含注戒本》一卷、《四分比丘尼钞》三卷（今本六卷），合称为"五大部"。贞观十九年，玄奘三藏归国，他被召为弘福寺译场缀文大德。次年返终南山，增补钞疏，更加完备。晚年在终南山立戒坛，依所定仪轨为诸州沙门二十余人授具戒。道宣还是著名的佛教学者，著述甚丰。前已介绍过他的《续高僧传》《大唐内典录》及所编《广弘明集》等。

唐初研习《四分律》的风习甚盛。除道宣外，还有法砺，居相州（今河南安阳市），著《四分律疏》二十卷等，称"相部律宗"；又玄奘弟子怀素，居西太原寺东塔，著《四分律开宗记》等，称"东塔律宗"，与道宣的南山宗并称"律宗三家"，互有争论。后相部、东塔两部衰微，南山一系独盛。此后中土律宗即指南山宗。

道宣在判教方面把佛所说一切经论分为三种，即小乘人行、观事生灭的性空教，小菩萨行、观事是空的相空教，大菩萨行、观事是心言意分别的唯识圆教，而这三者统归为化教；另外又有行教或称制教，是教戒众生而对其行为加以制御的教法，这是律部之所诠。制教与化教相应，分实法宗、假名宗、圆教宗。专门划出制教，意在对律部加以强调。而认律宗为三教三宗中的唯识圆教宗，说明道宣是以唯识思想释律的。

戒律本是规定教团行为与修持轨范的条律，每个僧人都要持戒，这是教团正常运行的需要。在中土，戒、定、慧被视为三学。这表明在中国发达的学术环境中，戒律也被当作学术来对待了。但一般地研习戒律是不能成宗的。然而外来佛教戒律行于中土有些特殊矛盾：一方面汉地僧侣与生活在热带又处于不同社会条件之下的印度僧侣在衣、食、住、行等各方面都不能一律要求；另一方面中土所传佛教属大乘，而戒律是小乘的，二者如何统一也是一个问题。此外，随着社会的发展变化，僧团也面临不少新矛盾，例如中国佛教寺院经济发展就带来了蓄养奴婢、传继田产等不少问题。道宣面临这种情况，对律部加以总结，一方面的工作是所谓"删补"，即以《四分律》为主，参照他律异传，来进行综合性的删繁补阙；另一方面是所谓"随机"，即针对由于时代与社会条件不同产生的矛盾，做出新的规定。他这样做的同时，又发挥了系统的教理，因此形成了宗派。

律宗的教理部分包括戒法、戒体、戒行、戒相四科。戒法即戒律本身，戒行即持律的实践，戒相指戒律的表现形式。在这些方面道宣都有新见解。例如由于寺院经济发达，寺院财产与僧侣私财如何划分就成了问题，因而道宣在《量处轻重仪》中就规定，庄宅、田园、店肆、碾硙等资生事业与家畜、奴婢"本主身死，折入常住"，即充为寺院公产；又如《行事钞》中对诸伽蓝多蓄养妇人或买卖奴婢提出批评。这都是针对当时实际情况的。而道宣在戒学上的主要贡献，是在对戒体的说明上。《四分律》中所说的戒体是弟子从师受戒时领受在心的法体，戒律之所以能防非止恶主要是它在起作用。古德与相部、东塔二部对什么是戒体认识不一。道宣提出一圆教心识戒体说，他认为：

> 戒是警意之缘也……欲了妄性，须知妄业，故作法受，还熏妄心，于本善心，成善种子，此戒体也。①

这样，他以唯识学所说阿赖耶识清净种子为戒体，从而把《四分律》与唯识学相会通，解决了小乘律与大乘思想的矛盾。

《四分律》前半部分解释僧尼制止身口不作诸恶的别解脱戒即止持戒，后一部分解释安居、说戒、悔过等行执规则的作持戒。南山五大部对这两个方面有详细说明。如上所说，不少是"删补""随机"了的。道宣又主张圆融三学，而以律学为归宿，从而使中土律学研究达到了高水平。

律宗在中国宗派佛教中是个特殊的宗派，因为持律是整个佛教的普遍要求。所以律宗对律学的发展，对于整个中国佛教影响甚大。六朝以来寺院经济的膨胀、僧侣私财的增加，对教团是极大的腐蚀，赖律宗制定了限制的办法；后起的禅宗的一派鼓吹毁经灭教之风，给佛教的存在造成了危机，由于倡导禅、律兼修，在丛林中制定清规，才得以挽救；再者律宗的发展，诸宗的律学研究也有了不同程度的进步。

法相宗

创始者为玄奘及其弟子窥基。此宗承自印度佛教瑜伽行派诸论师自无著、世亲以下至护法、戒贤等。玄奘求法师承戒贤，回国

---

① 《四分律删补随机羯磨疏》卷三。

后传译、弘宣唯识论书；弟子窥基多有注疏，从而立宗。以玄奘住长安慈恩寺，称"慈恩宗"；又所弘扬为瑜伽唯识之学，称"唯识宗"。此宗典据为唯识论书的"一本十支"。一本是题为弥勒所撰《瑜伽师地论》百卷，十支是无著撰《显扬圣教论》二十卷、《摄大乘论本》三卷、《大乘庄严经论》十三卷、世亲造《百法明门论》一卷、《五蕴论》一卷、《辨中边论》三卷、《唯识二十论》一卷、《唯识三十论颂》一卷、安慧《阿毗达摩杂集论》十六卷，又弥勒《分别瑜伽论》未翻。另有玄奘糅译印度护法等十家注释《唯识十三颂》的论书的《成唯识论》十卷，也是此宗的纲领性著作。

瑜伽行学派是印度佛学继中观学派之后于公元三四世纪形成的又一重要学派。宋元嘉（424—453）末，求那跋陀罗译出《相续解脱地波罗蜜了义经》一卷，即是瑜伽行派主要典据的《解深密经》的最后二品。至陈，西天竺僧拘那罗陀与真谛翻传此派经论，法相唯识之学得以弘传。真谛门人慧恺、法泰研习《摄大乘论》，因称"摄论师"。玄奘西行求法，目的即在学习、探取瑜伽行派经论，情形前已介绍。玄奘弟子窥基（632—682），俗姓尉迟，出身于以武功受封的贵族家庭。玄奘旅印归来，搜罗译经传法人才，窥基于贞观二十二年（648）受度为弟子。自此随侍受业，参与译事，直至玄奘去世。然后重返大慈恩寺，专事著述。玄奘的译籍不少是窥基笔受的；《成唯识论》的译述也出于他的建议。玄奘一生致力于翻译，而窥基著述宏富，有"百部疏主"之称。著作主要有《成唯识论述记》二十卷、《成唯识论掌中枢要》四卷、《唯识二十论述记》二卷、《瑜伽师地论略纂》十六卷、《大乘法苑义林章》七卷、《因明入正理论疏》三卷等。从一定意义上说，法相立宗之功，窥基不下玄奘。他长期住慈恩寺，称"慈恩大师"。玄奘弟子神昉、嘉尚、普光，窥基弟子慧沼、智周等均有论疏，有功于弘传本宗。自智周弟子如理后，本宗衰微不振。但虽然作为宗派的法相宗传承不盛，唯识思想的影响却是相当深远的。

此宗据《解深密经》《瑜伽师地》等论,以有、空、中道判释佛陀一代经教。第一时佛在鹿野苑,为破异生实我之执,昭示四谛、五蕴、十二缘生之理,说《阿含》等经,这相当于小乘;第二时在灵鹫山等处,为破诸法实执之理,说《般若》等经,开示诸法皆空,这相当于早期大乘;第三时于解深密等会,为破执着有空,说诸法唯识,心外无法,内识非无,识外境空,这就是"中道教"。三时判教当然也是出于杜撰,但在诸家判教中,这是最为符合印度佛教实际发展的层次的。

早期大乘的般若空观荡相遣执,没有着落。谈空太过,则既没有佛,也没有佛所说法。《金刚经》上说,佛说般若,即非般若。为挽救这个偏失,佛教在进一步发展中就提出了常住佛性问题。出现了一切众生悉有佛性、涅槃不灭、佛有真我的涅槃佛性学说;又产生了讲佛性遍在的如来藏思想。瑜伽行学派讲法相唯识,即求教理上深入解决空、有关系问题,给修持成佛提供更牢固的根基。所谓"瑜伽",意译为"相应",是一种不通过语言概念为中介的"现观"佛理的修行方法。

法相宗的理论核心是八识三自性说。所谓八识,是在前六识(眼、耳、鼻、舌、身、意)之外,另立第七末那识,第八阿赖耶识。阿赖耶识含藏一切种子(潜能),为轮回果报的精神主体和宇宙万法的总根据,因此它又叫藏识。末那识的自相与行相是恒审思量,一方面阿赖耶识以之为依,另一方面执着有我,是第八识与前六识的桥梁。《唯识三十论颂》说:

> 由假说我、法,有种种相转,彼依识所变,此能变为三:谓异熟、思量,及了别境识。

这样八识被分为三类:第八阿赖耶识为异熟能变,第七末那识为思量能变,前六识为了境能变。所谓"能变"意谓变现万法。作为万法总根据的阿赖耶识含藏种子有两种:清净种子、污染种子。清净

　　种子是一切出世法之因，污染种子是世间诸法之因。种子相互熏习、转依而为现行。熏习以种种方式进行，繁不具述。总之是清净种子熏习污染种子则转识成智，证得佛果；污染种子熏习清净种子则坠入邪见，执着我、法，进入轮回。

　　从与外境关系的角度概括本宗义理，又有三自性之说。因为万法都是阿赖耶识的变现，没有不从缘生而独立自在的实体，而名言表诠之境又非无所有，这样万法就有虚妄分别与空性两个方面：依分别的自性说是依他起性，即一切依因缘而生；依虚妄的境说是遍计所执性，即周遍计度执着我、法为实有；依空性说是圆成实性，即排除虚妄分别，体认唯识无境，这即是圆满成就的中道实相。

　　本宗继承发展了小乘论书对宇宙万法的分类，把世俗世界与彼岸世界的一切现象划分为五位百法。计心法八种即八识；心所有法五十一种即与心识相应而起的心理现象与精神现象；色法十一种即依心、心所分别而起的外境；心不相应行法二十四种即借助前三者的施设假有的运动、关系、语言等现象或范畴；无为法六种是前四类断染成净后所显示。这是对宇宙万有的总认识。在此基础上建立五重唯识观。第一重是遣虚存实识，谓观遍计所执自性为虚妄，故应遣除，观依他起自性及圆成实自性为诸法实体，故应存留，这是指正确认识空、有；第二重是舍滥留纯识，谓内识中有境（称"相分"）有心（称"见分"和"自证分"），与妄境相涉为滥，故应舍离，认识"一切唯有识"，故应保留，这是指正确认识心与外境；第三重是舍末归本识，谓相分为内识所取之境，见分为内识能取之用，此二者为末，故应舍弃，识体的自证分为本，故应回归，这是正确认识心识的体、用；第四重是隐劣显胜识，谓心所较心王为劣，故应隐，心王较心所为胜，故应显，这是正确认识心识与心功能的关系；第五重是遣相证性识，谓遣除依他起的事相，体证圆成实自性，这是正确认识事、理关系，也是转识成智的究竟。五重唯识观念见于诸般经论，由窥基在《大乘法苑义林章》卷一勘定，形成法相宗系统的观法。又依阿赖耶识种子理论,不仅出世者分三乘(声闻、独觉、菩萨),还有不定入哪一乘的"不定种性"和不得入三乘的"无种性"。按这种五种性说,并非人人皆可成佛。这较大乘众生悉有佛性说倒退了一大步,反映了印度社会落后的种姓制度的偏见。

法相宗传译了不少瑜伽行派因明论书。因明即佛家逻辑,是佛教教学的"五明"(除因明外,还有声明、医方明、工巧明和内明)之一。瑜伽行论师对因明总结、发展,世亲门人陈那贡献尤大。玄奘在天竺研习因明,造诣极高。回国后译出商羯罗主《因明入正理论》一卷、陈那《因明正理门论》一卷,并口授讲义,门下诸师竞造撰疏。其中以《因明入正理论》的文轨疏四卷(《旧疏》)、窥基疏三卷(《大疏》)最有名。为《因明正理门论》作疏的有神泰、太贤、大乘光、圆测、文轨、道证等人,可见一时研习之盛。因明是希腊亚里士多德的形式逻辑与中国墨辩之外的又一逻辑体系,输入中土,对中国逻辑思想的发展有所贡献。

在诸佛教宗派中,法相宗是忠实保持了外来佛教学派面貌的宗派。其内容上对心识问题的分析与讨论,其形式上逻辑的严谨、表述之细密等,都达到了佛教学术的最高峰,对以后中国佛教律宗、华严宗、禅宗等影响甚大,对整个中国佛教思想的发展也起过重大作用。但其教义过于繁琐,只能成为大寺院中义学沙门的僧房学问,不合中土人的思维习惯,也脱离了民众的实践,这是它作为宗派难以弘传的根本原因。

华严宗

创始人是主要活动在高宗和武则天朝的法藏。此宗法系一般作杜顺、智俨、法藏、澄观、宗密。此五祖传承有据。只是澄观非法藏亲传,中间有慧苑、法铣。此宗立宗典据为《华严经》。以法藏号贤首,又称"贤首宗"。

《华严经》是一部重要的大乘经,翻译情况前已说明。该经的单品在《六十华严》译出前已屡有传译,其中的《十地品》与世亲所造《十地经论》十二卷(后魏菩提流支译)魏、齐间弘传一时,出现一批专门学者如慧光、道宠等地论师。隋唐之际法顺(557—640),俗姓杜,亦称杜顺,专研《华严》,相传著有《华严五教止观》一卷、《华严法界观门》一卷等,受到唐太宗礼重。上首弟子智俨(602—668),研究《十地经论》与慧光经疏,别有心得,著《华严经搜玄记》十卷、《华严一乘十玄门》一卷、《华严五十要问答》二卷、《华严经内章门等杂孔目章》四卷等。法藏即依智俨习《华严》。法藏(643—712),本康居国(在今乌兹别克斯坦)人,自祖父侨居长安。依智俨出家具戒后,即弘传师说。曾参与为武后授具足戒,赐号贤首。又参与《八十华严》译事为笔受;圣历二年(699)新译成,受诏在洛阳授记寺宣讲,深得武后赏识。睿宗亦曾从受菩萨戒。死后朝廷赠鸿胪卿。生前讲《华严》三十余遍,著述甚多。重要者有《华严经探玄记》二十卷、《华严一乘教义分齐章》四卷、《华严经旨归》一卷、《华严策林》一卷、《修华严奥旨妄尽还原观》一卷、《华严经金师子章》一卷等。其中《探玄记》是疏释旧译的。本拟略疏新译,未成而入寂。他在智俨的基础上进一步系统化了华严学理,从此立宗。法藏与华严宗在武则天朝倍受崇重,盛极一时。法藏门下从学如云,著名者有宏观、文超、智光、宗一、慧苑、慧英六人。其中慧苑继续师业,完成《续华严经略疏刊定记》十五卷,然多与师说相左。到澄观(737—838)作《华严经疏》(《大疏》)六十卷和《华严经随疏演义钞》三卷等,才恢复法藏本旨。澄观时,禅宗、天台宗大盛,所以其学说多杂禅与天台宗义。澄观弟子宗密(780—841),世称"圭峰禅师",著有《华严经行愿品钞疏》六卷、《注华严法界观门》一卷、《华严心要法门注》一卷、《原人论》一卷、《圆觉经大疏》十二卷以及《中华传心地法门师资承袭图》一卷等,并编有《禅源诸诠集》百卷(今存《都序》四卷)。他身为华严五祖,又兼传禅宗荷泽一系法统,在学理上表现出明显的禅教一致、儒释调和的特点,在佛教史上是个转变方向的关键人物。会昌毁佛,此宗同受打击,章疏大部佚失，至北宋始多从高丽传回。

　　华严宗以五教十宗判教，在各宗派中最为细密。五教是：一小乘教，是为声闻乘人所说，指《阿含》等经，《僧祇》《四分》《十诵》等律和《发智》《俱舍》《成实》等论；二大乘始教，为自小乘初入大乘人所说，指空宗的《般若》等经、《中》《百》《十二门》等论和有宗的《解深密》等经、《瑜伽》《唯识》等论；三大乘终教，是大乘宗极的教门，指《楞伽》《胜鬘》等经和《起信》《宝性》等论；四顿教，为顿修顿悟的教门，指《维摩经》等；五圆教，为圆融无碍的教门，指《华严经》《法华经》等。其中圆教中的《法华经》讲"会三归一"，即佛乘外别无二乘（声闻、缘觉）、三乘（加菩萨乘），三乘相通，称同教一乘；《华严经》在一乘外别立三乘，称别教一乘，从而提高了《华严经》的地位。十宗是归纳佛教各部派、学派为十类，即一我法俱有宗，二法有我无宗，三法无去来宗，四现通假实宗，五俗妄真实宗，六诸法但名宗，七一切皆空宗，八真德不空宗，九相想俱绝宗，十圆明俱德宗。而华严宗则是圆满明净、功德齐备的终极的一乘圆教。

　　华严教理的核心是法界缘起说。它所开显的辗转一心、深入法界、无尽缘起的理论，是基于唯识思想对大乘空观的新论证。世亲在《辨中边论》卷上释法界义谓：

　　　　由圣法因义，说为法界，以一切圣法缘此生故。此中界者，即是因义、无我等义。

至法藏，发挥为三义：

　　　　界亦有三义：一是因义，依生圣道故，《摄论》云：法界者，谓是一切净法因故。又《中边论》云：圣法因为义故，是故说法界，圣法依此境生，此中因义是界义。二是性义，谓是诸法所依性故，此经上文云法界、法性，辨亦然故也。三是分齐义，谓

> 诸缘起相不杂故。①

这样的法界观,即意味着宇宙万法、有为无为,千差万别,都依法性而存在,又都是生胜法之因,因此相互依恃,相即相入,圆融无碍。法藏又说:

> 境界者即法。明多法互入,犹如帝网天珠,重重无尽之境界也……帝释天珠网者,即号因陀罗网也。然此帝网,皆以宝成,以宝明彻,递相影现,涉入重重。于一珠中同时顿现,随一即尔,竟无去来也。②

及至澄观,又区分出四法界,即事法界,指宇宙万法,各有分齐;理法界,指诸法平等的性理,即法性、真如;理事无碍法界,指差别的万法与平等的性理相融无碍;事事无碍法界,指由于性理为一,各有差别的事相相融无碍。四法界说把华严法界观表述得更系统而明晰。

当年智俨向地论师参学,对法界无碍缘起别有心得,组织成十玄缘起无碍法门,疏解了六相义。"玄之又玄,众妙之门",见于《老子》开宗明义的第一章;华严学人对宇宙万物的理解与道家"天地与我为一"的世界观有直接联系。智俨在《华严一乘十玄门》提出的十玄后来称为"古十玄",起初法藏亦曾循用。到《探玄记》重新修订、排列,突出了唯识观点,成"新十玄"。十玄门细致表述了法界缘起重重无尽的教理。按新十玄是:一、同时具足相应门,这是从时间关系看万法相融无碍;二、广狭自在无碍门,这是就空间关系说;三、一多相容不同门,这是就数量关系说;四、诸法相即自在门,这是就诸法之间的关系说;五、隐密显了俱成门,这是讲诸法隐伏与显在关系;六、微细相容安立门,这是讲诸法形体大、小关系;

---

① 《华严经探玄记》卷一八《入法界品》。
② 《华严五教止观》。

七、因陀罗网境界门，这是总说无尽缘起之义；八、托事显法生解门，这是讲事法界与理法界的关系；九、十世隔法异成门，这是讲十世同时显现以成缘起（过、现、未为三世，三世各有三世为九世，总成一世计十世）；十主伴圆明俱德门，指各有分齐的万法不论主伴，皆圆满明净俱足功德，成一真法界的体现。

又有六相圆融义则显示了无尽缘起的实相。"六相"语本出《华严经》，地论师净影慧远曾加疏释，经智俨到法藏组织成系统教义。所谓六相指总、别、同、异、成、坏；圆融指其两两相顺相成、同时俱足、自在无碍的关系。新译《华严》成，法藏曾向武则天解释，指镇殿金狮子为喻，成《华严金师子章》，其中释六相说：

> 师子是总相，五根（眼、耳、鼻、舌、身）差别是别相；共从一缘起是同相，眼、耳等不相滥是异相；诸根合会有师子是成相，诸根各住自位是坏相。

六相中总、别是整体与部分的关系，同、异是统一与差别的关系，成、坏是存在与变坏的关系。从现象看两两相矛盾，而本质上是圆融无碍的。这里一与多是根本。一、多相入相容，一即一切，一切即一。这种看法是有辩证、合理因素的。但华严宗的这种见解把事物间相互联系、依存的关系绝对化了，即把事物抽象为相融无碍的"关系"，从而推演出"尘无自性"，否定了客观存在，证明了诸法性空。

华严教理并不停止在法界缘起的论证上，还要落实到宗教修持上。因为法界以胜法为因，所以唯有净法。这样性起万法，在佛性论上就属"性起"一派。智俨在《华严五十要问答》中说："佛性者，是一切凡圣因，一切凡圣皆从佛性而得生长。"法藏在《华严策林》中说："法界者，是总相也，包理包事，缘起无碍；缘起者，称体之大用也。"这种"性起"义与天台的真妄和合而起万法的"性俱义"成为对照。依此义众生唯有善性，本来清净，通过修习悟得无尽缘起，即感得佛果。

华严宗是较后起的宗派。它不仅吸收了先行其他宗派的成果，而且更多地借鉴了中国传统学术的内容。华严大师都是学精内、外的通人。他们讨论的法界观实际即属宇宙观问题。自玄学到佛教界的僧肇、地论师，都从宇宙观的角度研究本末、事理、体用关系等问题，到华严宗取得了总结性的成果。佛教学术解决整个思想界面临的课题，华严宗与下面将介绍的禅宗最为突出、有成效。华严学理概念清晰、论证严密，在逻辑思维方面亦有所贡献。华严学历代传承不绝，对中国学术影响至为深远，其学理成为宋、明理学的主要构成部分之一。

密宗

创始者是印度来华僧人善无畏、金刚智及其弟子不空，即"开元三大士"。密宗认为释迦是应土应身佛，而法土法身佛是大日如来。金刚萨埵传大日如来真言秘密教法，以下是龙树、龙智、善无畏、不空。汉地密宗以《大日经》《金刚顶经》为所依经。因为重视曼荼罗（经咒）即真言，称"真言宗"；以修习三密瑜伽（相应）而获悉地（成就），称"瑜伽密教"；又抬高自宗与大、小乘并列，称"金刚乘"。

印度大乘佛教在发展中吸收了不少外教或外来思想，其一派融合了婆罗门教和民间信仰的教义、神祇、仪轨而形成重经咒的古密教。自三国时代密咒已传入汉地。东晋时佛图澄以咒术神异称，其时已译出古密典《孔雀王神咒经》等。此后不少弘传大乘的僧人兼习密咒。入唐，智通、玄奘、伽梵达摩、义净、菩提流志等均曾传译密典。伽梵达摩译有《千手千眼观世音菩萨广大圆满无碍大悲心陀罗尼经》即后来流行的《大悲咒》所从出，智通、菩提流志均有异译。永徽（650—655）年间阿地瞿多撮要抄译《陀罗尼集经》十二卷，是集旧密咒大成之作。正在此一阶段，印度佛教制作大批密典，发展到大乘佛教的最后一个阶段——密教。密教的形成是大乘瑜伽行学派的反动。后者重学理，渐使信仰失去了依据；古密教继续融入新婆罗门教即印度教的内容,得到了突出发展,成为佛教的主流。中国佛教也面临着类似的问题:天台、法相、华严各宗教理非常繁琐,信仰实践相对受到轻视,结果一批注重实践修习的宗派如禅宗、净土宗发展起来。密宗也适逢其时传来。当时又正值唐玄宗抑制佛教,崇信道教,这个充满神异灵怪色彩的新教派与道教有近似处,更促使它盛行一时。前已提到善无畏来华译出《大日经》,弟子一行参与译事,并作《大日经疏》二十卷,组织了中土密教的教理体系。后来金刚智来华,译出《金刚顶瑜伽中略出念诵经》,弟子不空译出《金刚顶经》等。不空活动能力甚强,前面已有介绍。他弟子众多,上首青龙寺惠果为代、德、顺三朝国师,倍受崇重。至此,为中土汉地密宗的兴盛期。

这里附带提一下藏密的情形。佛教于7世纪传入吐蕃,正是密教兴起时,松赞干布时期吐蕃已传入密典。公元751年东印度僧人莲花生入藏,754年建成密教根本道场桑耶寺。他是弘传西藏密教的大阿阇黎(轨范、导师),培养了大批人才,开创了藏密宁玛派。后来无垢友、施戒等亦来藏传译密典。至公元841年朗达玛赞普禁佛,前此为藏传佛教的前弘期。百余年后,西藏复兴佛教,进入后弘期,汉地已入宋,不在本书介绍范围。藏密有其独特的教派、教义、仪轨与经疏,在西藏佛教中占有重要地位。

密教的判教很简单,认为释迦所说一切大、小乘教义,皆为显教;而大日如来所传真言秘密教义,才是高于所有显教的教法。

汉地密教所传为胎藏界、金刚界两部。其基本教义认为宇宙万法、佛与众生均为地、水、火、风、空、识六大所造。前五大为色法,属胎藏界。胎藏意为含持、含藏,有理、因、本觉三义。胎藏部认为宇宙万法本为大日如来法身的显现,它们如胎藏隐伏于烦恼之中。善无畏、一行所传主要是此部。而识为心法,属金刚界。金刚意为坚固、利用,有智、果、始觉、自证四义。金刚部主张大日如来的德智如金刚一样坚固不坏,可以摧毁一切烦恼。金刚智、不空所传主要是此部。金、胎二界总赅万有，皆具众生心中，因此色、心不二，金、胎为一，从而建立诸法空、无相之理。

密宗有独特神秘的三密加持，即手结印契（身密）、口诵真言（口密）、心观佛尊（意密）。三密瑜伽使身、口、意三业清净，现证悉地，即身成佛。密宗又有十分复杂的仪轨，包括设坛、诵咒、供养、灌顶等。《大日经》里记述了各种仪轨及行法、供养的方式、方法。设坛在印度是修密法时为防止魔众侵入所筑的土坛，称曼荼罗，意谓圆满具足，在坛上画佛、菩萨像，事毕像废。在中土则把佛、菩萨画在纸帛上。曼荼罗分四种，即描绘佛、菩萨形象的大曼荼罗，描绘佛、菩萨器杖（刀、剑、莲花等）和印契（手印）的三昧耶曼荼罗，表示诸佛、菩萨种子（以梵字为象征）的法曼荼罗和描绘佛、菩萨威仪、事业的羯磨曼荼罗，统称四曼荼罗。又以大日如来为中心，聚集诸尊而成金刚界曼荼罗和胎藏界曼荼罗；还有只描绘部分诸尊的曼荼罗。曼荼罗所表现的是密教的神秘的宇宙。在我国，两部曼荼罗已互相授受，融合为一了。灌顶是僧人嗣阿阇黎位时举行的仪式，象征以四大海水灌头顶；护摩是将供物投于火中，表示以智慧之火断烦恼之薪，求消灾、增益、调伏等效用；而咒语更受到特别重视，汉地密教的这一特征对社会生活产生深远影响。

入宋，印度密教已发展到晚期。后出密典仍有传译，但影响甚微。密教的神秘思想及其奇特仪轨很难适应汉地的思想文化传统，兴盛一时即渐趋消沉。不过密教的某些仪轨、经咒融入了显教之中，密教的一些神祇（如千手千眼观音）被中土佛教接受，密教的图像、法术等对中土宗教和文学艺术等也有明显的影响。

四、净土宗（净土法门）与民间信仰

净土宗是个特殊的宗派。它主要是出于民众的信仰实践的要求而产生的，组织成宗派有一个过程，确立完整的法系已是宋代的事。但净土法门的弘扬是在隋唐时代。它不仅普及到诸宗，更深

入到广大民间。就社会效用说,这是佛教中最活跃、最有力量的部分之一。

　　道绰在《安乐集》卷下列出"详审圣教,叹归净土"的"此土大德",举出(菩提)流支、慧宠、道场、昙鸾、大海、齐朝上统(法上)等六人,其间并无师承关系。直到宋四明宗晓始在《乐邦文类》卷三提出净土立祖之说,以慧远为始祖,以下善导、法照、少康、宗颐;后四明志磐在《佛祖统纪》卷二六《净土立教志》中立慧远、善导、承远、法照、少康、延寿、省常七祖传承,才形成了正式的法系。而实际上,修习净土法门是中国佛教徒的功课之一,天台、三论、律、华严以至一些禅宗学人都倡净土。净土作为宗派与执律相似,是难以划出明确界限的。

　　东晋时竺法旷"每以《法华》为会三之旨,《无量寿》为净土之因,常吟咏二部,有众则讲,独处则诵"[①],是早期弘扬净土法门的人。东晋末慧远与诸学士在庐山般若台精舍阿弥陀佛像前建斋立誓,结社念佛,共期往生西方。竺法旷净土思想详情无考;慧远的念佛偏重在观想,即修习般舟三昧(佛立现前三昧)。后来北魏昙鸾从菩提流支传授《无量寿经》,精修净土,自行化他,魏主敕住并州(今山西太原市)大寺,晚年移住汾州(今山西汾阳市)北山石壁玄中寺。他著有《往生论注》二卷、《赞阿弥陀佛偈》《略论安乐净土义》等,提出二道(难行、易行)、二力(自力、他力)、名号为体等义。隋、唐之际的道绰(562—645),俗姓卫,并州文水(今山西文水县)人,大业五年(609)到玄中寺,被昙鸾念佛往生种种瑞应所感动,遂专修净土行业,观想礼拜,精勤不断。唐初受朝廷礼重,唐太宗因文德皇后患病,曾驱车至玄中寺访问道绰,供养祈愿。他著有《安乐集》二卷,弟子有道抚、道衍等,以善导最为杰出。善导(613—681),俗姓朱,临淄(今山东淄博市临淄)人,幼年从密州明胜出家,

――――――――――

①慧皎:《高僧传》卷五《法旷传》。

阅《观无量寿经》，大为赞赏，专事修习。贞观十五年（641）赴玄中寺访道绰，道绰授以《观经》奥义。后入长安光明寺，专心念佛、传净土法门，著有《观无量寿经疏》（《观经四帖疏》）四卷、《净土法事赞》二卷、《往生礼赞偈》一卷、《观念法门》一卷等，完备了净土宗义与行仪。弟子有怀感、怀晖等。与善导同时的有慧日（680—748），撰有《净土慈悲集》三卷等，亦传净土法门。其后有承远、法照、少康等人。至五代末，吴越有永明延寿（904—975），盛倡禅净一致之说，著《万善同归集》三卷，开禅净合一的先河。

净土宗判教也较简单。昙鸾在《往生论注》卷头引龙树《十住毗婆沙论》，提出菩萨欲求阿毗跋致（不退转法）有难行、易行二道，意谓在无佛之世"唯是自力，无他力持"，难以解脱，譬如陆行则苦，为难行道；如以信佛因缘，得佛本愿力之助往生净土，则像水行乘船，为易行道。道绰则分圣道、净土两门：凭自力修行，断惑证理，得圣人果，为圣道门；凭阿弥陀佛愿力往生极乐国土，入圣证果，为净土门。并认为值此末法时代，唯有净土门才是解脱之路。这就既把净土法门视作修行方便，也看作教法的极致。中土净土宗以净土类经论为典据，后来归纳出"三经一论"，即《无量寿经》二卷（题曹魏康僧铠译本，此本译出异见甚多，或以为宝云等人译）、《观无量寿经》一卷（宋畺良耶舍译）、《阿弥陀经》一卷（姚秦鸠摩罗什译）和世亲造《无量寿经优婆提舍愿生偈》一卷（后魏菩提流支译，俗称《往生论》）。

在佛教诸宗中，净土宗理论色彩最为淡薄。其理论核心是迎合苦难民众的宗教要求的救济思想。佛教教义从根本说是主张自力的。自作业自得果，欲求解脱首先要发菩提心，精勤修持。但大乘佛教的"自利利他"精神已包含了他力观念。《无量寿经》中的法藏菩萨（阿弥陀佛）即发救济众生的四十八愿。大乘佛教中又形成了三世十方佛的思想，阿弥陀佛可以救济众生往生西方极乐净土。在南北朝、特别是战乱连年的北朝的苦难环境中，这种他力救济思想很易于被接受并加以发展,造成了弘扬净土法门的良好土壤。中土的净土思想把大乘佛教的救济观念发挥得更简易、也更为实际。道绰主张在此末法开始时期,修福忏罪,以念佛一门最为应机。他引世亲《往生论》"发菩提心者,即是愿作佛心;愿作佛心者,即是度众生心"①,提出以发心为根本,以念佛三昧为要行,认为这就是净土生因。因此,口念佛号(阿弥陀佛)的称名念佛就被当成了修行的主要形式。这就是"名号为体"观念。到了善导,对这一观念进一步发挥,提出往生净土的正因有三,即一安心(至诚心、深心、回向发愿心具足必得往生),二起行(起身、口、意三业之行:身业礼拜阿弥陀佛,口业赞颂阿弥陀佛、诸圣及其净土庄严,意业专观弥陀及众圣光明及其净土庄严),三作业(四修法:恭敬修、无余修、无间修、长时修)。他又把修行分为正行、杂行两类。正行指读诵、观察、礼拜、称名、赞叹供养五种;这里称名为正业,其他为助业。杂行则指奉行一切诸善。这就突出表现了世间的伦理性,所谓"善"是包括世间伦理的标准的。大乘诸佛都有其佛国土,这个国土是清净的,中译为"净土"。在中土人重现实的观念中,净土被设想为美丽庄严的现实世界。但弥陀净土的性质,又有化土与报土不同的说法。所谓化土指为度凡夫、二乘人化作之国土,如释迦本是化身佛,他生此秽土即化此土清净;而报土谓酬万行之因所得之万德庄严净土,这是另外一个佛世界,进入报土的人就成了报身佛。报土当然高于化土。道绰、善导都主张报土一说,把净土宗的理想大大抬高了。

　　在道绰、善导等人的弘扬之下,净土法门在隋唐五代大为流行。在龙门石窟与敦煌石室所存造像及壁画中,阿弥陀造像的比重大为增加,西方净土变也成为主要表现题材。敦煌变文与歌辞里也有不少赞颂阿弥陀佛与西方净土的。士大夫阶层的净土信仰情况,更广泛留存于文献中。如王维信仰禅宗,也写过《西方变画

---

① 《安乐集》卷上。

赞》等作品；白居易曾在庐山与东林、西林二寺僧结社念佛，晚年隐居香山，更栖心净土，自称"昔为东掖垣中客，今作西方社内人"[①]；柳宗元精研天台学理，在《东海若》中又批评"无因无果"之说，宣扬"西方之事"与"念佛三昧"[②]，都是一些例子。西方净土思想的流行，反映了时代精神潮流的重要一面。

　　作为净土信仰的一个组成部分，自六朝时期已经流行的观音信仰到隋唐更加普及。观音本是大乘菩萨，是大乘救济观念的体现者。观其声音，救其苦难（这是本来的意思，由观音观世间声音，因此称观世音；后来世俗间讹为称观音名号则能得救），以其捷如影响的灵验吸引了苦难的民众。在《观无量寿经》中，他与大势至一起作为弥陀佛的胁侍出现，构成了所谓"西方三圣"。在中土，观音信仰与净土信仰相结合并相互推动着发展。在大同云冈石窟、麦积山石窟、龙门石窟、敦煌石室中，有众多的观音或"西方三圣"的供养像，反映了当时民众间观音信仰的实态。又早在东晋时期，已传入古密教观音经咒。此后随密教的传入，陆续输入了一些密教变形观音——十一面观音、千手千眼观音、如意轮观音等。在隋唐五代，众多的观音中以救苦观音（即圣观音，也就是《法华经·普门品》中有三十三个化身的观音）和大悲观音（即千手千眼观音）最为流行。在这一时期，观音进一步更被中土化与世俗化。一些中国的异僧如梁宝志、唐僧伽等被说成是观音的显化。观音道场普陀洛迦山被搬到了中国东海的舟山群岛上，从而观音成了本土的神灵。普陀观音信仰与五台山文殊信仰、峨眉山普贤信仰同兴盛于唐代，这也是整个佛教中土化的表现。有关观音灵验的故事更流传僧俗，大量记录在笔记小说等文献中。与发达的宗派佛学相对照，观音崇拜、净土信仰的风行更深刻地反映了民众宗教生活的

---

①《临水坐》，《白氏长庆集》卷一六。
②《柳河东集》卷二〇。

状况,对当时的社会意识起着重大作用。但净土宗所代表的佛教世俗化的趋势,从另一方面也显示了佛教本身的衰落。宋代以后,宗派佛教衰微,禅净合一流行,佛教渐渐流为低俗的迷信,唐末五代已开始了这一转机。

五、禅宗

在中国宗派佛教中,禅宗是又一个十分特殊的宗派。它虽然仍利用佛教的面貌与语言,但在很大程度上已离弃了外来的内容与形式,更充分地体现了中国思想文化的特征,因而它的产生被某些学者称为佛教界的"革命",或称它为"中国士大夫佛教"。禅宗创于唐初,经五代到北宋,兴盛五百年左右;这期间自唐中期起即处于凌驾诸宗的地位。佛教约在两汉之际传入汉地,实际得到广泛流传是在东晋以后。就是说,禅宗兴盛时期之长占整个佛教发展史的相当大的一部分。而它对当时及以后思想文化与社会生活的影响之深广更值得注意。

据南宗禅一派所传史料,禅宗法系是六祖传承:菩提达摩为西天二十八祖,来中国为初祖;以下传慧可、僧璨(或作"粲")、道信、弘忍,弘忍下分为南(慧)能北(神)秀,而得法传衣者为慧能;慧能后不再一系单传,而是十大弟子行化四方,后来"一花开五叶",发展为唐末至宋的"五家七宗"。但由于敦煌文书中早期禅籍的发现,经近人研究,知道这些说法甚为片面,且多伪撰。首先三祖僧璨的地位就很可疑。在《续高僧传·法冲传》里慧可门下有"粲禅师",但道信为其弟子却没有任何依据;又弘忍以后禅宗的传承也非止慧能一系独盛,还有一些派别如牛头禅、保唐宗对发展禅宗也有很大贡献。只因为历代所传史料全出于南宗弟子,其他派别的活动被有意埋没了。又如世尊撵花、迦叶微笑、以心传心的传说,以及"不立文字、教外别传"之类说法,都晚出于宋代,不能凭它们来判定早期禅宗的观念。

　　"禅"本是佛教教学的一个科目。禅教之学是最早传入中土的佛教教理的一部分。早期传播的是小乘禅,主要是通过静坐、数息来安定心神,使之不乱不昧。有所谓五停心观,即不净观、慈悲观、因缘观、界分别观、数息观。如东汉末安世高译《安般守意经》,"安般"即控制呼吸,就是讲数息观的。后来大乘禅传入,其主旨在通过禅定悟得般若智,一观诸法实相,再观诸法利用。鸠摩罗什传译了大乘禅籍。在南北朝时期,禅学得到很大发展。刘宋时求那跋陀罗译出四卷本《楞伽经》,这是一部总结大乘禅法的经典,其中把禅分为愚夫所行禅、观察义禅、攀缘禅、如来禅几种,而把如来禅当作至高无上的禅法;又提出悟解佛义有宗通、说通,宗通凭心悟,说通靠经教。这些观念都给禅宗的创立以启示。早期的禅师们都研习《楞伽经》,称"楞伽师",当时这个新派别称"楞伽宗"。又刘宋以后,许多流行的大乘经典(如《涅槃经》《胜鬘经》以及题为马鸣造、真谛译而疑为中土撰述的《大乘起信论》等)和中土僧人的撰述(如竺道生著作中提出佛无净土、顿悟成佛等义)也都给禅宗的形成提供了教理、教法上的依据。其中特别重要的是北魏时来华的菩提达摩(?—528),他是专门习禅、游化北地的头陀僧,提出了"二入四行"的新禅观。这种禅观的教理基础是普遍的佛性论——"深信含生凡圣同一真性",而修行入道之途分"理入"与"行入"。理入即"舍妄归真,凝住壁观,无自他、凡圣等一,坚住不移,更不随于言教,此即与真理冥符,无有分别,寂然无名"[①];行入即四行:报怨行、随缘行、无所求行、称法行。这里理入是重在修心的新观念,后来被禅宗作为基本思想依据。

　　从前面介绍宗派佛教中已可看出,宗教思想的转变往往出于现实的要求,与世俗思想学术的转变相一致。到隋唐时期,中国思

────────────

① 见净觉:《楞伽师资记》,柳田圣山校注本,《初期の禅史》Ⅰ,筑摩书房 1971年版。

想学术已由讨论儒学的天人之际、玄学的本末、有无问题为重点转向以人的心性问题为重点。禅宗正是着力探讨这一问题，并在宗教的形式中提出了自己的答案的。在解决这一问题过程中，它也注意汲取中国传统的思想资料，特别是有关人性论与人生哲学方面的材料，如儒家的"性善"论与"致诚返本"之说，道家的"坐忘""心斋""虚静之心"以及清心寡欲、无为无事的人生方式等等。这使得禅宗更直接地体现出与本土传统的精神联系。禅宗大德不少是士大夫出身，是熟悉中国学术的大学问家。

法系与宗义都确切可考的禅宗开创者是四祖道信（580—651），他于隋大业（605—617）开始传法，后移住蕲州黄梅（今湖北黄梅县）破头山（后改称双峰山），入山三十年，广召学徒。现存的传法记录有《楞伽师资记》所录《入道安心要方便门》。弟子可考者有荆州法显、荆州玄爽、衡岳善伏等人，而以弘忍为上首，成为嫡传。弘忍（602—675）七岁从道信出家，嗣法后在冯茂山聚众讲学，门人甚众。因为冯茂山在双峰山东，他的禅法被称为"东山法门"，这也是禅宗早期的一个称呼。今传《最上乘论》据考是他的著作。弟子著名者有法如、神秀、慧能、智诜、法持、玄赜等，而传承他的东山法门的是法如与神秀。神秀（606？—706），俗姓李，汴州尉氏（今河南尉氏县）人，少览经史，博学多闻，后奋志出家，师从弘忍，受到器重，命为"上座""教授师"。弘忍死后，至荆州（今湖北江陵县）当阳山传法，声名远播。久视元年（700）被武则天召请入京行道，一时名动朝野，成为"两京法主，三帝（武则天、中宗、睿宗）国师"[1]。以至武则天说："若论修道，更不过东山法门。"[2]今传《观心论》为神秀所作。弟子有普寂、惠福等人，开元年间曾名重一时。这样在后来慧能弟子神会树立南宗宗旨以前，流行的是弘忍、神秀这

---

[1]张说：《唐玉泉寺大通禅师碑铭》，《全唐文》卷二三一。
[2]净觉：《楞伽师资记》。

一系禅法。也是在这一时期,以《楞伽经》为宗依的这一新宗派的传法体系已被编成,即以达摩为初祖(或追溯到《楞伽经》译者求那跋陀罗),传到神秀为六祖、普寂为七祖。敦煌文献中已发现了早期禅史——弘忍再传弟子净觉所著《楞伽师资记》和杜朏的《传法宝记》。

禅宗(早期还无此称呼,称"东山法门""禅门"等,到宗密等人始称"禅宗")的基本宗义是肯定本性具足的自性清净心,因而主张即心即佛,心外别无佛。这个观念取自达摩等早期楞伽师,并一直贯穿在整个禅史之中。道信的《入道安心要方便门》提出五点:知心体;知心用;常觉不停;观身空寂;守一不移。弘忍、神秀的禅观基本上也是这个思路。后来神会破斥神秀的观点,归纳为十六个字:"凝心入定,住心看净,起心外照,摄心内澄。"[1]并指为"渐修"之道。实际上顿、渐并非南、北宗的区别,北宗学人也讲顿悟,南宗也讲顿悟渐修。关键在北宗虽然肯定心体清净、本与佛同,却又承认感情染污,因此要"拂尘看净",即实行"观心""修心""安心""守心"的修持。东山法门把佛法烦难的修持变成了简易的心性修养功夫,这在教理上与教法上都是一大转变。但它显然还没有与一般的禅法和佛教其他宗派的有关观念割断联系,因此受到更为激进的南宗学人的批判。

自道信到神秀等人的新禅法,已在心性平等的基础上把每个人成佛的可能归结到自身的主观努力。在这种观念的背后是对个人主观心性的高度肯定。因此特别受到凭自身政能文才争取社会地位的庶族士大夫的欢迎。武则天设内道场向神秀问道,"王公以下,京邑士庶,竞至礼谒"[2]。普寂、惠福等在都城传法,亦受到热烈欢迎。一时名流如张说、严挺之、李邕、张均、韦陟等皆皈依禅门为弟子。

---

[1]《菩提达摩南宗定是非论》,胡适校:《神会和尚遗集》,(台北)胡适纪念馆1982年版。
[2]赞宁:《宋高僧传》卷八《神秀传》。

　　进一步发展了东山法门新禅观的是慧能及其弟子神会。慧能（638—713），俗姓卢，河北范阳（今河北涿州市）人，随父谪官到岭南新州（今广东新兴县）。慕弘忍禅法德望，于咸亨三年（672）到黄梅东山寺为踏碓行者，传其心法，得其印可，返回岭南，隐于四会（今广东四会市）、怀集（今广东怀集县）十余年，以后才正式出家受戒，归韶州（今广东韶关市）曹溪传法。他得法后回岭南时，其影响有限，与北方的神秀一系也不可能有什么直接冲突。发扬他的学说、并标举是达摩真传的"南宗"的，是他的弟子神会。而神会攻击神秀禅法为"北宗"，不过是抬高自宗的手段。神会（684—758），俗姓高，襄阳（湖北襄阳市）人。童年习《五经》《老》《庄》，皆有造诣。先从荆州玉泉寺神秀习禅。神秀北上，他南下曹溪，从慧能受法。慧能死后，他到中原活动，长期住在南阳（今河南南阳市），使隐伏于岭南的慧能禅法得以北传。在开元十八、十九、二十年（730—732）于滑台（今河南滑县）举行的无遮大会上，他树立南宗宗旨，攻击神秀"传承是傍、法门是渐"，立慧能为六祖，从此始判南、北二宗。天宝四载（745），他入居东都荷泽寺，使新禅法大播于两京。"安史之乱"中以募香火钱助军需，受到朝廷推重，这对他传播新禅法当然也起了推动作用。南宗禅传统上最主要的典据是慧能的说法记录《坛经》，今传有不同的文本，以敦煌写卷中发现的抄本最古老。然而这个抄本也不是慧能本人或他的弟子所作，据考应形成在建中二年（781）以后。现在研究者只能有分析地利用这个抄本来理解慧能的思想。相比较之下，敦煌写卷中发现的神会的著作也是相当可靠、准确地反映了早期南宗禅的面貌的。其中有他住南阳时期的说法记录《南阳和尚顿教解脱禅门直了性坛语》一卷，在滑台无遮大会上的辩论记录《菩提达摩南宗定是非论》二卷，以及此后的说法记录《南阳和尚问答杂征义》一卷等。对这些作品，胡适自20世纪20年代起从事校订，直到晚年形成定本《神会和尚遗集》。

　　南宗禅在东山法门即心即佛、心外无佛的基本观点的基础上，发展出以"见性""无念"为支柱的新禅观。所谓见性即顿悟自性清净心。据敦煌本《坛经》说：

> 佛是自性作，莫向身外求。自性迷佛即众生，自性悟众生即是佛。

因此关键在"见自本性"，"自身自性自度"。他解释坐禅，是"外于一切境上念不起为坐，见本性不乱为禅"。神会也说"众生见性成佛道"①。而实现见性，就要依《般若经》的"一行三昧"，常行直心，"以无念为宗"。《坛经》上解释无念：

> 无念法者，见一切法，不著一切法，遍一切处，不著一切处，常净自性，使六识从六门走出。于六尘中，不离不染，来去自由，即是般若三昧，自在解脱，名无念行。

神会解释无念为"不作意"，即不起心动念。他说：

> 云何无念？所谓不念有无，不念善恶，不念有边际无边际，不念有限量，不念菩提，不以菩提为念，不念涅槃，不以涅槃为念，是为无念……起心即灭，觉照自亡，即是无念。是无念者，无一切境界……②

所谓无念又譬如明镜，不论照与不照，本性不乱光辉。无念则顿悟。做到无念，即是定，亦是慧，此谓"定、慧等学"。这样，南宗禅把东山法门的自性修养、"修心""守心"等等，变成了自心的体认，把宗教修持变成了认识自我清净本性。这确乎是禅学上的大变革。这样，禅就在更大程度上背离了传统经教，反而与儒家致诚返本之说更为接近了。

根据旧传灯史，似乎神会以后，禅宗就是南宗禅的一统局面。

---

① 《神会语录第一残卷》（即《南阳和尚问答杂征义》），见胡适校：《神会和尚遗集》。
② 《荷泽神会禅师语录》，铃木校订本，石峻等编：《中国佛教思想资料选编》第2卷第4册，中华书局1983年版。

实则这是南宗弟子炫耀自宗的门户之见。事实上"安史之乱"以后的一段时期，南宗禅未见有大的发展，反而北宗的传承有不少材料，更为兴旺的则是流行于江东的牛头宗和流行于两川的净众宗与保唐宗。

灯史记载四祖道信门下傍出牛头法融（594—657），以下传智岩、慧方、江宁法持、牛头智威、牛头慧忠，是为牛头六祖传承。事实上江宁法持是弘忍弟子，与南能、北秀是师兄弟。牛头智威下有鹤林玄素（688—752）传径山法钦（714—792），又传鸟窠道林（741—824），牛头慧忠（683—719）下有佛窟遗则（754—830），还有华严宗的清凉澄观。这一系发展于江东，受当地传统玄风的影响，富于玄学色彩。其禅观的基本点是绝观忘守，即不是有（清净）心而无念，而是无心。敦煌本《绝观论》（有人以为是牛头法融作）上说：

> 有念即有心，有心即乖道；无念即无心，无心即真道。
>
> 无心即无物，无物即天真，天真即大道。[①]

这种思想与道家观点更为接近。又这一派禅人多富文化性格，善诗赋，多文思，江东出现大批诗僧即与这一派禅法有关。所传释宝志、傅大士诗即由此派禅人传出；寒山、拾得诗也出现在这一地区。牛头慧忠、鹤林玄素、径山法钦都广泛结交士大夫，在文坛上广有影响。

弘忍的另一弟子资州智诜（609—702）回剑南开法，传处寂（665—732），再传净众无相（684—762）。无相门人众多，称净众宗。下有保唐无住（714—774），禅法大盛，称保唐宗。敦煌写卷《历代法宝记》记载了这一系的禅史。这一系禅法的核心内容是"无忆，无念，莫忘"三句。"安史之乱"后两川在经济、文化上地位

---

① 常盘义伸等英译、校定、日译：《絶観論》，日本禅文化研究所 1973 年版。

更加重要，保唐宗的影响也扩展到夔门之外。

把禅宗发展到另一新阶段的是南岳怀让弟子马祖道一和青原行思弟子石头希迁。慧能门下神会的荷泽禅兴盛一时，然身后并未大显；早期禅史资料中慧能十大弟子也没有怀让与行思的名字。所以南宗禅在"安史之乱"后是较沉寂的。直到道一与希迁起来，发展了慧能、神会的禅观，才开拓出南宗大盛的新机。道一（709—788），俗姓马，汉州什邡（今四川什邡市）人，受法于南岳怀让，先后在建阳（今福建南平市建阳区）佛迹岭、南康（今江西赣州市南康区）龚公山等地传法，后住洪州（今江西南昌市）开元寺，被尊为马祖，弟子众多，著名者百余人，将其禅法远播，所传称"洪州宗"，有语录传世。希迁（700—790），俗姓陈，端州高要（今广东肇庆市）人。受法于青原行思，住衡岳南寺，称"石头和尚"，亦有众多弟子。道一与希迁一主江西，一主湖南，称"并世二大士"。两人禅风不同，马祖峻峭，石头绵密，但禅解大体是一致的。

以"洪州宗"为代表的这一期的禅广泛汲取以前禅门各派的成果，又较多地融进了道家思想，适应当时士大夫阶层的思想要求，把禅进一步引向人生实践。慧能等人主张心性圆满，自性自度，但终有悟与不悟之别，即佛与众生有别。而马祖这一派却讲平常心是道，平常心即佛心，佛与众生没有什么不同。马祖说：

> 道不用修，但莫污染。何为污染？但有生死心，造作趣向，皆是污染。若欲直会其道，平常心是道。何谓平常心？无造作，无是非，无取舍，无断常，无凡无圣。《经》云：非凡夫行，非圣贤行，是菩萨行。只如今行住坐卧，应机接物，尽是道。①

这样，道就是生活，就在人生日用之中。由于"道不要修"，佛教传统的礼佛、读经、斋僧等都是多余的。马祖法嗣南泉普愿提出"还

---

① 《江西马祖道一禅师语录》。

我本来面目"，兴善惟宽说"心本无损伤，云何要修理"，百丈怀海讽刺求佛人是"骑牛觅牛"，石头希迁法嗣丹霞天然表示"佛之一字，永不喜闻"。这样，平常心之外没有别的清净心，平常人之外也没有佛，所以马祖又倡"非心非佛"。从而禅就成了任运随缘的生活，穿衣吃饭，扬眉瞬目，无非是禅。由于禅与生活沟通了，禅僧就可不受戒律约束而过普通人的生活，出现了不少诗僧、艺僧、孝僧等畸形人物；而士大夫阶层也更普遍地习禅，把禅带到了书斋、官署与朝堂。由于禅摆脱了经教，又形成了离经叛教、呵佛骂祖的自由活泼的禅风（当然也有尊教的；还有约束禅门的努力，如百丈怀海为丛林制定《清规》）。宗教信仰与权威失去了凭依，习禅者人人都是"主人公"，都要做"唯我独尊、不受人惑的大丈夫儿"。这就充分发扬了反传统、反权威的精神，把对个人心性的肯定推扬到了极致。这也曲折地反映了当时士大夫阶层在时代颓势中实现个人价值的幻想与努力。

但是，这一时期禅宗强烈要求心性的独立与自主，却多从否定、破坏传统与权威方面着眼，正面建设并没有什么建树。结果平常心就等于无为无事，任运随缘；主人公、大丈夫不过是无所作为的闲人与懒汉。在唐中、晚期，知识阶层承受着盛世理想的回光返照，极力想扩张个性；但在矛盾丛生的社会环境中，却难以找到出路，只好堕入消沉了。到了晚唐，洪州禅的后继者们蜕落了先行者的批判的锋芒，逐渐地贵族化、形式化了。特别经会昌毁佛，禅宗多托庇于各地方镇以求恢复。虽然由于其自身条件（如不重经教、较少受外在条件限制），它复兴较快，但已没有前期的创造性与活泼生机。这时禅宗又分出了不同的派系，各派系依附于不同地域的统治者。它们很少禅解上的分歧，主要是接引学人的方式、方法不同。由于禅解已渐趋僵化，禅师们在问答商量的言句上争高下，说话头（公案）、斗机锋兴盛一时，形成了公案禅、文字禅。

自马祖起，禅师们上堂示法、问答商量的言句被记录为"语本"

"别录""广语"等等,这就是宋以后称之为"语录"的(今传唐五代禅师语录大部分形成于北宋及其以后)。禅门把这些资料综合,编为灯史。现存最早的是中唐智矩于贞元十七年(801)编成的《宝林传》十卷(残)。以后有20世纪初在韩国发现的南唐保大十年(952)泉州静、筠二禅师编成的《祖堂集》二十卷。宋道原《景德传灯录》三十卷后出,材料与文章均经较多修饰以后陆续编撰。这一类灯录不能看作是禅宗的信史,从性质看它们实际是表现禅观的著作,是文字禅的记录。这是使用时应注意的。

　　晚唐禅门内,有势力的禅师各立山头,派系纷杂。到了北宋,逐渐整理为五家。这五家是宋人的归纳,主要出于各家子孙的推扬。它们在后代影响较大,当时不一定是势力最大的。五家法系见附表。表中只列嫡传;实际上每一禅师都有众多弟子,分头弘化,枝派纷繁。临济宗到宋代分出黄龙、杨岐二派,已不在本书论述范围。

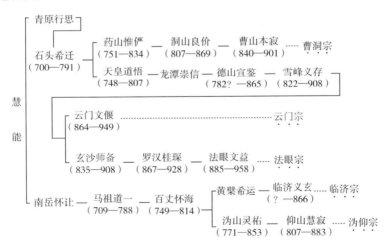

　　禅宗自中唐起在佛教各宗派中压倒诸宗,一枝独秀,但其内在的矛盾限制了它的继续发展。禅门中背教、慢教的思潮危及了它自身作为宗教教派的生存,因此自中唐起,就出现了向教下复归的

趋势。中唐时已出现了宗密那样提倡禅教一致的人物。至五代时
的法眼宗，融入华严教义，更推动了禅教一致的潮流。还有不少禅
人修习净土法门。这又从另一方面预示着禅宗的衰落。

　　总的说来，禅宗所解决的是正在成为中国思想史探讨中心的
心性问题，它又有接近人生实践的品格，并更多融入了中国传统的
儒、道学说的内容，其取得的思想成果是巨大的，对当时及以后的
思想学术、文学艺术以及士大夫的生活影响均十分深远。它在唐
五代成为社会精神生活中活跃的、起重大积极作用的因素，并启发
了两宋学术的发展。禅宗的心性学说是宋、明理学的重要组成部
分，周敦颐、二程（程颢、程颐）、朱熹、陆九渊等都不同程度地接受
了禅宗的影响。这是后来的事了。

六、反佛与毁佛

　　佛教在中国的弘传，除了时时遇到与中国传统文化与伦理的
矛盾、冲突之外，随着寺院经济的扩张，又加剧了与世俗政权以及
世俗地主经济利益的矛盾。佛教通过加深中国化的过程，比较成
功地协调了与传统文化、伦理的关系，但日益严重的社会、经济方
面的矛盾却不得解决。再加上中国本土宗教道教也要争夺宗教势
力，终于酿成北魏、北周两度毁佛，士大夫反佛者历朝也多有之。
到隋唐五代，反佛斗争持续不断，并酿成了唐武宗、周世宗两次毁
佛行动。当时反佛见于史料的，主要是士大夫的言论，其理论水平
并不高；而且用行政力量毁佛也不是对待宗教的好办法。但这些
言论与行动抵制佛教无限度地扩张的意义是不应低估的。

　　唐初，承隋末战乱之后，亟须恢复生产，与民休息。但如前所
述，当时全国二百万编户，僧侣竟有数十万人。隋代佞佛的教训正
记忆犹新，高祖、太宗对佛教都保持比较清醒的态度。在这种情况
下，武德七年（624），太史令傅奕上疏，请废佛法，奏章中说：

　　　　佛在西域，言妖路远，汉译胡书，恣其假托。故使不忠不

孝,削发而揖君亲;游手游食,易服以逃租赋。演其妖书,述其邪法,伪启三涂,谬张六道,恐吓愚夫,诈欺庸品。凡百黎庶,通识者稀,不察根源,信其矫诈。乃追既往之罪,虚规将来之福……①

傅奕反佛,态度非常坚决。两年后高祖下诏沙汰僧尼、道士,应与他的谏诤有关。他在太宗贞观年间仍屡次上疏。时又有清虚观道士李仲卿、刘进喜猜忌佛法,恒加讥讪。释法琳曾著《辩证论》反驳。在这种情况下,佛教得到一定抑制,对造成贞观年间的时局兴盛局面是起了作用的。但傅奕指斥佛教,着眼点是出自西域,淆乱华夷;背弃忠孝,违背伦理;不服赋税,有害民生;迷信因果,言而无征等,归结到窃人主之权,乱世害政。这实际上是梁武帝时郭祖深、荀济等早已提出过的反佛常谈,理论上远没有达到范缜《神灭论》的水平。

自高宗朝,农民破产流移已日趋严重。武后崇佛,加深了社会危机。这正是佛教诸宗大发展、朝廷倍加崇重的时期。士大夫反佛因之也比较强烈。针对武则天铸浮屠,立庙塔,役无虚岁,宰相苏瑰批评:"靡损浩广,虽不出国用,要自民产日殚。百姓不足,君孰与足?天下僧尼滥伪相半,请并寺,著僧常员,数缺则补。"②武则天在洛阳白马坂造大像,宰相狄仁杰、李峤、太子詹士张廷珪均曾上疏,狄仁杰说:

　　　　里陌动有经坊,阛阓亦立精舍。化诱倍急,切于官征;法事所须,严于制敕。膏腴美业,倍取其多;水碾庄园,数亦非少。逃丁避罪,并集法门,无名之僧,凡有几万,都下检括,已得数千……③

---

①《旧唐书》卷七九《傅奕传》。
②《新唐书》卷一二五《苏瑰传》。
③《谏造大像疏》,《全唐文》卷一六九。

中宗朝,有宰相桓彦桓、御史辛替否、侍御史宋务光等上疏反佛,以辛替否所言最为痛切:

> 当今出财依势者尽度为沙门,避役奸讹者尽度为沙门,其所未度,惟贫穷与善人耳。将何以作范乎? 将何以租赋乎? 将何以力役乎? ⋯⋯今之天下之寺,盖无其数,一寺当陛下一官,壮丽甚之矣,用度过之矣。是十分天下之财,而佛有其七八。陛下何有之矣! 百姓何食之矣!①

睿宗朝中书舍人裴漼、玄宗初宰相姚崇亦曾反佛。但综观这一阶段的反佛主张,一般也都着眼于度僧造寺的靡费和寺院经济扩张引起社会危机,而并不能从教理的根本上加以批判。如狄仁杰上疏中就说"如来设教,以慈悲为主,下济群品,应是本心,岂欲劳人以存虚饰";而姚崇在《遗令诫子孙文》中一方面指斥姚秦、梁武以佞佛灭国,批评中宗、太平公主、武三思度人造寺,同时又说"佛者觉也,在乎方寸,假有万像之广,不出五蕴之中,但平等慈悲,行善不行恶,则福道备矣"②。这表明当时的反佛,主要反映了世俗地主阶层反对僧侣地主势力无限制扩张的要求。在举国崇奉的社会环境中,非有大智大勇是不可能否定佛教的。也正因此,尽管这种反佛声浪甚高,禅宗却蓬蓬勃勃地发展了起来。因为禅宗作为"心的宗教",比起其他宗派,与士大夫阶层较少直接的利益冲突。

　　肃、代、德几朝,仍有人出来批评佛教,但声势却不如前一时期了。而到了宪宗朝韩愈等人反佛,才称得上是彻底否定佛教的大智大勇之举,其识见与态度都有过人处。

　　从理论方面看,韩愈辟佛也并无特别深刻的地方。其理由大体不出傅奕等人早已提出的几项:佛是"夷狄之法",违背儒家"仁义道德之说",不符合传统君臣、父子的伦理,不事生产、害民蠹政

---

① 《陈时政疏》,《全唐文》卷二七二。
② 《全唐文》卷二〇六。

等等。其超绝杰特处，除了态度的坚决猛厉之外，还有两点，一是他严于儒、释之辨，明确树立儒家圣人之道为正统，以与外来的"夷狄之法"相抗衡。他说：

> 夫所谓先王之教者，何也？博爱之谓仁，行而宜之之谓义，由是而之焉之谓道，足乎己无待于外之谓德。其文：《诗》《书》《易》《春秋》；其法：礼、乐、刑、政；其民：士、农、工、贾；其位：君臣、父子、师友、宾主、昆弟、夫妇；其服：麻、丝；其居：宫室；其食：粟米、果蔬、鱼肉。其为道易明，而其为教易行也……曰：斯道也，何道也？曰：斯吾所谓道也，非向所谓老与佛之道也。尧以是传之舜，舜以是传之禹，禹以是传之汤，汤以是传之文、武、周公，文、武、周公传之孔子，孔子传之孟轲。轲之死，不得其传焉……然则如之何而可也？曰：不塞不流，不止不行。人其人，火其书，庐其居，明先王之道以道之，鳏寡、孤独、废疾者有养也，其亦庶乎其可也。①

这里所谓"先王之道"，包括思想学术、刑政制度、礼乐教化、伦理道德以至衣、食、住的风俗习惯等，韩愈把这些统统归结为传统的儒道，而与佛、老（主要是佛，老是陪衬）相对抗，这就把反佛提到了维护传统文化的高度之上。这与前已介绍的不少人批评佛教但并不完全否定佛教教理成为对照，更与自佛教流传以来就产生、至隋唐在士大夫间大盛的儒释调和思潮截然对立。韩愈的这种观点显然是有偏颇的，他设想的毁佛路线也是行不通的，但他突出强调反佛在维持中国文化传统上的意义，而不把问题局限在朝廷权益与经济利益上。这样，他的反佛理论虽然并不特别深刻，论证上更不严密（如说信佛则国祚短促等等，这成了另一种报应说），却把与佛教的斗争提高到思想的、文化的原则层面上来了。宋儒正是在他开

---

① 《原道》，《昌黎先生文集》卷一一。

拓的方向之上，把反佛提高到新的理论水平，大为遏制了儒释调和的潮流。再有一点就是韩愈是一代文宗，他善于宣传自己的主张。他倡导古文意在明道，而明道则必须反佛。早期古文家直到柳宗元大都是习佛的，革正文体原与反佛没有什么关系。自韩愈将二者合一，既使古文有了更堂皇的内容，也使反佛增强了势力。韩愈还给后人树立了一个坚持、捍卫"圣人之道"的典范，在士大夫间影响也是至为深远的。后来他大胆地谏迎佛骨，一举轰动朝野，成了当时及以后文化史上反佛的楷模与旗帜。

韩愈等人的辟佛可以说是给唐武宗灭佛做了思想准备。而武宗毁佛的根本原因也在于佛教势力膨胀与朝廷的矛盾。本来元和之后，强藩割据再起，朝廷编户骤减；到武宗即立后，平定昭义镇（治潞州，今山西长治市）动乱，北对回鹘用兵，财赋正所急需。武宗又好神仙之说，宠信道士赵归真等；主持朝政的大臣李德裕也是反佛的。这样，武宗即位初，即屡有限制佛教之举。其时日僧圆仁正在中国游行求法，他以毁佛还俗，冒险得以回国。在其所著《入唐求法巡礼行记》中，他以亲身见闻，详叙毁佛过程。其书谓：会昌二年（842）"三月三日，李宰相（德裕）闻奏僧尼条流，敕下发遣保外无名僧，不许置童子、沙弥"；五月"廿九日，有敕停内供奉大德两街各廿员"；"十月九日敕下：天下所有僧尼解烧炼、咒术、禁气、背军、身上杖痕、鸟文、杂工功、曾犯淫养妻、不修戒行者，并勒还俗。若僧尼有钱物及穀斗、田地、庄园，收纳官。如惜钱财、情愿还俗去，亦任勒还俗，充入两税徭役"；会昌三年正月"十七日，功德使帖诸寺，僧尼入条流内，并令还俗"；九月，"仍敕令两京功德使疏理城中等僧，公案无名者，尽勒还俗，递归本贯，诸道、州、府，亦同此例。近住寺僧不委来由者尽捉。京兆府投新褁头僧于府中，打杀三百余人"；会昌四年七月，"敕下，令毁拆天下山房兰若、普通佛堂、义井村邑斋堂等未满二百间、不入寺额者，其僧尼等尽勒还俗，充入色役"；会昌五年三月，"又敕下，天下寺舍，不请置庄园庄；又令勘检天下寺舍奴婢多少，兼钱物、斛斗、匹段，一一诣实具录，令闻奏"；"数日后敕下，天下僧尼五十以下，尽勒还俗，递归本贯讫；后有敕云，天下僧尼五十以上无祠部牒者，尽勒还俗"①。圆仁本人并无祠部牒，因此被迫还俗，不久即离开长安谋回国之计。到这一年七月，朝廷发全面毁佛令：

> 上都、东都两街各留二寺，每寺留僧三十人；天下节度、观察使治所及同、华、商、汝州各留一寺，分为三等：上等留僧二十人，中等留十人，下等五人。余僧及尼并大秦穆护、祆僧皆勒归俗。寺非应留者，立期令所在毁撤，仍遣御史分道督之；财货、田产并没官，寺材以葺公廨、驿舍，铜像、钟磬以铸钱。②

八月，再次发布诏书，重申毁佛意旨与决心，宣称"其天下所拆寺四千六百余所，还俗僧尼二十六万余人，收充两税户，拆招提、兰若四万余所，收膏腴上田数千万顷，收奴婢为两税户十五万人"③。次年三月，武宗死，宣宗即位。五月即敕复佛寺，毁佛宣告结束。以上所录圆仁记述，应得自传闻，或有个别不实之处；史书上毁佛成果的统计也有不明之点（如说"上田数千万顷"）。但这次毁佛准备充分，措施坚决，是收到了效果的。当初北魏、北周毁佛范围限于北方，而这一次除某些藩镇（如河北）地区之外及于全国各地。由于长期积累的对佛教的怨恨情绪，诏令所到之处，拆毁寺庙，焚弃经像，令僧尼还俗，给佛教特别是寺院经济以很大打击，对依附在寺院的宗派佛教破坏尤重，对寺院奴婢的解放更具有积极意义。后来朝命恢复佛寺，只有禅宗复兴迅速，其他宗派却难以恢复旧观了。

五代时期，后梁、后唐、后晋均有限制佛教之举。至后周世宗

①圆仁：《入唐求法巡礼行记》卷三、四。
②《资治通鉴》卷二四八"会昌五年"。
③王溥：《唐会要》卷四七《议释教上》。

柴荣,于显德二年(955)诏令整饬寺院,沙汰僧尼,凡未经颁给寺额的寺院一律停废,禁止私度僧尼,出家须经严格考试并经祠部给牒方可剃度,禁止烧身、炼指等陋习,民间佛像全部销毁铸钱等。其年共废佛寺 3336 所,存 2694 所,留僧尼 61200 人。这是中国历史上最后一次大规模毁佛,范围、时间与效果均不能与前三次相比。

　　毁佛对佛教来说是"法难"。每一次"法难"劫后佛教都复兴并存续下去。这也说明只要宗教生存的社会基础存在,用强制的办法是消灭不了的。但历代反佛与毁佛在反对宗教唯心主义、抵制佛教势力扩张方面的积极作用是不可低估的。实际上这种斗争也是调整佛教的社会地位的过程的一部分。经过上述毁佛事件后,这一过程基本完成了,佛教本身已大为衰弱并受到限制,就再也没有出现全国性的剧烈的灭佛行动了。

第二节　道　教

一、道教的繁盛与朝廷崇道

　　隋唐五代时期,与佛教并立,我国本土宗教的道教也发展到全面繁荣的阶段。道教本形成于民间,教理与组织都很纷繁,其发展早期曾屡为民众的反抗斗争所利用。到南北朝时期,经寇谦之、陆修静、陶弘景等著名道士"清整"教门的努力,道教向社会上层发展,并由早期分散状态走向统一。在与儒、佛思想的斗争与交流中,道教教理逐步系统化,道典与道教律仪也逐步完备。而在这个过程中,道教的社会地位也逐渐上升,得到统治阶级的崇重,增加了官方宗教的色彩。道教地位的这种改变,对它的进一步发展起了决定性的作用。到了隋唐,特别是唐代,道教被抬高为御用宗教,更促成了它的全面繁盛。而在当时佛教以及整个文化实现历史转折的背景之下，道教也处在它发展的转折期。在这一时期道教徒人数增加；宫观规模扩大；教理更为系统与丰富；律仪更加完备与条理化；道典被整理编纂入藏；传统的金丹道教与神仙道教都发展到高峰；而神仙思想也在发生重大变化，内丹道教正在兴起，开宋、元新道教的先河。

隋唐时期统治者崇重道教，除了希图长生久视、神仙飞升、满足纵欲要求等一般理由之外，还有政治、思想上的原因与一般的文化背景。由于六朝以来道教向封建统治阶级靠拢，就越来越具有御用神学的性质，宗教的出世之道就可能被统治者利用为治世之道；又经过儒、佛、道三教几百年的斗争、冲突与交流，三者相互渗透、交融，统治者也总结出兼容三教、综合利用的思想统治政策。而在隋唐五代的社会条件下，道教除了可以作为人们的精神安慰之外，还适应人们追求幻想、希求永恒的社会心态，这也给统治者崇道提供了社会心理依据。

隋文帝崇佛，同时亦重道，"道士张宾、焦子顺、雁门人董子华，此三人，当高祖（即文帝）龙潜时，并私谓高祖曰：'公当为天子，善自爱。'及践祚，以张宾为华州刺史，子顺为开府，子华为上仪同"[①]。这样，道士秘造符命，赢得了统治者崇重、封赏。文帝度道士，修宫观，其诏书中有"佛法深妙，道教虚融，咸降大慈，济度群品"[②]等语，表示佛、道兼重。晋王杨广（隋炀帝）镇扬州时曾从道士徐则受道法，并曾召见著名道士王远知。

从以上隋代的情况可以看出，道士的活动与统治阶级的重道，两方面都具有强烈的政治色彩。这一特点到唐代更为突出，成为此一时期道教发展的强大动因。隋末大乱时，道士们屡造"杨氏将灭、李氏将兴""将有老君子孙治世"之类谶言，向李渊陈符命。

①《隋书》卷七八《来和传》。
②《隋书》卷二《高祖本纪下》。

如著名道士李淳风即称终南山老君显圣,告以"唐君当受天命"。当李渊女平阳公主起兵时,终南山楼观(供奉老子的宫观)道士岐晖"逆知真主将出,尽以观中资粮给其军。及帝(唐高祖李渊)至蒲津关,晖喜曰:'此真君来也,必平定四方矣。'乃改名为'平定'以应之,仍发道士八十余人向关接应,帝嘉之"[①]。又如唐初的名臣李泌,也曾作过道士。道士们不仅为建立新王朝出力,而且参与朝廷政争。秦王李世民与太子建成争帝位时,曾私访王远知,远知告以"方作太平天子,愿自惜也"[②],支持了他。然而李渊与李世民对佛、道弊害均有相当认识,因此武德九年(626)有沙汰僧尼、道士之举;李世民也一再说及神仙方术不足信,"梁武帝父子,志尚浮华,惟好释氏、老子之教……此事亦足为鉴戒"[③]。所以这一时期对道教的态度,具有更多的政治利用的意味。

唐王室利用道教尊老子为始祖以抬高自宗,对道教在有唐一代的发展起了重大作用。如前所述,李渊家世出于北周府兵八柱国的军官,有鲜卑人的血统,在当时阀阅仍受相当重视的环境中,这种族出实不符合天潢贵胄的地位。因此第一步将郡望改为陇西李,再一步就把家系推到老子之下。"武德三年五月,晋州人吉善行于(浮山县)羊角山见一老叟,乘白马朱鬣,仪容甚伟,曰:'为吾语唐天子,吾汝祖也。今年平贼后,子孙享国千岁。'高祖异之,乃立庙于其地。"[④]这是为适应李唐王朝的需要而制造的老君降迹神话,第一次坐实了李氏为老子之后的伪说。与此相应,就以"尊祖"之名,抬高道教的地位,太宗贞观十一年(637)有诏曰:

　　　况朕之本系,起自柱下,今鼎祚克昌,既凭上德之庆;天下

①谢守灏:《混元圣纪》卷八。
②《旧唐书》卷一九二《隐逸列传》。
③吴兢编著:《贞观政要》卷六《慎所好第二十一》。
④王溥:《唐会要》卷五〇《尊崇道教》。

大定,亦赖无为之功。宜有改张,阐兹玄化。自今已后,斋供、行立,至于称谓,其道士、女冠可在僧、尼之前,庶敦本之俗畅于九有,尊祖之风贻诸万业。①

这象征着佛、道斗争中道教取得了优势。至高宗时期,继续抬高道教。乾封元年(666),封太上老君为太上玄元皇帝,并立祠堂,置令、丞;上元元年(674),"天后上表,以为国家圣绪出自玄元皇帝,请令王公以下皆习《老子》,每岁明经准《孝经》《论语》策试"②;仪凤三年(678),令道士隶宗正寺,班在诸王之次③,即全部道士被视同宗室,处在比其他宗教徒更亲近的地位。

武则天在称帝前为邀得高宗的恩宠,曾有过一系列崇道之举。但她后来借重释氏以篡权,因而排抑道教。天授二年(691)曾下令"释教宜在道法之上,缁服处黄冠之前"④;后又有罢习《老子》、取消"玄天皇帝"尊号而复称"老君"等诏命。李唐王室与武则天利用宗教来达到政治斗争的目的,是中国宗教史上宗教被政治化的典型例子。

中宗复位后,立即提高道教地位。至玄宗时期,崇道形成一个高潮。开元九年(721),遣使迎道士司马承祯入京,玄宗"亲受法箓"⑤;开元十年,诏两京及诸州各置玄元皇帝庙一所,每年依道法斋醮⑥;开元二十一年,"制令士庶家藏《老子》一本,每年贡举人量减《尚书》《论语》两条策,加《老子》策";开元二十二年,"征恒州张果先生,授银青光禄大夫,号曰通玄先生"⑦;开元二十三年,玄宗亲

①《令道士在僧前诏》,《全唐文》卷六。
②《资治通鉴》卷二〇二"上元元年"。
③志磐:《佛祖统纪》卷三九。
④《释教在道法之上制》,《唐大诏令集》卷一一三。
⑤《旧唐书》卷一九二《隐逸列传》。
⑥《册府元龟》卷五三《帝王部·尚黄老一》。
⑦《旧唐书》卷八《玄宗本纪上》。

注《道德经》并修义疏,颁示公卿士庶及释、道二门;开元二十五年,置玄学博士,每年依明经举,是为道举;"以道士尹愔为谏议大夫、集贤学士兼知史馆事,特赐朝散阶"①;同年,下令玄元皇帝降诞日,天下诸州皆需设斋祭祀,"道士、女冠宜隶宗正寺,僧、尼令祠部检校"。②

玄宗统治前期崇道举动甚多,当时他的有关诏书一再讲到以老、庄清净之道治国理民,表明他重视道家与道教思想以期达于致治,这对造就"开元之治"是有积极一面的意义的。

同时"玄宗初即位,亲访理道,及神仙方药之事,及闻变化不测而疑之"③,他也并不是十分迷信。但经近三十年的天下太平,他又年过半百,对神仙方术的迷信就渐成为他崇道的重心了。这一转变,也标志整个唐王朝崇道重点的转变。具有象征意义的是"开元二十九年正月,帝梦玄元皇帝告云:'吾有像在京城西南百余里,汝遣人求之,吾当与汝兴庆宫相见。'帝遣使求得于盩厔楼观山间。闰四月,迎置兴庆宫。五月,帝画玄元真容,分置诸州开元观"。这样,玄宗亲自制造神仙降迹的骗局,臣下自然竞相效仿。此后老子降临、灵符出世等祥瑞迭出,各地表贺无虚月。宋范祖禹在记载上项事迹后评论说:"自是以后,言祥瑞者众,而迂怪之语日闻,谄谀成风,奸宄得志,而天下之理乱矣。"④天宝元年(742),制"庄子号为南华真人,文子号为通玄真人,列子号为冲虚真人,庚桑子号为洞虚真人,其四子所著书改为真经,崇玄学置博士、助教各一员,学生一百人"⑤。后崇玄学改崇玄馆,置大学士,由宰相兼领。天宝二年,追尊玄元皇帝为大圣祖玄元皇帝;八载,又册为圣祖大道玄元

①《册府元龟》卷五三《帝王部·尚黄老一》封印。
②王溥:《唐会要》卷四九《僧尼所隶》。
③《旧唐书》卷一九一《方伎列传》。
④范祖禹:《唐鉴》卷九。
⑤《旧唐书》卷九《玄宗本纪下》。

皇帝;十三载,又加大圣祖高上大道金阙玄元天皇大帝①。玄宗更招纳、尊宠道士李含光、吴筠等人,问以神仙道法之事,并在兴庆宫置合炼院,由道士帮助炼丹。朝中一些宫主嫔妃也求仙入道,如杨贵妃入宫前即被度为太真宫女冠。唐玄宗"安史之乱"中逃四川,仍"于利州益昌县山岭上,见混元骑白卫而过,示收禄山之兆……又于嵩山置兴唐观,成都置福唐观"②。乱平回长安,他仍热心炼丹,答复肃宗进药灶诰文说:"吾比年服药物,比为金灶,煮炼石英,自经寇戎,失其器用。前日晚际,思欲修营,一昨早朝,遽闻进奉。"③

　　玄宗以后的历朝帝王除武宗外,皆佛、道兼崇。由于唐室中衰,变乱相继,统治者对神仙方术和祈禳之术的迷信越发加深。肃宗至德二载(757)通化郡(今四川汶川县北)上言,"玄元皇帝真容见,十二月,诏天柱山老君庙改为启圣宫"④,这又是玄宗统治后期极盛一时的老君降迹的老套。代宗李豫崇信道士,一即位就有道士李国祯求见;又有"桑道茂者,大历中游京师,善太一遁甲、五行灾异之说,言事无不中。代宗召之禁中,待诏翰林"⑤。德宗时,这位桑道茂预言王室有离宫之厄,请筑奉天城(今陕西乾县),后朱泚叛变据长安,朝廷至其地避难,以预言有验,更受崇信。又有"吴通玄,海州人,父道瓘为道士,善教诱童孺,大历中,召入宫,为太子诸王授经。德宗在东宫,师道瓘,而通玄兄弟出入宫掖,恒侍太子游,故遇之厚"⑥。宪宗李纯更热衷于神仙之事,崇信道士柳泌,使为其采药炼丹,任命为台州(今浙江临海市)刺史,谏官论奏皆不纳。穆

①《旧唐书》卷二四《礼仪志四》。
②杜光庭:《历代崇道记》。
③《赐皇帝进烧丹灶诰》,《全唐文》卷三八。
④《册府元龟》卷五四《帝王部·尚黄老二》。
⑤《旧唐书》卷一九一《方伎列传》。
⑥《旧唐书》卷一九〇下《文苑传下》。

宗、敬宗在位日短,信任方士、推尊道教亦沿袭祖风。宪宗以后,不少帝王均以服药致毙。

到武宗时期,唐室崇道再次形成高潮。武宗在藩已"颇好道术修摄之事";即位之后即召道士赵归真等入禁中修金箓道场,并亲受法箓;会昌元年(841)六月"以衡山道士刘玄靖为银青光禄大夫充崇玄馆学士,赐号广成先生,令与道士赵归真于禁中修法箓"。赵归真特别受到宠重,武宗毁佛即与他的怂恿有直接关系。武宗"以道士赵归真为左右街道门教授先生,时帝志学神仙,师归真"①。又以罗浮道士邓元起有长年之术,遣中使迎之。并起望仙台于禁中,集道士于其上,咨以神仙之事。武宗毁佛,却坠入了愚妄迷信的道术,他最后也死于金石药。继武宗的宣宗在晚唐诸帝中算是有作为的,他即位后就杀赵归真等,但却又崇信另一批道士。如迎罗浮道士轩辕集就是一个例子。僖宗以后,唐室更加衰微,朝廷崇道祈禳,史不绝书。统治者想从宗教幻想中得到支持与慰藉。

五代时期,后唐庄宗李存勖、后晋高祖石敬瑭、后周世宗柴荣都崇信道士。世宗毁佛也与崇道有关系。在十国帝王中,闽主王延钧、前蜀主王建、吴王杨行密、吴越王钱镠、南唐主李昇等皆倾慕神仙长生之道,礼重道士,兴修宫观,热心斋醮祈禳,有的还迷信丹药,亲修合炼之术。

隋唐五代统治者的崇道,大大提高了道教的地位,加护道教使之得以发展势力。道教在此时期不但可与佛教抗衡,甚至在一定意义上已凌驾于佛教之上。但是道教徒更重视在社会上层活动。如前所述,至唐玄宗统治前期,统治者注重在政治上、思想上利用道教;从玄宗后期起,统治者则更迷信金石丹药、斋醮祈禳之术。从客观上讲,道教修炼要有一定条件,如炼丹,材料多是贵金属或稀有矿物,非一般民众所能制备。这样,道教尽管受到统治者的支

---

①《旧唐书》卷一八上《武宗本纪》。

持，在群众中的普及程度却远不及佛教。道教中一直也没有形成像佛教中的禅与净土那样的宗派。据《唐六典》记载的开元年间的数字，天下寺 5358 所，观则只有 1687 所，即后者不及前者的三分之一，而且还应考虑到唐时道观规模一般比佛寺小得多。晚唐杜光庭《历代崇道记》记载唐自开国"所造宫观约一千九百余，所度道士计一万五千余人"。只要对比一下前述会昌毁佛的成绩，就可以看到佛、道二教发展规模的悬殊。在中国历史上，道教在唐代地位达到了最高点，但却不是它在民众中最普及的时候，对于社会的影响也不是最大。这在客观上也驱使它必须谋求新的发展出路，要求它向民众宗教的性质复归，宋、元道教因此而转变了发展方向。

二、金丹道教的极盛及其衍化

"服食求神仙，多为药所误"。自魏晋时期广为流行的金丹道教，到隋唐时期发展而臻极盛。这当然与人们特别是统治者迷信服饵仙术、追求长生不老的欲求有关；道士们制造黄白，以规财利，更给人以诱惑。而从道教自身的发展看，经南北朝长期的安炉置鼎、合药炼丹的实践，积累了许多经验，炼丹术有了很大改进（包括化学与药物学方面的发现，《科学技术》章已另述）。尽管不少人以服饵致毙，但丹药在一个短时期或某些方面（如身体的表面状况或满足纵欲要求上）确实起一定作用，因而炼丹服药之风兴盛不衰。在这一时期，总结实践经验，出现了一批关于丹药的总结性的书，金丹道教也形成了不同的派别。当时不仅道士们炼丹，统治阶级上层与士大夫间也有不少人热衷此道。其中有些人在理智上颇能对丹药的危害进行批判，但却仍甘蹈前人覆辙以至服药而死。如韩愈的反佛称得上是大智大勇，但"退之服硫黄，一病讫不痊"[①]；而白居易虽这样批判韩愈，他自己也置鼎炼丹。炼丹术越"进步"，越

[①]《思旧》，《白氏长庆集》卷二九。

增加了它的迷惑性。

　　隋唐时代关于服食的书，今多已亡佚。陈国符《道藏源流考》附录五《中国外丹黄白术考论略稿》集录书目达百余种。今存者也还不少，如孙思邈《大清丹经要诀》一卷、失撰人《黄帝九鼎神丹经诀》二十卷（唐初）、张九垓《张真人金石丹砂诀》一卷、张果《玉洞大神丹砂真要诀》一卷、陈少微《大洞炼真宝经九还金丹妙诀》一卷、《大洞炼真宝经修伏灵砂妙诀》一卷、金竹坡《大丹铅汞论》一卷、还阳子《大还丹金白龙虎论》一卷，以及题为阴长生注、无名氏注和彭晓注的三种《周易参同契》注本。此外在医药学著作如孙思邈的《千金要方》等书和后代丹书如宋人的《灵砂大丹秘诀》《修炼大丹要旨》等书中，也保留不少隋唐炼丹术的材料。这众多的炼丹著作，表明了炼丹术的普及情形。它们把外丹的理论与实践都推向了新高度。

　　唐代流行题为汉魏伯阳撰、被视为丹经之祖的《周易参同契》一书，有多种注本。今存者以后蜀彭晓所注《周易参同契通真义》三卷为冠。其大旨不外是“参同”《大易》、黄老、炉火三家理法而“妙契大道”，利用阴阳五行的宇宙观，构想出“自然还丹”理论。这就使炼丹术带上了哲理色彩。按这种理论，丹砂是自然界中阴气潜运结化之精在天符照耀之下结成，再经化育变化而为朱砂，最后还丹。修道之人炼丹不过是以人间之火在炉鼎这一象征的宇宙中实现自然还丹的过程。后来内丹派又把人的身体视同小的宇宙，是自然还丹理论的进一步衍化。这样，就用更为精致的思辨来说明炼丹这一迷信活动。但这种理论中关于宏观世界与现实世界的同一性的猜测，关于以人力夺天地造化之功的观念，无疑具有辩证的内容，也从一个方面显示了人定胜天的气概。这后一方面如不当作现实而化为幻想的诗情，还是相当动人的。

　　在具体实践方面，隋唐时代的炼丹术在药物的配伍、去毒方法、临炉火候掌握等方面都有许多进步，其中某些内容是有科学价值的。金石药的毒性是显而易见的，因为炼丹实践中服用中毒的例子不计其数。但虔诚的炼丹者并不放弃实践，而去积极探讨去毒的方法，这种精神也是可赞叹的。早期炼丹多根据一些形而上学的构想，如"阴阳相制"等等，缺乏现实的依据。到了唐代，积累的经验多了，实践效果更受重视。当时人已明确认识到"五金尽有毒，若不炼令毒尽、作粉，假令变化得成神丹大药，其毒若未去，久事服饵，小违禁戒，即反杀人"①。他们采用加入药料、加热、加水来促成化学性质的变化等方法以去毒。在当时的科学条件下，这样做不一定全能达到目的，或只收到降低毒性或延缓毒性发作的效果。但这类去毒的思路是符合科学的。正由于在这方面有所改进，丹药的效用改善了，才使得这种具有性命危险的东西对人发生持久的吸引力。

外丹道教也有师承传授，也讲究以某一道经为依据来合炼某类或某种丹药，从而分为不同的门派。但外丹的门派没有佛教的学派和宗派那样丰富而严密的理论体系。而且虽然各派主张矛盾甚多以至相互攻讦，但又相互影响与渗透。唐代众多的外丹门派中，重要的有重黄金、丹砂的一派，如上面提到的陈少微、张果等人在其著作中就极力推崇服金或服灵砂；有以铅、汞为至宝大药的一派，上举以方术惑主的柳泌就是这一派的代表；还有一派主张用硫黄与汞合炼，被称为硫汞派，等等。这些门派大体在六朝道书中已见端绪，到了唐代得到发展，理论上形成了更完整的体系。各派利用二仪、四象、五行相生之说来论证自己置鼎合药的合理性，使外丹理论更为精致。但这种精致的理论在实践、特别是实效上难以验证，也就预示着它们破产的命运。

隋唐五代丹药在社会上层广泛流行，贻害甚大。唐太宗曾表示神仙虚妄，以秦皇、汉武求仙药为妄想，但贞观二十二年（648）王

①《黄帝九鼎神丹经诀》卷九。

玄策破天竺,得方士那罗迩娑婆寐至京,"太宗深加礼敬,馆之于金飚门内,造延年之药……延历岁月,药成,服竟不效,后放还本国"①。太宗实际是因药毒于次年罹疾毙命的。

高宗曾"令广征诸方道术之士,合炼黄白"②。如前所述,玄宗对炼丹也极为迷信,晚年仍乐此不疲。"宪宗季年锐于服饵,诏天下搜访奇士",有起居舍人上疏切谏,谓"伏见自去年以来,诸处频荐药术之士,有韦山甫、柳泌等,或更相称引,迄今狂谬荐送渐多"③。宪宗终以服饵过当,酿成狂躁之疾,宦官陈弘志等惧无过被杀,弑之。穆宗以柳泌等人用方药毒惑宪宗,即位后立即将其处死,然"既而自惑左右近习,稍稍复进方士"④。而敬宗十六岁即位,昵比群小,对神仙方术更是迷恋,宝历元年(825)"遣中使往湖南、江南等道及天台山采药,时有道士刘从政者,说以长生久视之道,请于天下求访异人,冀获灵药。仍以从政为光禄少卿,号升玄先生"⑤;又命兴唐观道士孙淮合炼"长生药",并崇信道士周息元、赵归真等。穆宗、敬宗皆以饵金石药死。以崇道著称的武宗"颇服食修摄,亲受法箓,至是药躁,喜怒失常,疾既笃,旬日不能言"⑥,亦中药毒而死。宣宗完全重蹈穆宗的覆辙,初即位时杀了赵归真等,表示不为方术所惑,但不久就迎罗浮道士轩辕集,终因服用道士虞紫芝、山人王乐和、医官李玄伯的丹药,疽发背而卒。

隋唐时期高官大僚中亦服食丹药成风。隋末群雄之一的杜伏威降唐后,"好神仙长年术,饵云母被毒,武德七年二月暴卒"⑦。在

①《旧唐书》卷一九八《天竺传》。
②《旧唐书》卷一九一《方伎列传》。
③《旧唐书》卷一七一《裴潾传》。
④《旧唐书》卷一七一《裴潾传》。
⑤《旧唐书》卷一七上《敬宗本纪》。
⑥《旧唐书》卷一八上《武宗本纪》。
⑦《新唐书》卷九二《杜伏威传》。

西安南郊相当于邠王李守礼旧宅之处,曾发现一批药品,据推测是唐时遗物,其中有丹砂、石钟乳、紫石英、白石英、金屑、金箔等炼丹原料。玄宗朝宰相李林甫作有《唐朝炼大丹感应颂》一文,可见亦迷信丹药。中晚唐时炼丹术在贵臣权豪间更为流行,如昭义节度使李抱真"晚节又好方士,以冀长生。有孙季长者,为抱真炼金丹……凡服丹二万丸,腹坚不食。将死,不知人者数日矣,道士牛洞玄以猪肪、谷漆下之,殆尽。病少间,季长复曰:'垂成仙,何自弃也。'益服三千丸,顷之卒"①。像这样至死不悟的大有人在。韩愈曾在《故太学博士李君墓志铭》中写道:其从孙女婿李干"为鄂岳从事,遇方士柳泌,从受药法,服之往往下血。比四年,病益急,乃死",针对这件事,韩愈发感慨说:

> 余不知服食说自何世起,杀人不可计;而世慕尚之益至,此其惑也。而文书所记及耳闻相传者不说,今直取目见亲与之游而以药败者六、七公,以为世诫:工部尚书归登、殿中御史李虚中、刑部尚书李逊、逊弟刑部侍郎建、襄阳节度使工部尚书孟简、东川节度御史大夫卢坦、金吾将军李道古,此其人皆有名位,世所共识……②

接着写中药毒的情形极其惨刻。但如前已指出,韩愈也以服药毙命。因为炼丹采用某些去毒方法,使药毒不显发,就使"明白人"也不能不受惑。柳宗元的姐夫,历任饶、连、永等州刺史的崔简,也是"悍石是饵,元精以渝"③,以服药致败的。柳宗元贬永州(今湖南永州市)时,有些人向他推荐丹药,列举许多效验,但他不为所动,在这个问题上他确是"众人皆惑我独醒"的特立独行之士。

　　唐代文人迷信神仙方药之风亦相当普遍。这给当时的文学创

---

①《旧唐书》卷一三二《李抱真传》。
②《昌黎先生文集》卷三四。
③《祭姊夫崔使君简文》,《柳河东集》卷四一。

作增添了一个素材,补充了一分幻想,刺激了某些人的创作灵感,
也算道教在客观上给予文学艺术发展的刺激。但丹药在文坛上同
样为祸不浅。"初唐四杰"之一的卢照邻学道于孙思邈,因服食丹
砂方药而得痼疾,但终不悔悟,以不堪疾病折磨而死。李白是著名
的道教徒。他开元末年与道士元丹丘偕隐嵩阳,结识当地的焦练
师,又一起去随州(今湖北随州市)访道士胡紫阳,有诗曰"当餐黄
金药,去为紫阳宾"①;天宝初与道士吴筠隐于剡中,又有诗曰"攀条
摘朱实,服药炼金骨"②,这都是他服药的记录。天宝三载(744)被
谗去朝后,他从北海高天师受道箓于齐州(今山东济南市)紫极宫,
即取得了道士资格,有一首《草创大还赠柳官迪》的诗,大概就是此
时所作,其中描写了炼丹的情形,开头八句讲的是自然还丹理论,
接下去是鼎炉中药物合炼变化的情景:

> 天地为橐籥,周流行太易。造化合元符,交媾腾精魄。自
> 然成妙用,孰知其指的。罗络四季间,绵微无一隙。日月更出
> 没,双光岂云只。姹女乘河车,黄金充辕轭。执枢相管辖,摧
> 伏伤羽翮。朱鸟张炎威,白虎守本宅。相煎成苦老,消烁凝津
> 液……③

从这样的描写中,可以看出李白的炼丹体验。李白出京后,与杜
甫、高适有梁、宋之游,李、杜两人曾一起渡黄河登王屋山访华盖
君,至小有清虚洞天,值华盖君已死,两人同往齐州,李白从高天师
受道箓即在其时。这个时期杜甫亦从李白习炼丹,因而赠李白诗
中有"未就丹砂愧葛洪"④之句。次年,两人又同到东蒙山访董炼
师。杜甫后来是一直对丹砂感兴趣的,屡屡形诸篇什,直到临终前

①《颍阳别元丹丘之淮阳》,《李太白全集》卷一五。
②《天台晓望》,《李太白全集》卷二一。
③《李太白全集》卷一〇。
④《赠李白》,《杜少陵集详注》卷一。

的《风雨舟中伏枕书怀》一诗中仍表示：

> 葛洪尸定解，许靖力难任。家事丹砂诀，无成涕作霖。①

白居易贬江州（今江西九江市），在庐山营草堂，山上简寂馆是著名道士陆修静修炼之地，他曾亲自置炉炼丹，有诗写到"高谢人间世，深结山中期。泥坛方合矩，铸鼎圆中规。炉橐一以动，瑞气红辉辉"②的情形。他曾与李建结为道友，他亲自见到"金丹同学都无益"③，因此对丹药之害不能说没有认识，如有诗说：

> 退之（韩愈，或以为是卫中立）服硫黄，一病讫不痊。微之（元稹）炼秋石，未老身溘然。杜子（旧说谓杜元颖，不确）得丹诀，终日断腥膻。崔君（崔玄亮）夸药力，经冬不衣绵。或疾或暴夭，悉不过中年。④

> 服气崔常侍（崔玄亮），烧丹郑舍人（郑居中）。常期生羽翼，那忽化灰尘。⑤

但是他自己并没有放弃烧药、服食，晚年仍有《早服云母散》《烧药不成命酒独醉》等诗。

作为丹药原料的四金（金、银、铅、汞）八石（朱砂、雄黄、云母、空青、硫黄、戎盐、硝石、雌黄）不论采用怎样的合炼去毒程序，其毒性也不会完全去掉。炼丹实践一再证明了丹药的患害。丹药越是盛行，越增加它有害无益的证据。加之来自外部与道教内部的批判，促使外丹道教不得不发生向内丹道教的转化。唐末五代就是这个转折期。

本来，中国道术中早就有行气、导引、胎息等炼气养性之术。

---

①《杜少陵集详注》卷二三。
②《同微之赠别郭虚舟炼师五十韵》，《白氏长庆集》卷二一。
③《予与故刑部李侍郎早结道友以药术为事……》，《白氏长庆集》卷一九。
④《思旧》，《白氏长庆集》卷二九。
⑤《感事》，《白氏长庆集》卷三三。

内丹之名，初见于南北朝僧人慧思的《南岳思大禅师立誓愿文》。这位被天台宗立为祖师的和尚吸收道教方术以修习禅观，主张"借外丹力修内丹，欲安众生先自安"①。隋道士青霞子苏元朗始明确讲到修炼内丹，其《龙虎金液还丹通元论》说：

> 身为炉鼎，心为神室，津为华池……自形中之神，入神中之性，此谓归根复命，犹金归性初，而称还丹也。②

他当时仍借外丹术语来讲内丹。这种观念与唐时思想学术转向心性探讨的大势相合，特别是与禅宗相呼应，已渐为人所知。但由于外丹盛行，内丹长期不得兴用。直到唐末五代，外丹道术渐趋衰败，加上新神仙思想兴起，内丹道教才发展起来。

按内丹理论，人身就是鼎炉，以己身的精、气为药物，以己神为应用，合炼而结为金丹，从而实现性、命双修。这是道教理论上的一大变革：从借助外力得到长生久视转变为凭借自力的心性修炼。唐末，据传为后来全真道奉为正阳祖师的钟离权著《灵宝毕法》，吕洞宾又从受延命之术，改丹铅、黄白之术为内功，从而奠定了新丹法的基础，改变了金丹道教的方向。内丹的修炼性命之说，带有浓厚的三教调和色彩，对以后的思想学术也产生了多方面的影响。

三、经戒、符箓传授的规范化与斋醮威仪的制度化

道教的发展及其地位的上升，促进了宫观组织制度的完善与严密，经戒、符箓传授更加系统与规范，斋醮威仪也更为整肃和制度化。在这一过程中，佛教的经戒、制度给了道教很多启示与借鉴，而国家的统一、统治阶级的崇道则给推行道教的威仪轨范提供了保证。

戒律作为约束教团成员、维护其正常运行的条规，是任何宗教所不可少的。起自民间的道教，原来的戒律很简单。直到晋、宋以

①《大正藏》卷四六。
②转引李养正：《道教概说》，第298页，中华书局1989年版。

后，灵宝派、上清派、新天师道等道教教派兴起，才依据中土传统的伦理纲常，并借鉴了佛教的戒律，而形成道教的"五戒""八戒""十戒"等等。例如《正一法文天师教戒科经》规定的五戒是：不得淫佚不止，不得情性暴怒，不得佞毒贪害，不得秽身荒浊，不得贪利财货。都富于伦理色彩，而较少宗教内涵。为了传授戒律，还逐渐形成了相应的仪式；根据入道门者的等级不同，规定出传授经戒的不同。据唐代官方规定："道士修行有三号：其一曰法师，其二曰威仪师，其三曰律师；其德高思精谓之炼师。"①又据《三洞修道仪》，在家修道者谓清信弟子，出家者谓道士，从而确立了道士出家制度；道士等级依次而为洞神法师、洞玄法师、洞真法师，直至三洞法师、大洞法师。

在唐代，道教经戒思想也有所发展，著名道士潘师正说：

> 所言戒者，法有二种：一者有得戒，二者无得戒。有得戒者，即《太玄真经》所谓三戒、五戒、九戒、十戒、百八十戒、三百大戒之例是也。无得戒者，即谓上机之人，灵识惠解，业行精微，高诣有心，不婴尘染，体入空界，迹蹈真源。不求常乐而众善自臻，不厌人间而诸恶自息，本自无持，今即不犯。无犯，是名无得。既其无得，亦复无失。无得故谓为真。上戒之人，其戒如此。②

引入"无得戒"这个概念，显然通于佛法所谓"现观""亲证"的心悟之说。这给道教戒学增加了新的内容。而从传统戒律即上引文所谓"有得戒"的发展说，唐代各级道士受戒次序与方法、戒条内容等，都更完整与系统了，而且不同门派有所不同。一般来说，在家道门弟子即清信弟子要受三归戒，归于经、师、道三宝（这是仿佛教皈依佛、法、僧三宝）；受度出家为道士则授十戒十四持身品，受戒

---

①《唐六典》卷四《礼部尚书·祠部》。
②《道门经法教承次序》，《正统道藏》诸上，第七六二册。

时要奉上信物（青丝绳、金钮等），并书写授戒盟文。现在敦煌写卷
中仍保留几件唐人盟文，从中可见当时受戒仪式。其中有一件卷
首题《十戒经》，盟文曰：

> 大唐景龙三年，岁次己酉正月己未朔四日壬戌，沙州燉煌
> 县平康乡修武里神泉观道士清信弟子索澄空，年廿一岁，但为
> 宍（肉）人无识，既受纳有形，形染六情，六情一染，动之蔽，或
> （惑）于所见，昧于所着，世务因缘，以次而发，招引罪垢，历世
> 弥积。轮回于三界，漂浪而忘返；流转于五道，长沦而弗悟。
> 伏闻天尊大圣演说十戒十四持身之品，依法行者，可以超升三
> 界，位极上清。澄空性虽愚昧，愿求奉受。谨赍信如法，谨诣
> 三洞法师北岳先生阎履明，奉受十戒十四持身之品，修行供
> 养，永为身宝。僣盟负约，长幽地狱，不敢蒙原。[①]

十戒十四持身品诸道典记载有所不同，现据《洞玄灵宝天尊说十戒
经》，十戒是"一不杀，当念众生；二不得妄作邪念；三不得取非义
财；四不欺，善恶反论；五不醉，常思净行；六宗亲和睦，无有非亲；
七见人善事，心助欢喜；八见人有忧，助为作福；九彼来加我，志在
不报；十一切未得，我不有望"。十四持身品是"一与人君言则惠于
国；二与人父言则慈于子；三与人师言则爱于众；四与人臣言则忠
于上；五与人兄言则友于弟；六与人子言则孝于亲；七与人友言则
信于交；八与人夫言则和于室；九与人妇言则贞于夫；十与人弟言
则恭于礼；十一与野人言则勤于农；十二与贤人言则志于道；十三
与异国人言则名守其城；十四与奴婢言则慎于事"[②]。而晋升更高
一级的道士则要传授更多的戒条，如百八十戒，三百大戒等；也要
授更多的经，如灵宝派要授《太上洞玄灵宝五篇真文赤书》等一批
灵宝经，上清派则要授《上清大洞真经》等一批上清经等，并且越是

---

① 《甘肃省博物馆藏敦煌遗书》。
② 《正统道藏》陶下，第二○三册。

高一级的戒条,纯宗教修炼的内容也越多。

　　符箓是道教的主要方术之一。发展到唐代,符箓也进入了弘盛与总结时期。符是一种象征云霞烟雾的箓体文字,书写天仙地祇的名称;箓是施行法术的牒文,其上记载天曹官属佐吏之名,并以诸符错杂其间。据说这是元始天尊化灵应气的法语、灵文,有招役神吏、治病救人、辅正驱邪、禳灾祈福等效用。原始道教即提倡符箓法术。东晋时发展起来的灵宝派特重符箓,其道典中有关符箓斋戒的内容几占大半。天师道中也盛行符箓制度。北魏太武帝、北周武帝均曾亲受法箓。道门弟子受戒,同时被传授法箓,将它佩戴在身,这才算成了道士。"李唐革隋,太上告以受命之符,由是尊祖奉册,与国同休。三洞科格自正一至大洞凡七等,箓有一百二十阶,科有二千四百,律有一千二百,戒有一千二百,仍以四辅真经以佐之,为从凡入圣之门、助国治身之要"①。这里"三洞"指元始天尊所流演的洞真部,太上道君所流演的洞玄部,太上老君所出之洞神部,实际指全部道典;"箓"指符箓,达一百二十种;"科"指科典即法事规范,达二千四百科。可见当时符箓的繁多与律仪的完备。关于符箓在唐代道士修炼中的位置,张万福说:

　　　　凡人初入法门,先受诸戒,以防患止罪;次佩符箓,制断妖精,保中神气;次受《五千文》,诠明道德,生化源起;次受《三皇》,渐登下乘,缘粗入妙;次受《灵宝》,进升中乘,转神入慧;次受《洞真》,炼景归无,还源反上,证于常道。②

这里指出授受经戒后,才能传授符箓,而传授的具体内容有严格的等级限制。道门弟子儿童授"一将军箓",十岁以上授"三将军箓",称箓生弟子,始正式度为道士;以下有层次不同的盟威箓数十种,如"太上三五正一三元将军箓""太上三五正一盟威都天九凤破秽

①孙夷中:《三洞修道仪》,《正统道藏》楹下,第九八九册。
②《传授三洞经戒法箓略说》,《正统道藏》肆上,第九九〇册。

箓"等。《五千文》指《洞玄灵宝五千文金钮太清阴阳戒文》,已佚。
《三皇》指洞神三皇部法箓,有《三皇经》《三皇内秘文》《三皇天文大
字》等,后二者已佚。《灵宝》指洞玄灵宝部法箓,有《灵宝度人经》
《元始洞玄灵宝赤书真文箓》《灵宝五符》等。《洞真》指上清部法
箓,指《大洞真经》《太上帝君金虎符箓》《太上神虎符箓》等。这也
是道士的三个主要层次,经传授者分别得无上洞神法师、太上洞玄
法师和洞真法师称号。

　　斋醮是道教的祭祷仪式。早期的斋醮仪式比较简单。直到灵
宝派、上清派形成,斋醮仪范与程式才比较完备。五代时道士杜光
庭修《太上灵宝玉匮明真斋忏方仪》等斋醮书多种,是有关仪范的
集大成者。早期流传的斋醮方式中有"黄泥涂面,反缚悬头"、进行
自身折磨的"涂炭斋",到后来逐步礼仪化、规范化。具体办法有置
坛、设供、焚香、化符、上章、念咒、诵经、赞颂等,并配合以禹步和音
乐。《唐六典》具体记载了当时的斋醮种类:

> 斋有七名:其一曰金录大斋调和阴阳,消灾伏害,为帝王、国土
> 延祚降福;其二曰黄录斋并为一切拔度先祖;其三曰明真斋学者自
> 斋齐先缘;其四曰三元斋正月十五日天官,为上元;七月十五日地官,
> 为中元;十月十五日水官,为下元,皆法身自忏謇罪焉;其五曰八节斋
> 修生求仙元法;其六曰涂炭斋通济一切急难;其七曰自然斋普为一
> 切祈福。①

这些斋醮是唐时实行的。如玄宗开元十年(722)和二十九年,诏两
京及诸州各置玄元皇帝庙一所,每年依道法斋醮;武宗曾召道士赵
归真等于三殿修金箓道场,并于九天坛亲受法箓。上举七斋除去
第六涂炭斋,又称"灵宝六斋"。

　　经戒、符箓、斋醮是道教传教的主要手段。从上面的介绍可以
看出,作为本土宗教,它更多地吸收了儒家的传统礼仪、伦理以及

――――――――――
①《唐六典》卷四《尚书礼部·祠部》。

谶纬神学、民间信仰等多方面内容，又与外来的佛教戒律、仪轨相容摄，形成了独特的律条与威仪。就其主导方面看，它们是神秘化的、荒诞的，是为宣扬宗教迷信服务的。但其中确也具有不少文化内涵。道教经戒中的伦理内容相当丰富，有不少积极的、有价值的因素；道教符箓，特别是上清派符箓比较讲究文字技巧，有一定的文学性，其书写方法也有一定的美术价值；道教斋醮中的文字与音乐，更有相当的艺术水平。唐时斋醮上章荐告天神写在青藤纸上，名为"青词"，是辞旨华美的骈体或诗体文字；道教音乐有"道调"，高宗即曾令乐工制作道调；天宝十载（751）四月，唐玄宗曾"于内道场亲教诸道士步虚声韵"①，并诏司马承祯、李含光、贺知章分别制作《玄真道曲》《大罗天曲》和《紫清上圣道曲》②。宋代的道教谱记《玉音法事》，也记录了唐代传下的道谱。至于斋戒生活与斋醮仪式启发道、俗写了许多诗歌等文学作品，则是影响于文学的间接成果了。

四、"重玄之道"与新神仙思想

形成于民间的道教，本来的经典十分拙朴，教理也很粗疏，这从东汉时期流传下来的《太平经》（近人王明据佚存整理为《太平经合校》）可以知道。后来在发展中道典陆续被制作出来，教义也逐步充实。有些新经典是模拟佛经而作成的。但在六朝时期，就教理的精致与深刻讲，道教仍远不及佛教。到了唐代，教主老子的地位被提高为皇室的宗主，《道德经》五千文也被确定为根本经典，并被朝廷立为学科。这不但有力地促进了道教教义的发展，而且带动了对于道家思想的研究。道家与道教本来有本质的不同，但唐人所说"佛、道"之"道"，却往往混指道教与道家。这有一个客观上

---

①《册府元龟》卷五四《帝王部·尚黄老二》。
②《新唐书》卷二二《礼乐志》。

的理由,就是当时道教徒所进行的道家研究,并不是侧重在思想史的层面上,而主要当作教义的依据。这样一来,道教教理却大为精致化与思辨化了,其成果之一就是形成了新神仙思想。

五代道士杜光庭在其《道德真经广圣义序》里列举历代注解《道德经》者六十余家,隋唐人居半,具体情况如下:

> 隋道士刘进喜作疏六卷、隋道士李播注上、下二卷、唐太史令傅奕注二卷并作音义、唐嵩山道士魏徵作要义五卷,为太宗丞相、法师宗文明作义渊五卷、仙人胡超作义疏十卷,西山得道、道士安丘作指归五卷、道士尹文操作简要义五卷、法师韦录字处玄,注兼义四卷、道士王玄辩作河上公释义一十卷、谏议大夫、肃明观主尹愔作新义十五卷、道士徐邈注四卷、直翰林、道士何思远作指趣二卷、玄示八卷、衡岳道士薛季昌作金绳十卷、事数一卷、洪源先生王鞮注二卷、玄珠三卷、口诀二卷、法师赵坚作讲疏六卷、太子司议郎杨上善高宗时人,作道德集注真言二十卷、吏部侍郎贾至作述义十一卷、金钮一卷、道士车玄弼作疏七卷、任真子李荣注上、下二卷、成都道士黎元兴作注义四卷、太原少尹王光庭作契源注二卷、道士张惠超作志玄疏四卷、龚法师作集解四卷、通义郡道士任太玄注二卷、道士冲虚先生、殿中监申甫作疏五卷、岷山道士张君相作集解四卷、道士成玄英作讲疏六卷、汉州刺史王真作论兵述义上、下二卷、道士符少明作道谱箓二卷、玄宗皇帝所注《道德》二卷讲疏六卷,即今所广疏矣。

这份名单充分显示了当时教内、外研究之盛况。这方面的著作今存者仍有傅奕《道德经古本篇》二卷、成玄英《老子开题残》一卷(敦煌本,又蒙文通辑成玄英《道德经义疏》)、张君相《道德真经集解》八卷、李荣《道德真经注》四卷、唐玄宗《御注道德真经》四卷(又十卷本和附外传一卷本)、王真《道德经论兵要义述》四卷、吕嵓《太上玄元道德经解》一卷、李约《道德真经新注》一卷、陆希声《道德真经传》四卷、前蜀杜光庭《道德真经广圣义》五十卷、前蜀强思齐《道德真经玄德纂疏》二十卷等。对比即知道，其中有些没被列入杜光庭的名单。

　　杜光庭又指出："唐朝道士成玄英、蔡子晃、黄玄赜、李荣、车玄弼、张惠超、黎元兴皆明重玄之道。"他又说魏孙登的《道德经》研究"以重玄为宗"①。这也是唐代研究的重点。《道德经》首章说："故常无，欲以观其妙；常有，欲以观其徼。此两者同出而异名，同谓之玄。玄之又玄，众妙之门。"这里从道的功能（有、无）来探寻统一的本源，归结到玄之又玄（重玄）的神秘道体。唐人发明"重玄之道"，就是以这种本体论研究来加强道教教理的论证，从而为新的神仙观念奠定了基础。

　　成玄英（生卒年不详），字子实，陕州（今河南陕县）人。贞观五年（631）被召入京，加号"西华法师"；永徽元年（650）流郁州（今江苏连云港市），由此可考见其活动年代。有《注老子道德经》二卷，又《开题序诀义疏》七卷、《注庄子》三十卷、《疏》十二卷②；今存《南华真经注疏》三十卷，又蒙文通辑校《道德经义疏》。他是一位重要的道教思想家。他认为"道者，虚无之妙理，众生之正性"（"道者，万物之奥"疏），是万物之本源；他又以"重玄"释道："有欲之人，唯滞于有；无欲之士，又滞于无，故说一玄，以遣双执。又恐行者滞于此玄，今说又玄，更祛后病。既而非但不滞于滞，亦乃不滞于不滞。此则遣之又遣，故曰玄之又玄。""玄"本为深微、奥密义，他用"重玄"来双遣有无，荡相遣执，显然受到大乘中观思想，特别是当时正流行的三论宗的"四重玄义"观念的影响。三论宗以"玄义"释二谛，本是受道家影响，反过来又影响到道教思想家，这是佛、道相互容摄的典型例子。成玄英大量使用了佛家的语言，如《庄子·大宗

────────────

①《道德真经广圣义·释疏题明道德义》。
②《新唐书》卷五九《艺文志》。

师》疏：“夫道，超出四句，离彼百非，名言道断，心知处灭。虽复三绝，未穷其妙。而三绝之外，道之根本，所谓重玄之域，众妙之门，意亦难得而差言之矣。”这里完全是抄用佛家离四句、绝百非等提法，以形容道体的玄妙。当然他的论证是要肯定“道之根本”的存在，与佛教的空观在本质上是不同的。

发挥成玄英“重玄”思想的还有王玄览和吴筠。王玄览（626—697），名晖，玄览是法号，广汉绵竹（今四川绵竹市）人。年三十余去茅山修道，又遍研释、道二家经论，中年出家为道士，隶籍益州（今四川成都市）玉真观。著有《遁甲四合图》《真人菩萨观门》等，均佚；今存弟子所辑语录《玄珠录》二卷。他依据《道德经》“道可道，非常道”中的“可道”“常道”矛盾统一的道体论，提出“知见等法为可道，知见性空是真道”，一方面认为“常道本不可，可道则无常……无常生其形，常法生其实”，另一方面又说“不但可道可，亦是常道可；不但常道常，亦是可道常。皆是相因生，其生无所生；亦是相因灭，其灭无所灭”[1]。这显然也是借用了大乘佛教空、假二谛理论来解释道的本体与现象的关系。他又借用唯识思想来说明这一问题：“诸法无自性，随离、合、变，为相为性。观相性中，无主无我、无受生死者。虽无主、我，而常为相、性。将金以作钏，将金以作铃，金无自性故”，但“所在不离金，故得为真常”[2]。这样，他认为识体是常是清净，识用是变是众生，众生修变以求不变，修用以归道体，结果修道就在求真常不变的识体。

吴筠（？—778），字贞节，华州华阴（今陕西华阴市）人。举进士不第，乃入嵩山师潘师正，传上清道法；天宝初，与李白同隐剡中，后应玄宗之召入京，待诏翰林，屡请还山，不许；后归茅山。“安史之乱”后东游会稽（今浙江绍兴市），卒于越中。著有《玄纲论》三

---

① 《玄珠录》卷上第五、卷下第二、卷上第八。
② 《玄珠录》卷下第十六。

篇、《神仙可学论》一篇、《形成可固论》一卷、《心目论》一卷；诗文收入《宗玄先生文集》。他在《玄纲论》中说：

> 道者何也？虚无之系，造化之根，神明之本，天地之源，其大无外，其微无内，浩旷无端，杳冥无对，至幽靡察而大明垂光，至静无心而品物有方；混漠无形，寂寥无声，万象以之生，五音以之成；生者有极，成者必亏，生生成成，古今不移，此之谓道也。[①]

这也是以"无"与"有"的辩证关系来讲绝对的道体的。

今存《道德经》李荣注、唐玄宗注也都发挥"重玄"之旨，此不具述。这类从思辨的角度来探讨道体的根本经典，给本来以金丹、符箓实践为主要内容的道教教理开拓出了新的方面，把宗教修炼引向对于道体的主观体认上去，从而为下面介绍的新神仙思想作了理论准备。这种观念与佛教的容摄关系，也推动着统合三教的思想潮流的发展。

"重玄之道"与新神仙思想可以看作是传统的神仙道教与金丹道教的反动，也是唐代繁荣昌盛的社会条件培养出来的开阔、理想的精神境界在道教内部的表现。新神仙思想一方面更重视自力修行，把修道的重点放在主观的静心守一、体道契真上，而不是借重外丹与符箓；另一方面主张妙体真空即是修得常道、不变不死，即为成仙。这就预示着服食求仙、合炼黄白以求飞升、长生的传统教法将被否定。然而唐代金丹道教与符箓道教的兴盛，表明了道教的整个发展还大大落后于理论上的新认识。不过司马承祯、吴筠、施肩吾、杜光庭等人对新神仙思想的阐发，却具有重大理论意义和深远的历史影响。

司马承祯（647—735），字少微，法号道隐，河内温（河南温县）

---

① 《玄纲论》上《道德章第一》。

人。师从潘师正，隐居天台山；武则天、唐睿宗均曾召请问道。开元九年（721），玄宗再度迎请入都，并亲受法箓；卒赠银青光禄大夫，谥贞一先生。弟子众多，显者有李含光、薛季昌等。著有《天隐子》《坐忘论》《太上升玄经注》等。他提倡"安心""坐忘"之法，认为：

> 夫道者，神异之物，灵而有性，虚而无象，随迎莫测，影响莫求，不知所以，不然而然之，通生无匮，谓之道。[①]

而神与道合，就是得道。具体修道层次有七，即信敬、断缘、收心、简事、真观、泰定、得道。这种修道法的理论前提是承认人的心性与道合一，因此必然导向神仙可学的结论。关于平凡的人是否可以成神仙是道教教理中的一个重要问题。在魏晋时期，大乘佛教众生悉可成佛的普遍的佛性论曾给道教以启示，在当时形成的《神仙传》等作品中可以明显看到修道之人只要赤诚即可成仙的观念。但《抱朴子》以后道教逐渐贵族化，普遍的神仙说被否定了，反而着重强调普通人成仙的艰难。司马承祯在《天隐子》中提出"至道无难"的简易成仙之道：

> 凡学神仙，先知简易。[②]
>
> 神仙亦人也，在于修我虚气，勿为世俗所论折；遂我自然，勿为邪见所凝滞，则成功矣。[③]

他又把学仙过程分为五个渐门：斋戒、安处、存想、坐忘、神解。到了神解阶段，则信、定、闲、慧，四渐通神，在人则谓之仙矣。如此简易的修仙办法，正反映了对人性的信心。

　　吴筠在《神仙可学论》中批评了那种认为神仙乃禀受异气自然

---

① 《坐忘论·得道》，《全唐文》卷九二四。
② 《天隐子·简易》，《正统道藏》甚下，第六七二册。
③ 《天隐子·神仙》，《正统道藏》甚下，第六七二册。

而成、非修炼可致的观点，又反对"独以嘘吸为妙，屈伸为要，药饵为事，杂术为利"的只重"养形"一派，提出人性中有"远于仙道"和"近于仙道"各七方面，修仙就是"取此七近，放彼七远，谓之拔陷区，出溺途，碎祸车，登福舆，始可与涉神仙之津矣"。其方法则是"虚凝淡漠怡其性，吐故纳新和其体"①，守静去躁，修炼精、气、神，达到忘情全性，形、神俱超，这样，"虽未得升腾，吾必知挥翼丹霄之上矣"②。司马承祯与吴筠的"神仙可学"论，明显受到禅宗心性说的影响。

施肩吾（生卒年不详），字希圣，号栖真子，睦州（今浙江建德市）人。元和十五年（820）进士，长庆（821—824）年间隐于洪州（今江西南昌市）西山学仙。著有《西山群仙会真记》五卷、《养生辨疑诀》一卷等。他认为：

> 上、中、下，精、气、神，三田也。精中生气，气中生神，举世皆知也。得反复之义、见超脱之功者鲜矣。

他主张通过养生、识物、炼形、化气，"从道受生谓之性，自一禀形谓之命"③。这样，以有形、无形区别性、命，以说明因心明道、用道守心，即是成仙要道。

杜光庭（生卒年不详），字圣宾（一说宾至），号东瀛子，处州缙云（今浙江缙云县）人。咸通年间（860—874）举九经不第，入天台山学道；后僖宗召见，为内供奉，以避黄巢之乱，随僖宗入蜀；因留蜀事前蜀王建、王衍，先后赐号广成先生、传真大师。著有《道德真经广圣义》五十卷、《太上老君说常清静经注》一卷、《历代崇道记》一卷、《墉城集仙录》六卷等；诗文收入《广成集》十七卷。

杜光庭是道教教理集大成的组织者，是道教转变期的关键人

---

① 《神仙可学论》，《全唐文》卷九二六。
② 《神仙可学论》，《全唐文》卷九二六。
③ 《西山群仙会真记》卷二第八。

物,贡献是多方面的,前已屡有介绍。他对道的理解,认为"道者,虚无之气也……分为阴阳,故为天地也"①。主张"气"化生万物,有"元气一元论"的色彩。在修仙方面,他强调清心寡欲,舍恶从善。他说:

> 学仙之人,能坚守于至道,一切万物自然归之……人能清心、寡欲、无为、无欲至于道,至道自然归之。

这样,修心即是修道。他还提出"神仙之道数百,非一途所限,非一法所拘"②,有飞升、隐化、尸解、鬼仙等各种情况。他特别强调人能立功不休,为善不倦,死后得成鬼仙,魂神受福。如此宣扬积功累善,又侈谈报应,有明显的三教合流色彩。他对《道德经》的注释,也是综合诸家,纳儒于道,反映了道教发展的趋向。

以上介绍的发展了新神仙思想的道士,不重外丹、符箓,而强调存神服气。唐代这一批道教思想家发展了主静去欲、存养精、气、神的修道观与神仙可学论,为内丹派道教的创立准备了教理上的基础。他们的思想有着明显的三教调和的性质,特别是关于形气、性命之说,成为后来宋明理学的中心课题之一。而简易的学仙观念客观上是对人的精神价值的一种肯定。佛教讲人人可以顿悟而成佛,道教讲人人可以契道而成仙,这与儒家某些学派主张人人可以成圣的观念一样,实际是肯定每个平凡人都可实现人性的极致,这是一种平等的人性论。而在成仙的热望与追求中显示的超越现实与人生、达到精神的绝对自由的努力,也体现了时代精神世界的一个侧面,给许多思想家、艺术家以启示和鼓舞。像李白那样的伟大诗人,就受到道教神仙思想的哺育。有些道士本身又多善诗文,他们也结交文士,广泛活动在社会之中,更扩大了新的道教思想的影响。在唐代文化的绚丽的百花园中,道教思想也是有其

①《太上老君说常清静经注》,《正统道藏》是下,第五三三册。
②《墉城集仙录序》,《正统道藏》竭上,第五六〇册。

独特光彩并做出了多方面贡献的。

这一时期道教思想家中还有两个人应当注意。一位是道士李筌(生卒年不详),号达观子,约为玄、肃宗时期人。早年隐少室山,后曾出仕,生平不可详考。著作见于著录者甚多,或佚或伪,有待详辨。只有《太白阴经》和题名李筌的《黄帝阴符经疏》,据刘师培考证注文为筌所作。《阴符经》本是唐前人托名黄帝(杜光庭《神仙感遇传》作寇谦之)所作的讲修炼的书,经文有三百余字和四百余字两种,李筌疏分为三卷:"上有神仙抱一之道,中有富国安人之法,下有强兵战胜之数。"①所以他除了论道之外,对治国之道与用兵之术还多有阐发,并表现出丰富的辩证思想。关于道,他认为:

> 天者,阴阳之总名也……故知天地,则知阴阳之二气。气中有子,名曰五行。五行者,天地阴阳之用也。②

这是气生万物的观念,有唯物色彩。他又说:

> 阴阳生万物,人谓之神。不知有至道静默而不神,能生万物阴阳为至神矣。③

这又归结到虚静神秘的道体上去了,仍不能脱离宗教唯心主义的本色。

另有一位五代道士谭峭(生卒年不详),字景升,泉州(今福建泉州市)人。性爱黄老,不求仕进,遍历名山,师事嵩山道士十余年,得辟谷养气之术,先后活动于闽与南唐。作《化书》六卷百一十篇。他本黄老思想,认为"虚化神,神化气,气化形"④,万形源于虚无的道,又化为虚无。这样,"生物一物也,万神一神也,斯道之至

---

① 《黄帝阴符经疏序》,《正统道藏》闰上,第五五册。
② 《黄帝阴符经疏》上,《正统道藏》闰上,第五五册。
③ 《黄帝阴符经疏》中,《正统道藏》闰上,第五五册。
④ 《化书·道化紫极宫碑》。

矣"①。据此,他对事物的变化,形神的变化,提出了富于辩证内容的看法。但他终归落到"神可以不化"的神不灭论,肯定了宗教的绝对境界。当他讲到社会的演化时,对阶级社会中的争夺、劫掠、悖乱作了极其深刻的揭露,对人民所受压榨盘剥表示同情,宣扬节用爱民的治国之道。这也是《化书》的积极思想内容。谭峭生活在五代乱世之中,他并没有脱略世事,而是一位关心民瘼的有心人。

五、道藏的结成

随着道教的发展,道典不断增多,刘宋陆修静广为搜求,编成《三洞经书目录》,为创制道书目录之始。以下续有纂著。至隋,有《隋朝道书总目》四卷,即《隋书·经籍志》著录道书之所本,计"经戒三百一部九百八卷,饵服四十六部一百六十七卷,房中十三部三十八卷,符箓十七部一百三卷",总计是"三百七十七部一千二百一十六卷"②。到唐高宗时,昊天观主兼知宗圣观事尹文操撰《玉纬经目》,著录道典已达七千三百卷,即比隋代猛增四五倍。这一方面反映了由于国家统一,在南北各地搜求道典能做到相当齐备;另一方面也是因为新道典在这期间正被大量制作出来。这就为编纂道藏提供了要求与可能。

玄宗先天(712—713)年间,敕太清观主史崇玄修《一切道经音义》。这是据京中所藏见在经二千余卷所作的音训,另有"余经仪、传论、疏证等,文可易解者,此不详备"。为了全面反映所藏经典情况,"并撰《妙门由起》六篇……及今所音经目与旧经目录,都为一百十三卷"③。可知当时内府所藏道典已相当完全,并已清理有序。至开元(713—741)年间纂成我国第一部道藏《三洞琼纲》计三千七

---

①《化书·老枫》。
②《隋书》卷三五《经籍志四》。
③史崇玄:《妙门由起序》,《全唐文》卷九二三。

百四十四卷①。天宝七载(748)朝廷下诏由内府出一切道经,令崇玄馆缮写分送诸道采访使,并令管内诸道转写。可知《开元道藏》曾颁行天下。

安史之乱后,两京秘藏,多遭焚毁。肃宗上元(760—762)年间搜集经箓仍存六千余卷。杜光庭《太上黄箓斋仪》卷五二说:

> 长庆之后,咸通之间,两京所写,才五千三百卷。近属巨寇凌犯,大驾南巡,两都烟煤,六合榛棘,真宫道宇,所在凋零,玉笈琅函,十无三二。余属兹艰会,漂寓成都,扈跸还京,淹留未几,再为搜据,备涉艰难,新旧经诰,仅三千卷。②

这大致是唐中、晚期道典情况以及前蜀立藏的情形。五代时可考者,天台山桐柏观亦有吴越钱镠所建道藏。

《开元道藏》结构现已不可考。但道藏的结成及敕令推广确是对道教发展的巨大推动力,并为后代修藏打下了基础。

第三节　祆教、景教、摩尼教与伊斯兰教

一、祆教

祆教以及下面将介绍的景教、摩尼教、伊斯兰教在隋唐五代时期均曾在一定范围内得到相当规模的弘传。这与中外经济、文化交流的加强、特别是与外国人入居中土有直接关系。外来宗教被容许在中土传播,也得助于统一国家开放的宗教政策,客观上反映

①此据《文献通考》卷二二四引《宋三朝国史志》。《道藏尊经历代纲目》记载为五千七百卷,杜光庭《太上黄箓斋仪》卷五三记载谓七千三百卷,又《玉纬别目》谓记传疏论相兼九千余卷。
②《正统道藏》鸣上,第二七六册。

了时代的自由开放的精神。

祆教为古波斯人琐罗亚斯德（Zoroaster，旧译苏鲁支）所传出。其基本教义认为宇宙间有善、恶二道，善端最高神是阿胡拉·马兹达，恶端最高神是安格拉·曼纽，二者进行斗争，而人可自由选择，应弃恶从善；又以火为最纯洁，有礼拜圣火的仪式，俗称"拜火教"，中土亦称为"胡天神"。《晋书》卷一〇七《石季龙载记》上说冉闵擅政（349 年），"龙骧孙伏都、刘铢等结羯士三千，伏于胡天，而欲诛闵"。此"胡天"即祆教，此为中土资料中有关祆教的最早记载。以后北魏、北齐、北周帝室均曾对之奉祀。隋代官制中有"雍州萨保，为视从七品"，"诸州胡二百户以上萨保，为视正九品"[1]；宋敏求《长安志》卷十记载"萨宝府官，主祀祆神，亦以胡祝充其职"；又隋鸿胪寺亦有"京邑萨甫二人，诸州萨甫一人"，萨甫即萨宝。鸿胪寺是管理外国人的典客机关，萨宝是政教结合的官职。当时信奉祆教的是胡人，他们不但住在京城，也散处诸州。唐因隋制，设萨宝府，见《旧唐书·职官志》。《通典》上记载唐代官品视流内里有"视正五品萨宝、视从七品萨宝府祆正"，视流外有"勋品萨宝府祓祝，四品萨宝率府，五品萨宝府史"[2]。《新唐书》卷七五上《宰相世系表》记载郑行堪为萨宝府果毅。可见萨宝府是个有相当规模的机构。上引《通典》文有注曰："武德四年，置祆祠及官，常有群胡奉祀，取火咒诅。"则唐室初建即立萨宝府。又"贞观五年，有传法穆护何禄将祆教诣阙闻奏，敕令长安崇化坊立祆寺，号大秦寺，又名波斯寺"[3]。这是唐初外来祆教徒诣使、立寺的一例。敦煌遗书中《沙州伊州地志》也记载唐初有高昌祆主翟槃陀至京师，以有异术，得授游击将军之职。据现有材料可知，长安至少有祆庙四所，洛阳、汴州（今河

---

①《隋书》卷二八《百官志下》。
②《通典》卷四〇《职官二二》。
③赞宁：《僧史略·大秦摩尼》。按"大秦寺"本为景教寺院称谓，见下，赞宁记载或有混讹。

南开封市)、润州(今江苏镇江市)、凉州(今甘肃武威市)等地也都建有祆庙;而高昌与敦煌等地因为接近西域,祆教的弘传更盛。张鹭记载了祆教活动的具体情形:

> 河南府立德坊及南市西坊皆有胡祆神庙。每岁商胡祈福,烹猪羊,琵琶鼓笛,酣歌醉舞。酹神之后,募一胡为祆主,看者施钱并与之。其祆主取一横刀,利同霜雪,吹毛不过。以刀刺腹,刃出于背,仍乱扰肠肚流血。食顷,喷水祝之,平复如故。此盖西域之幻法也。①

张鹭还记载了凉州的一条类似材料。敦煌文书中也有多处记载着当地"赛祆"事。唐朝廷禁断本土人信仰祆教,但其奇幻华丽的祝仪却吸引了大批观众。会昌灭佛,祆教同被禁废。后来佛法再兴,火祆亦恢复,仍在胡人(还有西北地区民众)中传播。五代至宋初,中原王朝解除了对祆教的禁制。宋人张邦基在《墨庄漫录》中提到开封祆庙庙祝有史姓者,世袭其职,家有唐咸通三年(862)和周显德三年(956)、五年官府给牒,可知五代时祆教仍在流传。至南宋,中土典籍始不见祆教记载。

二、景教

景教是唐代传入的基督教聂斯托利派的称呼。该派为公元428年任君士坦丁堡大主教的聂斯托利(Nestorius)所创的异端派别,主张基督二位二性说(认为基督具有神性与人性的两种品格,神性本体附在人性本体之上),受到革职流放,其追随者向东逃亡。明末在陕西盩厔(今陕西周至县)出土一通《大秦景教流行中国碑颂并序》②,为唐时教士景净所作,其中详述景教传入及流行状况:

①张鹭:《朝野金载》卷三。
②见《金石萃编》卷一〇二《唐六二》,以下引据翦伯赞、郑天挺主编:《中国通史参考资料》古代部分第四分册所录校点文本。

　　　大秦国有上德曰阿罗本……贞观九祀，至于长安。帝使
　宰臣房公玄龄总仗西郊，宾迎入内，翻经书殿，问道禁闱。深
　知正真，特令传授。贞观十有二年秋七月，诏曰：……所司即
　于京义宁坊造大秦寺一所，度僧廿一人……高宗皇帝，克恭缵
　组，润色真宗，而于诸州各置景寺，仍崇阿罗本为镇国大法主。
　法流十道，国富元休，寺满百城，家殷景福。

从这些记述，可知景教一时弘传之盛。武则天统治时期大力崇佛，
景教受到压制，玄宗时重又支持景教，《碑》云：

　　　玄宗至道皇帝令宁国等五王，亲临福宇，建立坛场……天
　宝初，令大将军高力士送五圣（高祖、太宗、高宗、中宗、睿宗）
　写真寺内安置……三载，大秦国有僧佶和，瞻星向化，望日朝
　尊。诏僧罗含、僧普论等一七人，与大德佶和于兴庆宫修功
　德……肃宗文明皇帝于灵武等五郡重立景寺……代宗文武皇
　帝恢张圣运，从事无为。每于降诞之辰，锡天香以告成功，颁
　御馔以光景众……

玄宗时景教的流行与和东罗马帝国文化交流的加强有关系，《旧唐
书》上记载，开元七年（719）东罗马帝国"遣大德僧来朝贡"[1]；又《册
府元龟》记载，天宝元年（742），又"遣大德僧来朝"[2]。以教士为使
臣，必定对宗教传播有所推动。唐代高官中崇信景教的，可举郭子
仪为例。据景净《碑》，他"更效景门，依仁施利，每岁集四寺（据考
为长安、洛阳、灵武、盩厔四寺）僧徒，虔事敬供，备诸五旬"，并请树
碑记述景教一百四十年流行中国史迹并加以颂扬，即建中二年
（781）所立景净《碑》。会昌灭佛，景教亦受到打击，教士被勒令还
俗，从此该教不见于中原，但以后仍在契丹、蒙古族中流行。

---

[1]《旧唐书》卷一九八《拂菻传》。
[2]《册府元龟》卷九七一。

在敦煌写卷中，发现了一批景教文书，即《一神（天）论》《序听迷诗所经》《大秦景教三威蒙度赞》《志玄安乐经》《大秦景教大圣通真归法赞》《大秦景教宣元至本经》等。其中前两种为早期译品，文字比较拙朴。《宣元至本经》明记传写于开元五年（717），《大秦景教三威蒙度赞》后附有景净所译三十五种《尊经目录》（多系叙利亚文音译，尚难辨识），其中包括这部《三威蒙度赞》。从多方面考察，大体可肯定后四种是景教已得相当弘传时期所译。这些经典利用了不少佛、道二教语汇（景净本人在贞元年间曾参与般若三藏《大乘理趣六波罗蜜经》译事，对佛教深有了解），这还是早期传译佛典的"格义"办法。从《景教碑》及这些经文看，当时的景教宣扬上帝造物、"三位一体"、救主降世以及施洗拯救等基本基督教义，看不出聂斯托利派的异端观点；从传播情况看，主要是被帝室和权贵所崇重，这和祆教主要流行于胡人中相似，都没有在广大民众中弘传。这主要是因为其教义与中土传统伦理观念相距过远，佛、道二教的兴旺又对外来的新宗教形成抵制。它们不能在中土扎根，所以一经打击就难以振兴了。

三、摩尼教

摩尼教，亦称"明教"，是公元3世纪由古波斯人摩尼（Mani）所创立。其基本教义是在琐罗亚斯德教二元论的基础上，又吸收了基督教、佛教思想内容的二宗三际说。二宗指光明与黑暗两种力量；三际指初、中、后际明、暗两种力量消长的三个阶段。现世被认为是中际两种力量斗争最激烈的阶段。又奉行三封（口封、手封、胸封）、十诫（不拜偶像、不谎语、不贪、不杀、不淫、不盗、不诈伪或不行邪道巫术、不二心、不惰，每日四次祈祷实行斋戒忏悔）。摩尼本人受琐罗亚斯德教徒攻击，于公元277年被处死。但他所创立的宗教很快流行于西亚、北非和南欧。志磐《佛祖统纪》记载，"延载元年（694），波斯国人拂多诞持《二宗经》伪教来朝"。此为摩尼教见于中土最早的记载。拂多诞为该教职司,即小摩尼。开元七年(719),"吐火罗国支汉那王帝赊上表,献解天文人大慕阇。其人智慧幽深,问无不知……望请令其供奉,并置一法堂,依本教供养"①(吐火罗国在今阿富汗北部);慕阇即大摩尼。至"开元二十年七月(《僧史略》记此事作"开元二十年八月十五日")敕:'未(末)摩尼法,本是邪见,妄称佛教,诳惑黎元,宜严加禁断。以其西胡等既是乡法,当身自行,不须科罪者'"②,可知当时摩尼教是以佛教面目出现的,而禁断也限于本土人。

"安史之乱"中回纥(后改称"回鹘",本书视情况两用)助唐克服京、洛,班师时"将睿思等四僧入国,阐扬二祀,洞彻三际……故能开政教于回鹘"③。这样,摩尼教自中土传入回纥。由于回纥强盛,加强了与中原的联系,回纥人大量南移,反过来又推动了摩尼教在中土的流传。"大历三年(768)六月,敕回纥置寺,宜赐额大云光明之寺;六年正月,又敕荆、越、洪等州各置大云光明寺一所"④。这表明摩尼教的传播已远及江南。回纥向唐朝派遣使臣与贸易商队中,也有许多摩尼僧。如贞元八年(792),"宴归国回鹘摩尼八人"⑤;长庆元年(821)"回鹘宰相、都督、公主、摩尼等五百七十三人入朝迎(太和)公主"⑥。唐朝廷于贞元五年,以久旱,曾令摩尼师祈雨,则摩尼僧曾参与朝廷法事。而更多的摩尼教徒每年往来长安两市,商贾颇与囊橐为奸。元和二年(807)正月,回纥请于河南府、太原府置摩尼寺三所,许之⑦。摩尼教的势力扩张很快。至会昌毁

---

①《册府元龟》卷九七一。

②《通典》卷四〇《职官》。

③《九姓回鹘可汗碑》,《和林金石录》。引据翦伯赞、郑天挺主编:《中国通史参考资料》古代部分第四分册所录校点本。

④赞宁:《僧史略》卷下。

⑤《旧唐书》卷一九五《回纥传》。

⑥《旧唐书》卷一九五《回纥传》。

⑦王溥:《唐会要》卷四九《摩尼寺》。

佛,摩尼教与祆教、景教同时禁断。因为武宗朝正在对回纥用兵,所以对摩尼教徒的措施十分严酷。日本僧人圆仁记载说,会昌三年(843)"四月中旬,敕下,令杀天下摩尼师,剃发,令着袈裟,作沙门形而杀之",并指出"摩尼师即回鹘所崇重也"[1]。赞宁也记载说京师女摩尼七十二人死,回纥摩尼配流诸道,死者大半[2]。

但摩尼教在民众中有着较深厚的根基,虽经打击,"未尽根荄,时分蔓衍。梁贞明六年(920),陈州末尼党类立母乙为天子。发兵讨之,生擒母乙,余党械送阙下,斩于都市⋯⋯后唐、石晋时,复潜兴,推一人为主,百事禀从⋯⋯或有比丘,为饥冻故,往往随之效利"[3]。有资料记载后唐天成四年(929)八月乙亥,北京奏葬摩尼和尚。时有太原少尹李彦图,系武宗时怀化郡王李思忠之孙,而思忠本是回鹘王子,归化时赐名,关中大乱之后,彦图挈其族归李克用,赐宅一区,宅边置摩尼院居之,至是卒葬之[4]。摩尼教吸收佛、道教内容继续衍化,历宋、元、明,形成有影响的秘密教派。

中土摩尼教经典,敦煌写卷中有《摩尼教残经》(蒋斧校录本,载《敦煌石室遗书》),存《寺仪第五》《出家仪第六》两章,详述二宗三际之义,或以为即拂多诞携来之《二宗经》;又有《摩尼光佛教法仪略》,开元十九年(731)拂多诞奉诏译,简略解释摩尼教的名号、神祇、教规等;又《摩尼教下部赞》,是宗教赞歌。

四、伊斯兰教

据《旧唐书》记载,大食国即阿拉伯帝国,"永徽二年(651)始遣使朝贡,其姓大食氏,名啖密莫末腻,自云有国已三十四年⋯⋯好

---

[1]《大唐求法巡礼行记》卷三。
[2]《僧史略》卷下。
[3]《僧史略》卷下。
[4]《册府元龟》卷九七六。

事天神……"①这是指大食第三任哈里发奥斯曼通使中国,中土伊斯兰教史家以此为该教入华之始。其时大食国正形成为强大的军事强国,于 8 世纪前期曾挥师东向,与唐王朝争夺中亚。在战争中陷没于大食的杜环著《经行记》,其中介绍到"大食法",是中土关于伊斯兰教的最初的详细记载(张一纯有《杜环经行记笺证》,又翦伯赞、郑天挺主编《中国通史参考资料》古代部分第四册所录注解本)。从这些情况分析,伊斯兰教当时尚不为一般人所知,应未行于内地。但据明何乔远《闽书》载,穆罕默德有门徒四大贤人,武德年间传教于广州、扬州、泉州。唐时南海航运发达,大食商人来华者颇众,伊斯兰教渐渐传入南方沿海地区是可以想象的。到宋代,伊斯兰教始大盛于东南沿海;并从中亚传入天山南北,在其地取代了佛教地位。

祆教、景教、摩尼教被称为"三夷教",加上伊斯兰教,它们在隋唐五代时期在中国的传播远不及佛、道之兴盛,但作为社会生活的一个部分、文化交流的一种果实,对当时与后代的文化发展造成了或隐或显的影响,在世界宗教传播史上写下了重要的篇章。

---

①《旧唐书》卷一九八《大食传》。

第九章　边疆诸族文化发展
及其与内地的文化交流

自秦汉以来,边疆诸少数民族与中原的经济、文化交流越来越密切。六朝时期,匈奴、鲜卑、羯与氐、羌纷纷入居中原,实现了历史上中华民族的又一次大融合。到了隋唐时期,一批新的少数民族在周边兴盛起来。强盛统一的中原王朝对这些民族具有极其强大的吸附力。所以尽管当时的中央王朝与少数民族政权有矛盾、斗争并经常争战,但各民族间的友好交流与交融却是民族关系的主流。这其中,中原与边疆少数民族文化交流的加强使中原文化远播边地,不仅推进了各少数民族自身的发展,而且对于建设与巩固中华民族统一国家起着重大、积极的作用。

第一节　突　厥

对隋与唐前期影响最大的少数民族是活动在北部与西北部边疆的突厥。它本是古铁勒族的一部,至西魏时始强盛起来,形成为由分散的部落军事政治联盟组成的强大汗国。隋王朝立国伊始,势力强盛的沙钵略可汗即率大军南下。隋一方面在军事上力挫沙钵略的入侵,另一方面分化突厥内部。开皇三年(583),突厥分裂,玷厥、阿波可汗等西部势力进攻沙钵略，东、西突厥从而分立。次年，沙钵略率部南下，寄居于漠南白道川（今内蒙古呼和浩特平原）一带，并与隋建立起友好关系。至启民可汗时，一人而尚隋二公主，亲谊鲜有其比。在隋的支持下，启民可汗统一了族内诸部，边境上突厥、汉以及诸族民众得以休养生息，其属下奚、契丹、室韦、霫等族相继内附。隋末丧乱，东突厥与隋王朝的关系也恶化了。北方反隋势力纷纷对之称臣。它又成为势倾中原、远控西域的强大力量。

唐初，突厥大军数度南下，以至威胁长安。时唐王朝立国未稳，不得不采取妥协政策；后来内部平定了，就转而实行"战而后和"的方针。武德九年（626），颉利可汗率十万骑兵进至长安便桥之北，刚刚继位的太宗李世民积极备战，亲自迎敌，终于在渭桥刑白马设盟。贞观四年（630），李靖率军士出定襄（今内蒙古二连浩特一带），大破颉利，用温彦博议，自幽州（今北京市）至灵州（今宁夏灵武市），设州府以统突厥之众，并令其首领宿卫京师，五品以上者百余人，入居京师者且万家。将西起阴山、北至大漠的广大土地纳入为唐朝版图，并敕"今后玺书赐西域北荒之君长，皆称皇帝天可汗，诸蕃渠帅有死亡者，必下诏册立其后嗣焉"[1]。自此，确立了历史上中央王朝对边疆各族首领册封制度。

分离出去的西突厥，射匮可汗曾借助隋的力量统一诸部，建立王廷。其所辖龟兹、疏勒、于阗诸国也向隋通使朝贡。隋则设西域校尉以统理诸国事务。唐初无力顾及西域。统叶护可汗时，"北并铁勒，西拒波斯，南接罽宾，悉归之，控弦数十万，霸有西域，据旧乌孙之地，又移庭于石国北之千泉。其西域诸国王悉授颉利发，并遣吐屯一人监统之，督其征赋"[2]。西突厥强盛，丝绸之路被阻，但统

---

① 王溥：《唐会要》卷一〇〇《杂录》。
② 《旧唐书》卷一九四下《突厥传》。

叶护与唐仍有往返报聘关系。东突厥破败后,西域诸国如高昌、焉耆、龟兹、疏勒以及昭武九姓的康、安、石诸国慑于唐的威势,纷纷来朝。贞观七年(633),西突厥咄陆可汗亦诣阙请降,唐加以册封。其后,西突厥分为南、北二庭,其南庭叶护可汗建牙于虽合水北,自龟兹、鄯善、且末、吐火罗、焉耆、石国、何国、穆国、康国皆受其节度;北庭乙毗咄陆可汗挟高昌王麴文泰与唐为敌。贞观十三年,唐用兵高昌;至二十二年,唐占领了天山南北广大地区。显庆二年(657),终于灭西突厥。在高宗永徽至龙朔年间,唐朝廷在东、西突厥故地设都护府和羁縻州,首长大部分让少数民族首领担任。唐的统治远被西域,北及西北边地保持了几十年的安定,给唐帝国的发展提供了条件。后来到武则天朝至开元年间,默啜可汗及其后继者毗伽可汗复国,史称后突厥,与唐虽有冲突,基本上能保境安民。天宝四载(745),后突厥灭亡。余部多归回纥,一部分南迁至灵武(今甘肃灵武市)、丰州(今内蒙古五原县)一带,一部分迁徙至中亚,后在今阿富汗建哥疾宁王朝,在西亚建立奥斯曼土耳其王朝。而在中国,西突厥十姓之一的处月部落,后改称沙陀部落,入居大同塞上。唐末,其首领李克用助唐平定黄巢起义有功,至五代时建后唐;后晋石敬瑭、后汉刘知远也都出自这一部落。

突厥本是一个奴隶制的游牧民族,"其俗畜牧为事,随逐水草,不恒厥处,穹庐毡帐,被发左衽,食肉饮酪,身衣裘褐,贱老贵壮"①,文化程度较中原相距甚远。隋末中原丧乱,中土人士奔之者众,加以反隋势力向之称臣乞援,奉之也厚。如中土士人赵德言即受颉利可汗亲信,委以国政。在中原的影响之下,突厥于隋、唐之际接受了农耕与纺织技术,由于农、牧业结合,生产力迅速发展。贞观十三年(639),太宗册封阿史那思摩为可汗的诏书中已经说到突厥

①《隋书》卷八四《突厥传》。

"年谷屡登,众种增多,畜牧蕃息,缯絮无乏,咸弃其毡裘,菽粟有余"①。特别是在唐破东突厥,铁勒部的另一支薛延陀也败亡后,北方各部族回纥、拔野古、同罗、仆固、多览葛、思结、阿跌、契苾、奚、结浑、斛薛等部均求内附,并"请于回纥以南、突厥以北开一道,谓之参天可汗道,置六十八驿,各有马及酒、肉,以供过使"②。各族向往中原王朝,中原文化也加强了对这一地区的影响。据突厥文《阙特勤碑》记载:

> 突厥之匐(或译为伯(bai)克,即突厥牧主),弃其突厥名
> 称,承用唐官之唐名,遂服从唐皇,臣事之者五十年。③

可知唐官制亦影响到突厥。又开元十九年(731),阙特勤死,"使金吾将军张去逸、都官郎中吕向奉玺诏吊祭,帝为刻辞于碑,仍立庙像,四垣图战阵状,诏高手画工六人往,绘写精肖,其国以为未尝有"④。则唐的陵墓制度、绘画艺术也传入突厥。突厥本无文字,刻木为契,到 7 世纪才有了晚近发现的由字母组成的音节文字。而早在北齐时,佗钵可汗就曾求《净名》《涅槃》《华严》等经并《十诵律》,并躬自斋戒,绕塔礼佛,恨不生内地。可见汉文经籍与佛教亦曾在其地流行。但突厥汗国作为一个松散的部落联盟,统治着广大地区,疆域变动很大,所辖各民族和自身内部矛盾很尖锐,无暇用力建设本民族文化的基础。部落分散后,流入内地的众多人口,又迅速与所居地民族同化。缺乏独特的民族文化基础,是这个民族在中国历史上迅速消亡的原因之一。

在葱岭以东、玉门关以西即今新疆地区有一批城邦国家,自两汉以来就保持着与内地的密切联系。这是所谓"商胡杂居"之地、

---

① 《册府元龟》卷九六四《外臣部》。
② 《资治通鉴》卷一九八《贞观二十一年》。
③ 《突厥集史》下册。
④ 《新唐书》卷二一五下《突厥传下》。

中土通向西方的孔道。唐初西突厥强盛时，这一带处在西突厥役属之下。其时内地金城（今甘肃榆中县）人麴氏建立的高昌国（今新疆吐鲁番市），曾联合西突厥进攻西伊州（今新疆哈密市）。贞观十三年（639），太宗命大将侯君集出军，次年高昌兵败，被并入唐版图。后来西突厥削弱，焉耆（今新疆焉耆县）、龟兹（今新疆库车县）、疏勒（今新疆喀什市）、于阗（今新疆和田市）陆续归附。这些地区经济、文化本来较发达，信奉佛教。纳入唐版图之后，唐设安西都护府加以管辖，唐王朝政令曾在这里有效地执行。内地军民在这里屯垦，中原的文化与科技得以传播。近年新疆考古发现大量汉文经籍如《毛诗》《尚书》《孝经》《论语》《急就篇》《千字文》以及医书、佛典残卷。今吐鲁番、柏孜克里克等地的唐代壁画，也显然可见中原画风的影响。这一地带作为东、西文化的接合区，历史上动荡很大。唐代经营这一地区，巩固了它与中原的经济、文化联系。虽然以后在一个长时期脱离内地而受大食伊斯兰文化影响，宗教、风俗亦伊斯兰化，但这一地区诸民族终于牢固地结合在中华民族大家庭之中，其所居地成为今日中国领土的一部分。

第二节　回　纥

　　回纥，唐德宗时改称回鹘，也是铁勒族的一支。隋与唐初，先后役属于突厥与薛延陀。贞观二十一年（647），回纥联合诸部配合唐军攻灭薛延陀，请归命置官。唐即于诸部置六府七州，府置都督，州置刺史，于本族中选有人望者任命之。然而最强大的药罗葛部酋长吐迷度则自称可汗。这种矛盾的建置，是唐王朝对回纥羁縻统治政策的结果。唐王朝支持吐迷度的可汗世袭制，回纥也助唐对抗西突厥，为平定西域做出了贡献。西突厥败亡后，回纥"斥

地愈广,东极室韦,西金山,南控大漠,尽得古匈奴地"[1]。天宝三载
(744),骨力裴罗自立为骨咄禄毗伽阙可汗,遣使告唐,唐册封为怀
仁可汗,是为回纥受唐册封之始。直至开成五年(840)回纥汗国瓦
解,这一做法一直坚持。

　　在历史上活动在漠北的诸族中,回纥与中原朝廷的关系最为
和谐。唐朝先后有七位公主到回纥和亲,双方建立了持久的甥舅
之邦的关系。"安史之乱"中,回纥曾派兵协助朝廷平叛;以后唐国
力衰微,在西方无力抵抗吐蕃,吐蕃掠河、湟,寇甘、凉,至使安西、
北庭孤悬边陲,赖回纥派兵护送官差、商旅。后来回纥占领北庭,
与吐蕃相抗衡,使东、西交通得以恢复,减少了唐朝西边的压力。
中唐时期,唐与回纥间进行了有名的丝、马贸易,中国的丝织品通
过回纥转运到西亚、欧洲。虽然回纥与唐王朝有过矛盾与对抗,但
友好协作的关系是主要的。

　　回纥归附唐王朝后,受到中原经济、文化的影响,迅速向封建
制转化。在政治制度方面,回纥沿用突厥官制,"其别部典兵者曰
设,子弟曰特勒,大臣曰叶护,曰屈律啜,曰阿波,曰俟利发,曰吐
屯,曰俟斤,曰阎洪达,曰颉利发,曰达干,凡二十八等,皆世其官而
无员限"[2];但同时又设外宰相六、内宰相三,并有都督、将军、司马
等中原官号。经济上则发展农耕,由游牧转为半定居。在回纥遗
址出土过铁铧、石磨等遗物,可见农业生产也有相当水平。据已发
掘的回纥故都哈剌巴剌合孙废墟考察,其城市建筑规模、样式及建
筑物风格均受到内地影响。这座城市中已有相当发达的商业与手
工业。由于回纥助唐平定"安史之乱",以后受到朝廷优遇,长期延
续了对其有利的丝、马贸易,更进一步促进了其经济的发展。加之
公主和亲,携去了大量丝织品、金银器以及各种工匠;大批回纥商

————————————

[1]《新唐书》卷二一七上《回鹘传上》。
[2]《新唐书》卷二一五上《突厥传上》。

人、使臣往来内地,使内地风俗与文化在回纥普及开来。近代出土的碑刻《九姓回鹘可汗碑》,兼用回纥文和汉文,可能出自汉人工匠之手,其形制也与中原相同。《资治通鉴》"建中元年"(780)条说回纥"及有功于唐……始自尊大,筑宫室以居,妇人有粉黛文绣之饰"。会昌三年(843),石雄在振武(今内蒙古托克托县)登城望回纥,"见毡车数十乘,从者皆衣朱碧,类华人"[1],原来是和亲的太和公主营帐,则回纥人与中原人同化程度已相当深了。回纥风俗也流传到中原,如花蕊夫人《宫词》写道:"回鹘衣装回鹘马,就中偏称小腰身"[2],回纥装束曾流行在贵族妇女间。

广德元年(763),牟羽可汗自中土将摩尼僧带到回纥。摩尼教在回纥传布,代替萨满教成为国教,影响到社会生活的各方面。摩尼僧参与国政,以至出使往来非摩尼不得成行。由于回纥人在中土居留众多,反过来又推动了摩尼教在中土的发展,详见《宗教》章。

回纥汗国崩溃后,小部分南下至振武军、天德军(今内蒙古乌拉特前旗北)一带,依附于室韦、奚、契丹,不久就被同化了;部分附唐与汉民杂处,渐被汉化。大部分回纥人西迁,一部定居于甘州(今甘肃张掖市)一带,称甘州回鹘,曾一度依附吐蕃,后来张议潮起兵逐吐蕃,使归附之;议潮死,攻甘州,求唐册封,直到北宋,一直与中原保持和好。这就是今裕固族的先民。另一部移高昌,称西州回鹘或高昌回鹘,建立了政权,尽取西州(今新疆吐鲁番市)、轮台(今新疆乌鲁木齐市北)等地,附属吐蕃,代其统辖天山南北广大地区,这则是今维吾尔族的先民。裕固族与维吾尔族都创造了新的民族文化。

---

[1]《资治通鉴》卷二四七"会昌三年"。
[2]《全唐诗》卷七九八。

第三节　渤　海

先秦时期的肃慎族到隋唐时期称靺鞨，也是一个松散的部落集团，地处"京师东北六千里，东濒海，西属突厥，南高丽，北室韦"[①]。其一部粟末部到首领大祚荣时声威大震，于圣历元年(698)在东牟山(今吉林敦化附近)下筑城以居，建立震国，史称"旧国"。后受唐诏谕，遣子入侍唐廷，以为藩属。开元元年(713)即大祚荣十六年，唐遣使封大祚荣为渤海郡王，以所辖为忽汗州，大祚荣为都督，改震国名为渤海。下辖五京、十五府、六十二州，管地为黑龙江下游及牡丹江流域广大地区，并兴建起上京(今黑龙江宁安市南东京城)等一批繁荣的城市。渤海国传十五王，享国二百二十八年，至辽太祖天显元年(926年，即后唐明宗天成元年)，被辽攻破。

渤海国在其存在期间，不管中原形势如何变动，双方一直保持着和好关系，报聘往来不绝。渤海国经常派遣子侄入朝宿卫；唐在青州(今山东青州)设渤海馆，专司接待来使。直到五代时期，渤海国对后梁、后唐、南方的吴越仍坚持通好。由于渤海国统治者热心学习、吸收中原经济与文化成果，使这一地区发展很快，一时遂为"海东盛国"。

渤海国如唐初建立的羁縻州一样，有着对内作为主权国家、对外则为中原藩属的双重身份。其立国规模全依仿唐朝，行政机构用唐制，只是名称上稍有变化。中央设三省：宣诏省、中台省、政堂省；政堂省下设左、右六司及中正台等机关；官位有爵、勋、文阶；军制置十六卫；地方政权府有都督，州有刺史，县有令、丞。这样，相

---

①《新唐书》卷二一九《黑水靺鞨传》。

当完备的封建体制在唐王朝影响下建立起来。

渤海国十分积极地吸收唐文化,屡次派遣留学生入唐太学读书,习识古今制度,并派使臣来唐抄写汉文经籍。如开元二十六年(738)即立国初期,就曾"遣使求写《唐礼》及《三国志》《晋书》《三十国春秋》"①。这种做法一直坚持下来,如开成二年(837)三月,"渤海国随贺正王子大明俊并入朝学生,共十六人。敕:……割留习业学生,并及先住学生等,共二百十六人,请时服粮料"②,可见留学生之众多。在本国内上京"设文籍院,以储图书,设胄子监以教诸弟子,稽古有文,颇极一时之盛"③。渤海国使用汉字,成为它接受中原文化的便利条件。它又规仿唐朝建立起完备的教育制度,因此文化程度迅速提高。儒学、文学、艺术、科技都取得了相当的成就,汉传佛教也得到广泛传播。晚唐温庭筠《送渤海王子归本国》诗说:

> 疆理虽重海,车书本一家。盛勋归旧国,佳句在中华。定界分秋涨,开帆到曙霞。九门风月好,回首是天涯。④

从这首诗可见中原与渤海人文、风俗之亲近。

早在抗战时期,日本人已开始发掘渤海国遗址。中华人民共和国成立以来对这些遗迹进行了更系统的发掘与研究,渤海国遗迹充分展示了中原文化对其地的深刻影响。现存城址中较重要的有前期都城旧国城(今吉林敦化敖东城)和后期都城五京等,而以五京中的上京龙泉府(黑龙江宁安市东京城)为最重要。这也是五京中建都最久的地方。其建筑全仿长安城,呈长方形,四面共有十个城门,宫城居北,中间有大街划分出左、右两城,又有纵三横五条街道隔为市坊。遗址中发现了陶瓷器皿、陶砚、铜镜、铜带饰以及

---

① 《册府元龟》卷九九九《外臣部·请求》。
② 王溥:《唐会要》卷三六《附学读书》。
③ 金毓黻:《渤海国志长编》卷一六。
④ 《温飞卿诗集笺注》卷九。

砖、瓦等，均为唐制。城内外佛寺已发现九处，可见佛教之发达。渤海国墓葬广泛分布在吉林与黑龙江东部地区，集中于原旧国城与上京附近。吉林省敦化县六顶山渤海国前期王室、贵族墓群，存墓八十余座，现已发掘三十二座，其中第三代王大钦茂二女贞惠公主墓可作代表。墓志阴刻汉字，为唐形制；出土石狮一个，也是中原风格；还有玉璧、鎏金铜饰件、铁钉、铁环以及长颈瓶、盂、钵、碗等物。吉林省和龙市龙头山的渤海公主墓亦已发掘，墓志亦用汉文书写，甬道及墓室有壁画，所绘内侍、武士、伎乐等，面貌丰腴，头戴幞头或系抹额，身穿圆领长袍，束带，全同中原装束。吉林和龙市南屯发现的两座贵族墓，出土金银饰品两百余件，也颇具唐代风格。

　　渤海国地广人稀，又处在寒冷地带，原来经济文化基础薄弱，经过两百余年的开发，特别是由于向内地学习生产技术与文化知识，农业、手工业得到很大发展。农业生产中已普遍种植稻、粟、豆、麦；手工业方面丝织、陶瓷、金银器制造等都已达到很高水平，其所产熟铜和名马都远销中原。相应的文化方面也取得了长足进步，中原礼乐、制度、文物、风俗、宗教已在其地普及。

　　渤海国灭亡后，辽在原地建东丹国。遗民流散至辽东、燕、契丹与朝鲜半岛，其中多数已与汉人同化。渤海人在历史上只活跃了一个不长的时期，但他们对于开发东北地区并在那里普及中原文化的贡献却是永垂史册的。

第四节　吐　蕃

　　公元6世纪，青藏高原兴起了古藏族部落。其中雅隆鹘提悉补野一部在雅鲁藏布江中游逐渐强盛，至7世纪初，其首领松赞干布降服各部,统一了今西藏地区,巩固了奴隶制度,发展农、牧业生产,建立起强大的吐蕃国。与中原的经济、文化交流对吐蕃的发展影响至巨。唐中叶以后,与吐蕃矛盾相当尖锐,但这种交流仍持续不衰,并成为吐蕃发展的强大推动力。

松赞干布(629—650年在位)建立吐蕃国,正值唐王朝如日东升的兴旺发达时期。他欣羡东方大国的发达的文明,于贞观八年(634)遣使入贡,唐遣行人冯德遐报聘;吐蕃又遣使随冯入朝,求和亲。至贞观十四年,应允和亲。次年初,宗女文成公主在唐使江夏王李道宗和吐蕃迎请使臣伴送之下出发,贞观十七年至吐蕃首府逻些(今西藏拉萨市)。这是汉、藏交流史与中华民族发展史上的重要篇章。文成公主一行入藏不仅带去丰富的妆奁与经史、医药、历法图书、佛教经像、蔬菜种子以及为数不少的工匠,从而大规模地向吐蕃输送了中原礼乐文化与生产技术,而且由于传入了中原先进的农具,吐蕃发展了生产,并开始制作酥酒、干酪、酸奶等,使得经济迅速发展起来。今传文成公主《琵琶歌》说:"植桑织丝兮,编竹为篷兮,灰岩为陶兮。"[1]就反映了当时生产发展的情形。松赞干布赞叹大国衣饰礼仪之美,"筑城邑,立栋宇,以居处焉。公主恶其人赭面,弄赞(弃宗弄赞,松赞干布号)令国中权且罢之。自亦释毡裘,袭纨绮,渐慕华风。仍遣豪酋子弟,请入国学,以习诗书,又请中国识文之人典其表疏"[2]。例如仲琮为吐蕃大臣,就曾充太学生入朝,汉语诗文造诣甚高。文成公主入藏的另一个意义是打通了中原与西藏的通道,这条通道又与西藏经泥婆罗(尼泊尔)至天竺的通道相连接,这对中国至南亚的交通和西藏的发展均有重大意义。太宗与高宗时王玄策三次出使天竺就是走的这条路线。贞观二十一年(647)二次出使时在摩揭陀北受中天竺帝那伏帝王阿

---

[1]转引黄奋生编著:《藏族史略》,第64页,民族出版社1985年版。
[2]《旧唐书》卷一九六上《吐蕃传上》。

罗那顺劫掠,曾逃回吐蕃借一千二百精兵,又借泥婆罗七千骑兵重回天竺,俘获阿罗那顺,于次年回到长安。这件事也反映了唐、蕃关系之亲密。唐高宗时,吐蕃又请蚕种、酒人及碾硙、纸墨等工。由于水磨的输入,开始利用水力,进一步提高了生产力。

中原文化大规模输入西藏的影响,在遗存至今的古迹、文物中看得很清楚。著名的大昭寺是文成公主参与创建的,融入了中原、尼泊尔与印度的建筑风格。8世纪中叶建筑的位于山南扎囊境江北的桑耶寺,俗称"三样寺",就因为三大殿分别是汉、藏、印三种样式。在今西藏琼结县遗存的八座藏王墓,为7至9世纪遗物,其墓地的形制、左右两翼式的布局以及墓碑的式样、纹饰均一如唐制。西藏原来的宗教是形态原始的苯教,到松赞干布时传入佛教,一方面传自天竺,另一方面传自中土。相传在文成公主主持下,汉僧大无寿和尚译有医药、医方、历算等书(或以为在8世纪中赤松德赞时)。汉传佛教在西藏佛教发展中起了很大作用。在敦煌写卷中发现有《顿悟大乘正理诀》,记载了8世纪时在拉萨依赞普敕令举行的佛教宗论,汉僧禅师摩诃衍为代表的顿门派破印度渐门派,这是汉传佛教影响西藏的显证。摩诃衍禅师为荷泽神会法嗣,其具体材料见李邕《岳麓寺碑》。后来佛教在西藏社会生活中占有重要位置,与汉地的佛教交流一直具有重要的意义。

永徽元年(650),松赞干布去世,大相禄东赞专政,开始向外扩张势力。龙朔三年(663)攻占地处青海高原上的吐谷浑,从而北与唐的河陇、安西四镇,东与剑南对峙。此后一度联合西突厥,占领安西四镇大部土地,破剑南西部诸羌州。但在西域受到唐军有力抵抗,四镇又重归于唐。长安三年(703),器弩悉弄赞普遣使求和亲,因故未果。景龙元年(707),新赞普弃隶缩赞重请和亲,允以宗女金城公主下嫁。景龙四年,金城公主入藏。和文成公主的情形一样,这是又一次大规模的文化传播。和亲队伍不仅带去了大批缯彩,而且随行有不少杂伎、诸工、乐人。开元十九年(731),应公主之请,赐《毛诗》《礼记》《春秋》等书。这一时期的汉、藏关系,如《唐蕃会盟碑》说:"舅甥修其旧好,同为一家。"

　　至安史之乱起,唐国势骤衰。唐平叛中尽调朔方、陇右、河西兵,已无暇经营西边。吐蕃势力自西域、河陇、剑南三方并进,五十年间,攻占唐领土五十一州,陷区居民达一百六七十万人。唐河陇诸州、安西、北庭以及松(今四川松潘县)、维(今四川理县)等州尽失。代宗广德元年(763),吐蕃军并一度攻占长安,立金城公主侄李承宏为帝,大掠后退出。在西州方面,直接威胁益州(今四川成都市)。到贞元十三年(797),赤松德赞赞普死后,吐蕃内乱,势力削弱,唐、藩关系又有所缓和。自长庆元年(821)至长庆二年,吐蕃与唐各派专使分别在长安与逻娑会盟,立《唐蕃会盟碑》,唐朝廷承认吐蕃对河陇的占有,吐蕃保证不再进扰,从而恢复了各自保境安民的局面。但在吐蕃占领地区,汉族人的反抗回归势力非常强大。会昌六年(846),吐蕃发生内乱。至大中三年(849),唐军势力稍张,渐复秦(今甘肃秦安县)、原(今宁夏固原市)等州。而甘(今甘肃张掖市)、凉(今甘肃武威市)、瓜(今甘肃安西县)、沙(今甘肃敦煌市)等州民众于天宝后陷没,语言稍变而衣服不改,城邑一如旧貌。大中五年(851)沙州民众首领张议潮率众起义,一举收复河西,瓜、沙十一州土地重归唐的版图。又进取凉州、西州(今新疆吐鲁番市),解除了吐蕃对河陇的威胁。至咸通十年(869),吐蕃发生大规模农民起义,分裂为四支势力,声势大衰。五代时,其地渐被回鹘、党项诸羌分侵,国势已衰败不振了。

　　由于唐、蕃之间长期密切的交流,内地风俗文化已在其地大为流行。如长庆会盟时"馔味酒器,略与汉同。乐工奏《秦王破阵乐》《凉州》《绿腰》《胡渭州》,百戏等皆中国人也"[1]。茶也传入吐蕃,"常鲁公(衮)使西蕃,烹茶帐中,赞普……指曰:'此寿州者,此舒州

────────────

[1]《册府元龟》卷九八一《外臣部·盟誓》。

者,此顾渚者,此蕲门者,此昌明者,此浥湖者。'"[1]仅此一端就可看出双方物资交流情形。而吐蕃风俗也传入汉地,白居易形容当时的时世妆:"乌膏注唇唇似泥,双眉画作八字低……圆鬟无鬓椎髻样,斜红不晕赭面状。"[2]这正是吐蕃梳妆样式。

吐蕃的强盛,固然在长时期威胁了唐土的西边,但从地理政治的角度看,它却又是有效地抵制了大食军事势力东侵的强大力量,对于中原又起到了屏卫作用。至于吐蕃国在中原的影响下发展起独特的民族文化,终于融入中华民族大家庭中而做出了独自的贡献,亦是在唐代奠基的。

第五节　南　诏

隋、唐之际,在今云南地区居住着众多的部族,主要是爨氏豪族统治的白蛮、乌蛮以及今傣族、佤族先民的金齿、黑僰、濮子、望等族。隋与唐初,均对这里实行羁縻统治。唐高祖武德七年(624),检校宁州都督韦仁寿曾率兵至洱海地区;太宗贞观二十一年(647),西赵(今西洱河北)酋长赵磨率万余户归附,置明州。由于各部族杂处交融,加之唐与吐蕃势力均扩展至这一地区,到唐初,以洱海地区为中心的乌蛮族逐渐强盛起来,联合为六诏(渠帅名称),即蒙舍诏(即南诏)、蒙嶲诏、邓赕诏、施浪诏、浪穹诏、越析诏。这是六个奴隶主政权。永徽三年(652),唐任命南诏细奴逻为巍州刺史(今云南巍山县)。其时吐蕃势力东进至洱海,其他五诏

---

[1] 李肇:《唐国史补》下。
[2]《时世妆》,《白氏长庆集》卷四。

皆附吐蕃,唯南诏"子弟朝不绝书,进献府无余月"①。武则天时,首领逻盛炎来唐聘问,死于长安。在唐王朝支持之下,南诏终于兼并五诏,统一洱海地区。开元二十六年(738),唐册封皮逻阁为云南王;二十七年,南诏迁都太和城(今云南大理市),正式建国。南诏立国近二百年,传十三王。

南诏立国时,正当玄宗统治后期,奸相李林甫、杨国忠专朝政,热衷于黩武开边以树立个人威势。天宝七载(748),阁逻凤即位。朝廷对南诏措置失当,所派遣官员暴戾无度,双方矛盾激化。天宝十载、十三载唐两次对南诏用兵,均遭惨败。在这种形势下,阁逻凤不得不与吐蕃联合。"安史之乱"起,唐国势衰弱,而吐蕃势力正向东方扩张。南诏附吐蕃反唐,扩展势力到东方滇池一带,成为在唐西南边境的一大敌对力量。到贞元年间(785—805),南诏不堪吐蕃压迫,唐王朝为抵御吐蕃亦调整对外政策,北和回纥,西结大食,南通云南。异牟寻于贞元九年遣使至成都;次年,唐使至阳苴咩城(即大理市),双方在点苍山结盟。十一年,唐遣册南诏使,正式颁贞元册南诏印。自此南诏助唐抵抗吐蕃,成掎角之势,曾联军生擒吐蕃大将论莽热,对屏蔽西南起了重要作用。元和三年(808),异牟寻死,王位迭更,权臣专政,逐步改变了对唐和好的政策。蒙嵯巅统治时,趁唐边境松弛,毁盟大举入侵,兵锋一度至成都城下。后来唐派重臣李德裕治蜀,整顿边防,双方才维持了相峙局面。以后唐国势日衰,南诏势力不断扩张,至大中十三年(859)首领酋龙正式称帝,国号大礼。并大举犯境,曾两陷安南、邕管,一入黔中,四犯西州。其强盛期的边境东至播州(今贵州遵义市)、邕管(今广西南宁市),北至大渡河,南至安南,西至今缅甸、泰国。使得唐不得不从中原调集防兵。咸通九年(868)在桂林起事的徐州戍卒就是防南诏的。在懿宗统治时期(859—873),南诏几乎岁岁犯边。但南诏自身在内外矛

----

①《南诏德化碑》,樊绰撰、向达校注:《蛮书校注》,中华书局1965年版。

盾中也将国力消耗殆尽。天复二年(902)，南诏王舜化真死，大臣郑
买嗣专国政。未久，买嗣杀幼主，南诏亡。

　　郑买嗣本是唐西泸(今四川西昌市)令郑回后人。回被阁逻凤
所俘，后任南诏清平官，劝异牟寻附唐，对南诏与唐的和好交往很
有贡献。买嗣取代蒙氏建大长和国。后来内部纷争，国号迭更。
至后晋天福二年(937)白蛮贵族段思平建大理国，立国三百一十六
年，灭于蒙古，这已不属本书论述范围。

　　南诏国统治地域广大，民族纷杂，原来的发展很不平衡。由于
南诏的统一，内部各族加强了交流，外部受到吐蕃和中原文化的影
响，国势才迅速发展起来。南诏农业作物主要是稻、麦、粟、豆，种
植渐与中土同；畜牧业也有一定的发展；手工业纺织、制毡、冶铸均
达到相当水平。南诏与唐朝廷的关系屡有变化，但与内地的文化
交流是一直持续的。前述郑回被阁逻凤所俘，即以汉文教授王室
子弟，阁逻凤以其通儒学，甚爱重之；后来的凤迦异、异牟寻、异梦
凑并以郑回为师，而异牟寻以"颇知书，有才智"名世[1]。当时汉人
在南诏为官的很多。如今存《南诏德化碑》，约立于公元 765 至 766
年，作者即是任清平官的汉人，名王盛蛮。此碑书法在行、楷之间，
表现出较高艺术水平。不少南诏人精通汉诗文，今《全唐诗》中就
收入了南诏王隆舜、清平官杨奇鲲等人作品。贞元年间(785—
805)韦皋镇蜀，"凿青溪道以和群蛮，俾由蜀而贡。又择群蛮子弟
聚于锦城，使习书、算，业就辄去，复以他继，如此垂五十年，不绝其
来，则其学于蜀者，不啻千百"[2]。这是中原文化向南诏大普及的时
期。元李京《云南志略》谓有张志成者学书于成都，善王羲之草书，
国人多习之。贞元年间南诏宴唐使袁滋，伎乐中有老人吹笛，妇人
唱歌，皆为汉人。小说中记载南诏以十二月十六日为星回节日，游

---

①《旧唐书》卷一九七《南诏传》。
②孙樵:《书田将军边事》,《全唐文》卷七九五。

于避风台,命清平官赋诗。骠信诗曰:"避风善阐台,极目见藤越。悲哉古与今,依然烟与月。自我居震旦,翊卫类夔契。伊昔经皇运,艰难迎忠烈。不觉岁云暮,感极星回节。元昶同一心,子孙堪贻厥。"清平官赵叔达亦有诗,文繁不录①。这样的唱和风气与诗的水平、情感都同于中州文士。大和三年(829),南诏内侵,攻成都不下,掠子女百工数万人及无数财物而去。这种劫掠给四川造成极大损失,大批汉地居民没入南诏为奴隶,但由于被掳万人以上的"巧儿""女工"传播了织绫罗技术,又使得其地工巧埒于蜀中。这只是被掳居民传播先进的文化、技艺的一例。今在云南境内仍留存多处南诏城址,较重要的有太和城、阳苴咩城、龙口城、大厘城(以上均在今大理地区)、邓州城(今邓川)、拓东城(今昆明)等。其中太和城为开国后所建,至异牟寻时为首府,阳苴咩城为此后的首府,其城池郭邑,皆如唐制。建筑方法,如在土台基上构宫室,夯土筑墙,以及使用莲花文瓦当、卷云纹滴水等,都是中原技术与风格。南诏信佛;天师道亦曾传入,见向达《蛮书校注》所载誓文。佛教原为天竺所传密宗,但攻成都时掠唐写本佛经数千卷,汉地佛教亦随之传入。高骈为西州节度使时,以南诏俗尚浮屠法,故遣僧人景仙摄使往。今存大理崇圣寺三塔,为唐时修建的密檐式塔,是由唐工匠恭徽义主持修造的。1978—1980年修缮时发现南诏、大理时期文物六百余件,包括《金刚般若经图卷》、唐弥渡山与法藏译《无垢净光大陀罗尼经》写本等,是显示唐与南诏文化交流的珍贵实物。

汉、魏以后的长时期内,中原王朝的统治势力仅及于今云南东部。由于南诏以及后来大理国的活动及其与内地的交流,才将汉文化传遍全滇,对于此后这一地区的发展与归属起了决定性的作用。

---

① 《太平广记》卷四八三。

第十章　隋唐五代文化的国际影响

　　隋唐五代时期的中国，是世界上物质文明与精神文明最为发达的地区之一，也是国际经济、文化交流的中心。中国人民以宏伟的气度和博大的胸怀对待周边诸族与四邻各国，与它们建立了密切联系；许多国家都仰慕这东方大国的繁盛与声威，主动前来结好。中国文化从而远播四方，特别是对东亚诸国的发展产生了深远影响。讲文化史，有所谓"汉字文化圈"的提法。日本文字中的汉字与假名、朝鲜文字中的吏读、越南文字中的字喃，都借用了汉字。这是中国文化影响到该国文化的非常明确的象征。而由于运用了汉字，也使得汉字本身所带有的文化意蕴在使用它的各国间传播与扎根。汉字作为一种精神纽带联结了东亚诸国人民，在历史上与现实中均成为决定这一地区发展的重要因素。而这汉字文化圈的确立，就是在隋唐五代。又由于横贯欧亚的丝绸之路和联系南洋、西亚、北非的海上丝绸之路的畅通，中国文明的影响更远及西亚、南亚、欧洲与北非。在当时的人类文明中，中国人民创造了辉耀环宇、沾丐万世的丰硕文化成果。

　　以下简叙隋唐五代时期中国文化对周边诸国的传播与影响的概况。

第一节　朝　鲜

　　隋与唐初,朝鲜半岛正处在高句丽(占半岛北部)、新罗(在半岛东南)、百济(在半岛西南)分立的"三国时代"的后期。三国间战争交起,略无宁岁。三国中新罗最为弱小,与中国关系最为密切。高句丽则隔辽河水与辽东和契丹、室韦等族居住区接界。高句丽受中原文化熏陶,种田养蚕,略同中土。汉文典籍与佛教亦早已在其地传播。隋时,高句丽攻辽西,遂有三次出兵讨伐之举,这成为引发隋末农民战争的一个重要原因。唐初,高句丽遣使通好,双方恢复友好关系。高祖时曾派道士至高句丽讲《老子》,高句丽国王亲自听讲,参加者达数千人。贞观十六年(642),高句丽发生政变,泉盖苏文专国政,联合百济进攻新罗。新罗向唐廷求援。唐出兵百济、高句丽,并于其地分别置熊津都督府和安东都护府。至仪凤元年(676),即新罗第三十代文武王十六年,唐徙安东都护府于辽东故城(今辽宁辽阳市),徙熊津都督府于建安故城(今辽宁盖州市),唐军退出朝鲜半岛,新罗统一全境,进入所谓"新罗时代"。这是中、朝友好关系十分密切的时期。至 10 世纪初,后百济与泰封国兴起,朝鲜半岛再度陷入分裂,进入"后三国时代"。泰封国王王建即高丽太祖十八、十九年(935、936),相继灭新罗、后百济,进入统一的"高丽时代"。这正是五代后晋立国那一年。

　　统一的新罗时代是半岛经济、文化飞速发展的时期。朝鲜人民自这一时期更大量地吸收中国文化来创造自己的民族文化,这对朝鲜民族的发展及其文化特征的形成都起了重要作用。新罗贞德王三年,即唐贞观二十三年(649),明令服唐衣冠;明年,奉唐正朔。这是新罗以唐帝国为立国楷模的象征。如前面讲到唐的国际关系一节所述,新罗国不管唐朝廷有什么变动,一直坚持派遣质子并形成制度;又派遣大批留学生入唐留学。晚唐开成五年(840),鸿胪寺籍其告哀使者、质子及学生岁满者还国,凡百有五人[①],可见各类来华人数之众。在本国也仿唐制立国学,"教授之法,以《周易》《尚书》《毛诗》《礼记》《春秋左氏传》《文选》,分而为之业"[②]。并设读书出身科,考试以《左传》《礼记》《文选》《孝经》为准。汉文典籍早已传入半岛,新罗时代更为普及。贞观二十年(646),遣使求《晋书》[③];垂拱二年(686),新罗王金政明遣使求《礼记》并杂文章。武后令所司写吉、凶要礼并《文馆词林》,采其词涉规诫者,勒成五十卷赐之[④]。当时中原文人的作品,创作出来后很快就传到新罗。如萧颖士,新罗使至,称"东夷士庶,愿请萧夫子为国师"[⑤];张鷟以词学知名,新罗使者必以金宝购其文[⑥];周昉的画,"新罗国有人于江淮尽以善价收市(周昉)画数十卷将去"[⑦]。朝鲜古代没有文字,流行的是汉文。自新罗时代起,创造了汉语和新罗语混合的语文"吏读"(又称"吏道")。这种语文实词多用汉语,虚词用汉字记音,语法是朝鲜语,一直行用到 20 世纪初的李朝末年。新罗人还从中土学习了先进的生产技术与科技知识。新罗入唐使把茶树带回种植,发展了制茶业;还从唐输入了先进的历法(《九执历》)、数学(《九章算术》)、医药学(《本草》《素问》《难经》等)以及印刷术等等。因为中国文化的普及,使新罗"禀正朔,朝贡不绝,与内地无殊"[⑧]。

与下述日本情形一样,新罗士人中有不少善汉诗文的人。新

①《新唐书》卷二二〇《新罗传》。
②《三国史记》卷三八。
③王溥:《唐会要》卷六三《修前代史》。
④王溥:《唐会要》卷三六《蕃夷请经史》。
⑤《太平广记》卷一六四录《翰林盛事》。
⑥《新唐书》卷一六一《张鷟传》。
⑦《太平广记》卷二一三录《画断》。
⑧薛平:《禁掠卖新罗人口奏》,《唐文拾遗》卷二八。

罗入唐留学生多有登唐科第、以文章名家者。如金大问自唐归国，以汉文著《花郎世记》等。最著名的是崔致远（857—928?），字海夫，号孤立，本是新罗庆州人。十二岁入唐求学，十八岁登进士第，在唐为官。光启元年（885）表请归国，以唐节使身份回到新罗，拜侍读兼翰林学士，守兵部侍郎、知瑞书监，后曾出使唐廷。其所著《桂苑笔耕集》二十卷，收在高骈扬州幕府为幕僚时所著诗文，具有相当高的艺术水准。崔致远可看作是中、朝友好交流史上的一位典范人物。

　　朝鲜是汉传佛教的主要兴行地区之一，自新罗统一半岛至第三十六代惠恭王时代（765—779）是朝鲜佛教发展的全盛期。隋王朝立国后，三韩使者即曾请舍利归国，起塔奉养，并有学人前来求法。著名者如高句丽僧慧灌，曾就学于吉藏门下，返国后转赴日本，大弘三论宗。唐建国后，高句丽荣留王（618—641年在位）亦曾派人前来求佛法。唐代佛教史上的许多著名人物是新罗人。如慈藏于贞观十年（636）来华，十二年至长安，十六年归新罗，大宏教法，称"海东孔子"；义湘是华严二祖智俨弟子，被尊为"海东初祖"；神昉是玄奘门下四高足之一；又园测亦受学玄奘，本新罗王孙，为西明寺大德，弟子中有胜庄、道证等，著名于时；明朗唐初来华，学杂密，回国后创海东佛印宗；神行于北宗普寂门下志空得法，传北宗禅；道义、洪陟等传南宗禅。有些朝鲜僧人来唐后转赴天竺，如慧超，著有《往五天竺国传》，已在敦煌写卷中发现。唐代兴起的地藏信仰，就归之于新罗菩萨，据传金乔觉本新罗王族，出家后入九华山，居数十年圆寂，肉身不坏，以全身起塔，即九华山肉身殿。直至晚唐，洞山良价门下有四个新罗僧：迥微、庆猷、丽严、利严，称"海东四无畏士"。由于武宗灭佛与唐末战乱，佛教经籍散佚，后唐与吴越国均曾派人至高句丽求取佚失经典，可见汉文佛典在其地流传的情形。此外在高句丽荣留王时代还从唐传入了《老子》与道教，曾改佛寺为道馆，优遇道士；接着宝藏王也崇信道教。至新罗时代,道教仍在传播。开成年间(836—840)崔承祐、金可纪、僧慈惠等入唐,从钟离权传授道书口诀,三年修炼,丹成得道,是道教史上有名的事件。宗教传播是文化交流的一个部分。而伴随着宗教,传输着多方面的文化内容。

第二节　日　本

早自汉、魏时期,中国已与日本有频繁的交往。中国先进的文化与生产技术是日本发展的重要借鉴与推动力。到隋唐五代时期,中、日友好交流更进入了黄金时代。日本采取十分积极、主动的态度来摄取大唐的政治、经济、思想、文化的成果,通过全面地学习与消化,建立起自己的封建国家。

日本作为一个岛国,隋唐时期与中国进行交流的主要方式是派遣遣隋使和遣唐使。自大业三年(607)至乾宁三年(896)的近三百年间,派出遣隋使四次,遣唐使十六次(其中三次未成行,四次只到百济)。使团的规模起初在百人左右,到第九次遣唐使(灵龟二年、唐开元四年任命)一行达557人,第十次(天平四年,唐开元二十年任命)一行达594人,最多的一次是第十八次(承和元年、唐大和八年任命)人数为651人。一般分乘4舶。使团均由德望崇重的大臣为大使,下有副使、判官、录事等,此外还随行众多的各类技师、译员以及大批留学生与学问僧,人才济济。因为往返要等候季风行船,每批使团人员要在中国停留一两年。各类人员往往旅居各地,有些人长期居留汉地,甚至入仕于唐或终老其身。如阿倍仲麻吕(698—770),随第九次遣唐使入唐,仕于唐,与李白、王维等友善,改名晁衡,后随藤原清河第十一次遣唐使船回国,途中遇风,漂流至安南,脱险回长安,官终秘书监,殁于中国。这种遣隋和遣唐使团的最重要的使命，与其说是交好上国，毋宁说是学习礼仪制度与文化。特别是多派遣地位崇重的公卿出使，归国后在政治上更能起到作用。使臣回程中有时有唐使往送、报聘，并有中土人士随行渡日，其中不少人入籍日本。在第十一次遣唐使回国时，迎请律宗名僧鉴真（688—763）与弟子同行，不仅在传播佛教上起了重大作用，而且是中日友好交流的光辉一页。除了政府间的交往之外，民间商舶往来双方的更难以数计。在遣唐使停废后的唐末五代时期，这种民间交往则成了主要形式。这些公私船队，搭起了牢固的友好往还的桥梁。

日本社会在大陆文化的强烈影响下飞跃进步。公元 645 年，大臣中臣镰足和中大兄皇子推翻当权的豪族苏我氏，拥立孝德天皇即位，改元大化；自次年起，颁发一系列改革诏令。这次历史上的"大化革新"，就是在大陆文化的影响下实现的。中央设立二官、八省、一台，地方设国、郡、里三级政权；土地收归国有，实行班田收授法和租庸调制；此后又制定法律，立卫府与军团以及防人制度。这些改革所采取的措施及律令制度，都是参照了唐朝的；主持改革的中臣镰足和中大兄皇子都是曾入唐留学的南渊请安的学生。由于这次革新，日本的政治、经济发生了全面变革，迅速形成封建国家。

与三韩的情况一样，日本也以汉文经籍主要是儒家经典为立国和思想文化的指南。大化革新之后，立太学与地方学校。太学设明经道和纪传道等科目，学习汉文儒经、《史记》《汉书》及《文选》等。经过遣唐使与入唐学问僧的搜求，这时经书与史书已相当完备并流传广泛。儒家经典的传习，对于日本的政治与伦理产生深远影响，于以后的历史发展作用至为巨大。开元年间留学生吉备真备携回《唐礼》一百三十卷，对完善日本典章制度影响很大。其他种类广泛的汉文书籍也流入日本。从流传至今的宽平年间（889—897）藤原佐世著《日本国见在书目录》和日本学问僧携回图书目录,可见各类经籍杂书之繁多,其中多有中土久佚未闻的著作。五代时吴越国曾向日本搜求中土不传的天台典籍,可证明日本所存中国图书之齐备。日本士人普遍地善于汉语诗文。正是参照了汉字的偏旁部首,吉备真备创制片假名,学问僧空海创制平假名,成为行用至今的日文字母。

　　由于全面摄取中国文化,其影响就深入到伦理道德、风俗习惯、起居饮食、衣冠服饰、文学艺术等众多方面。这里简要介绍文学艺术方面的情况。在日僧圆仁的《入唐新求圣教目录》中,除著录大量佛典之外,还有《白家诗集》六卷、《杜员外集》二卷、《李张集》一卷、《两京新记》三卷等。由于中国诗文风传日本,特别是《文选》与白居易诗流行朝野,促使日本的汉文学也兴盛起来,出现了空海、小野篁、都良香等有名的汉诗人。8世纪中叶的天平宝胜三年即天宝十载(751),已编成第一部汉诗集《怀风藻》,以后又陆续编成《凌云集》《文华秀丽集》《经国集》。空海并编有专门研究汉诗格律的专著《文镜秘府论》,这本书直到今天仍是有关中国古典诗歌研究的经典论著。12世纪初编成的《今昔物语》,是一部取自民间传说的传奇故事集,其中不少故事取自《史记》《汉书》、六朝志怪、唐传奇以及《经律异相》《法苑珠林》等佛书,这些故事应有许多是隋唐时期流传日本的。在舞乐方面,许多中国乐器如琴、笙、筝、笛、琵琶、箜篌等都自中国传入日本,具体年代难以确考,大部分应在唐代。这些乐器在日本奈良一座古物库正仓院里仍有遗存。在日本宫廷舞乐中,大唐乐与百济乐、新罗乐等同样是其中的组成部分。在日本今传《信西古乐图》中,有《唐舞绘》一卷,其中载有唐《秦王破阵乐》《兰陵王》《拔头》《苏莫者》等舞乐形象。日本古代的猿乐,又称申乐,是一种歌舞、伎艺和滑稽表演相结合的艺术形式,即是由唐散乐演变而成,以后又发展为能乐与狂言。而直到今天仍在流行的歌舞伎,又是从能乐和民间歌舞发展而来的。日本的绘画与雕塑,也是学习与借鉴唐土的。现仍保存在正仓院中的天平宝胜四年（天宝十一载，752年）的鸟毛立女屏风，完全是唐代仕女画的风格。在奈良时代（710—784），日本的佛像样式也从六朝风格转变为唐风，例如鉴真夹纻坐像，留存至今仍为日本国宝。到平安时代（794—1192）初期，密教传入日本，密教美术开始盛行，代替金铜像盛行木雕像，流行大日如来、如意轮观音、不动明王等像。在奈良、平安朝，日本也同唐代一样，流行二王（羲之、献之）书体。自唐返国的留学生与僧侣，携回了大批书法碑帖，奠定了日本书法的基础。

在科学技术方面，日本也大量吸收了唐土的成果。吉备真备回国时携带了制成不久的僧一行《大衍历经》《大衍历立成》及测影铁尺、铜律管等。中土的药材、香料（有些是原产西域、南亚的）和医药知识也传入日本。鉴真赴日就带去了《鉴上人秘方》一卷。中国的丝织品、瓷器、琉璃器、金银器、铜器等也大量输入，同时传习了有关生产技术。例如在奈良朝已经制造出精美的铜镜和银器；由于唐三彩销往日本，仿制而成奈良三彩；夹缬、腊缬等印染工艺也已被掌握。日本孝谦天皇刻印《陀罗尼经咒》，藏于奈良法隆寺百万塔中，时间相当于大历五年（770），这是世上留存的最早期印刷品之一，这种印刷技术也当是从唐土传入的。

日本平城京的建设全面反映了唐代文化的影响。元明天皇和同元年（708）决定自藤原京迁都，于今奈良营建新都平城京。经三年营建未毕，朝廷即先行迁入，自此直到桓武天皇延历三年（784）迁都长冈京，以其地为都城七世七十余年。这就是所谓"奈良时代"。平城京建筑规仿唐长安，又参照了洛阳城。城东西约5.9公里，南北约4.8公里，呈长方形；宫城在北部正中，有朱雀门大街贯穿南北，分为左京和右京；两京各有东西与南北街道隔成坊，亦有东、西两市，这很接近唐长安城的布局。城市的建筑物也深受唐代的影响。如内里（宫室）、东大寺、法隆寺的布局，都是建筑物在中间，周围绕以回廊，与长安麟德殿的格式是相一致的。留学大陆的学问僧亲眼见到长安等地佛寺的壮观,回国后模仿在平城京建立寺院,如著名的大安寺就是依据长安西明寺的图样建造的。至今仍完好保存的为鉴真和尚所建唐招提寺,更完全保持了唐代寺院的风格。日本佛教各宗本山的建筑都对它有所借鉴,并进而影响到世俗建筑。

日本是汉传佛教另一个发达兴盛之邦。隋唐五代是中、日佛教交流十分活跃的时期。也正是在这一时期,奠定了日本佛教长远发展的基础。而且佛教的交流不仅促进了宗教自身的发展,它往往伴随广泛的文化传播进行。如鉴真东渡,就不只传授了律宗,带去了经像法物;由于他善诗文,精医术,又携去二王真迹行书,俗学方面的影响也很大。就佛教本身的发展讲,隋唐正是中国宗派佛教的繁荣期,日本学僧从中国传习了高度发达的佛教学术,一些重要佛教宗派开始在日本形成。隋时日本就先后派遣僧旻、清安、惠隐、广齐和灵云、惠云前来求法,他们大都是流寓日本的汉人子孙。以后渡海留学的僧人络绎不绝。吉藏弟子高丽僧慧灌于公元625年去日本,在飞鸟元兴寺弘扬三论,建立日本的三论宗。留日的江南人福亮学于慧灌,又入唐参谒吉藏;其子法名智藏,也出家入唐游学,门下英才辈出。其中道慈入唐从学于吉藏再传弟子元康,他在唐十八年,回国后仿长安西明寺建立当时日本最宏丽的寺庙大安寺。慧灌、智藏、道慈为日本三论正传。玄奘弟子中有道严,归国后为日本法相宗初传。后有智通、智达,受学于玄奘、窥基,为法相二传。再后新罗沙门智凤等入唐,又赴日大弘宗义,为法相三传。智凤的再传弟子玄昉从第九次遣唐使船入唐,随第十次遣唐使船回国,在唐二十余年,蒙授紫衣,归国时携回了经论五千余卷,可能就是《开元大藏经》。他出发时是开元二十三年(735),即《开元释教录》编成后的第五年。中土华严宗人道璿应日僧荣睿、普照之诸,随第十次遣唐使船东渡,为日本华严初传。又有新罗僧审祥,亦赴日传华严宗,为此宗初祖。鉴真东渡弘扬律宗,在日本始开登坛授戒制度,为日本律宗初祖。其在中、日交流史上的贡献,前面已经讲到。《成实论》《俱舍论》也各有传人,并形成宗派。这样,在奈良时代,日本已从隋、唐传入六个佛教宗派。进入平安时代,日本仍继续派遣僧、俗入唐留学。日本佛教界的龙象最澄与空海于贞元二十年(804)泛海入唐求法,最澄回国后于比叡山创日本天台宗,空海回国后在高野山建日本真言宗。最澄法裔圆仁于开成三年(838)入唐,游学十年,回国后登叡山,盛弘台、密二教。他在唐经历了“会昌毁佛”。其经历写成《入唐求法巡礼行记》,是关系那一时代的重要史料,本书一再引述过。以后最澄再传弟子圆珍亦入唐,携回大量经卷法物。唐末五代,往来中、日之间商舶甚多,入唐求法者仍继踵不绝。日本佛教在发展中形成了自身的民族特点,也创立了一些日本独有的宗派,但它作为汉传佛教的一支,其所依经典为汉文佛经,其基本面貌是大同于汉地的。日本佛教在其民族发展中起着重要作用,而其根源则可追寻于隋唐时期的中国。

　　日本是个被大海隔离起来的岛国,对大陆高度发达的经济、文化的向往决定了它虚心好学的态度。而隋唐时期的中国不仅创造出光辉灿烂的文化成果可资借鉴,并且具有博大开放的胸襟来接遇远人。当时的中国人靠精神、靠智慧、靠自己创造的财富,把声威远播到四方去,为周边民族的发展做出了贡献。

第三节　南海及南亚诸国

　　中国与南海及南亚诸国的交通,有水、陆共三条路线。陆路的一条是走“丝绸之路”东段,即循河西走廊西行,经天山南路,过铁门关入今阿富汗境,转而南下五天竺。这是早就存在的路线。另一条是唐初新开辟的吐蕃、尼婆罗道。水路走南中国海,过马六甲海峡抵天竺、狮子国(斯里兰卡),再渡印度洋,抵大食、北非。"安史之乱"前陆路较重要;以后由于西域为回纥、吐蕃所阻,加之东南沿海地区进一步得到开发,水路更形繁盛起来。

　　南海诸国见于中国史籍的有林邑(环王、占城,今越南中、南部)、真腊(柬埔寨)、骠国(缅甸)、堕和罗(泰国)、狼牙修、单单、罗越、盘盘、羯荼国(以上五国均在今马来半岛)、哥罗(印尼加里曼丹岛东部)、拘蒌密(苏拉威西岛?)、婆利(巴厘岛)、诃陵、堕婆登(均在爪哇)、室利佛誓(苏门答腊)、裸人国(印度属尼科巴群岛);南亚诸国则有五天竺(印度、孟加拉国、巴基斯坦等)、狮子国(斯里兰卡)、尼婆罗(尼泊尔)、简失蜜(克什米尔地区);远至北非沿海,则有殊奈(索马里)、摩邻(厄立特里亚)、勿斯离(埃及)等国。这些国家的大多数在隋唐五代都有遣使献方物的记录,当时的朝廷则回赠骏马等礼物答谢。而更普遍的交往则是民间贸易。大批南海、南亚、西亚的商人泛海而来,麇集于广州、扬州等大城市。这种情形在第一章讲隋唐时期海外交流时已说过,此不赘述。据当时来过广州的阿拉伯商人苏莱曼的记载,外国输入的商品主要是香药、犀牙、玳瑁、珍珠、琥珀、棉布及玻璃制品等,中国输出的则是丝绸、陶瓷、铜、铁、麝香、大黄以及纸张、葛布等。这当中历史遗物不易销蚀的是陶瓷。20世纪在印尼爪哇、苏门答腊、加里曼丹等地考古发掘,发现许多中国陶瓷器,主要是唐末以后的青瓷和三彩陶器。在东马来西亚的沙捞越各遗址中,也发现了9—10世纪的越窑青瓷,西马来西亚的彭亨发现过唐四耳青瓷尊。在斯里兰卡的迪伽摩萃堵婆和印度阿里卡曼陀遗址中,出土过10世纪前后的越窑青瓷等遗物,宋瓷发现得更多。阿拉伯半岛上的巴林,也发现过青瓷碎片。埃及开罗南郊的福斯塔特,是阿拉伯人古都,除发现大量唐、宋瓷碎片外,还发现了唐三彩。由于存在如此大量的中国陶瓷经海路西传的遗迹,故有的学者称这条航路为"陶瓷之路"。正是仿制中国瓷器,埃及与伊朗也学会了制造瓷器。由这些容易保留的陶瓷碎片大量的遗存,可以推测当时有数量庞大的其他中国商品流入南海、南亚与西亚、北非。古代的商贸是文化交流的主要形式,中国文化必然随着商人与商品传播到各国。但由于地理的、民族的、宗教的等多方面原因,中国文化对上述地区诸民族的文化不能产生像在东亚那样的影响,在该民族文化中也不可能留下更明显的痕迹。

中国人自古以来就参与了对南洋的开发。由于早期史料缺乏,当时的具体情况已不得其详。现据零散材料可以考知,唐时已有大批中土居民移住南洋。明张燮《东西洋考》谓爪哇国人有三种:唐人、土人、西蕃贾胡。马库狄于公元943年到苏门答腊,见到其地华人甚多,从事耕作。宋朱彧《萍洲可谈》谓:"汉威令行于西北,故西北呼中国为汉;唐威令行于东南,故蛮夷呼中国为唐。"在此后漫长的历史时期里,中国人为开发南洋做出了卓越的贡献,把中国文化传播到那里,推动了所在诸国的社会进步。应是隋唐时代即大规模地进入了这一过程。

与南洋和南亚诸国的宗教交流也是文化交流的主要形式之一。在唐中叶以前,大批中国人西行求法,天竺与西域僧侣继踵来华,印度佛教继续传入中国。而到了唐代,北传(汉传)佛教实现了中国化,形成了独立的形态,中国已成为向外传播佛教的又一中心,日本与朝鲜是最显著的例子。另一方面,中国的求法僧人同时也传播了中国文化。这样,隋唐时期中土与南亚的佛教关系就表现出双向交流的性质。隋仁寿二年(602),朝廷敕彦琮译《舍利瑞图经》和《国家祥瑞录》为梵文,合成十卷,赐王舍城沙门[①]。此为现今所能见到的中土译华为梵的最早记录。玄奘西行求法时,同时也向印度宣传了中国文化。据他所留下的记载,中国文化早已在

[①] 道宣:《续高僧传》卷二《彦琮传》。

印度有所流传。例如戒日王与他会见时，就说到摩诃至那国（即中国）有秦王天子，平定海内，风教遐被，氓庶歌《秦王破阵乐》，闻其雅颂，于兹久矣[①]；东天竺迦摩缕波国国王与他会见时，也说到印度诸国多有歌《秦王破阵乐》者，并说对中国"常慕风化，东望已久，山川道阻，无由自致"[②]。玄奘回国后，还将《道德经》和《大乘起信论》译为梵文。唐王朝立国后，五天竺各国纷纷遣使来唐聘问、献方物，唐廷也先后派遣梁怀璥、李义表、王玄策出使五天竺。其中王玄策于贞观十七年（643）、二十一年、显庆二年（657）三次出使影响最大，前文已提及过。他二次使印时带去了玄奘等译的《道德经》，并把道教礼仪传播到迦摩缕波国即今阿萨密地方，以至其地今天仍留有影响而流传玄风。中国僧人还向南海诸国传播了中土佛教文化。公元7世纪中叶，唐僧人明远赴交趾，又到过诃陵等国。后来越南的佛教在中国影响下发展了起来，其禅宗前派、禅宗后派都是在中国禅宗直接影响下建立的宗派。真腊国自古流传大乘佛教，中土求法僧人行经该国在这方面起了作用，直到9世纪后才在缅甸、泰国影响下改奉上座部佛教。诃陵国与室利佛逝国也留有中土僧人的足迹。益州会宁于麟德（664—665）中泛舶至诃陵州，停留三年。又明远与道琳等均过诃陵而往天竺。由于室利佛逝国地处东西交通要冲，去天竺求法僧人多在其地居住、学习一两年再往中天。最著名的是义净（635—713），俗姓张，齐州（今山东济南市）人，一说范阳（今北京市西南）人，于咸亨二年（671）乘波斯舶从广州出发，至室利佛逝学习六个月，前往天竺，游学十年，回程又在室利佛逝居住六年，从事参学、翻译与写作。佛教史与中外交流史上的名著《南海寄归内法传》四卷、《大唐西域求法高僧传》二卷即写成于其地。他于证圣元年（695）回国。他的活动对传扬中土文

---

①《大唐西域记》卷五。
②《大唐西域记》卷一〇。

化于南亚必然起重大作用。有名、无名僧人的类似活动还有很多。中国文化对于南海诸国的影响是巨大的,这与东南沿海地区的开发有直接关系。南朝至唐是这种影响扩大并发挥重大作用的时期。

第四节　中亚及西方诸国

隋代再开丝绸之路,至唐初经营漠北,薛延陀败亡,东突厥瓦解,北方无戎马之警,通向中、西亚的商路畅通无阻。高宗时中亚诸国领地一度曾划归唐王朝版图,拓宇西至咸海东岸,唐朝廷在广大中亚设置羁縻州、府。虽然这一地区实际上仍由各该国首领统治,唐中央政府只予形式上的册命而未能实际统辖,且不久即脱离唐王朝,但加强了这一地区与中国的经济、文化联系的影响却是十分明显的。这些国家主要是昭武九姓胡国(康国,今乌兹别克斯坦撒马尔罕一带;安国,今乌兹别克斯坦布哈拉一带;曹国,今乌兹别克斯坦克布德一带;石国,今乌兹别克斯坦塔什干一带;米国,康国东南朱马巴扎尔一带;何国,康国西北配沙姆勃一带;火寻国,今乌兹别克斯坦花剌子模一带;戊地国,安国西南;史国,康国南部)、罽宾(今克什米尔)、吐火罗(今阿富汗北部)、迦布罗(今阿富汗喀布尔一带)等。这一地区主要由讲伊兰语的粟特人居住。粟特人善于经商,长期在丝绸之路上从事国际间的贸易,在中西交通中他们担负着重要作用。该地区不仅受到中国经济、文化的深远影响,而且是东西文化冲突、交流集中的地区。

公元6世纪,阿拉伯人所建大食国兴起,在7世纪初统一阿拉伯半岛之后,即向四方扩张势力。到第三代哈利发奥斯曼(644—656年在位)统治时,进入了发展的全盛期。西进北非、西欧,东灭被西突厥役属的波斯。迫使逃至吐火罗的波斯王子卑路斯遣使入唐求援，唐于其地置波斯都督府，任命卑路斯为都督。然实际其地仍为大食所辖，卑路斯不久到中国，并客死于唐。唐为支持波斯复国，送卑路斯之子泥涅师西归，至碎叶城，泥涅师以力弱不能返回，终亦返唐病卒。大食取代突厥势力进逼西域，使得唐的势力不能逾葱岭而西。天宝十载（751），唐安西节度使高仙芝率蕃、汉兵3万深入到怛罗斯河附近的怛罗斯城（今哈萨克斯坦江布尔），与大食军作战，由于所部遭逻禄部叛变而大败，退回安西，从而中亚成为大食藩属。从客观上说，唐军这一战役并非毫无意义，它起到了阻止大食东进的作用；以后吐蕃兴起，又继续担任了这一任务，从而将大食的兵锋阻止在西域。

这样，隋唐时期的中亚腹地是众多民族活动，矛盾集结，特别是东、西诸大民族激烈争夺的地区。在激烈的矛盾斗争中，各民族对发展这一地区的经济与文化做出了各自的贡献。就中华民族来说，在唐前期，由于唐政府安定了陇右、河西与天山南北，增强了对西域诸国的影响。在自敦煌出阳关往西域的通道上，使臣、商旅不绝于途。这包括大食和远来自东罗马帝国的使者。前面已经述及中亚人移居内地，对中国文化发展做出了贡献。中国人也远徙中亚，对该地区的拓殖开发付出了努力。例如李白的先人就是隋末多难、一房被窜于碎叶（故城在今吉尔吉斯斯坦托克马克附近）的。这只是当时无数移民当中的一例。玄奘西行至呾逻私城（即怛罗斯），"南行十余里，有小孤城，三百余户，本中国人也。昔为突厥所掠，后遂鸠集同国，共保此城。于中宅居、衣服、去就，遂同突厥；言辞仪范，犹存本国"[①]。这样的汉人居留区，必定非止"小孤城"一地。

虽然唐代西部边境有更多的对抗与战争，与和海东的日本、朝

①《大唐西域记》卷一。

鲜以及南海的和平友好的交往不同,但经济、文化、科技的相互影响仍存在各种各样的渠道。前已提到,杜佑族子杜环,随高仙芝西征,在怛罗斯之役中被大食兵俘虏,得以游历西亚、北非。在其所著《经行记》中,记载了大食国中有不少汉人工匠:"绫绢机杼,金银匠、画匠,汉匠起。作画者京兆人樊淑、刘泚;织络者河东人乐隈、吕礼。"①可知中国的丝织技术已传入大食,中国的美术也受到大食人欢迎。在怛罗斯之战大食所俘工匠中有业造纸者,大食人利用他们在撒马尔罕设立造纸作坊,开始造纸。后来造纸术从撒马尔罕经巴格达、大马士革以至开罗、摩洛哥,于 12 世纪中传至欧洲。中国坚韧而又便宜的纸代替了昂贵的羊皮纸和薄脆的埃及草纸,成为更便捷、实用的书写、印刷工具,对推动世界文化的发展与普及的贡献是不可估量的。中世纪欧洲的炼丹术主要传习自阿拉伯,而阿拉伯的许多炼丹知识来自中国。早在魏晋时期,中国的炼丹术已西传埃及。如前《道教》节所述,唐代金丹道教盛行,炼丹术发达,西来的商胡很多人热衷此道。如波斯侨民李玹,"暮年以炉鼎之费,家无余财,唯道书药囊而已"②。中国术士们追求不死灵丹与合炼金银的方法,被大食炼丹家查比尔、拉齐等学习。如查比尔认为由于汞、硫二者含量不同构成了各种金属,二者比量平衡则成黄金,这种对汞、硫的认识与重视,与中国炼丹术是一致的。拉齐结识过中国学者,他知道鍮石、中国铜(白铜)等中国药剂。硝石作为炼丹材料传入大食,被称为"中国雪",本是合成火药的原料。后来火药也是经北非和伊斯兰教的西班牙于 14 世纪初传入欧洲的。唐代中国与大食在医药学方面也有交流。中国人向大食学习了先进的外科与眼科学,大食则学习了中国的医药学。大食从唐土输入了大批陶瓷,同时也输入了制瓷技术,大食人并开始仿制华瓷。

---

① 张一纯:《杜环经行记笺证》。
② 黄休复:《茅亭客话》卷二。

中国与西方诸国的交流主要在科技、工艺方面。这主要是因为民族的文化基础与宗教背景不同，伦理、风俗等方面的交流受到制约。大食推行伊斯兰化，是文化交流中的一大阻力。

唐前期曾通使拂菻即东罗马帝国。见于记载的自贞观十七年（643）至天宝元年（742）接待来使六次，出使报聘一次。当时正值大食势力向西扩张，在公元635—640五年间，攻下大马士革、耶路撒冷和该撒里亚，然后经略地中海，公元711年，大食军队自北非渡直布罗陀海峡入西班牙，几年间占领了整个比利牛斯半岛，威胁法国南部，并几次进军君士坦丁堡。东罗马出使唐朝，应是有意依仗大唐声威，向唐朝乞援。后两次拂菻国皆以"大德"充使，应即是天主教神父。

又《太平广记》卷八二"袁嘉祚"条写到唐袁嘉祚曾被朝命"往蠋蠓国报聘"，其国"在大秦西数千里，自古未尝通"。岑仲勉以为蠋蠓为东非或北非酋长头衔，杨宪益则以为指西班牙，然均无显证。不过这样远西之国已与中国通好，可见大唐的声威是如何远被了。

综观隋唐五代文化对域外诸国的影响，在东亚方面与西、南亚两方面，无论是内容上还是形态上都有显著的不同。在东亚即属于"汉字文化圈"的诸国，中国文化被全面地接受，从政治制度到典章法律，从文学艺术到风俗习惯，中国都成为学习与模仿的榜样。这也促使在这一时期与这些国家建立起的友好交往关系在后世得以长期保持，在以后的发展中这一地区的国家关系也基本上和平与稳定。中国文化的强大影响，直到今天也是推动各国发展的重要因素。西方与南方诸国，在民族、文化传统与宗教诸方面都与中国存在巨大差异。印度次大陆及其以西的阿拉伯半岛和北非又有大洋与高山的阻隔，在帕米尔高原西部则兴起了信奉伊斯兰教的大食势力。因此在思想、政治、伦理等层面上，双方的交流较少，宗教的交流也有相当的局限（中、印佛教的交流在唐中期以后已逐渐停滞），中国对这些地区的影响主要在科技与工艺方面。由于史料的限制，这方面的传播的详情已经知之甚少，但就几项重大发明（如印刷术、火药的应用）的西传情况看，中国文化对这一地区以至更西方地区的历史发展是影响深远的。

值得注意的是，隋唐五代文化是所谓"东方文明"历史中极其光辉的组成部分。这一时代是继秦、汉以后东方文明建设上硕果累累的重要时期。而东方文明作为世界上伟大而丰富的文明体系在东亚长期继续发展，直到今天仍是全人类的精神财富，在当代与未来的人类发展中起着或将起重大的作用。隋唐五代文化还以其有形、无形的力量维系着中华民族的统一。在隋与初唐抵御了突厥文化的影响，唐中期之后又抵制了大食及伊斯兰文化的东进（在唐后期，回鹘与吐蕃在这方面起了重要作用），这对中国、中国统一与中华民族的历史发展都是意义重大的。隋唐五代文化更有力地对外部世界树立起中国与中华民族的伟大形象，不仅在当时与后世赢得了各国人民的敬重，而且世世代代推动着中国与世界的友好交流关系。

参考文献

中文部分 *

李林甫等撰、陈仲夫点校:《唐六典》,中华书局 1992 年版。

杜佑撰、王文锦等点校:《通典》,中华书局 1988 年版。

郑樵:《通志》,中华书局 1987 年版。

马端临:《文献通考》,中华书局 1986 年版。

玄奘、辩机原著,季羡林等校注:《大唐西域记校注》,中华书局 1985
　　年版。

张鷟撰、赵守俨点校:《朝野佥载》,中华书局 1979 年版。

吴兢编著:《贞观政要》,上海古籍出版社 1978 年版。

韦述:《两京新记》,《丛书集成初编》本。

崔令钦撰,任半塘笺订:《教坊记笺订》,中华书局 1962 年版。

刘𫗧撰、程毅中点校:《隋唐嘉话》,中华书局 1979 年版。

封演:《封氏闻见记》,《丛书集成初编》本。

刘肃:《大唐新语》,古典文学出版社 1957 年版。

遍照金刚撰、周维德校点:《文镜秘府论》,人民文学出版社 1980
　　年版。

林宝撰,岑仲勉校记,郁贤皓、陶敏整理,孙望审订:《元和姓纂》,中

＊　一般史籍与集部书未录。

华书局 1994 年版。

李肇:《唐国史补》,古典文学出版社 1957 年版。

韦绚:《刘宾客嘉话录》,唐兰辑本,《文史》1965 年第四辑。

高彦休:《阙史》,《知不足斋丛书》本。

段成式撰、方南生点校:《酉阳杂俎》,中华书局 1981 年版。

孙棨:《北里志》,古典文学出版社 1957 年版。

孟棨:《本事诗》,丁福保辑:《历代诗话续编》,中华书局 1983 年版。

赵璘:《因话录》,古典文学出版社 1957 年版。

段安节:《乐府杂录》,古典文学出版社 1957 年版。

何光远:《鉴诫录》,《知不足斋丛书》本。

王定保:《唐摭言》,古典文学出版社 1957 年版。

孙光宪:《北梦琐言》,中华书局 1960 年版。

王谠撰、周勋初校正:《唐语林校正》,中华书局 1987 年版。

宋敏求:《长安志》,《经训堂丛书》本。

洪迈:《容斋随笔》,上海古籍出版社 1978 年版。

计有功:《唐诗纪事》,上海古籍出版社 1987 年版。

王应麟撰、翁元圻注:《困学纪闻》,商务印书馆 1959 年版。

辛文房撰、傅璇琮主编:《唐才子传校笺》,一——五册,中华书局 1987—1995 年版。

胡应麟:《少室山房笔丛》,商务印书馆 1958 年版。

胡震亨:《唐音癸签》,古典文学出版社 1957 年版。

顾炎武撰、黄汝成集释:《日知录集释》(外七种),上海古籍出版社 1985 年版。

王夫之:《读通鉴论》,中华书局 1975 年版。

王鸣盛:《十七史商榷》,商务印书馆 1959 年版。

赵翼:《陔余丛考》,中华书局 1963 年版。

钱大昕:《廿二史考异》,商务印书馆 1958 年版。

徐松撰、张穆校补、方严点校:《唐两京城坊考》,中华书局 1985

年版。

陈鸿墀:《全唐文纪事》,上海古籍出版社 1987 年版。

徐松撰、赵守俨点校:《登科记考》,中华书局 1984 年版。

李慈铭著、由云龙辑:《越缦堂读书记》,商务印书馆 1959 年版。

王国维:《观堂集林》,中华书局 1959 年版。

沈曾植撰、钱仲联辑:《海日楼札丛》,中华书局 1962 年版。

道宣:《续高僧传》,金陵刻经处本。

道宣:《广弘明集》,上海古籍出版社 1991 年版。

道世:《法苑珠林》,中国书店 1991 年版。

杜光庭删定:《道门科范大全集》,《道藏》本。

静、筠二禅师:《祖堂集》,日本花园大学影印海印寺本。

赞宁:《宋高僧传》,金陵刻经处本。

道原:《景德传灯录》,《四部丛刊》三编本。

张君房:《云笈七签》,《道藏》本。

志磐:《佛祖统纪》,《大正藏》本。

赵道一:《历世真仙体道通鉴》,《道藏》本。

胡适校:《神会和尚遗集》,(台北)胡适纪念馆 1982 年版。

罗振玉辑:《鸣沙石室佚书》,《敦煌丛刊初集》本。

刘复辑:《敦煌掇琐》,《敦煌丛刊初集》本。

王昶:《金石萃编》,经训堂刊本。

陆增祥:《八琼室金石补正》,文物出版社 1985 年版。

周绍良主编:《唐代墓志汇编》,上海古籍出版社 1992 年版。

王仁波等主编:《隋唐五代墓志汇编》,天津古籍出版社 1991 年版。

晁公武撰、孙猛校证:《郡斋读书志校证》,上海古籍出版社 1990

年版。

陈振孙撰，徐小蛮、顾美华点校：《直斋书录解题》，上海古籍出版社
　　1987 年版。

永瑢等：《四库全书总目》，中华书局 1965 年版。

（以下以姓氏拼音为序）

陈国符：《道藏源流考》，中华书局 1963 年版。

陈寅恪：《唐代政治史述论稿》，中华书局 1963 年版。

陈寅恪：《隋唐制度渊源略论稿》，中华书局 1963 年版。

陈寅恪：《元白诗笺证稿》，上海古籍出版社 1978 年版。

陈寅恪：《金明馆丛稿初编》，上海古籍出版社 1980 年版。

陈寅恪：《金明馆丛稿二编》，上海古籍出版社 1980 年版。

陈垣：《中国佛教史籍概论》，中华书局 1962 年版。

岑仲勉：《唐史余沈》，上海古籍出版社 1979 年版。

岑仲勉：《金石论丛》，上海古籍出版社 1981 年版。

冯承钧译：《西域南海史地考证译丛》（一——九编），中华书局 1956—
　　1962 年版。

傅璇琮：《唐代科举与文学》，陕西人民出版社 1986 年版。

李泽厚：《美的历程》，文物出版社 1981 年版。

梁漱溟：《中国文化要义》，（台北）正中书局 1984 年版。

柳诒徵：《中国文化史》，（台北）正中书局 1984 年版。

罗联添：《唐代文学论集》，台湾学生书局 1989 年版。

罗香林：《唐代文化史》，台湾商务印书馆 1968 年版。

钱穆：《中国文化史导论》，（台北）正中书局 1984 年版。

钱锺书：《管锥编》（一——四），中华书局 1979 年版。

钱锺书：《谈艺录》（修订本），中华书局 1984 年版。

饶宗颐：《选堂集林　史林》，（香港）中华书局 1982 年版。

任半塘：《唐声诗》，上海古籍出版社 1982 年版。

任半塘:《唐戏弄》,上海古籍出版社 1984 年版。

任半塘编著:《敦煌歌辞总编》,上海古籍出版社 1987 年版。

汤用彤:《隋唐佛教史稿》,中华书局 1982 年版。

万曼:《唐集叙录》,中华书局 1980 年版。

王重民等编:《敦煌变文集》,人民文学出版社 1957 年版。

向达:《唐代长安与西域文明》,三联书店 1957 年版。

谢海平:《唐代留华外国人生活考述》,台湾商务印书馆 1978 年版。

徐复观:《中国艺术精神》,春风文艺出版社 1987 年版。

熊铁基:《汉唐文化史》,湖南人民出版社 1992 年版。

严耕望:《唐史研究丛稿》,新亚研究所 1969 年版。

印顺:《中国禅宗史》,正闻出版社 1971 年版。

张星烺编注、朱杰勤校订:《中西交通史料汇编》(一——六册),中华
书局 1977—1979 年版。

日文部分

(以下按出版年代前后排序)

有高岩:《唐代の社會と文藝》,讲谈社 1948 年版。

平冈武夫:《唐代研究のしおり》(1—12),京都大学人文科学研究
所 1954—1965 年版。

道端良秀:《中國仏教史の研究》,法藏馆 1957 年版。

小岛宪之:《上代日本文學と中國文學》(上、中、下),塙书房 1962—
1965 年版。

池田温:《敦煌》,筑摩书房 1961 年版。

小仓芳彦:《文化史》(《中國文化叢书》8),大修馆 1968 年版。

尾藤正英:《日本文化と中國》,大修馆 1968 年版。

小川环树:《中國文學論集》,朝日新闻社 1972 年版。

远藤镇雄:《漢文文化論》,三一书房 1973 年版。

宫崎市定:《大唐帝國》,河出书房新社 1974 年版。

吉川幸次郎:《吉川幸次郎全集》第十一卷,筑摩书房 1974 年版。

佐藤武敏:《長安——古代中國と日本》,朋友书店 1975 年版。

泽田瑞穗:《仏教と中國文學》,国书刊行会 1975 年版。

金子彦二郎:《平安時代文學と白氏文集》,松云堂 1977 年版。

那波利贞:《唐代社會文化史研究》,创文社 1977 年版。

砺波获:《唐代政治社會史研究》,同朋舍 1986 年版。

西文部分

Dudbridge, Glen(杜德桥). *The Tale of Li Wa, Study and Critical Edition of a Chinese Story from the Ninth Century*, Oxford Oriental Monographs 4, London: Ithaca Press, 1983.

Hartman, Charles(蔡涵墨). *Han Yü and the T'ang Search for Unity*, Princeton: Princeton University Press, 1985.

Mair, Victor H(梅维恒). *Tun-huang Popular Narratives*, Cambridge: Cambridge University Press, 1983.

McMullen, David(麦大维). *State and Scholars in T'ang China*, Cambridge: Cambridge University Press, 1988.

Needham, Joseph(李约瑟). *Science and Ciuilisation in China*, Vol I-Ⅵ, Cambridge: Cambridge University Press, 1954-.

Nienhauser, William H. Jr. ,(倪豪士)ed. *Indiana Companion to Traditional Chinese Literature*, Bloomington: Indiana University Press, 1986.

——ed. *Bibliography of Selected Western Works on T'ang Dynasty Literature*, Taipei: Center for Chinese Studies.

Owen, Stephen(宇文所安). *The Great Age of Chinese Poetry: The High T'ang*, New Haven: Yale University Press, 1980.

Pulleyblank, Edwin G. (蒲立本). *The Background of the Rebellion of An Lu-shan*, London: Oxford University

Press，1955.

Schafer，Edward H.（薛爱华）. *The Diuine Woman：Dragon Ladies and Rain Maidens in T'ang Literature*，Berkeley：University of California Press，1973.

——*The Golden Peaches of Samarkand：A Study of T'ang Exotics*，Berkeley：University of California，1963.

——*The Vermilion Bird：T'ang Images of the South*，Berkeley：University of California Press，1967.

Twitchett，Denis（崔瑞德）and Wright，Arthur F.（芮沃寿）eds.，*Perspectives on the T'ang*，New Haven and London：Yale University Press，1973.

Twitchett，Denis，ed. *The Cambridge History of China*，Vol.3：*Sui and T'ang China*，Cambridge：Cambridge University Press，1979.

——*The Writing of Official History under the T'ang*，Cambridge：Cambridge University Press，1992.

Weinstein，Stanley（斯坦利·威斯坦因）. *Buddhism under the T'ang*，Cambridge：Cambridge University Press，1987.